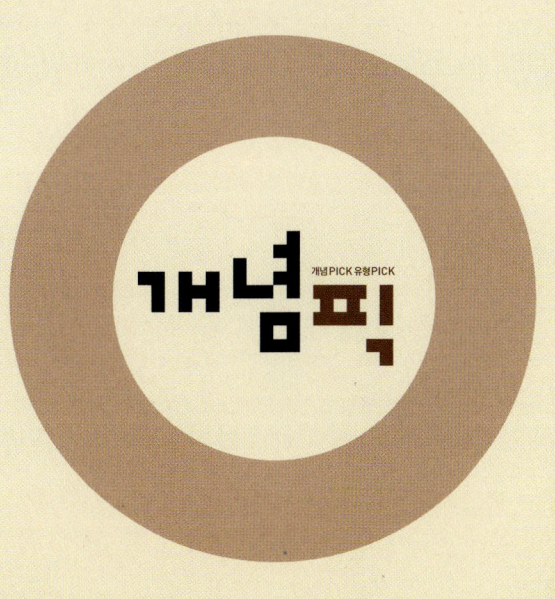

개념PICK 유형PICK

개념픽

2 확률의 덧셈정리 본문 60쪽

(1) 확률의 덧셈정리
  ① 두 사건 A, B에 대하여
$$P(A \cup B) = P(A) + P(B) - P(A \cap B)$$
  ② 두 사건 A, B가 서로 배반사건이면
$$P(A \cup B) = P(A) + P(B)$$
(2) 여사건의 확률
  사건 A의 여사건 A^C에 대하여
$$P(A^C) = 1 - P(A)$$

3 조건부확률 본문 68, 69쪽

(1) 조건부확률
  표본공간 S의 두 사건 A, B에 대하여
  ① 확률이 0이 아닌 사건 A가 일어났다고 가정할 때 사건 B가 일어날 확률을 사건 A가 일어났을 때의 사건 B의 조건부확률이라 하고, 기호로
$$P(B|A)$$
  와 같이 나타낸다.
  ② 사건 A가 일어났을 때의 사건 B의 조건부확률은
$$P(B|A) = \frac{P(A \cap B)}{P(A)} \ (단, P(A) \neq 0)$$
(2) 확률의 곱셈정리
  두 사건 A, B에 대하여 $P(A) \neq 0$, $P(B) \neq 0$일 때,
$$P(A \cap B) = P(A)P(B|A)$$
$$= P(B)P(A|B)$$

4 두 사건이 독립일 조건 본문 80쪽

두 사건 A, B가 서로 독립이기 위한 필요충분조건은
$$P(A \cap B) = P(A)P(B)$$
$$(단, P(A) \neq 0, P(B) \neq 0)$$

5 독립시행의 확률 본문 84쪽

(1) 독립시행
  동전이나 주사위를 여러 번 던지는 것과 같이 동일한 시행을 반복할 때, 각 시행에서 일어나는 사건이 서로 독립인 경우에 그러한 시행을 독립시행이라 한다.
(2) 독립시행의 확률
  어떤 시행에서 사건 A가 일어날 확률이 $p \ (0 < p < 1)$일 때, 이 시행을 n번 반복하는 독립시행에서 사건 A가 r번 일어날 확률은
$${}_nC_r p^r (1-p)^{n-r} \ (단, r = 0, 1, 2, \cdots, n)$$

Ⅲ 통계

1 확률질량함수의 성질 본문 93쪽

이산확률변수 X의 확률질량함수가
$$P(X = x_i) = p_i \ (i = 1, 2, 3, \cdots, n)$$
일 때, 다음이 성립한다.
(1) $0 \leq p_i \leq 1$
(2) $p_1 + p_2 + p_3 + \cdots + p_n = 1$
(3) $P(x_i \leq X \leq x_j) = p_i + p_{i+1} + p_{i+2} + \cdots + p_j$
$$(단, j = 1, 2, 3, \cdots, n, i \leq j)$$

2 이산확률변수의 기댓값과 표준편차 본문 96~98쪽

(1) 이산확률변수 X의 기댓값(평균)
  이산확률변수 X의 확률분포가 다음 표와 같을 때,

X	x_1	x_2	x_3	$\cdots$	x_n	합계
$P(X=x_i)$	p_1	p_2	p_3	$\cdots$	p_n	1

$$x_1 p_1 + x_2 p_2 + x_3 p_3 + \cdots + x_n p_n$$
을 이산확률변수 X의 기댓값 또는 평균이라 하고, 이것을 기호로
$$E(X)$$
와 같이 나타낸다. 즉,
$$E(X) = x_1 p_1 + x_2 p_2 + x_3 p_3 + \cdots + x_n p_n$$
(2) 이산확률변수 X의 분산과 표준편차
  이산확률변수 X의 확률질량함수가
$$P(X = x_i) = p_i \ (i = 1, 2, 3, \cdots, n)$$
  이고 X의 기댓값 $E(X)$를 m이라 할 때
  ① 편차 $X - m$의 제곱의 기댓값을 확률변수 X의 분산이라 하고, 이것을 기호로 $V(X)$와 같이 나타낸다. 즉,
$$V(X) = E((X-m)^2)$$
$$= (x_1 - m)^2 p_1 + (x_2 - m)^2 p_2$$
$$+ (x_3 - m)^2 p_3 + \cdots + (x_n - m)^2 p_n$$
  이때 $V(X)$는 다음과 같이 구할 수도 있다.
$$V(X) = E(X^2) - \{E(X)\}^2$$
  ② 분산 $V(X)$의 음이 아닌 제곱근을 확률변수 X의 표준편차라 하고, 이것을 기호로 $\sigma(X)$와 같이 나타낸다. 즉,
$$\sigma(X) = \sqrt{V(X)}$$
(3) 이산확률변수 $aX + b$의 평균, 분산, 표준편차
  이산확률변수 X와 두 상수 $a \ (a \neq 0)$, b에 대하여
  ① 평균 : $E(aX + b) = aE(X) + b$
  ② 분산 : $V(aX + b) = a^2 V(X)$
  ③ 표준편차 : $\sigma(aX + b) = |a| \sigma(X)$

3 이항분포

본문 109, 110쪽

(1) 확률변수 X가 이항분포 $\mathrm{B}(n, p)$를 따를 때
$$\mathrm{E}(X)=np, \; \mathrm{V}(X)=npq, \; \sigma(X)=\sqrt{npq}$$
$$(단, q=1-p)$$

(2) 큰수의 법칙

어떤 시행에서 사건 A가 일어날 수학적 확률이 p일 때, n번의 독립시행에서 사건 A가 일어나는 횟수를 X라 하면 임의의 작은 양수 h에 대하여 n이 한없이 커질수록 확률 $\mathrm{P}\left(\left|\dfrac{X}{n}-p\right|<h\right)$는 1에 한없이 가까워진다. 이것을 큰수의 법칙이라 한다.

4 정규분포

본문 121~123쪽

(1) 정규분포 $\mathrm{N}(m, \sigma^2)$을 따르는 확률변수 X의 확률밀도함수의 그래프는 다음과 같은 성질을 갖는다.

① 직선 $x=m$에 대하여 대칭이고 x축이 점근선인 종 모양의 곡선이다.

② $x=m$일 때 최댓값을 갖는다.

③ 곡선과 x축 사이의 넓이는 1이다.

④ σ의 값이 일정할 때, m의 값이 달라지면 대칭축의 위치는 바뀌지만 곡선의 모양은 변하지 않는다.

⑤ m의 값이 일정할 때, σ의 값이 클수록 가운데 부분의 높이는 낮아지고 옆으로 퍼진 모양이 된다.

(2) 정규분포의 표준화

확률변수 X가 정규분포 $\mathrm{N}(m, \sigma^2)$을 따를 때, 확률변수
$$Z=\dfrac{X-m}{\sigma}$$
은 표준정규분포 $\mathrm{N}(0, 1)$을 따른다. 이와 같이 정규분포 $\mathrm{N}(m, \sigma^2)$을 따르는 확률변수 X를 표준정규분포 $\mathrm{N}(0, 1)$을 따르는 확률변수 Z로 바꾸는 것을 표준화라 한다.

5 이항분포와 정규분포의 관계

본문 128쪽

확률변수 X가 이항분포 $\mathrm{B}(n, p)$를 따를 때, n이 충분히 크면 X는 근사적으로 정규분포 $\mathrm{N}(np, npq)$를 따른다. (단, $q=1-p$)

6 표본평균의 분포

본문 139쪽

모평균이 m, 모표준편차가 σ인 모집단에서 크기가 n인 표본을 임의추출할 때, 표본평균 $\overline{X}$에 대하여 다음이 성립한다.

(1) $\mathrm{E}(\overline{X})=m, \; \mathrm{V}(\overline{X})=\dfrac{\sigma^2}{n}, \; \sigma(\overline{X})=\dfrac{\sigma}{\sqrt{n}}$

(2) 모집단이 정규분포 $\mathrm{N}(m, \sigma^2)$을 따르면 표본평균 $\overline{X}$는 정규분포 $\mathrm{N}\left(m, \dfrac{\sigma^2}{n}\right)$을 따른다.

(3) 모집단의 분포가 정규분포가 아닐 때도 표본의 크기 n이 충분히 크면 $\overline{X}$는 근사적으로 정규분포 $\mathrm{N}\left(m, \dfrac{\sigma^2}{n}\right)$을 따른다.

7 모평균의 추정

본문 147쪽

(1) 추정

표본에서 얻은 자료를 이용하여 모집단의 특성, 즉 모집단의 평균이나 표준편차 등과 같이 알지 못하는 값을 추측하는 것

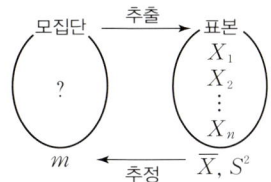

(2) 모평균의 신뢰구간

정규분포 $\mathrm{N}(m, \sigma^2)$을 따르는 모집단에서 크기가 n인 표본을 임의추출할 때, 표본평균 $\overline{X}$의 값이 $\overline{x}$이면 모평균 m의 신뢰구간은 다음과 같다.

① 신뢰도 95 %의 신뢰구간 :
$$\overline{x}-1.96\dfrac{\sigma}{\sqrt{n}}\leq m\leq\overline{x}+1.96\dfrac{\sigma}{\sqrt{n}}$$

② 신뢰도 99 %의 신뢰구간 :
$$\overline{x}-2.58\dfrac{\sigma}{\sqrt{n}}\leq m\leq\overline{x}+2.58\dfrac{\sigma}{\sqrt{n}}$$

I 경우의 수

1 원순열
본문 9쪽

(1) 원순열

서로 다른 것을 원형으로 배열하는 순열을 원순열이라 한다.

(2) 원순열의 수

서로 다른 n개를 원형으로 배열하는 원순열의 수는

$$\frac{n!}{n} = (n-1)!$$

2 중복순열
본문 14쪽

(1) 중복순열

서로 다른 n개에서 중복을 허용하여 r개를 택하는 순열을 중복순열이라 하고, 이 중복순열의 수를 기호로

$$_n\Pi_r$$

와 같이 나타낸다.

(2) 중복순열의 수

서로 다른 n개에서 r개를 택하는 중복순열의 수는

$$_n\Pi_r = n^r$$

3 같은 것이 있는 순열
본문 18쪽

n개 중 서로 같은 것이 각각 p개, q개, $\cdots$, r개씩 있을 때, n개를 일렬로 나열하는 순열의 수는

$$\frac{n!}{p!q!\cdots r!} \ (\text{단, } p+q+\cdots+r=n)$$

4 중복조합
본문 28쪽

(1) 중복조합

서로 다른 n개에서 중복을 허용하여 r개를 택하는 조합을 중복조합이라 하고, 이 중복조합의 수를 기호로

$$_n\mathrm{H}_r$$

와 같이 나타낸다.

(2) 중복조합의 수

서로 다른 n개에서 r개를 택하는 중복조합의 수는

$$_n\mathrm{H}_r = {}_{n+r-1}\mathrm{C}_r$$

5 이항정리
본문 40쪽

n이 자연수일 때, $(a+b)^n$의 전개식은

$$(a+b)^n = {}_n\mathrm{C}_0 a^n + {}_n\mathrm{C}_1 a^{n-1}b + {}_n\mathrm{C}_2 a^{n-2}b^2 + \cdots \\ + {}_n\mathrm{C}_r a^{n-r}b^r + \cdots + {}_n\mathrm{C}_n b^n$$

으로 나타낼 수 있다.

이와 같이 $(a+b)^n$의 전개식을 조합의 수를 이용하여 나타낸 것을 이항정리라 한다.

이때 각 항의 계수 $_n\mathrm{C}_0$, $_n\mathrm{C}_1$, $_n\mathrm{C}_2$, $\cdots$, $_n\mathrm{C}_r$, $\cdots$, $_n\mathrm{C}_n$을 이항계수라 하고, $_n\mathrm{C}_r a^{n-r}b^r$을 $(a+b)^n$의 전개식의 일반항이라 한다.

6 파스칼의 삼각형
본문 43쪽

자연수 n의 값이 1, 2, 3, 4, 5, $\cdots$일 때, $(a+b)^n$의 전개식에서 각 항의 이항계수를 다음 그림과 같이 삼각형 모양으로 배열한 것을 파스칼의 삼각형이라 한다.

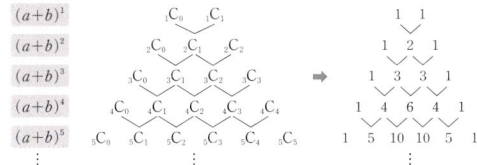

II 확률

1 확률
본문 53, 54쪽

(1) 수학적 확률

① 어떤 시행에서 사건 A가 일어날 가능성을 수로 나타낸 것을 사건 A의 확률이라 하고, 기호로 $\mathrm{P}(A)$와 같이 나타낸다.

② 표본공간이 S인 어떤 시행에서 각 근원사건이 일어날 가능성이 모두 같은 정도로 기대될 때, 사건 A가 일어날 확률 $\mathrm{P}(A)$를

$$\mathrm{P}(A) = \frac{n(A)}{n(S)}$$

로 정의하고, 이것을 표본공간 S에서 사건 A가 일어날 수학적 확률이라 한다.

(2) 통계적 확률

어떤 시행을 n번 반복할 때, 사건 A가 일어난 횟수 r_n에 대하여 n이 한없이 커짐에 따라 상대도수 $\frac{r_n}{n}$이 일정한 값 p에 가까워지면 이 값 p를 사건 A가 일어날 통계적 확률이라 한다.

(3) 확률의 기본 성질

표본공간이 S인 어떤 시행에서

① 임의의 사건 A에 대하여

$$0 \le \mathrm{P}(A) \le 1$$

② 반드시 일어나는 사건 S에 대하여

$$\mathrm{P}(S) = 1$$

③ 절대로 일어나지 않는 사건 $\varnothing$에 대하여

$$\mathrm{P}(\varnothing) = 0$$

콕! 집어내는 개념 유형 기본서

개념 PICK 유형 PICK

개념픽

확률과 통계

기획 및 집필

기획 왕재훈, 유성규, 최예나

집필 곽민수, 송상호, 안준호, 유민정, 이기섭

STAFF

발행인	김형중
컨텐츠사업부문 총괄	홍태운
퍼블리싱 총괄	노재규
기획 실장	박상윤
기획 · 개발	유병범, 황지현, 권오은, 안태균, 오형민
디자인	김정인, 조희정, 고은비, 에딩크

201905 초판 1쇄

펴낸곳 이투스교육(주) 서울시 서초구 남부순환로 2547

고객센터 1599-3225

등록번호 제2007-000035호

ISBN 979-11-6442-082-7(53410)

잠재된 가능성이 성장으로 연결되기 바라는
마음을 [개념픽]에 담았습니다.

'코이'는 환경의 영향을 매우 많이 받는 물고기입니다. 이 물고기는 어항 속에서는 최대 5~8cm까지 자라지만 연못에 방류하면 최대 15~25cm까지 성장합니다. '코이'가 강물에서 서식하게 되면 1m는 족히 넘는 대어가 된다고 합니다. 우리 학생들 모두 '성장할 수 있는 가능성'은 잠재되어 있습니다. 잠재된 가능성이 성장으로 연결되기 바라는 마음을 [개념픽]에 담았습니다.

개념

[개념픽]에서는 교과서 내용을 중심으로 학생들이 이해하기 쉽도록 [개념]을 정리했습니다. 그동안 교육 현장에서 직접 얻은 경험과 스킬은 **tip**을 통하여 학생들에게 유용하게 전달될 것입니다. 상세한 내용은 **설명**에서 한 번 더 확인할 수 있으며, **CHECK**를 통하여 한번 더 내용을 확인하는 과정이 될 것입니다. [개념픽]을 통하여 학생들이 자신의 '가능성'을 발견하고, 나아가 그것을 '능력'으로 발현할 수 있기를 바랍니다. 한 단계, 한 단계 성취할 때마다 더 성장하는 자신의 모습을 학생 스스로 느낄 수 있기를 소망합니다. **곽민수선생님**

유형

핵심 개념에 대한 유형 문제 중 시험에 자주 출제되는 대표 유형 문제들을 다양하게 엄선하여 실었습니다. 개념 학습 후, 대표 유형 문제들을 차근차근 풀어간다면 개념을 정확하게 이해하고 있는지 스스로 확인할 수 있고, 이해가 부족하여 추가 학습이 필요한 부분이 무엇인지도 스스로 판단할 수 있을 것입니다. [개념픽]에는 수학적 실력을 완성케 하는 마법이 담겨있지는 않습니다. 하지만 수학에 대한 두려움을 없애 주고 끝까지 포기하지 않게 하여 수학적 기본을 탄탄히 다지는데에 도움을 줄 수 있는 좋은 친구이자 현명한 선생이 되어줄 것입니다. **송상호선생님**

체크

난이도의 높고 낮음을 떠나 모든 문항은 그 자체로 제시하고자 하는 유형과 접근법이 있으므로 아는 문제라도 꼼꼼히 학습해야 합니다. 개념 학습과 유형 학습 뿐 아니라 필수 유형의 유사 문항과 발전 문항으로 구성된 **체크**를 통하여 여러분 스스로 이해한 개념과 유형을 확인할 수 있을 것입니다. 아는 개념 혹은 쉬운 문항이라고 해서 눈으로만 보고 넘어가는 경솔함보다는 개념과 문항을 꼼꼼히 확인하는 습관으로 여러분의 수학 학습 능력을 향상시키기 바랍니다. **안준호선생님**

선생님의 출제 point

앞에서는 개념을 익히고 **체크**를 통하여 문제해결 능력을 길렀을 것입니다. 어떠한 문제를 출제할 때에는 그와 관련된 개념을 잘 이해하고 숙지하여 문제에 적용할 수 있는지를 파악하기 위해 복합적인 유형의 문제를 출제합니다. **선생님의 출제 point**를 통하여 통합적 사고력을 키우고, 빈출 유형을 연습하면 실전 감각을 익히고 파악할 수 있을 것입니다. **유민정선생님**

연습 문제

수학을 공부할 때에는 여러 가지 중요한 요소가 있지만 그중 하나가 이해한 부분이 정말 맞는지 확인하는 일입니다. 무작정 풀이를 따라하는 것이 아니라 본인이 스스로 생각하고, 자신의 생각이 맞는지를 항상 확인하며 비판력을 키울 수 있어야 합니다. [개념픽]에서는 이러한 능력을 키우는데에 필요한 문제들을 **연습 문제**에 담았습니다.

앞서 연습한 **유형**, **체크**와 유사한 문항을 통하여 내가 이해한 개념이 맞는지, 만약 틀렸다면 어느 부분이 잘못되었는지를 확인할 수 있으며, 최종적으로 실전문제에 도전하여 자신의 생각에 대한 비판력을 키워나갈 수 있을 것입니다. **이기섭선생님**

Structure

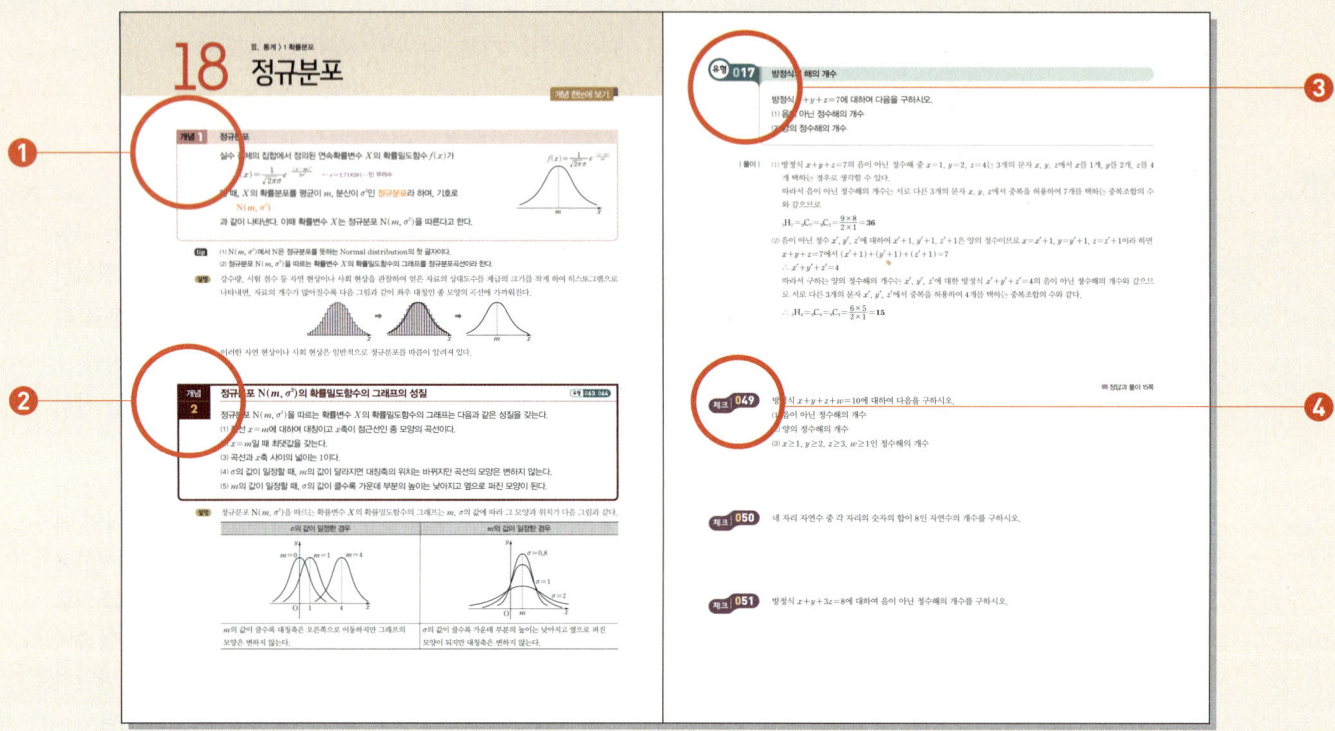

개념 한눈에 보기

❶ 각 단원마다 중요한 개념, 기본 공식, 정의 등을 한눈에 볼 수 있도록 간단, 명료하게 정리하였습니다. 또한, **tip**, **설명**, **CHECK** 등의 부가 설명을 통하여 개념을 더 명확하게 눈으로 확인할 수 있도록 구성하였습니다.

❷ 교과서의 핵심 개념을 한눈에 볼 수 있도록 다른 개념 BOX 와 구분하여 찾아보기 기능을 강화하였습니다.

유형과 체크

❸ 개념의 기초와 핵심 포인트를 가장 잘 보여줄 수 있는 문제로 구성하여 개념을 정확히 이해했는지 확인할 수 있도록 하였습니다.

❹ 같은 개념의 유사 문제 및 변형, 발전 문제를 제공하여 해당 유형에 관련된 개념을 충분히 익힐 수 있도록 하였습니다. **유형**과, **체크** 문제를 통하여 내신 대표 유형을 모두 학습할 수 있도록 하였습니다.

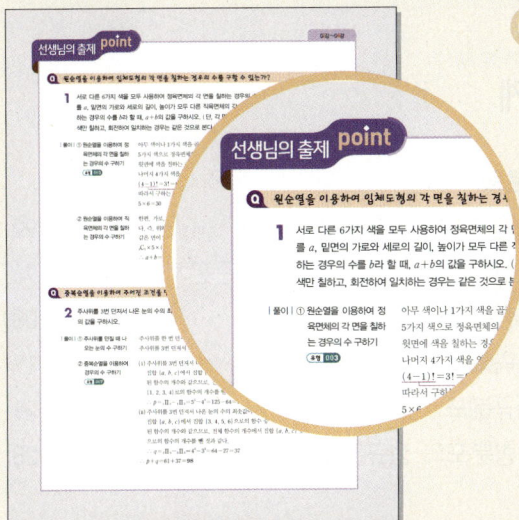

선생님의 출제 point

- 앞에서 학습한 유형 문제들의 통합 문제를 통하여
  선생님들은 어떻게 개념들을 조합하여 출제하는지 보여주고,
  수학적인 사고력을 확장할 수 있도록 하였습니다.

연습 문제

- 앞에서 배운 내용, 유형의 발전 문제, 기출 문제들로 구성하여
  배운 내용을 마무리할 수 있도록 구성하였습니다.

- 기출 문제를 제공하여 최근의 출제 경향을 파악할 수 있습니다.

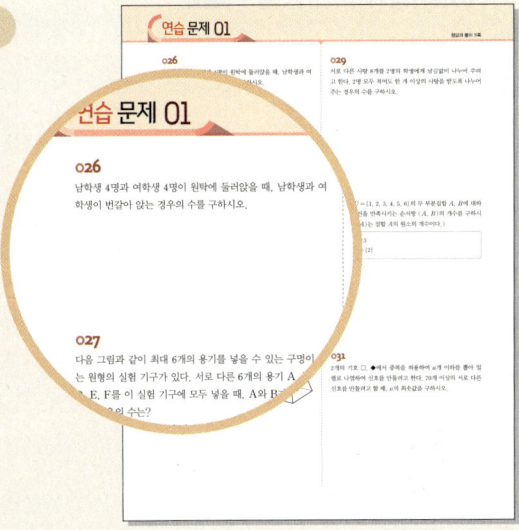

정답과 풀이

- 교육과정에서 요하는 내용을 담는 풀이로 이해하기 쉽도록 구성하였습니다.

- Tip을 통하여 앞에서 배운 내용 또는 문제해결의 실마리가 되는 것을 언급하였습니다.

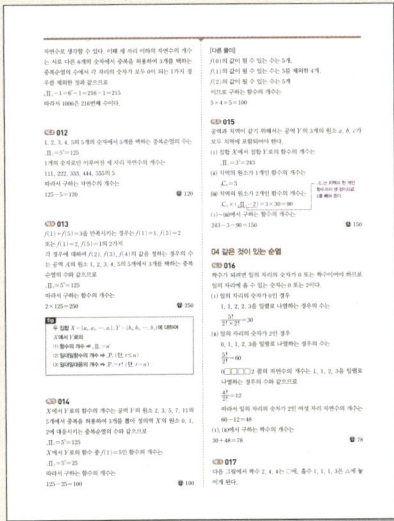

Contents

이 단원에서는
- 원순열, 중복순열, 같은 것이 있는 순열을 이해하고, 그 순열의 수를 구할 수 있다.
- 중복조합을 이해하고, 중복조합의 수를 구할 수 있다.
- 이항정리를 이해하고 이를 이용하여 문제를 해결할 수 있다.

I

경우의 수

1 순열과 조합

2 이항정리

01 순열과 조합

개념 1 합의 법칙과 곱의 법칙 수학 (하)

(1) 두 사건 A, B가 동시에 일어나지 않을 때, 사건 A와 사건 B가 일어나는 경우의 수가 각각 m, n이면 사건 A 또는 사건 B가 일어나는 경우의 수는

$m+n$

이다. 이것을 합의 법칙이라 한다.

(2) 두 사건 A, B에 대하여 사건 A가 일어나는 경우의 수가 m이고 그 각각에 대하여 사건 B가 일어나는 경우의 수가 n일 때, 두 사건 A, B가 동시에(잇달아) 일어나는 경우의 수는

$m \times n$

이다. 이것을 곱의 법칙이라 한다.

tip (1) 두 사건 A, B가 일어나는 경우의 수가 각각 m, n이고 두 사건 A, B가 동시에 일어나는 경우의 수가 l일 때, 사건 A 또는 사건 B가 일어나는 경우의 수는 $m+n-l$이다.
(2) 합의 법칙은 어느 두 사건도 동시에 일어나지 않는 셋 이상의 사건에 대해서도 성립하고, 곱의 법칙은 동시에(잇달아) 일어나는 셋 이상의 사건에 대해서도 성립한다.

개념 2 순열과 조합 수학 (하)

(1) 순열

서로 다른 n개에서 r $(0 < r \le n)$개를 택하여 일렬로 나열하는 것을 n개에서 r개를 택하는 순열이라 하고, 이 순열의 수를 기호로

$_{n}\mathrm{P}_{r}$

와 같이 나타낸다.

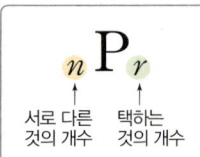

서로 다른 것의 개수 / 택하는 것의 개수

(2) 순열의 수

① 서로 다른 n개에서 r개를 택하는 순열의 수는 $_{n}\mathrm{P}_{r} = \underbrace{n(n-1)(n-2) \times \cdots \times (n-r+1)}_{r개}$

② $_{n}\mathrm{P}_{n} = n(n-1)(n-2) \times \cdots \times 2 \times 1 = n!$

③ $_{n}\mathrm{P}_{r} = \dfrac{n!}{(n-r)!}$ (단, $0 \le r \le n$)

④ $_{n}\mathrm{P}_{0} = 1$, $0! = 1$

(3) 조합

서로 다른 n개에서 r $(0 < r \le n)$개를 택하는 것을 n개에서 r개를 택하는 조합이라 하고, 이 조합의 수를 기호로

$_{n}\mathrm{C}_{r}$

와 같이 나타낸다.

서로 다른 것의 개수 / 택하는 것의 개수

(4) 조합의 수

① 서로 다른 n개에서 r개를 택하는 조합의 수는 $_{n}\mathrm{C}_{r} = \dfrac{_{n}\mathrm{P}_{r}}{r!} = \dfrac{n!}{r!(n-r)!}$ (단, $0 \le r \le n$)

② $_{n}\mathrm{C}_{0} = 1$, $_{n}\mathrm{C}_{n} = 1$, $_{n}\mathrm{C}_{1} = n$

③ $_{n}\mathrm{C}_{r} = {}_{n}\mathrm{C}_{n-r}$ (단, $0 \le r \le n$)

tip (1) 1부터 n까지의 자연수를 차례대로 곱한 것을 n의 계승이라 하고, 이것을 기호로 $n!$과 같이 나타낸다.
(2) 순열과 조합 사이에는 $_{n}\mathrm{P}_{r} = {}_{n}\mathrm{C}_{r} \times r!$의 관계가 성립한다.

02 원순열

I. 경우의 수 > 1 순열과 조합

개념 한눈에 보기

개념 1 | **원순열** 유형 001. 002. 003

(1) 원순열

서로 다른 것을 원형으로 배열하는 순열을 **원순열**이라 한다.

(2) 원순열의 수

서로 다른 n개를 원형으로 배열하는 원순열의 수는

$$\frac{n!}{n} = (n-1)!$$

---

tip (1) 원순열에서는 회전하였을 때 배열이 일치하는 것은 모두 같은 경우로 본다. 따라서 서로 다른 n개를 원형으로 배열하는 원순열의 수는 n개 중 어느 특정한 하나의 자리를 고정시킬 때, 나머지 $(n-1)$개를 일렬로 나열하는 순열의 수와 같으므로 $(n-1)!$로 생각할 수 있다.

(2) 서로 다른 n개에서 r개를 택하여 원형으로 배열하는 원순열의 수는 $\dfrac{{}_n\mathrm{P}_r}{r} = \dfrac{n!}{r(n-r)!}$이다.

설명 4명의 학생 A, B, C, D가 원형으로 둘러앉는 경우를 생각해 보자.

다음 네 가지는 서로 다른 것처럼 보이지만 회전하면 배열이 일치하므로 모두 같은 경우로 본다.

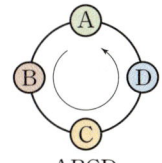   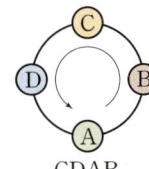   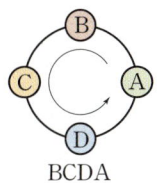

ABCD   DABC   CDAB   BCDA

즉, 4명의 학생이 일렬로 앉는 경우의 수는 4!이지만, 위의 그림처럼 원형으로 둘러앉는다면 회전하여 같아지는 배열이 4가지씩 생긴다.

따라서 4명의 학생이 원형으로 둘러앉는 경우의 수는

$$\frac{4!}{4} = (4-1)! = 3! = 6$$

이다. 일반적으로 서로 다른 n개를 일렬로 나열하는 순열의 수는 $n!$이지만, 이를 원형으로 배열하면 회전하여 같아지는 배열이 n가지씩 있으므로 원순열의 수는 순열의 수의 $\dfrac{1}{n}$이 된다. 즉, 서로 다른 n개를 원형으로 배열하는 원순열의 수는 다음과 같이 나타낼 수 있다.

$$\frac{n!}{n} = (n-1)!$$

CHECK 서로 다른 6개의 깃발이 있을 때, 다음을 구하시오.

(1) 6개의 깃발을 원형으로 배열하는 경우의 수

(2) 6개의 깃발 중 4개를 택하여 원형으로 배열하는 경우의 수

풀이 (1) $(6-1)! = 5! = \mathbf{120}$

(2) $\dfrac{{}_6\mathrm{P}_4}{4} = \dfrac{6 \times 5 \times 4 \times 3}{4} = \mathbf{90}$

ᴑ 다각형으로 배열하는 경우의 수

서로 다른 n개를 다각형으로 배열하는 경우의 수는

$$(\,n개를\ 배열하는\ 원순열의\ 수)\times(특정한\ 하나를\ 고정시킬\ 수\ 있는\ 자리의\ 수)$$

또는

$$(\,n개를\ 나열하는\ 순열의\ 수)\div(회전하여\ 일치하는\ 배열의\ 수)$$

로 계산할 수 있다.

예 정삼각형 모양의 탁자에 한 변에 2명씩 6명이 둘러앉는 경우의 수를 구해 보자.

(단, 회전하여 일치하는 경우는 같은 것으로 본다.)

방법1 6명이 원형으로 둘러앉는 경우의 수는 $(6-1)!$이다. 이때 다음 그림과 같이 원형으로 둘러앉는 한 가지 경우를 정삼각형 모양으로 배열하면 특정한 한 사람이 앉는 위치에 따라 서로 다른 배열이 2가지씩 존재한다.

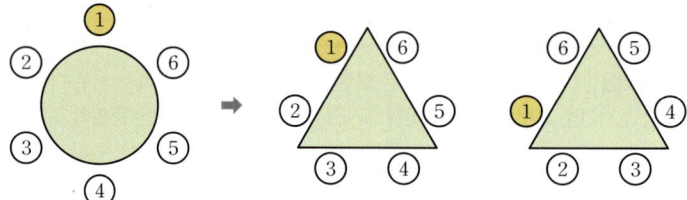

따라서 6명이 원형으로 둘러앉는 각 경우에 대하여 특정한 한 사람이 앉는 위치에 따라 서로 다른 배열이 2가지씩 존재하므로 정삼각형 모양의 탁자에 6명이 둘러앉는 경우의 수는

$$(6-1)!\times2=240$$

방법2 6명을 일렬로 나열하는 경우의 수는 $6!$이다. 이때 다음의 3가지 경우는 순열에서는 모두 다른 경우이지만 정삼각형 모양으로 배열하면 회전하여 일치하므로 모두 같은 경우이다.

$$(1,2,3,4,5,6) \qquad (5,6,1,2,3,4) \qquad (3,4,5,6,1,2)$$

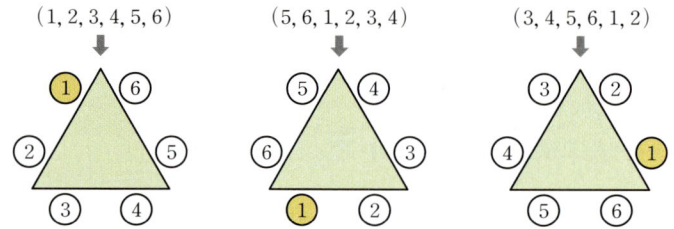

따라서 정삼각형 모양의 탁자에 6명이 둘러앉는 경우의 수는

$$6!\div3=6!\times\frac{1}{3}=240$$

CHECK 오른쪽 그림과 같은 정사각형 모양의 탁자에 8명이 둘러앉는 경우의 수를 구하시오.

(단, 회전하여 일치하는 경우는 같은 것으로 본다.)

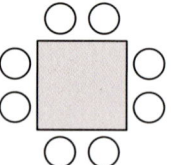

풀이 8명이 원형으로 둘러앉는 경우의 수는

$$(8-1)!=7!$$

이때 원형으로 둘러앉는 각 경우에 대하여 다음 그림과 같이 특정한 한 사람이 앉는 위치에 따라 서로 다른 배열이 2가지씩 존재한다.

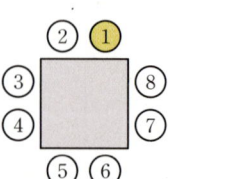
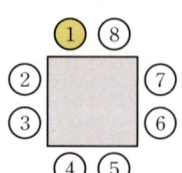

따라서 구하는 경우의 수는

$$7!\times2=\textbf{10080}$$

남학생 4명과 여학생 2명이 원탁에 둘러앉을 때, 다음을 구하시오.

(1) 여학생끼리 이웃하여 앉는 경우의 수

(2) 여학생 2명이 마주 보고 앉는 경우의 수

| 풀이 |

(1) 여학생 2명을 한 사람으로 생각하면 모두 5명이고, 이들이 원탁에 둘러앉는 경우의 수는

$(5-1)!=4!=24$

이때 각 경우에 대하여 여학생 2명이 서로 자리를 바꾸는 경우의 수는

$2!=2$

따라서 구하는 경우의 수는

$24 \times 2 = \mathbf{48}$

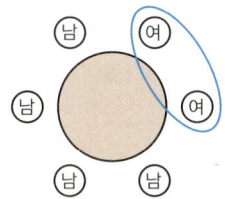

(2) 여학생 2명이 마주 보고 앉은 후, 남학생 4명이 나머지 4자리에 한 명씩 앉으면 되므로 구하는 경우의 수는

$4! = \mathbf{24}$

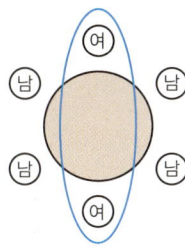

| 다른 풀이 |

(2) 여학생 한 명의 자리가 결정되면 다른 여학생의 자리는 마주 보는 자리로 고정되므로 구하는 경우의 수는 남학생 4명과 여학생 1명의 5명이 원탁에 둘러앉는 경우의 수와 같다.

$\therefore (5-1)!=4!=\mathbf{24}$

■ 정답과 풀이 7쪽

체크 001   4쌍의 부부 A, B, C, D가 원탁에 둘러앉을 때, 다음을 구하시오.

(1) 부부끼리 이웃하여 앉는 경우의 수

(2) A부부가 부부끼리 마주 보고 앉는 경우의 수

체크 002   오른쪽 그림과 같이 한 칸에 한 명씩 총 8명이 탈 수 있는 원형 놀이기구가 있다. 시후와 시연이를 포함한 8명이 이 놀이기구를 타려고 할 때, 다음을 구하시오.

(단, 지지대는 무시하고, 회전하여 일치하는 경우는 같은 것으로 본다.)

(1) 시후와 시연이가 이웃하지 않게 타는 경우의 수

(2) 시후와 시연이 사이에 다른 한 명이 타는 경우의 수

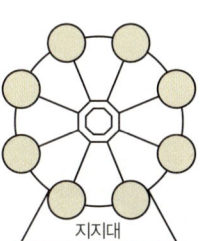

오른쪽 그림과 같은 직사각형 모양의 탁자에 10명의 학생이 둘러앉는 경우의 수가
$9! \times a$일 때, 상수 a의 값을 구하시오.
　　　　　　　　　　　　　(단, 회전하여 일치하는 경우는 같은 것으로 본다.)

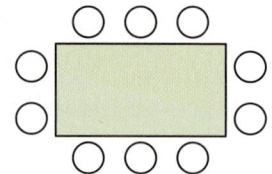

| 풀이 | 10명의 학생이 원탁에 둘러앉는 경우의 수는 $(10-1)! = 9!$

이때 원탁에 둘러앉는 각 경우에 대하여 다음 그림과 같이 특정한 한 사람이 앉는 위치에 따라 서로 다른 배열이 5가지씩 존재한다.

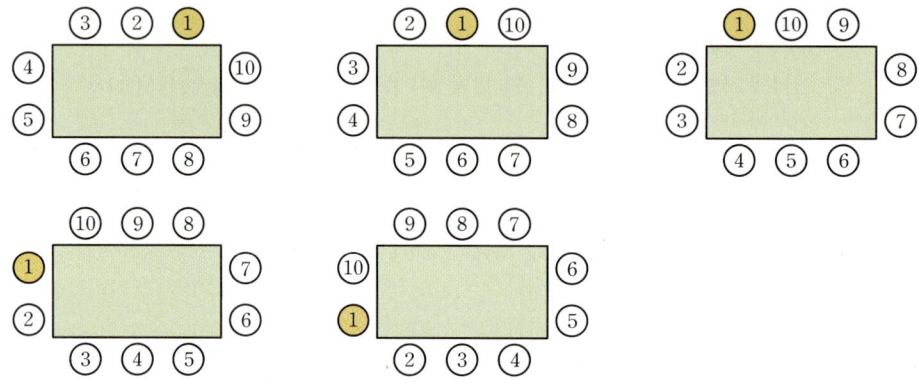

따라서 직사각형 모양의 탁자에 10명의 학생이 둘러앉는 경우의 수는 $9! \times 5$이므로 $a=\mathbf{5}$

| 다른 풀이 | 10명의 학생을 일렬로 나열하는 순열의 수는 $10!$이다. 이때 다음의 2가지 경우는 순열에서는 서로 다른 경우이지만 직사각형 모양으로 배열하면 $180°$ 회전하여 일치하므로 서로 같은 경우이다.

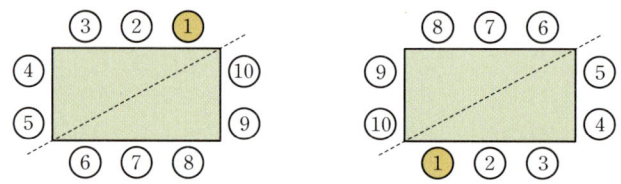

따라서 직사각형 모양의 탁자에 10명의 학생이 둘러앉는 경우의 수는 $10! \div 2 = 10! \times \dfrac{1}{2} = 9! \times 5$이므로 $a=\mathbf{5}$

■ 정답과 풀이 7쪽

체크 003　오른쪽 그림과 같은 직사각형 모양의 탁자에 6명이 둘러앉는 경우의 수를 구하시오.
　　　　　　　　　　　　(단, 회전하여 일치하는 경우는 같은 것으로 본다.)

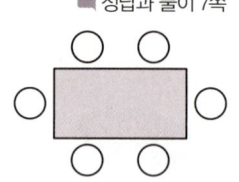

체크 004　오른쪽 그림과 같은 정오각형 모양의 탁자에 10명이 둘러앉는 경우의 수가 $8! \times k$일 때,
　　　　상수 k의 값을 구하시오. (단, 회전하여 일치하는 경우는 같은 것으로 본다.)

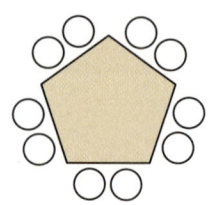

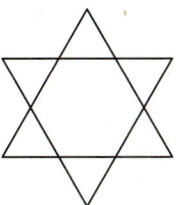

유형 003 도형에 색칠하는 경우의 수

오른쪽 그림과 같이 정육각형의 각 변을 연장하여 만든 도형의 7개의 영역을 서로 다른 7가지 색을 모두 사용하여 칠하는 경우의 수를 구하시오.

(단, 각 영역에는 한 가지 색만 칠하고, 회전하여 일치하는 경우는 같은 것으로 본다.)

| 풀이 | 가운데 정육각형을 칠하는 경우의 수는

$$_7C_1=7$$

나머지 6개의 정삼각형을 칠하는 경우의 수는 가운데 정육각형에 칠한 색을 제외한 나머지 6가지 색을 원형으로 배열하는 원순열의 수와 같으므로

$$(6-1)!=5!=120$$

따라서 구하는 경우의 수는

$$7\times120=\mathbf{840}$$

■ 정답과 풀이 8쪽

체크 005 오른쪽 그림과 같이 정삼각형을 4등분한 4개의 영역을 서로 다른 4가지 색을 모두 사용하여 칠하는 경우의 수를 구하시오.

(단, 각 영역에는 한 가지 색만 칠하고, 회전하여 일치하는 경우는 같은 것으로 본다.)

체크 006 오른쪽 그림과 같은 정사각뿔의 각 면을 서로 다른 5가지 색을 모두 사용하여 칠하는 경우의 수를 구하시오.

(단, 각 면에는 한 가지 색만 칠하고, 회전하여 일치하는 경우는 같은 것으로 본다.)

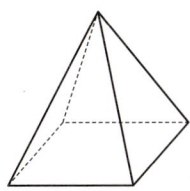

체크 007 오른쪽 그림과 같은 원판의 6개의 각 영역을 서로 다른 6가지 색을 모두 사용하여 칠하는 경우의 수를 구하시오.

(단, 각 영역에는 한 가지 색만 칠하고, 회전하여 일치하는 경우는 같은 것으로 본다.)

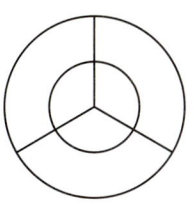

| 개념 1 | 중복순열 | 유형 004. 005. 006. 007 |

(1) 중복순열

서로 다른 n개에서 중복을 허용하여 r개를 택하는 순열을 **중복순열**이라 하고, 이 중복순열의 수를 기호로

$$_n\Pi_r$$

와 같이 나타낸다.

(2) 중복순열의 수

서로 다른 n개에서 r개를 택하는 중복순열의 수는

$$_n\Pi_r = n^r$$

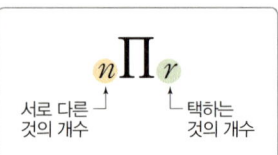

서로 다른 것의 개수 ⎦ $_n\Pi_r$ ⎦ 택하는 것의 개수

tip (1) $_n\Pi_r$의 Π는 곱을 뜻하는 Product의 첫 글자 P에 해당하는 그리스 문자로 '파이'라 읽는다.

(2) 순열의 수 $_n\mathrm{P}_r$에서는 $n \geq r$이어야 하지만, 중복순열의 수 $_n\Pi_r$에서는 중복하여 택할 수 있으므로 $n < r$일 수도 있다.

설명 서로 다른 n개에서 중복을 허용하여 r개를 택하여 일렬로 나열할 때, 첫 번째, 두 번째, 세 번째, $\cdots$, r번째에 올 수 있는 경우는 각각 n가지씩이다.

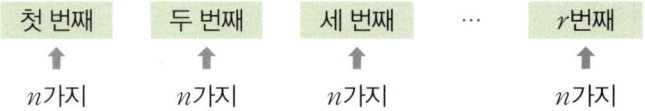

첫 번째	두 번째	세 번째	$\cdots$	r번째
↑	↑	↑		↑
n가지	n가지	n가지		n가지

따라서 곱의 법칙에 의하여 중복순열의 수 $_n\Pi_r$는 다음과 같다.

$$_n\Pi_r = \underbrace{n \times n \times n \times \cdots \times n}_{r\text{개}} = n^r$$

CHECK 다음 물음에 답하시오.

(1) 5개의 숫자 1, 3, 5, 7, 9에서 중복을 허용하여 만들 수 있는 세 자리 자연수의 개수를 구하시오.

(2) 2가지 부호 •, −에서 중복을 허용하여 4개를 뽑아 일렬로 나열하여 만들 수 있는 신호의 개수를 구하시오.

풀이 (1) 구하는 자연수의 개수는 서로 다른 5개에서 3개를 택하는 중복순열의 수와 같으므로

$$_5\Pi_3 = 5^3 = \mathbf{125}$$

(2) 구하는 신호의 개수는 서로 다른 2개에서 4개를 택하는 중복순열의 수와 같으므로

$$_2\Pi_4 = 2^4 = \mathbf{16}$$

유형 004 중복순열의 수

다음 물음에 답하시오.

(1) 여행을 떠난 5인 가족이 한 호텔의 3개의 방 201호, 202호, 203호에 투숙하는 경우의 수를 구하시오.

(단, 각 방의 투숙 인원 수의 제한은 없으며, 빈 방이 있을 수도 있다.)

(2) 7명의 유권자가 2명의 후보 중 한 명에게 각각 투표하는 경우의 수를 구하시오.

(단, 기명 투표이고, 기권이나 무효표는 없는 것으로 한다.)

| 풀이 | (1) 구하는 경우의 수는 서로 다른 3개에서 5개를 택하는 중복순열의 수와 같으므로

$$_3\Pi_5=3^5=\mathbf{243}$$

(2) 구하는 경우의 수는 서로 다른 2개에서 7개를 택하는 중복순열의 수와 같으므로

$$_2\Pi_7=2^7=\mathbf{128}$$

유형 005 신호 만들기

빨간색, 파란색, 노란색의 3가지 깃발이 있다. 깃발을 2번 이상 4번 이하로 들어 올려서 만들 수 있는 서로 다른 신호의 개수를 구하시오. (단, 두 개 이상의 깃발을 동시에 들어 올리지 않는다.)

| 풀이 | 깃발을 2번 들어 올려서 만들 수 있는 신호의 개수는 $_3\Pi_2=3^2=9$

깃발을 3번 들어 올려서 만들 수 있는 신호의 개수는 $_3\Pi_3=3^3=27$

깃발을 4번 들어 올려서 만들 수 있는 신호의 개수는 $_3\Pi_4=3^4=81$

따라서 구하는 신호의 개수는

$9+27+81=\mathbf{117}$

■ 정답과 풀이 8쪽

체크 008 다음 물음에 답하시오.

(1) 서로 다른 6통의 편지를 3개의 우체통 A, B, C에 넣는 경우의 수를 구하시오.

(단, 한 통의 편지도 넣지 않는 우체통이 있을 수도 있다.)

(2) ○, ×로 답하는 10개의 문제에 임의로 답하는 경우의 수를 구하시오. (단, 비어 있는 답안은 없다.)

체크 009 서로 다른 n개의 공을 서로 다른 3개의 주머니에 담는 경우의 수가 243일 때, 이 n개의 공을 서로 다른 2개의 주머니에 담는 경우의 수를 구하시오. (단, 빈 주머니가 있을 수도 있다.)

체크 010 일렬로 나열된 전구 7개를 각각 켜거나 꺼서 만들 수 있는 신호의 개수를 구하시오.

(단, 전구는 동시에 켜지고, 모든 전구가 꺼진 경우는 제외한다.)

다음 물음에 답하시오.

(1) 5개의 숫자 0, 1, 2, 3, 4에서 중복을 허용하여 만들 수 있는 네 자리 자연수의 개수를 구하시오.

(2) 6개의 숫자 0, 1, 2, 3, 4, 5에서 중복을 허용하여 만들 수 있는 네 자리 자연수 중 짝수의 개수를 구하시오.

| 풀이 | (1) 천의 자리에는 0이 올 수 없으므로 천의 자리에 올 수 있는 숫자는

1, 2, 3, 4의 4가지

백의 자리, 십의 자리, 일의 자리에는 0, 1, 2, 3, 4의 5개의 숫자에서 중복을 허용하여 3개를 뽑아 일렬로 나열하면 되므로

$_5\Pi_3 = 5^3 = 125$

따라서 구하는 자연수의 개수는

$4 \times 125 = \mathbf{500}$

(2) 짝수가 되려면 일의 자리의 숫자가 0 또는 짝수이어야 하므로 일의 자리에 올 수 있는 숫자는

0, 2, 4의 3가지

천의 자리에는 0이 올 수 없으므로 천의 자리에 올 수 있는 숫자는

1, 2, 3, 4, 5의 5가지

백의 자리, 십의 자리에는 0, 1, 2, 3, 4, 5의 6개의 숫자에서 중복을 허용하여 2개를 뽑아 일렬로 나열하면 되므로

$_6\Pi_2 = 6^2 = 36$

따라서 구하는 짝수의 개수는

$3 \times 5 \times 36 = \mathbf{540}$

■ 정답과 풀이 8쪽

 6개의 숫자 0, 1, 2, 3, 4, 5에서 중복을 허용하여 만든 자연수를 크기가 작은 것부터 순서대로 나열할 때, 1000은 몇 번째 수인지 구하시오.

 5개의 숫자 1, 2, 3, 4, 5에서 중복을 허용하여 만들 수 있는 세 자리 자연수 중 적어도 2개의 서로 다른 숫자로 이루어진 것의 개수를 구하시오.

두 집합 $X = \{a, b, c\}$, $Y = \{1, 2, 3, 4\}$에 대하여 다음을 구하시오.

(1) X에서 Y로의 함수의 개수

(2) X에서 Y로의 일대일함수의 개수

| 풀이 | (1) X에서 Y로의 함수의 개수는 공역 Y의 원소 1, 2, 3, 4의 4개에서 중복을 허용하여 3개를 뽑아 정의역 X의 원소 a, b, c에 대응시키는 중복순열의 수와 같으므로

$${}_4\Pi_3 = 4^3 = \mathbf{64}$$

(2) X에서 Y로의 일대일함수의 개수는 공역 Y의 원소 1, 2, 3, 4의 4개에서 서로 다른 3개를 뽑아 정의역 X의 원소 a, b, c에 대응시키는 순열의 수와 같으므로

$${}_4\mathrm{P}_3 = \mathbf{24}$$

■ 정답과 풀이 9쪽

 **013** 집합 $A = \{1, 2, 3, 4, 5\}$에 대하여 A에서 A로의 함수 f 중 $f(1) + f(5) = 3$을 만족시키는 함수의 개수를 구하시오.

체크 **014** 두 집합 $X = \{0, 1, 2\}$, $Y = \{2, 3, 5, 7, 11\}$에 대하여 X에서 Y로의 함수 f 중 $f(1) \neq 5$인 함수의 개수를 구하시오.

체크 **015** 집합 $X = \{1, 2, 3, 4, 5\}$에서 집합 $Y = \{a, b, c\}$로의 함수 중 공역과 치역이 같은 함수의 개수를 구하시오.

04 같은 것이 있는 순열

개념 1 **같은 것이 있는 순열** 유형 008, 009, 010, 011, 012

n개 중 서로 같은 것이 각각 p개, q개, $\cdots$, r개씩 있을 때, n개를 일렬로 나열하는 순열의 수는

$$\frac{n!}{p!q!\cdots r!} \ (단, p+q+\cdots+r=n)$$

설명 두 문자 a, b에 대하여 3개의 a와 2개의 b를 일렬로 나열하는 순열의 수를 구해 보자.

3개의 a를 구별하여 a_1, a_2, a_3으로, 2개의 b를 구별하여 b_1, b_2로 나타내면 이 5개를 일렬로 나열하는 경우의 수는

$$_5\mathrm{P}_5 = 5!$$

이다. 그런데 번호의 구별이 없다면 다음 그림과 같이 $(3! \times 2!)$가지의 순열은 모두 $aaabb$와 같음을 알 수 있다.

$$
3!\left\{
\begin{array}{ccccc}
a_1 & a_2 & a_3 & b_1 & b_2 \\
a_1 & a_3 & a_2 & b_1 & b_2 \\
a_2 & a_1 & a_3 & b_1 & b_2 \\
a_2 & a_3 & a_1 & b_1 & b_2 \\
a_3 & a_1 & a_2 & b_1 & b_2 \\
a_3 & a_2 & a_1 & b_1 & b_2 \\
\end{array}
\right.
\qquad
\begin{array}{ccccc}
a_1 & a_2 & a_3 & b_2 & b_1 \\
a_1 & a_3 & a_2 & b_2 & b_1 \\
a_2 & a_1 & a_3 & b_2 & b_1 \\
a_2 & a_3 & a_1 & b_2 & b_1 \\
a_3 & a_1 & a_2 & b_2 & b_1 \\
a_3 & a_2 & a_1 & b_2 & b_1 \\
\end{array}
\quad \Rightarrow \quad aaabb
$$

$$\underbrace{}_{2!}$$

이와 같이 생각하면 3개의 a와 2개의 b를 일렬로 나열하는 순열의 수는 다음과 같이 계산할 수 있다.

$$\frac{5!}{3! \times 2!} = 10$$

일반적으로 n개 중 서로 같은 것이 각각 p개, q개, $\cdots$, r개씩 있을 때, n개를 일렬로 나열하는 순열의 수는 다음과 같이 구한다.

$$\frac{n!}{p!q!\cdots r!} \ (단, p+q+\cdots+r=n)$$

CHECK ETOOS의 5개의 문자를 일렬로 나열하는 경우의 수를 구하시오.

풀이 5개의 문자 중 서로 같은 문자인 O가 2개 있으므로 구하는 경우의 수는

$$\frac{5!}{2!} = \mathbf{60}$$

◎ 순서가 정해진 순열의 수

서로 다른 n개 중 특정한 r개의 순서가 정해졌을 때, n개를 일렬로 나열하는 순열의 수는

$$\frac{n!}{r!}$$

예 1부터 5까지의 자연수를 일렬로 나열할 때, 홀수는 작은 수부터 차례대로 놓는 경우의 수를 구해 보자.

방법1 같은 것이 있는 순열의 수를 이용

주어진 조건에 의하여 홀수 1, 3, 5는 이 순서대로 나열해야 하므로 1, 3, 5를 모두 A로 생각하여 A, 2, A, 4, A를 일렬로 나열한 후, 첫 번째 A를 1로, 두 번째 A를 3으로, 세 번째 A를 5로 바꾸면 된다.
따라서 구하는 경우의 수는 5개 중 서로 같은 것이 3개 있을 때, 5개를 일렬로 나열하는 순열의 수와 같으므로

$$\frac{5!}{3!} = 20$$

방법2 조합을 이용

홀수 1, 3, 5의 순서가 정해져 있으므로 일렬로 나열하는 5자리 중 1, 3, 5를 넣을 3자리를 택하는 경우의 수는 $_5C_3 = 10$
남은 2자리에 나머지 두 수 2, 4를 넣는 경우의 수는 $2! = 2$
따라서 구하는 경우의 수는

$$10 \times 2 = 20$$

◎ 최단 거리로 가는 경우의 수

오른쪽 그림과 같이 가로 m칸, 세로 n칸의 격자 모양으로 주어진 도로가 있을 때, A 지점에서 B 지점까지 최단 거리로 가는 경우의 수는

$$\frac{(m+n)!}{m!n!}$$

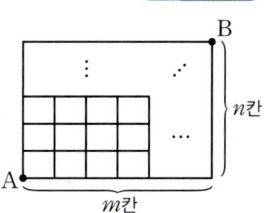

예 오른쪽 그림과 같은 격자 모양의 도로망이 주어졌을 때, A 지점에서 B 지점까지 최단 거리로 가는 경우의 수를 구해 보자.

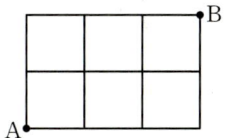

방법1 같은 것이 있는 순열의 수를 이용

오른쪽으로 한 칸 가는 것을 a, 위쪽으로 한 칸 가는 것을 b라 하자.
이때 A 지점에서 B 지점까지 최단 거리로 가는 경우의 수는 3개의 a와 2개의 b를 일렬로 나열하는 순열의 수와 같다.
따라서 구하는 경우의 수는

$$\frac{5!}{3! \times 2!} = 10$$

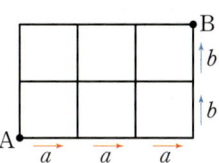

방법2 합의 법칙을 이용

A 지점을 출발하여 각 지점에 이르는 최단 거리로 가는 경우의 수를 세어 합의 법칙을 이용하면 A 지점에서 B 지점까지 최단 거리로 가는 경우의 수는 10이다.

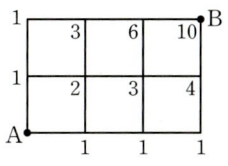

유형 008 같은 것이 있는 순열 − 자연수의 개수

다음을 구하시오.
(1) 6개의 숫자 0, 1, 1, 2, 2, 2를 모두 사용하여 만들 수 있는 여섯 자리 자연수의 개수
(2) 5개의 숫자 2, 2, 2, 3, 3에서 4개를 택하여 만들 수 있는 네 자리 자연수의 개수

| 풀이 | (1) 0, 1, 1, 2, 2, 2를 일렬로 나열하는 경우의 수는

$$\frac{6!}{2! \times 3!} = 60$$

0□□□□□ 꼴의 자연수의 개수는 0을 제외한 나머지 5개의 숫자를 일렬로 나열하는 경우의 수와 같으므로

$$\frac{5!}{2! \times 3!} = 10$$

따라서 구하는 여섯 자리 자연수의 개수는

$$60 - 10 = \textbf{50}$$

(2) 2, 2, 2, 3, 3에서 4개의 숫자를 택하는 경우는 2, 2, 2, 3과 2, 2, 3, 3의 2가지이다.

(i) 2, 2, 2, 3으로 만들 수 있는 네 자리 자연수의 개수는

$$\frac{4!}{3!} = 4$$

(ii) 2, 2, 3, 3으로 만들 수 있는 네 자리 자연수의 개수는

$$\frac{4!}{2! \times 2!} = 6$$

(i), (ii)에서 구하는 자연수의 개수는

$$4 + 6 = \textbf{10}$$

| 다른 풀이 | (1) 1□□□□□ 꼴의 자연수의 개수는 $\dfrac{5!}{3!} = 20$

2□□□□□ 꼴의 자연수의 개수는 $\dfrac{5!}{2! \times 2!} = 30$

따라서 구하는 여섯 자리 자연수의 개수는

$$20 + 30 = \textbf{50}$$

■ 정답과 풀이 9쪽

체크 016 6개의 숫자 0, 1, 1, 2, 2, 3을 모두 사용하여 만들 수 있는 여섯 자리 자연수 중 짝수의 개수를 구하시오.

체크 017 7개의 숫자 1, 1, 1, 2, 3, 4, 4를 모두 사용하여 일곱 자리 자연수를 만들 때, 십의 자리, 천의 자리, 십만의 자리에는 짝수가 오는 경우의 수를 구하시오.

체크 018 6개의 숫자 1, 1, 2, 2, 3, 3에서 4를 택하여 만들 수 있는 네 자리 자연수 중 3의 배수의 개수를 구하시오.

같은 것이 있는 순열 − 문자의 나열

remember의 8개의 문자를 일렬로 나열할 때, 다음 물음에 답하시오.

(1) 나열하는 모든 경우의 수를 구하시오.

(2) 양 끝에 r가 오도록 나열하는 경우의 수를 구하시오.

(3) 3개의 e가 모두 이웃하도록 나열하는 경우의 수를 구하시오.

| 풀이 |　(1) 8개의 문자 r, e, m, e, m, b, e, r를 일렬로 나열하는 경우의 수는

$$\frac{8!}{2! \times 3! \times 2!} = 1680$$

(2) 양 끝에 r가 오도록 고정하고 나머지 6개의 문자 e, m, e, m, b, e를 일렬로 나열하는 경우의 수는

$$\frac{6!}{3! \times 2!} = 60$$

(3) 3개의 e를 하나의 문자 E로 생각하여 6개의 문자 r, E, m, m, b, r를 일렬로 나열하는 경우의 수는

$$\frac{6!}{2! \times 2!} = 180$$

순서가 정해진 순열

1부터 6까지의 자연수가 하나씩 적혀 있는 6장의 카드를 일렬로 나열할 때, 3이 적혀 있는 카드는 5가 적혀 있는 카드보다 왼쪽에 나열하고 짝수가 적혀 있는 카드는 크기가 작은 것부터 순서대로 나열하는 경우의 수를 구하시오.

| 풀이 |　3, 5가 적혀 있는 카드를 모두 a로, 2, 4, 6이 적혀 있는 카드를 모두 b로 생각하여 1, b, a, b, a, b를 일렬로 나열한 후, 첫 번째 a를 3으로, 두 번째 a를 5로 바꾸고 b는 왼쪽부터 차례로 2, 4, 6으로 바꾸면 된다.

따라서 구하는 경우의 수는 $\dfrac{6!}{3! \times 2!} = 60$

| 다른 풀이 |　3, 5의 순서가 정해져 있으므로 일렬로 나열하는 6자리 중 3, 5를 넣을 2자리를 택하는 경우의 수는 $_6C_2 = 15$

2, 4, 6의 순서가 정해져 있으므로 남은 4자리 중 2, 4, 6을 넣을 3자리를 택하는 경우의 수는 $_4C_3 = 4$

이때 마지막 남은 한 자리에는 1을 넣으면 된다.

따라서 구하는 경우의 수는 $15 \times 4 = 60$

■ 정답과 풀이 10쪽

체크 019　florence의 8개의 문자를 일렬로 나열할 때, 양 끝에 f와 n이 오도록 나열하는 경우의 수를 구하시오.

체크 020　happiness의 9개의 문자를 일렬로 나열할 때, 모음끼리 이웃하도록 나열하는 경우의 수를 구하시오.

체크 021　caramel의 7개의 문자를 일렬로 나열할 때, c, r, m을 이 순서대로 나열하는 경우의 수를 구하시오.

오른쪽 그림과 같은 도로망이 있다. 다음을 구하시오.

(1) A 지점에서 P 지점을 거쳐 B 지점까지 최단 거리로 가는 경우의 수

(2) A 지점에서 P 지점을 거치지 않고 B 지점까지 최단 거리로 가는 경우의 수

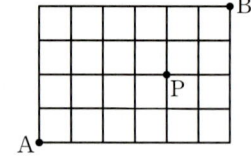

| 풀이 | (1) A 지점에서 P 지점까지 최단 거리로 가는 경우의 수는 $\dfrac{6!}{4! \times 2!} = 15$

P 지점에서 B 지점까지 최단 거리로 가는 경우의 수는 $\dfrac{4!}{2! \times 2!} = 6$

따라서 구하는 경우의 수는

$15 \times 6 = \mathbf{90}$

(2) A 지점에서 B 지점까지 최단 거리로 가는 경우의 수는 $\dfrac{10!}{6! \times 4!} = 210$

이때 A 지점에서 P 지점을 거치지 않고 B 지점까지 최단 거리로 가는 경우의 수는

(A 지점에서 B 지점까지 최단 거리로 가는 경우의 수)

－ (A 지점에서 P 지점을 거쳐 B 지점까지 최단 거리로 가는 경우의 수)

와 같으므로

$210 - 90 = \mathbf{120}$

■ 정답과 풀이 10쪽

체크 **022**　오른쪽 그림과 같은 도로망이 있다. 다음을 구하시오.

(1) A 지점에서 선분 PQ를 거쳐 B 지점까지 최단 거리로 가는 경우의 수

(2) A 지점에서 선분 PQ를 거치지 않고 B 지점까지 최단 거리로 가는 경우의 수

(단, P 지점이나 Q 지점을 거쳐가도 상관없다.)

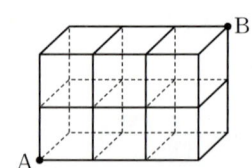

체크 **023**　오른쪽 그림과 같이 크기가 같은 정육면체 6개를 쌓아 직육면체를 만들 때, 정육면체의 모서리를 따라 꼭짓점 A에서 꼭짓점 B까지 최단 거리로 가는 경우의 수를 구하시오.

오른쪽 그림과 같은 도로망이 있다. A 지점에서 B 지점까지 최단 거리로 가는 경우의 수를 구하시오.

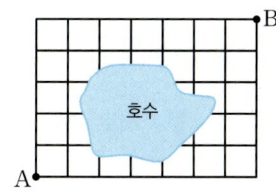

| 풀이 | 오른쪽 그림과 같이 네 지점 P, Q, R, S를 잡으면 A 지점에서 출발하여 호수를 지나지 않고 B 지점까지 최단 거리로 가는 경우는 다음과 같다.

$A \to P \to B$ 또는 $A \to Q \to B$ 또는 $A \to R \to B$ 또는 $A \to S \to B$

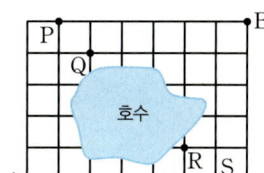

(i) $A \to P \to B$로 가는 경우의 수는 $\dfrac{6!}{5!} \times 1 = 6$

(ii) $A \to Q \to B$로 가는 경우의 수는 $\dfrac{5!}{4!} \times 1 \times \dfrac{6!}{5!} = 30$

(iii) $A \to R \to B$로 가는 경우의 수는 $1 \times 1 \times \dfrac{5!}{4!} = 5$

(iv) $A \to S \to B$로 가는 경우의 수는 $1 \times \dfrac{6!}{5!} = 6$

(i)~(iv)에서 구하는 경우의 수는

$6+30+5+6=\mathbf{47}$

■ 정답과 풀이 10쪽

체크 024 오른쪽 그림과 같은 도로망이 있다. A 지점에서 B 지점까지 최단 거리로 가는 경우의 수를 구하시오.

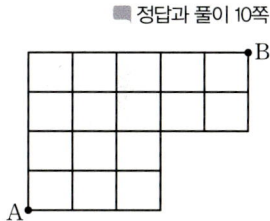

체크 025 오른쪽 그림과 같이 도로망이 있다. A 지점에서 B 지점까지 최단 거리로 갈 때, C 지점을 반드시 지나는 경우의 수를 구하시오.

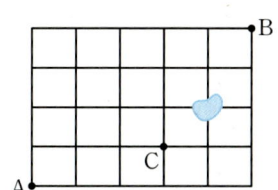

선생님의 출제 **point**

Q 원순열을 이용하여 입체도형의 각 면을 칠하는 경우의 수를 구할 수 있는가?

1 서로 다른 6가지 색을 모두 사용하여 정육면체의 각 면을 칠하는 경우의 수를 a, 밑면의 가로와 세로의 길이, 높이가 모두 다른 직육면체의 각 면을 칠하는 경우의 수를 b라 할 때, $a+b$의 값을 구하시오. (단, 각 면에는 한 가지 색만 칠하고, 회전하여 일치하는 경우는 같은 것으로 본다.)

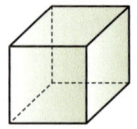 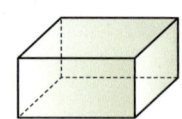

| 풀이 | ① 원순열을 이용하여 정육면체의 각 면을 칠하는 경우의 수 구하기

유형 003

아무 색이나 1가지 색을 골라 정육면체의 한 면을 칠하고 밑면으로 놓으면 a는 서로 다른 5가지 색으로 정육면체의 나머지 다섯 면을 칠하는 경우의 수와 같다.

윗면에 색을 칠하는 경우의 수는 $_5C_1=5$

나머지 4가지 색을 옆면에 칠하는 경우의 수는

$(4-1)!=3!=6$

따라서 구하는 경우의 수는   → 서로 다른 4가지 색을 원형으로 배열하는 원순열의 수

$5\times6=30$ $\therefore a=30$

② 원순열을 이용하여 직육면체의 각 면을 칠하는 경우의 수 구하기

한편, 가로, 세로의 길이와 높이가 모두 다른 직육면체의 경우 크기가 다른 면은 3쌍이다. 즉, 위와 같은 방법으로 면을 칠할 때, 밑면을 하나로 정하는 경우와 옆면에서 크기가 같은 면이 2개씩 존재하는 경우를 고려하면 구하는 경우의 수는

$_3C_1\times5\times(4-1)!\times2=180$ $\therefore b=180$

$\therefore a+b=$**210**

Q 중복순열을 이용하여 주어진 조건을 만족시키는 경우의 수를 구할 수 있는가?

2 주사위를 3번 던져서 나온 눈의 수의 최댓값이 5인 경우의 수를 p, 최솟값이 3인 경우의 수를 q라 할 때, $p+q$의 값을 구하시오.

| 풀이 | ① 주사위를 던질 때 나오는 눈의 수 구하기

② 중복순열을 이용하여 경우의 수 구하기

유형 007

주사위를 한 번 던져서 나올 수 있는 눈의 수는 1, 2, 3, 4, 5, 6이다.

주사위를 3번 던져서 나온 눈의 수를 각각 a, b, c라 하자.

(i) 주사위를 3번 던져서 나온 눈의 수의 최댓값이 5인 경우의 수

집합 $\{a, b, c\}$에서 집합 $\{1, 2, 3, 4, 5\}$로의 함수 중 치역의 원소로 5가 반드시 포함된 함수의 개수와 같으므로, 전체 함수의 개수에서 집합 $\{a, b, c\}$에서 집합 $\{1, 2, 3, 4\}$로의 함수의 개수를 뺀 것과 같다.

$\therefore p={}_5\Pi_3-{}_4\Pi_3=5^3-4^3=125-64=61$

(ii) 주사위를 3번 던져서 나온 눈의 수의 최솟값이 3인 경우의 수

집합 $\{a, b, c\}$에서 집합 $\{3, 4, 5, 6\}$으로의 함수 중 치역의 원소로 3이 반드시 포함된 함수의 개수와 같으므로, 전체 함수의 개수에서 집합 $\{a, b, c\}$에서 집합 $\{4, 5, 6\}$으로의 함수의 개수를 뺀 것과 같다.

$\therefore q={}_4\Pi_3-{}_3\Pi_3=4^3-3^3=64-27=37$

$\therefore p+q=61+37=$**98**

026

남학생 4명과 여학생 4명이 원탁에 둘러앉을 때, 남학생과 여학생이 번갈아 앉는 경우의 수를 구하시오.

027

다음 그림과 같이 최대 6개의 용기를 넣을 수 있는 구멍이 있는 원형의 실험 기구가 있다. 서로 다른 6개의 용기 A, B, C, D, E, F를 이 실험 기구에 모두 넣을 때, A와 B가 이웃하게 넣는 경우의 수는?

(단, 회전하여 일치하는 경우는 같은 것으로 본다.)

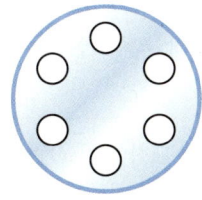

① 36   ② 48   ③ 60
④ 72   ⑤ 84

028

오른쪽 그림과 같이 옆면이 모두 합동인 사각뿔대의 각 면을 서로 다른 6가지 색을 모두 사용하여 칠하는 경우의 수를 구하시오. (단, 각 면에는 한 가지 색만 칠하고, 회전하여 일치하는 경우는 같은 것으로 본다.)

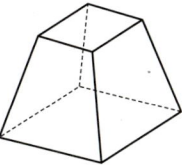

029

서로 다른 사탕 8개를 2명의 학생에게 남김없이 나누어 주려고 한다. 2명 모두 적어도 한 개 이상의 사탕을 받도록 나누어 주는 경우의 수를 구하시오.

030

전체집합 $U = \{1, 2, 3, 4, 5, 6\}$의 두 부분집합 A, B에 대하여 다음 조건을 만족시키는 순서쌍 (A, B)의 개수를 구하시오. (단, $n(A)$는 집합 A의 원소의 개수이다.)

(가) $n(A) \geq 3$
(나) $A \cap B = \{2\}$

031

2개의 기호 □, ◆에서 중복을 허용하여 n개 이하를 뽑아 일렬로 나열하여 신호를 만들려고 한다. 70개 이상의 서로 다른 신호를 만들려고 할 때, n의 최솟값을 구하시오.

032

1부터 999까지의 자연수 중 숫자 0을 포함하지 않는 자연수의 개수를 구하시오.

033

4개의 숫자 1, 2, 3, 4에서 중복을 허용하여 다음 조건을 만족시키는 자연수 N을 만들 때, 서로 다른 자연수 N의 개수를 구하시오.

> (가) N은 100보다 크고 10000보다 작은 자연수이다.
> (나) 자연수 N의 맨 앞자리의 숫자와 맨 뒷자리의 숫자는 같다.

034

집합 $X = \{2, 3, 4, 5, 6, 7\}$에 대하여 X에서 X로의 함수 중 정의역의 모든 원소에 대한 함숫값의 곱이 홀수인 함수의 개수를 구하시오.

035

집합 $A = \{1, 3, 5, 7, 8\}$에 대하여 다음 조건을 만족시키는 함수 $f : A \longrightarrow A$의 개수를 구하시오.

> (가) $f(1) = 7$
> (나) 치역의 모든 원소의 합은 15이다.

036

두 집합 $X = \{-1, 0, 1, 2\}$, $Y = \{3, 4, 5, 6, 7\}$에 대하여 X에서 Y로의 함수 f 중 다음 조건을 만족시키는 함수의 개수를 구하시오.

> (가) X의 어떤 원소 a에 대하여 $f(a) = 6$
> (나) $x \in X$인 모든 실수 x에 대하여 $f(x) \leq f(a)$

037

6개의 숫자 1, 2, 2, 3, 3, 4를 일렬로 나열할 때, 이웃하는 두 수의 곱이 항상 짝수가 되는 경우의 수를 구하시오.

038

다음 그림과 같이 놓인 8칸짜리 신발장에 흰 신발 4켤레, 검은 신발 4켤레를 각 칸에 한 켤레씩 넣으려고 한다. 각 세로 칸에는 같은 색의 신발을 넣을 수 없다고 할 때, 신발을 넣는 경우의 수를 구하시오.

(단, 같은 색의 신발끼리는 서로 구분하지 않는다.)

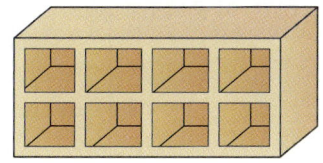

039

blossom의 7개의 문자를 일렬로 나열할 때, 같은 문자끼리 이웃하지 않도록 나열하는 경우의 수를 구하시오.

040 필수기출

세 문자 a, b, c에서 중복을 허용하여 4개를 택해 일렬로 나열할 때, 문자 a가 두 번 이상 나오는 경우의 수를 구하시오.

041

윤희가 처리해야 할 업무는 A, B를 포함하여 모두 7가지이다. 이중 A, B를 포함한 5가지 업무를 오늘 완료하려고 하는데, A를 B보다 먼저 처리하려고 한다. 오늘 처리할 업무를 택하고, 택한 업무의 처리 순서를 정하는 경우의 수는?

① 300 　　　② 400 　　　③ 500
④ 600 　　　⑤ 700

042

오른쪽 그림은 어느 도시의 격자 모양의 도로망과 도시를 관통하는 강을 나타낸 것이다. 도로망과 평행하게 놓여 있는 두 개의 다리가 강에 의해 나누어진 두 지역을 연결하고 있을 때, A 지점에서 B 지점까지 최단 거리로 가는 경우의 수를 구하시오.

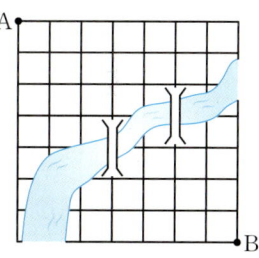

(단, 강은 다리를 통해서만 건널 수 있다.)

043

오른쪽 그림과 같은 정팔면체의 각 면을 서로 다른 8가지의 색을 모두 사용하여 칠하는 경우의 수를 구하시오. (단, 각 면에는 한 가지 색만 칠하고, 회전하여 일치하는 경우는 같은 것으로 본다.)

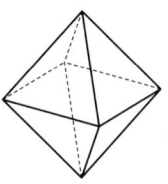

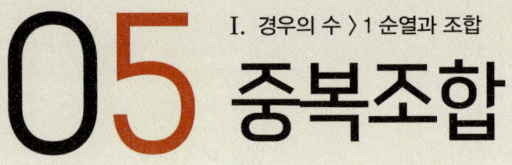

05 중복조합

| 개념 1 | 중복조합 | 유형 013 ~ 019 |

(1) 중복조합

서로 다른 n개에서 중복을 허용하여 r개를 택하는 조합을 **중복조합**이라 하고, 이 중복조합의 수를 기호로

$$_n\mathrm{H}_r$$

와 같이 나타낸다.

(2) 중복조합의 수

서로 다른 n개에서 r개를 택하는 중복조합의 수는

$$_n\mathrm{H}_r = {}_{n+r-1}\mathrm{C}_r$$

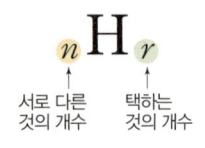

$$_n\mathrm{H}_r$$

서로 다른 것의 개수 / 택하는 것의 개수

tip

(1) $_n\mathrm{H}_r$의 H는 같음을 뜻하는 Homogeneous의 첫 글자이다.

(2) 조합의 수 $_n\mathrm{C}_r$에서는 $n \geq r$이어야 하지만, 중복조합의 수 $_n\mathrm{H}_r$에서는 중복하여 택할 수 있으므로 $n < r$일 수도 있다.

설명 3개의 문자 a, b, c에서 중복을 허용하여 4개를 택하는 경우를 생각해 보자.

구하는 각 경우에 대하여 택한 4개의 문자를 ●로 나타내고 서로 다른 문자 사이의 경계를 ‖로 나타내면 다음과 같다.

$aaaa$	●●●● ‖ ‖	$aaac$	●●● ‖ ‖ ●	$abcc$	● ‖ ● ‖ ●●
$aaab$	●●● ‖ ● ‖	$aabc$	●● ‖ ● ‖ ●	$bbcc$	‖ ●● ‖ ●●
$aabb$	●● ‖ ●● ‖	$abbc$	● ‖ ●● ‖ ●	$accc$	● ‖ ‖ ●●●
$abbb$	● ‖ ●●● ‖	$bbbc$	‖ ●●● ‖ ●	$bccc$	‖ ● ‖ ●●●
$bbbb$	‖ ●●●● ‖	$aacc$	●● ‖ ‖ ●●	$cccc$	‖ ‖ ●●●●

따라서 3개의 문자 a, b, c에서 중복을 허용하여 4개를 택하는 조합의 수 $_3\mathrm{H}_4$는 4개의 ●와 2($=3-1$)개의 ‖를 일렬로 나열하는 같은 것이 있는 순열의 수와 같으므로

$$\frac{(4+2)!}{4! \times 2!} = \frac{6!}{4! \times 2!} = 15$$

이다. 이와 같이 서로 다른 n개에서 중복을 허용하여 r개를 택하는 중복조합의 수 $_n\mathrm{H}_r$는 r개의 ●와 $(n-1)$개의 ‖를 일렬로 나열하는 같은 것이 있는 순열의 수와 같으므로 다음이 성립한다.

$$_n\mathrm{H}_r = \frac{\{r+(n-1)\}!}{r!(n-1)!} = {}_{r+(n-1)}\mathrm{C}_r = {}_{n+r-1}\mathrm{C}_r$$

CHECK 다음 값을 구하시오.

(1) $_4\mathrm{H}_2$ (2) $_2\mathrm{H}_4$ (3) $_6\mathrm{H}_0$ (4) $_3\mathrm{H}_3$

풀이

(1) $_4\mathrm{H}_2 = {}_{4+2-1}\mathrm{C}_2 = {}_5\mathrm{C}_2 = \dfrac{5 \times 4}{2 \times 1} = \mathbf{10}$

(2) $_2\mathrm{H}_4 = {}_{2+4-1}\mathrm{C}_4 = {}_5\mathrm{C}_4 = {}_5\mathrm{C}_1 = \mathbf{5}$

(3) $_6\mathrm{H}_0 = {}_{6+0-1}\mathrm{C}_0 = {}_5\mathrm{C}_0 = \mathbf{1}$

(4) $_3\mathrm{H}_3 = {}_{3+3-1}\mathrm{C}_3 = {}_5\mathrm{C}_3 = {}_5\mathrm{C}_2 = \dfrac{5 \times 4}{2 \times 1} = \mathbf{10}$

CHECK 4개의 문자 a, b, c, d에서 중복을 허용하여 6개를 택하는 경우의 수를 구하시오.

풀이 $_4\mathrm{H}_6 = {}_{4+6-1}\mathrm{C}_6 = {}_9\mathrm{C}_6 = {}_9\mathrm{C}_3 = \dfrac{9 \times 8 \times 7}{3 \times 2 \times 1} = \mathbf{84}$

Q 순열, 중복순열, 조합, 중복조합의 비교

서로 다른 n개에서 r개를 택할 때

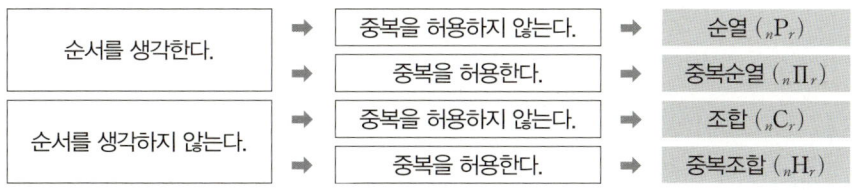

순서를 생각한다.	➡	중복을 허용하지 않는다.	➡	순열 ($_nP_r$)
	➡	중복을 허용한다.	➡	중복순열 ($_n\Pi_r$)
순서를 생각하지 않는다.	➡	중복을 허용하지 않는다.	➡	조합 ($_nC_r$)
	➡	중복을 허용한다.	➡	중복조합 ($_nH_r$)

예 3개의 문자 a, b, c에서 2개의 문자를 택할 때, 다음 경우의 수를 구해 보자.

(1) 순서를 생각하고 서로 다른 2개의 문자를 택하는 경우의 수

$$_3P_2 = 3 \times 2 = 6 \quad \leftarrow ab, ac, ba, bc, ca, cb$$

(2) 순서를 생각하고 중복을 허용하여 2개의 문자를 택하는 경우의 수

$$_3\Pi_2 = 3^2 = 9 \quad \leftarrow aa, ab, ac, ba, bb, bc, ca, cb, cc$$

(3) 순서를 생각하지 않고 서로 다른 2개의 문자를 택하는 경우의 수

$$_3C_2 = {_3C_1} = 3 \quad \leftarrow ab, ac, bc$$

(4) 순서를 생각하지 않고 중복을 허용하여 2개의 문자를 택하는 경우의 수

$$_3H_2 = {_4C_2} = \frac{4 \times 3}{2 \times 1} = 6 \quad \leftarrow aa, ab, ac, bb, bc, cc$$

Q 물건을 나누어 담는 경우의 수 구하기   유형 014, 015

(1) 서로 다른 n개의 물건을 서로 다른 r개의 상자에 빈 상자를 허용하여 넣는 경우의 수

$$_r\Pi_n$$

(2) 서로 같은 n개의 물건을 서로 다른 r개의 상자에 빈 상자를 허용하여 넣는 경우의 수

$$_rH_n$$

(3) 서로 같은 n개의 물건을 서로 다른 r개의 상자에 빈 상자를 허용하지 않고 넣는 경우의 수

$$_rH_{n-r} \text{ (단, } n \geq r\text{)}$$

예 (1) 서로 다른 4개의 물건을 서로 다른 3개의 상자에 빈 상자를 허용하여 넣는 경우의 수를 구해 보자.

서로 다른 3개의 상자에서 중복을 허용하여 4개를 택하여 차례대로 물건을 넣으면 되므로 구하는 경우의 수는

$$_3\Pi_4 = 3^4 = 81$$

(2) 서로 같은 4개의 물건을 서로 다른 3개의 상자에 빈 상자를 허용하여 넣는 경우의 수를 구해 보자.

서로 다른 3개의 상자를 각각 A, B, C라 하면 A에 1개, B에 1개, C에 2개의 물건을 넣는 경우는 A를 1번, B를 1번, C를 2번 택하는 경우로 생각할 수 있다.

따라서 구하는 경우의 수는 서로 다른 3개에서 중복을 허용하여 4개를 택하는 중복조합의 수와 같으므로

$$_3H_4 = {_6C_4} = {_6C_2} = \frac{6 \times 5}{2 \times 1} = 15$$

(3) 서로 같은 4개의 물건을 서로 다른 3개의 상자에 빈 상자를 허용하지 않고 넣는 경우의 수를 구해 보자.

빈 상자가 없도록 하려면 먼저 3개의 상자에 물건을 각각 1개씩 넣은 다음 남은 물건 1개를 3개의 상자 중 하나에 넣으면 된다.

따라서 구하는 경우의 수는 서로 다른 3개에서 중복을 허용하여 1개를 택하는 중복조합의 수와 같으므로

$$_3H_1 = {_3C_1} = 3$$

중복조합의 수의 계산

자연수 r에 대하여 $_5H_r = {_8C_4}$일 때, $_3H_r$의 값을 구하시오.

| 풀이 | $_5H_r = {_{5+r-1}C_r} = {_{r+4}C_r} = {_{r+4}C_4}$이므로

$r+4=8$ ∴ $r=4$

∴ $_3H_r = {_3H_4} = {_6C_4} = {_6C_2} = \dfrac{6 \times 5}{2 \times 1} = \mathbf{15}$

중복조합의 수

같은 종류의 꽃 10송이를 서로 다른 3개의 꽃병에 꽂는 경우의 수를 구하시오.

(단, 꽃을 꽂지 않는 꽃병이 있을 수도 있다.)

| 풀이 | 구하는 경우의 수는 서로 다른 3개에서 중복을 허용하여 10개를 택하는 중복조합의 수와 같으므로

$_3H_{10} = {_{12}C_{10}} = {_{12}C_2} = \dfrac{12 \times 11}{2 \times 1} = \mathbf{66}$

■ 정답과 풀이 15쪽

체크 044 $_nH_2 = 120$을 만족시키는 자연수 n의 값을 구하시오.

체크 045 같은 종류의 연필 8자루를 4명의 학생에게 남김없이 나누어 주는 경우의 수를 구하시오.

(단, 연필을 받지 못하는 학생이 있을 수도 있다.)

체크 046 3명의 후보 A, B, C가 출마한 선거에서 5명의 유권자가 각각 한 명의 후보에게 투표할 때, 기명으로 투표하는 경우의 수를 a, 무기명으로 투표하는 경우의 수를 b라 하자. $a+b$의 값을 구하시오.

(단, 기권이나 무효표는 없다.)

조건이 있는 중복조합의 수

3명의 학생에게 같은 금액의 문화상품권 10장을 나누어 줄 때, 각 학생이 적어도 한 장의 문화상품권을 받도록 나누어 주는 경우의 수를 구하시오.

| 풀이 | 각 학생이 적어도 한 장의 문화상품권을 받도록 나누어 주어야 하므로 먼저 3명의 학생에게 문화상품권을 한 장씩 나누어 주고 나머지 7장의 문화상품권을 중복을 허용하여 3명의 학생에게 나누어 주면 된다.

따라서 구하는 경우의 수는 서로 다른 3개에서 중복을 허용하여 7개를 택하는 중복조합의 수와 같으므로

$$_3H_7 = {}_9C_7 = {}_9C_2 = \frac{9 \times 8}{2 \times 1} = \mathbf{36}$$

전개식의 항의 개수

다음 다항식의 전개식에서 서로 다른 항의 개수를 구하시오.

(1) $(a+b)^5$ (2) $(a+b+c)^4$

| 풀이 | (1) $(a+b)^5 = (a+b)(a+b)(a+b)(a+b)(a+b)$

이므로 2개의 문자 a, b에서 중복을 허용하여 5개를 택하여 곱하면 주어진 다항식을 전개할 때 생기는 항이 하나씩 만들어진다.

따라서 다항식 $(a+b)^5$의 전개식에서 서로 다른 항의 개수는 2개의 문자 a, b에서 중복을 허용하여 5개를 택하는 중복조합의 수와 같으므로

$$_2H_5 = {}_6C_5 = {}_6C_1 = \mathbf{6}$$

(2) $(a+b+c)^4 = (a+b+c)(a+b+c)(a+b+c)(a+b+c)$

이므로 3개의 문자 a, b, c에서 중복을 허용하여 4개를 택하여 곱하면 주어진 다항식을 전개할 때 생기는 항이 하나씩 만들어진다.

따라서 다항식 $(a+b+c)^4$의 전개식에서 서로 다른 항의 개수는 3개의 문자 a, b, c에서 중복을 허용하여 4개를 택하는 중복조합의 수와 같으므로

$$_3H_4 = {}_6C_4 = {}_6C_2 = \frac{6 \times 5}{2 \times 1} = \mathbf{15}$$

■ 정답과 풀이 15쪽

체크 047 딸기, 참외, 키위, 사과 중 15개를 사려고 할 때, 딸기는 3개 이상, 키위는 4개 이상, 사과는 2개 이상 사는 경우의 수를 구하시오. (단, 각 종류의 과일은 각각 15개 이상씩 있다.)

체크 048 다음 다항식의 전개식에서 서로 다른 항의 개수를 구하시오.

(1) $(a+2b+3c)^5$ (2) $(a+b+c)^3(x-y)^5$

방정식 $x+y+z=7$에 대하여 다음을 구하시오.

(1) 음이 아닌 정수해의 개수

(2) 양의 정수해의 개수

| 풀이 | (1) 방정식 $x+y+z=7$의 음이 아닌 정수해 중 $x=1$, $y=2$, $z=4$는 3개의 문자 x, y, z에서 x를 1개, y를 2개, z를 4개 택하는 경우로 생각할 수 있다.

따라서 음이 아닌 정수해의 개수는 서로 다른 3개의 문자 x, y, z에서 중복을 허용하여 7개를 택하는 중복조합의 수와 같으므로

$$_3H_7 = {_9}C_7 = {_9}C_2 = \frac{9 \times 8}{2 \times 1} = 36$$

(2) 음이 아닌 정수 x', y', z'에 대하여 $x'+1$, $y'+1$, $z'+1$은 양의 정수이므로 $x=x'+1$, $y=y'+1$, $z=z'+1$이라 하면

$x+y+z=7$에서 $(x'+1)+(y'+1)+(z'+1)=7$

$\therefore x'+y'+z'=4$

따라서 구하는 양의 정수해의 개수는 x', y', z'에 대한 방정식 $x'+y'+z'=4$의 음이 아닌 정수해의 개수와 같으므로 서로 다른 3개의 문자 x', y', z'에서 중복을 허용하여 4개를 택하는 중복조합의 수와 같다.

$$\therefore {_3}H_4 = {_6}C_4 = {_6}C_2 = \frac{6 \times 5}{2 \times 1} = 15$$

■ 정답과 풀이 15쪽

 **049** 방정식 $x+y+z+w=10$에 대하여 다음을 구하시오.

(1) 음이 아닌 정수해의 개수

(2) 양의 정수해의 개수

(3) $x \geq 1$, $y \geq 2$, $z \geq 3$, $w \geq 1$인 정수해의 개수

체크 | **050** 네 자리 자연수 중 각 자리의 숫자의 합이 8인 자연수의 개수를 구하시오.

체크 | **051** 방정식 $x+y+3z=8$에 대하여 음이 아닌 정수해의 개수를 구하시오.

$1 \le a < b < 6 \le c \le d \le 12$를 만족시키는 자연수 a, b, c, d의 모든 순서쌍 (a, b, c, d)의 개수를 구하시오.

| 풀이 | $1 \le a < b < 6$이므로 5개의 자연수 1, 2, 3, 4, 5에서 2개의 자연수를 택하여 작은 수를 a, 큰 수를 b에 대응시키면 되므로 순서쌍 (a, b)의 개수는

$$_5C_2 = \frac{5 \times 4}{2 \times 1} = 10$$

또한 $6 \le c \le d \le 12$이므로 7개의 자연수 6, 7, 8, $\cdots$, 12에서 중복을 허용하여 2개를 택하여 작거나 같은 수부터 차례대로 c, d에 대응시키면 되므로 순서쌍 (c, d)의 개수는

$$_7H_2 = {_8C_2} = \frac{8 \times 7}{2 \times 1} = 28$$

따라서 구하는 모든 순서쌍 (a, b, c, d)의 개수는

$$10 \times 28 = \mathbf{280}$$

■ 정답과 풀이 16쪽

 **052** 다음 조건을 만족시키는 자연수 x, y, z의 모든 순서쌍 (x, y, z)의 개수를 구하시오.

> (가) $x \times y \times z$의 값은 짝수이다.
> (나) $x \le y \le z \le 8$

053 $1 \le a \le b < c \le d < 10$을 만족시키는 자연수 a, b, c, d의 모든 순서쌍 (a, b, c, d)의 개수를 구하시오.

두 집합 $X=\{1, 2, 3, 4\}$, $Y=\{5, 6, 7, 8, 9, 10\}$에 대하여 $x_1 \in X$, $x_2 \in X$일 때, 다음 조건을 만족시키는 함수 $f : X \longrightarrow Y$의 개수를 구하시오.

(1) $x_1 \neq x_2$이면 $f(x_1) \neq f(x_2)$

(2) $x_1 < x_2$이면 $f(x_1) < f(x_2)$

(3) $x_1 < x_2$이면 $f(x_1) \leq f(x_2)$

| 풀이 | (1) $x_1 \neq x_2$이면 $f(x_1) \neq f(x_2)$이므로 함수 f는 일대일함수이다.

따라서 구하는 함수 f의 개수는 공역 Y의 서로 다른 원소 6개에서 4개를 택하는 순열의 수와 같으므로

$$_6\mathrm{P}_4 = 6 \times 5 \times 4 \times 3 = \mathbf{360}$$

(2) $x_1 < x_2$이면 $f(x_1) < f(x_2)$이므로 $f(1) < f(2) < f(3) < f(4)$이다.

즉, 공역 Y의 원소 5, 6, 7, $\cdots$, 10에서 4개를 택하여 크기가 작은 것부터 차례대로 $f(1)$, $f(2)$, $f(3)$, $f(4)$에 대응시키면 된다.

따라서 구하는 함수 f의 개수는 공역 Y의 서로 다른 원소 6개에서 4개를 택하는 조합의 수와 같으므로

$$_6\mathrm{C}_4 = {}_6\mathrm{C}_2 = \frac{6 \times 5}{2 \times 1} = \mathbf{15}$$

(3) $x_1 < x_2$이면 $f(x_1) \leq f(x_2)$이므로 $f(1) \leq f(2) \leq f(3) \leq f(4)$이다.

즉, 공역 Y의 원소 5, 6, 7, $\cdots$, 10에서 중복을 허용하여 4개를 택하여 크기가 작거나 같은 것부터 차례대로 $f(1)$, $f(2)$, $f(3)$, $f(4)$에 대응시키면 된다.

따라서 구하는 함수 f의 개수는 공역 Y의 서로 다른 원소 6개에서 4개를 택하는 중복조합의 수와 같으므로

$$_6\mathrm{H}_4 = {}_9\mathrm{C}_4 = \frac{9 \times 8 \times 7 \times 6}{4 \times 3 \times 2 \times 1} = \mathbf{126}$$

■ 정답과 풀이 17쪽

체크 | 054 두 집합 $X=\{a, b, c\}$, $Y=\{1, 2, 3, 4, 5\}$에 대하여 다음을 구하시오.

(1) 함수 $f : X \longrightarrow Y$의 개수

(2) 일대일함수 $f : X \longrightarrow Y$의 개수

(3) 상수함수 $f : X \longrightarrow Y$의 개수

(4) $f(a) < f(b) < f(c)$를 만족시키는 함수 $f : X \longrightarrow Y$의 개수

(5) $f(a) \leq f(b) \leq f(c)$를 만족시키는 함수 $f : X \longrightarrow Y$의 개수

체크 | 055 집합 $X=\{1, 2, 3, 4\}$에서 집합 $Y=\{1, 2, 3, 4, 5, 6, 7\}$로의 함수 f 중 다음 조건을 만족시키는 함수의 개수를 구하시오.

(가) $f(1) = 6$

(나) $x_1 \in X$, $x_2 \in X$일 때, $x_1 < x_2$이면 $f(x_1) \geq f(x_2)$

선생님의 출제 point

Q 중복조합을 이용하여 서로 이웃하지 않는 경우의 수를 구할 수 있는가?

1 흰 구슬 3개와 검은 구슬 8개를 일렬로 나열할 때, 흰 구슬끼리는 서로 이웃하지 않도록 나열하는 경우의 수를 구하시오. (단, 같은 색의 구슬은 서로 구별하지 않는다.)

| 풀이 | ① 흰 구슬을 나열하는 경우의 수 구하기

3개의 흰 구슬을 일렬로 나열하는 경우의 수는 1

② 중복조합을 이용하여 검은 구슬을 나열하는 경우의 수 구하기
유형 015, 017

흰 구슬을 ○으로 나타내고, 그 양 끝과 사이사이에 들어갈 검은 구슬의 개수를 다음 그림과 같이 왼쪽부터 차례대로 a, b, c, d (a, d는 음이 아닌 정수, b, c는 자연수)라 하자.

$$\overset{a}{\vee} \quad \bigcirc \quad \overset{b}{\vee} \quad \bigcirc \quad \overset{c}{\vee} \quad \bigcirc \quad \overset{d}{\vee}$$

이때 $a \geq 0$, $b \geq 1$, $c \geq 1$, $d \geq 0$이고, $a+b+c+d=8$이므로
$b=b'+1$, $c=c'+1$ (b', c'은 음이 아닌 정수)이라 하면
$a+(b'+1)+(c'+1)+d=8$
∴ $a+b'+c'+d=6$
즉, 검은 구슬을 나열하는 경우의 수는 서로 다른 4개의 문자 a, b', c', d에서 중복을 허용하여 6개를 택하는 중복조합의 수와 같으므로

$$_4H_6 = {}_9C_6 = {}_9C_3 = \frac{9 \times 8 \times 7}{3 \times 2 \times 1} = 84$$

③ 곱의 법칙을 이용하여 경우의 수 구하기

따라서 구하는 경우의 수는
$1 \times 84 = \mathbf{84}$

Q 조건을 만족시키는 방정식의 해의 개수를 구할 수 있는가?

2 방정식 $x+y+z=15$를 만족시키는 양의 정수해 중 x, y, z가 모두 홀수인 모든 순서쌍 (x, y, z)의 개수를 구하시오.

| 풀이 | ① 조건을 만족시키는 순서쌍의 개수 구하기
유형 017

x, y, z는 모두 홀수인 양의 정수이므로 음이 아닌 정수 x', y', z'에 대하여 $x=2x'+1$, $y=2y'+1$, $z=2z'+1$이라 하면 $x+y+z=15$에서
$(2x'+1)+(2y'+1)+(2z'+1)=15$
∴ $x'+y'+z'=6$
따라서 구하는 순서쌍의 개수는 서로 다른 3개의 문자 x', y', z'에서 중복을 허용하여 6개를 택하는 중복조합의 수와 같으므로

$$_3H_6 = {}_8C_6 = {}_8C_2 = \frac{8 \times 7}{2 \times 1} = \mathbf{28}$$

056

$_3\mathrm{H}_n=55$를 만족시키는 자연수 n의 값을 구하시오.

057 필수기출

같은 종류의 주스 4병, 같은 종류의 생수 2병, 우유 1병을 3명에게 남김없이 나누어 주는 경우의 수는?

(단, 1병도 받지 못하는 사람이 있을 수도 있다.)

① 330   ② 315   ③ 300

④ 285   ⑤ 270

058

서로 다른 3개의 과자와 서로 같은 8개의 사탕을 서로 같은 3개의 주머니에 남김없이 넣는 경우의 수를 구하시오.

(단, 모든 주머니에는 과자와 사탕을 각각 1개 이상씩 넣는다.)

059

고기만두, 김치만두, 새우만두, 야채만두 중 n개를 주문하는 경우의 수가 120일 때, 고기만두, 김치만두를 각각 적어도 하나씩 포함하여 n개를 주문하는 경우의 수를 구하시오.

060

4개의 자연수 2, 3, 5, 7에서 중복을 허용하여 택한 6개의 수를 모두 곱한 값이 12의 배수가 되도록 하는 경우의 수를 구하시오.

061

다항식 $(a+b+c+d)^5$의 전개식에서 a는 포함하지 않고, b는 포함하는 서로 다른 항의 개수를 구하시오.

062

다항식 $(a+2b+c)^6+(2b+c-3d)^6$의 전개식에서 서로 다른 항의 개수를 구하시오.

063

방정식 $x+y+z=n$을 만족시키는 음이 아닌 정수해의 개수가 231일 때, 자연수 n의 값을 구하시오.

064

$x \geq -2$, $y \geq 2$, $z \geq 3$인 정수 x, y, z에 대하여 방정식 $x+y+z=12$의 해의 개수를 구하시오.

065

방정식 $x+y+2z=5$를 만족시키는 음이 아닌 정수해의 개수를 구하시오.

066

부등식 $x+y+z \leq 4$를 만족시키는 음이 아닌 정수해의 개수를 구하시오.

067

다음 조건을 만족시키는 자연수 a, b, c의 모든 순서쌍 (a, b, c)의 개수를 구하시오.

> (가) a는 홀수이다.
> (나) $a^2+b+c=13$

정답과 풀이 19쪽

068

$1 \leq |x| \leq |y| \leq 4$를 만족시키는 정수 x, y의 모든 순서쌍 (x, y)의 개수를 구하시오.

069

집합 $X = \{1, 2, 3, 4, 5\}$에서 집합 $Y = \{6, 7, 8, 9, 10\}$으로의 함수 f 중 다음 조건을 만족시키는 함수의 개수를 구하시오.

> (가) 집합 X의 임의의 두 원소 x_i, x_j에 대하여 $x_i < x_j$이면 $f(x_i) \leq f(x_j)$이다.
> (나) $f(3) \neq 9$

070

같은 종류의 연필 6자루와 같은 종류의 지우개 10개가 있다. 연필을 5명의 학생에게 각각 1자루 이상씩 나누어 준 후, 연필을 1자루 받은 학생에게만 지우개를 각각 1개 이상씩 나누어 주려고 한다. 연필과 지우개를 남김없이 나누어 주는 경우의 수를 구하시오.

071

갑, 을, 병 세 사람이 다음 조건을 만족시키도록 아래 영화관 좌석을 예약하는 경우의 수를 구하시오.

> (가) 세 사람 모두 D열에 좌석을 예약하며, 왼쪽부터 갑, 을, 병 순으로 앉는다.
> (나) 갑과 을 사이에는 한 개 이상, 을과 병 사이에는 2개 이상의 좌석이 비어 있다.

스크린									
A 1	2	3	4	5	6	7	8	9	10
B 1	2	3	4	5	6	7	8	9	10
C 1	2	3	4	5	6	7	8	9	10
D 1	2	3	4	5	6	7	8	9	10

072 필수기출

다음 조건을 만족시키는 음이 아닌 정수 a, b, c의 모든 순서쌍 (a, b, c)의 개수를 구하시오.

> (가) $a + b + c = 7$
> (나) $2^a \times 4^b$은 8의 배수이다.

경우의 수

06 이항정리

| 개념 1 | **이항정리** | 유형 020, 021, 022 |

n이 자연수일 때, $(a+b)^n$의 전개식은

$$(a+b)^n = {}_nC_0 a^n + {}_nC_1 a^{n-1}b + {}_nC_2 a^{n-2}b^2 + \cdots + {}_nC_r a^{n-r}b^r + \cdots + {}_nC_n b^n$$

으로 나타낼 수 있다.

이와 같이 $(a+b)^n$의 전개식을 조합의 수를 이용하여 나타낸 것을 **이항정리**라 한다.

이때 각 항의 계수 ${}_nC_0$, ${}_nC_1$, ${}_nC_2$, $\cdots$, ${}_nC_r$, $\cdots$, ${}_nC_n$을 **이항계수**라 하고, ${}_nC_r a^{n-r}b^r$을 $(a+b)^n$의 전개식의 일반항이라 한다.

tip ${}_nC_r = {}_nC_{n-r}$이므로 $(a+b)^n$의 전개식에서 $a^r b^{n-r}$과 $a^{n-r}b^r$의 계수는 서로 같다.

설명 다항식 $(a+b)^3$을 전개하면

$$(a+b)^3 = (a+b)(a+b)(a+b)$$
$$= aaa + aab + aba + abb + baa + bab + bba + bbb$$
$$= a^3 + 3a^2b + 3ab^2 + b^3$$

이다. 이때 a^2b가 나오는 경우는 오른쪽과 같이 3개의 인수 $(a+b)$, $(a+b)$, $(a+b)$ 중 2개의 인수에서 a를 택하고, 남은 1개의 인수에서 b를 택하여 곱한 경우이다.

따라서 a^2b의 계수 3은 3개의 인수 $(a+b)$ 중 b를 택할 1개의 인수를 뽑는 조합의 수 ${}_3C_1$과 같다.

$(a+b)$	$(a+b)$	$(a+b)$
a	a	b
a	b	a
b	a	a

$$3a^2b$$

일반적으로 자연수 n에 대하여

$$(a+b)^n = \underbrace{(a+b) \times (a+b) \times \cdots \times (a+b)}_{n개}$$

의 전개식은 n개의 인수 $(a+b)$의 각각에서 a 또는 b를 하나씩 택하여 곱한 것을 모두 더한 것이다.

이때 $a^{n-r}b^r$ $(r=0, 1, 2, \cdots, n)$의 계수는 n개의 인수 $(a+b)$ 중 r개의 인수에서 b를 택하고, 남은 $(n-r)$개의 인수에서 a를 택하는 경우의 수와 같으므로 ${}_nC_r$이다.   ← $a \neq 0$, $b \neq 0$일 때, $a^0 = 1$, $b^0 = 1$로 정한다.

$$a^{n-r}b^r항 \rightarrow \underbrace{(\textcircled{a}+b) \times (\textcircled{a}+b) \times \cdots \times (\textcircled{a}+b)}_{n개의 인수 중 (n-r)개의 인수에서 a를 선택} \times \underbrace{(a+\textcircled{b}) \times (a+\textcircled{b}) \times \cdots \times (a+\textcircled{b})}_{n개의 인수 중 r개의 인수에서 b를 선택}$$

따라서 $(a+b)^n$의 전개식은

$$(a+b)^n = {}_nC_0 a^n + {}_nC_1 a^{n-1}b + {}_nC_2 a^{n-2}b^2 + \cdots + {}_nC_r a^{n-r}b^r + \cdots + {}_nC_n b^n$$

으로 나타낼 수 있다. 이것을 이항정리라 한다.

CHECK 이항정리를 이용하여 $(a+b)^4$을 전개하시오.

풀이 $(a+b)^4 = {}_4C_0 a^4 + {}_4C_1 a^3 b + {}_4C_2 a^2 b^2 + {}_4C_3 ab^3 + {}_4C_4 b^4$
$\qquad\qquad = a^4 + 4a^3 b + 6a^2 b^2 + 4ab^3 + b^4$

$(a+b)^n$의 전개식

$(3x-2y)^4$의 전개식에서 xy^3의 계수를 구하시오.

| 풀이 | $(3x-2y)^4$의 전개식의 일반항은
$${}_4\mathrm{C}_r(3x)^{4-r}(-2y)^r={}_4\mathrm{C}_r3^{4-r}(-2)^rx^{4-r}y^r$$
이때 $x^{4-r}y^r=xy^3$에서 $r=3$
따라서 xy^3의 계수는
$${}_4\mathrm{C}_3\times3^1\times(-2)^3=4\times3\times(-8)=\boldsymbol{-96}$$

$\left(ax+\dfrac{b}{x}\right)^n$의 전개식

$\left(x^2-\dfrac{2}{x^3}\right)^4$의 전개식에서 x^3의 계수를 구하시오.

| 풀이 | $\left(x^2-\dfrac{2}{x^3}\right)^4$의 전개식의 일반항은
$${}_4\mathrm{C}_r(x^2)^{4-r}\left(-\dfrac{2}{x^3}\right)^r={}_4\mathrm{C}_r(-2)^r\dfrac{x^{8-2r}}{x^{3r}}$$
이때 x^3항은 $8-2r-3r=3$일 때이므로 $r=1$
따라서 x^3의 계수는
$${}_4\mathrm{C}_1\times(-2)^1=4\times(-2)=\boldsymbol{-8}$$

■ 정답과 풀이 21쪽

체크 | **073** $(a+2b)^6$의 전개식에서 a^3b^3의 계수를 구하시오.

체크 | **074** $(ax+2y)^6$의 전개식에서 x^2y^4의 계수가 15일 때, 양수 a의 값을 구하시오.

체크 | **075** 다음 물음에 답하시오.

(1) $\left(x+\dfrac{3}{x}\right)^5$의 전개식에서 x의 계수를 구하시오.

(2) $\left(x^2-\dfrac{1}{x}\right)^8$의 전개식에서 x^4의 계수를 구하시오.

다음을 구하시오.

(1) $(x-2)(x+2)^5$의 전개식에서 x^3의 계수

(2) $(x+2)^3(2x-1)^4$의 전개식에서 x^5의 계수

| 풀이 | (1) $(x+2)^5$의 전개식의 일반항은 $_5C_r x^{5-r}2^r$ ······ ㉠

이때 $(x-2)(x+2)^5=x(x+2)^5-2(x+2)^5$이므로 전개식에서 x^3항은 다음과 같은 경우에 나타난다.

(i) x와 ㉠의 x^2항이 곱해지는 경우

     ㉠에서 x^2항은 $r=3$일 때이므로

     $x\times{}_5C_3 x^2 2^3=80x^3$

(ii) -2와 ㉠의 x^3항이 곱해지는 경우

     ㉠에서 x^3항은 $r=2$일 때이므로

     $-2\times{}_5C_2 x^3 2^2=-80x^3$

(i), (ii)에서 x^3의 계수는

$80+(-80)=\mathbf{0}$

(2) $(x+2)^3$의 전개식의 일반항은 $_3C_r x^{3-r}2^r$

$(2x-1)^4$의 전개식의 일반항은 $_4C_s(2x)^{4-s}(-1)^s={}_4C_s 2^{4-s}(-1)^s x^{4-s}$

$(x+2)^3(2x-1)^4$의 전개식의 일반항은

$_3C_r\times{}_4C_s\times 2^{4+r-s}\times(-1)^s\times x^{7-r-s}$

이므로 x^5항은 $7-r-s=5$, 즉 $r+s=2$일 때이다.

이때 $0\le r\le 3$, $0\le s\le 4$인 정수 r, s에 대하여 $r+s=2$를 만족시키는 순서쌍 $(r,\,s)$는

$(2,\,0)$, $(1,\,1)$, $(0,\,2)$

따라서 구하는 x^5의 계수는

$_3C_2\times{}_4C_0\times 2^6\times(-1)^0+{}_3C_1\times{}_4C_1\times 2^4\times(-1)^1+{}_3C_0\times{}_4C_2\times 2^2\times(-1)^2$

$=192+(-192)+24=\mathbf{24}$

■ 정답과 풀이 21쪽

체크 076 $(3x^2+2x+4)\left(x-\dfrac{1}{x}\right)^4$의 전개식에서 상수항을 구하시오.

체크 077 $(x-a)^4\left(x+\dfrac{1}{x^2}\right)^3$의 전개식에서 x^2의 계수가 36일 때, 양수 a의 값을 구하시오.

07 이항계수의 성질

개념 1 **파스칼의 삼각형**

자연수 n의 값이 1, 2, 3, 4, 5, …일 때, $(a+b)^n$의 전개식에서 각 항의 이항계수를 다음 그림과 같이 삼각형 모양으로 배열한 것을 **파스칼의 삼각형**이라 한다.

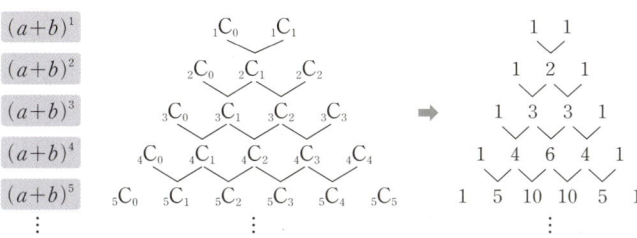

설명 파스칼의 삼각형을 살펴보면 다음과 같은 조합의 성질을 확인할 수 있다.

① 각 행의 양 끝에 있는 수는 모두 1이므로 $_nC_0=1$, $_nC_n=1$

② 각 행의 수의 배열이 좌우 대칭이므로 $_nC_r=_nC_{n-r}$

③ 각 행의 수는 그 위의 왼쪽과 오른쪽에 있는 두 수의 합과 같으므로

$$_nC_r=_{n-1}C_{r-1}+_{n-1}C_r \ (단, \ 1 \le r < n)$$

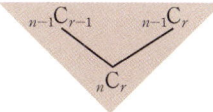

개념 2 **파스칼의 삼각형의 성질** **유형 023**

(1) 각 행의 수의 합

파스칼의 삼각형에서 n행의 모든 수의 합은 2^n이다.

(2) 하키 스틱 패턴

파스칼의 삼각형에서 왼쪽 1부터 시작하여 오른쪽 아래의 대각선 방향에 있는 이항계수들을 더한 값은 마지막 이항계수의 다음 행의 왼쪽 수와 같다.

예를 들어 오른쪽 그림에서

$$1+3+6+10=20 \quad \leftarrow _2C_0+_3C_1+_4C_2+_5C_3=_6C_3$$

이다. 마찬가지로 오른쪽 1부터 시작하여 왼쪽 아래의 대각선 방향에 있는 이항계수들을 더한 값은 마지막 이항계수의 다음 행의 오른쪽 아래의 수와 같다.

이와 같은 성질은 파스칼의 삼각형에 표시하면 모양이 하키 스틱처럼 보인다고 하여 '하키 스틱 패턴'이라 부른다.

설명 (1) 파스칼의 삼각형에서 각 행의 수를 모두 더해 보면

1행 ➡ $1+1=2=2^1$

2행 ➡ $1+2+1=4=2^2$

3행 ➡ $1+3+3+1=8=2^3$

⋮

따라서 n행의 모든 수를 더하면 2^n임을 알 수 있다.

이항정리를 이용하여 $(1+x)^n$을 전개하면

$$(1+x)^n = {}_n\mathrm{C}_0 + {}_n\mathrm{C}_1 x + {}_n\mathrm{C}_2 x^2 + \cdots + {}_n\mathrm{C}_n x^n$$

이다. 이를 이용하여 다음과 같은 이항계수의 성질을 얻을 수 있다.

(1) ${}_n\mathrm{C}_0 + {}_n\mathrm{C}_1 + {}_n\mathrm{C}_2 + \cdots + {}_n\mathrm{C}_n = 2^n$

(2) ${}_n\mathrm{C}_0 - {}_n\mathrm{C}_1 + {}_n\mathrm{C}_2 - \cdots + (-1)^n {}_n\mathrm{C}_n = 0$

(3) ${}_n\mathrm{C}_0 + {}_n\mathrm{C}_2 + {}_n\mathrm{C}_4 + \cdots = {}_n\mathrm{C}_1 + {}_n\mathrm{C}_3 + {}_n\mathrm{C}_5 + \cdots = 2^{n-1}$

증명 $(1+x)^n = {}_n\mathrm{C}_0 + {}_n\mathrm{C}_1 x + {}_n\mathrm{C}_2 x^2 + \cdots + {}_n\mathrm{C}_n x^n$ ······ ㉠

(1) ㉠의 양변에 $x=1$을 대입하면

$$(1+1)^n = {}_n\mathrm{C}_0 + {}_n\mathrm{C}_1 \times 1 + {}_n\mathrm{C}_2 \times 1^2 + \cdots + {}_n\mathrm{C}_n \times 1^n$$

$$\therefore {}_n\mathrm{C}_0 + {}_n\mathrm{C}_1 + {}_n\mathrm{C}_2 + \cdots + {}_n\mathrm{C}_n = 2^n \qquad ······ ㉡$$

(2) ㉠의 양변에 $x=-1$을 대입하면

$$(1-1)^n = {}_n\mathrm{C}_0 + {}_n\mathrm{C}_1 \times (-1) + {}_n\mathrm{C}_2 \times (-1)^2 + \cdots + {}_n\mathrm{C}_n \times (-1)^n$$

$$\therefore {}_n\mathrm{C}_0 - {}_n\mathrm{C}_1 + {}_n\mathrm{C}_2 - \cdots + (-1)^n {}_n\mathrm{C}_n = 0 \qquad ······ ㉢$$

(3) ㉡+㉢을 하면

$$\begin{aligned} {}_n\mathrm{C}_0 + {}_n\mathrm{C}_1 + {}_n\mathrm{C}_2 + {}_n\mathrm{C}_3 + \cdots + {}_n\mathrm{C}_n &= 2^n \\ +\ )\ {}_n\mathrm{C}_0 - {}_n\mathrm{C}_1 + {}_n\mathrm{C}_2 - {}_n\mathrm{C}_3 + \cdots + (-1)^n {}_n\mathrm{C}_n &= 0 \\ \hline 2({}_n\mathrm{C}_0 + {}_n\mathrm{C}_2 + {}_n\mathrm{C}_4 + \cdots) &= 2^n \end{aligned}$$

$$\therefore {}_n\mathrm{C}_0 + {}_n\mathrm{C}_2 + {}_n\mathrm{C}_4 + \cdots = 2^{n-1} \qquad \leftarrow \text{홀수 번째 항의 계수의 합}$$

㉡−㉢을 하면

$$\begin{aligned} {}_n\mathrm{C}_0 + {}_n\mathrm{C}_1 + {}_n\mathrm{C}_2 + {}_n\mathrm{C}_3 + \cdots + {}_n\mathrm{C}_n &= 2^n \\ -\ )\ {}_n\mathrm{C}_0 - {}_n\mathrm{C}_1 + {}_n\mathrm{C}_2 - {}_n\mathrm{C}_3 + \cdots + (-1)^n {}_n\mathrm{C}_n &= 0 \\ \hline 2({}_n\mathrm{C}_1 + {}_n\mathrm{C}_3 + {}_n\mathrm{C}_5 + \cdots) &= 2^n \end{aligned}$$

$$\therefore {}_n\mathrm{C}_1 + {}_n\mathrm{C}_3 + {}_n\mathrm{C}_5 + \cdots = 2^{n-1} \qquad \leftarrow \text{짝수 번째 항의 계수의 합}$$

CHECK   다음 식의 값을 구하시오.

(1) ${}_{10}\mathrm{C}_0 + {}_{10}\mathrm{C}_1 + {}_{10}\mathrm{C}_2 + \cdots + {}_{10}\mathrm{C}_{10}$

(2) ${}_4\mathrm{C}_0 - {}_4\mathrm{C}_1 + {}_4\mathrm{C}_2 - {}_4\mathrm{C}_3 + {}_4\mathrm{C}_4$

(3) ${}_5\mathrm{C}_1 + {}_5\mathrm{C}_3 + {}_5\mathrm{C}_5$

풀이   (1) $(1+x)^{10} = {}_{10}\mathrm{C}_0 + {}_{10}\mathrm{C}_1 x + {}_{10}\mathrm{C}_2 x^2 + \cdots + {}_{10}\mathrm{C}_{10} x^{10}$의 양변에 $x=1$을 대입하면

$${}_{10}\mathrm{C}_0 + {}_{10}\mathrm{C}_1 + {}_{10}\mathrm{C}_2 + \cdots + {}_{10}\mathrm{C}_{10} = 2^{10} = \mathbf{1024}$$

(2) $(1+x)^4 = {}_4\mathrm{C}_0 + {}_4\mathrm{C}_1 x + {}_4\mathrm{C}_2 x^2 + {}_4\mathrm{C}_3 x^3 + {}_4\mathrm{C}_4 x^4$의 양변에 $x=-1$을 대입하면

$${}_4\mathrm{C}_0 - {}_4\mathrm{C}_1 + {}_4\mathrm{C}_2 - {}_4\mathrm{C}_3 + {}_4\mathrm{C}_4 = \mathbf{0}$$

(3) ${}_5\mathrm{C}_1 + {}_5\mathrm{C}_3 + {}_5\mathrm{C}_5 = 2^{5-1} = 2^4 = \mathbf{16}$

○ 부분집합의 개수를 이용한 이항계수의 성질 증명

원소의 개수가 n인 집합의 부분집합의 개수를 이용하여 다음 이항계수의 성질을 증명할 수 있다.

$$_nC_0+{}_nC_1+{}_nC_2+\cdots+{}_nC_n=2^n$$

증명 자연수 n에 대하여 집합 S를 $S=\{1, 2, 3, \cdots, n\}$이라 하자.

집합 S의 부분집합 중

원소의 개수가 0인 부분집합의 개수는 $_nC_0$

원소의 개수가 1인 부분집합의 개수는 $_nC_1$

원소의 개수가 2인 부분집합의 개수는 $_nC_2$

$$\vdots$$

원소의 개수가 n인 부분집합의 개수는 $_nC_n$

이므로 집합 S의 부분집합의 개수는 $_nC_0+{}_nC_1+{}_nC_2+\cdots+{}_nC_n$

이때 집합 S의 원소의 개수가 n이므로 부분집합의 개수는 2^n

$$\therefore\ _nC_0+{}_nC_1+{}_nC_2+\cdots+{}_nC_n=2^n$$

○ 다양한 이항계수의 성질

(1) $_{2n}C_n=({}_nC_0)^2+({}_nC_1)^2+({}_nC_2)^2+\cdots+({}_nC_n)^2$

(2) $_nC_1+2_nC_2+3_nC_3+\cdots+n_nC_n=n\times 2^{n-1}$

(3) $_nC_1-2_nC_2+3_nC_3-\cdots+(-1)^{n-1}n_nC_n=0$

(4) $\dfrac{_nC_0}{1}+\dfrac{_nC_1}{2}+\dfrac{_nC_2}{3}+\cdots+\dfrac{_nC_n}{n+1}=\dfrac{1}{n+1}(2^{n+1}-1)$

— 수학 Ⅱ를 이수한 학생이 학습할 수 있습니다.

증명 (1) $(1+x)^{2n}=(1+x)^n(1+x)^n$의 양변의 x^n의 계수를 비교하면

$$_{2n}C_n={}_nC_0\times{}_nC_n+{}_nC_1\times{}_nC_{n-1}+\cdots+{}_nC_{n-1}\times{}_nC_1+{}_nC_n\times{}_nC_0$$

이때 $_nC_r={}_nC_{n-r}$이므로

$$_{2n}C_n=({}_nC_0)^2+({}_nC_1)^2+({}_nC_2)^2+\cdots+({}_nC_n)^2$$

(2) $(1+x)^n={}_nC_0+{}_nC_1x+{}_nC_2x^2+{}_nC_3x^3+\cdots+{}_nC_nx^n$의 양변을 x에 대하여 미분하면

$$n(1+x)^{n-1}={}_nC_1+2_nC_2x+3_nC_3x^2+\cdots+n_nC_nx^{n-1}\qquad\cdots\cdots\ \text{㉠}$$

㉠의 양변에 $x=1$을 대입하면

$$_nC_1+2_nC_2+3_nC_3+\cdots+n_nC_n=n\times 2^{n-1}$$

(3) ㉠의 양변에 $x=-1$을 대입하면

$$_nC_1-2_nC_2+3_nC_3-\cdots+(-1)^{n-1}n_nC_n=0$$

(4) $(1+x)^n={}_nC_0+{}_nC_1x+{}_nC_2x^2+{}_nC_3x^3+\cdots+{}_nC_nx^n$의 양변을 x에 대하여 적분하면

$$\frac{1}{n+1}(1+x)^{n+1}+C=\frac{_nC_0}{1}x+\frac{_nC_1}{2}x^2+\frac{_nC_2}{3}x^3+\cdots+\frac{_nC_n}{n+1}x^{n+1}\ (\text{단, } C\text{는 적분상수})$$

위의 식의 양변에 $x=0$을 대입하면 $\dfrac{1}{n+1}+C=0$에서 $C=-\dfrac{1}{n+1}$이므로

$$\frac{_nC_0}{1}x+\frac{_nC_1}{2}x^2+\frac{_nC_2}{3}x^3+\cdots+\frac{_nC_n}{n+1}x^{n+1}=\frac{1}{n+1}(1+x)^{n+1}-\frac{1}{n+1}$$

위의 식의 양변에 $x=1$을 대입하면

$$\frac{_nC_0}{1}+\frac{_nC_1}{2}+\frac{_nC_2}{3}+\cdots+\frac{_nC_n}{n+1}=\frac{1}{n+1}(2^{n+1}-1)$$

참고 $k_nC_k=k\times\dfrac{n!}{k!(n-k)!}=n\times\dfrac{(n-1)!}{(k-1)!(n-k)!}=n_{n-1}C_{k-1}\ (1\le k\le n)$이 성립하므로 (2)의 경우 다음과 같이 증명할 수도 있다.

$$_nC_1+2_nC_2+3_nC_3+\cdots+n_nC_n=n(_{n-1}C_0+{}_{n-1}C_1+{}_{n-1}C_2+\cdots+{}_{n-1}C_{n-1})=n\times 2^{n-1}$$

오른쪽 그림과 같은 파스칼의 삼각형을 이용하여 다음 식의 값을 구하시오.

(1) $_2C_0 + _3C_1 + _4C_2 + _5C_3 + \cdots + _9C_7$

(2) $_2C_2 + _3C_2 + _4C_2 + _5C_2 + \cdots + _{12}C_2$

$$_1C_0 \quad _1C_1$$
$$_2C_0 \quad _2C_1 \quad _2C_2$$
$$_3C_0 \quad _3C_1 \quad _3C_2 \quad _3C_3$$
$$_4C_0 \quad _4C_1 \quad _4C_2 \quad _4C_3 \quad _4C_4$$
$$_5C_0 \quad _5C_1 \quad _5C_2 \quad _5C_3 \quad _5C_4 \quad _5C_5$$
$$\vdots$$

| 풀이 |

(1) $_2C_0 = _3C_0$이므로

$_2C_0 + _3C_1 + _4C_2 + _5C_3 + \cdots + _9C_7$

$= \underbrace{_3C_0 + _3C_1}_{_4C_1} + _4C_2 + _5C_3 + \cdots + _9C_7$

$= \underbrace{_4C_1 + _4C_2}_{_5C_2} + _5C_3 + \cdots + _9C_7$

$\vdots$

$= _9C_6 + _9C_7$

$= _{10}C_7 = _{10}C_3 = \dfrac{10 \times 9 \times 8}{3 \times 2 \times 1} = \mathbf{120}$

(2) $_2C_2 = _3C_3$이므로

$_2C_2 + _3C_2 + _4C_2 + _5C_2 + \cdots + _{12}C_2$

$= \underbrace{_3C_3 + _3C_2}_{_4C_3} + _4C_2 + _5C_2 + \cdots + _{12}C_2$

$= \underbrace{_4C_3 + _4C_2}_{_5C_3} + _5C_2 + \cdots + _{12}C_2$

$\vdots$

$= _{12}C_3 + _{12}C_2$

$= _{13}C_3 = \dfrac{13 \times 12 \times 11}{3 \times 2 \times 1} = \mathbf{286}$

| 다른 풀이 |

(1) 다음 그림에서 (주어진 식) $= _{10}C_7 = _{10}C_3 = \mathbf{120}$

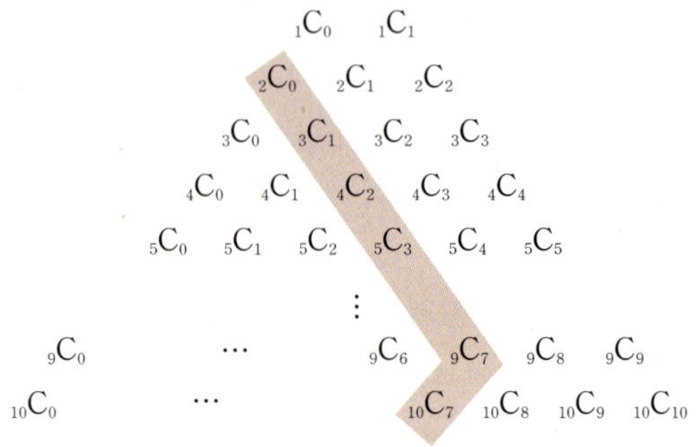

$$_1C_0 \quad _1C_1$$
$$_2C_0 \quad _2C_1 \quad _2C_2$$
$$_3C_0 \quad _3C_1 \quad _3C_2 \quad _3C_3$$
$$_4C_0 \quad _4C_1 \quad _4C_2 \quad _4C_3 \quad _4C_4$$
$$_5C_0 \quad _5C_1 \quad _5C_2 \quad _5C_3 \quad _5C_4 \quad _5C_5$$
$$\vdots$$
$$_9C_0 \quad \cdots \quad _9C_6 \quad _9C_7 \quad _9C_8 \quad _9C_9$$
$$_{10}C_0 \quad \cdots \quad _{10}C_7 \quad _{10}C_8 \quad _{10}C_9 \quad _{10}C_{10}$$

(2) 다음 그림에서 (주어진 식) $= _{13}C_3 = \mathbf{286}$

$$_1C_0 \quad _1C_1$$
$$_2C_0 \quad _2C_1 \quad _2C_2$$
$$_3C_0 \quad _3C_1 \quad _3C_2 \quad _3C_3$$
$$_4C_0 \quad _4C_1 \quad _4C_2 \quad _4C_3 \quad _4C_4$$
$$_5C_0 \quad _5C_1 \quad _5C_2 \quad _5C_3 \quad _5C_4 \quad _5C_5$$
$$\vdots$$
$$_{12}C_0 \quad _{12}C_1 \quad _{12}C_2 \quad \cdots \quad _{12}C_{12}$$
$$_{13}C_0 \quad _{13}C_1 \quad _{13}C_2 \quad _{13}C_3 \quad \cdots \quad _{13}C_{13}$$

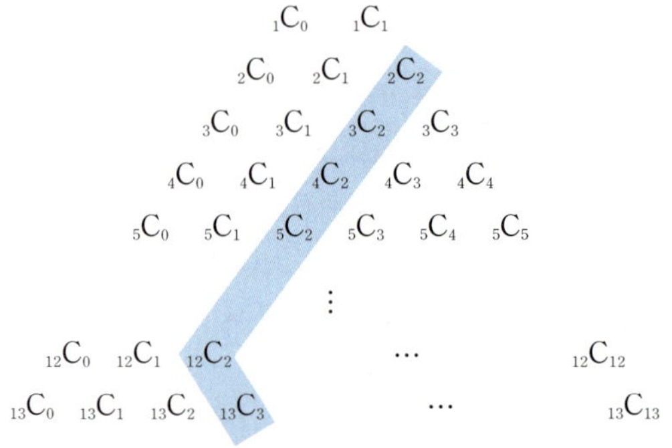

■ 정답과 풀이 21쪽

체크 | 078

다음 중 $_{12}C_9 + _{13}C_{10} + _{14}C_{11} + _{15}C_{12} + _{16}C_{13}$의 값과 같은 것은?

① $_{17}C_{13}$　　　　② $_{17}C_{13} - _{12}C_{10}$　　　　③ $_{17}C_{13} - _{12}C_9$

④ $_{17}C_{13} - _{12}C_8$　　　　⑤ $_{17}C_{12} - _{12}C_9$

체크 | 079

다음을 만족시키는 자연수 n의 값을 구하시오.

$$_5C_0 + _5C_5 + _6C_1 + _6C_5 + _7C_2 + _7C_5 + _8C_3 + _8C_5 + _9C_4 + _9C_5 + 2_{10}C_5 = 2_nC_6$$

다음 식의 값을 구하시오.

(1) $_8C_1 + _8C_2 + _8C_3 + \cdots + _8C_8$

(2) $_{10}C_1 + _{10}C_3 + _{10}C_5 + _{10}C_7 + _{10}C_9$

(3) $_{11}C_1 + _{11}C_2 + _{11}C_3 + _{11}C_4 + _{11}C_5$

| 풀이 | (1) $(1+x)^8 = _8C_0 + _8C_1 x + _8C_2 x^2 + _8C_3 x^3 + \cdots + _8C_8 x^8$의 양변에 $x=1$을 대입하면

$2^8 = _8C_0 + _8C_1 + _8C_2 + _8C_3 + \cdots + _8C_8$

이때 $_8C_0 = 1$이므로

$_8C_1 + _8C_2 + _8C_3 + \cdots + _8C_8 = 2^8 - 1 = \mathbf{255}$

(2) $(1+x)^{10} = _{10}C_0 + _{10}C_1 x + _{10}C_2 x^2 + _{10}C_3 x^3 + \cdots + _{10}C_9 x^9 + _{10}C_{10} x^{10}$ ...... ㉠

㉠의 양변에 $x=1$을 대입하면 $2^{10} = _{10}C_0 + _{10}C_1 + _{10}C_2 + _{10}C_3 + \cdots + _{10}C_9 + _{10}C_{10}$ ...... ㉡

㉠의 양변에 $x=-1$을 대입하면 $0 = _{10}C_0 - _{10}C_1 + _{10}C_2 - _{10}C_3 + \cdots - _{10}C_9 + _{10}C_{10}$ ...... ㉢

㉡$-$㉢을 하면

$2^{10} = 2(_{10}C_1 + _{10}C_3 + _{10}C_5 + _{10}C_7 + _{10}C_9)$

$\therefore _{10}C_1 + _{10}C_3 + _{10}C_5 + _{10}C_7 + _{10}C_9 = 2^9 = \mathbf{512}$

(3) $(1+x)^{11} = _{11}C_0 + _{11}C_1 x + _{11}C_2 x^2 + _{11}C_3 x^3 + \cdots + _{11}C_{10} x^{10} + _{11}C_{11} x^{11}$의 양변에 $x=1$을 대입하면

$2^{11} = _{11}C_0 + _{11}C_1 + _{11}C_2 + _{11}C_3 + \cdots + _{11}C_{10} + _{11}C_{11}$

$= 2(_{11}C_0 + _{11}C_1 + _{11}C_2 + _{11}C_3 + _{11}C_4 + _{11}C_5)$ $(\because {}_nC_r = {}_nC_{n-r})$

따라서 $_{11}C_0 + _{11}C_1 + _{11}C_2 + _{11}C_3 + _{11}C_4 + _{11}C_5 = 2^{10} = 1024$이므로

$_{11}C_1 + _{11}C_2 + _{11}C_3 + _{11}C_4 + _{11}C_5 = 1024 - 1 = \mathbf{1023}$

■ 정답과 풀이 22쪽

체크 | 080 $_{10}C_0 - 3\,_{10}C_1 + 3^2\,_{10}C_2 - 3^3\,_{10}C_3 + \cdots + 3^{10}\,_{10}C_{10}$의 값을 구하시오.

체크 | 081 부등식 $2000 < {}_nC_0 + {}_nC_1 + {}_nC_2 + \cdots + {}_nC_n < 3000$을 만족시키는 자연수 n의 값을 구하시오.

선생님의 출제 point

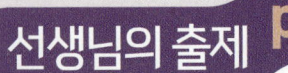

Q 파스칼의 삼각형의 성질을 이용하여 전개식에서 특정 항의 계수를 구할 수 있는가?

1 $(1+x)+(1+x)^2+(1+x)^3+\cdots+(1+x)^{10}$의 전개식에서 x^3의 계수를 구하시오.

| 풀이 |

① 주어진 다항식의 각 $(1+x)^n$ 꼴에서 x^3의 계수 구하기

유형 020

$(1+x)$, $(1+x)^2$에는 x^3항이 없으므로 x^3의 계수는 0이다.

$(1+x)^3$에서 x^3의 계수는 $_3C_3$

$(1+x)^4$에서 x^3의 계수는 $_4C_3$

$(1+x)^5$에서 x^3의 계수는 $_5C_3$

$\vdots$

$(1+x)^{10}$에서 x^3의 계수는 $_{10}C_3$

즉, 주어진 전개식에서 x^3의 계수는 $_3C_3+_4C_3+_5C_3+\cdots+_{10}C_3$이다.

② 파스칼의 삼각형의 성질을 이용하여 x^3의 계수 구하기

유형 023

이때 $_3C_3=_4C_4$이므로

$_3C_3+_4C_3+_5C_3+\cdots+_{10}C_3=\underbrace{_4C_4+_4C_3}_{_5C_4}+_5C_3+\cdots+_{10}C_3$

$=\underbrace{_5C_4+_5C_3}_{_6C_4}+\cdots+_{10}C_3$

$\vdots$

$=_{10}C_4+_{10}C_3=_{11}C_4$

따라서 구하는 x^3의 계수는 $_{11}C_4=\dfrac{11\times10\times9\times8}{4\times3\times2\times1}=\mathbf{330}$

Q 이항정리를 이용하여 자연수의 나눗셈에서 나머지를 구할 수 있는가?

2 11^8과 21^{10}을 100으로 나누었을 때의 나머지를 각각 a, b라 할 때, $a+b$의 값을 구하시오.

| 풀이 |

① 주어진 자연수를 이항정리를 이용하여 전개하기

유형 024

$(1+x)^8=_8C_0+_8C_1x+_8C_2x^2+\cdots+_8C_8x^8$의 양변에 $x=10$을 대입하면

$11^8=_8C_0+_8C_1\times10+_8C_2\times10^2+\cdots+_8C_8\times10^8$ $\quad\cdots\cdots$ ㉠

$(1+x)^{10}=_{10}C_0+_{10}C_1x+_{10}C_2x^2+\cdots+_{10}C_{10}x^{10}$의 양변에 $x=20$을 대입하면

$21^{10}=_{10}C_0+_{10}C_1\times20+_{10}C_2\times20^2+\cdots+_{10}C_{10}\times20^{10}$ $\quad\cdots\cdots$ ㉡

② 자연수의 나눗셈의 성질을 이용하여 a, b의 값 구하기

㉠에서 $_8C_2\times10^2+\cdots+_8C_8\times10^8$은 100으로 나누어떨어지므로 11^8을 100으로 나눈 나머지는 $_8C_0+_8C_1\times10=81$을 100으로 나눈 나머지와 같다.

따라서 11^8을 100으로 나눈 나머지는 81이므로 $a=81$

㉡에서 $_{10}C_1\times20+_{10}C_2\times20^2+\cdots+_{10}C_{10}\times20^{10}$은 100으로 나누어떨어지므로 21^{10}을 100으로 나눈 나머지는 $_{10}C_0=1$을 100으로 나눈 나머지와 같다.

따라서 21^{10}을 100으로 나눈 나머지는 1이므로 $b=1$

$\therefore a+b=\mathbf{82}$

082

$\left(ax+\dfrac{1}{bx}\right)^7$의 전개식에서 x의 계수가 35, x^5의 계수가 7일 때, 자연수 a, b에 대하여 $a+b$의 값을 구하시오.

083

$\left(x^3-\dfrac{2}{x^2}\right)^n$의 전개식에서 상수항이 존재하도록 하는 자연수 n의 최솟값을 구하시오.

084

$(2+x)^3(1+x^2)^n$의 전개식에서 x^2의 계수가 46일 때, 자연수 n의 값을 구하시오.

085

다음 식의 값을 구하시오.

$${}_4C_0\times{}_4C_4+{}_4C_1\times{}_4C_3+{}_4C_2\times{}_4C_2+{}_4C_3\times{}_4C_1+{}_4C_4\times{}_4C_0$$

086

다음 그림과 같은 파스칼의 삼각형에서 색칠한 부분에 포함되는 모든 수의 합을 구하시오.

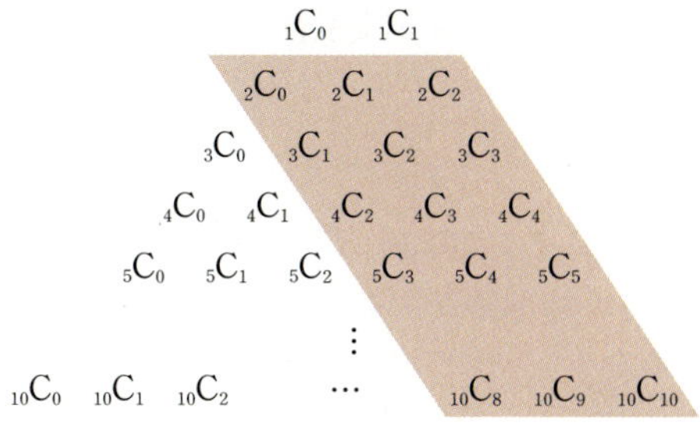

087

$1+(1+2x)+(1+2x)^2+\cdots+(1+2x)^{10}$의 전개식에서 x^2의 계수를 구하시오.

088

$(1+x)^n$의 전개식에서 x^{n-3}의 계수를 $f(n, x)$라 할 때, $f(3, x)+f(4, x)+f(5, x)+\cdots+f(11, x)$는 $(1+x)^{12}$의 전개식에서 x^p의 계수와 같다. 모든 p의 값의 곱을 구하시오.

089

부등식

$${}_{2n}C_0 + {}_{2n}C_2 + {}_{2n}C_4 + \cdots + {}_{2n}C_{2n} > 1000$$

을 만족시키는 자연수 n의 최솟값을 구하시오.

090

다음 등식을 만족시키는 상수 p, q, r에 대하여 $p+q+r$의 값을 구하시오.

(가) ${}_{100}C_0 - 5{}_{100}C_1 + 5^2{}_{100}C_2 - \cdots + 5^{100}{}_{100}C_{100} = 2^p$

(나) ${}_{51}C_{26} + {}_{51}C_{27} + {}_{51}C_{28} + \cdots + {}_{51}C_{51} = 2^q$

(다) $({}_5C_0)^2 + ({}_5C_1)^2 + ({}_5C_2)^2 + \cdots + ({}_5C_5)^2 = {}_{10}C_r$

091

오른쪽 그림과 같이 원 위의 n개의 점 a_1, a_2, a_3, $\cdots$, a_n의 전부 또는 일부를 사용하여 만들 수 있는 다각형의 개수가 $2^n - \dfrac{n^2 + an + b}{2}$ 이다. 상수 a, b에 대하여 $a+b$의 값을 구하시오. (단, $n \geq 3$)

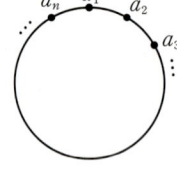

092 필수기출

다음은 x에 대한 다항식 $(x+a^2)^n$과 $(x^2-2a)(x+a)^n$의 전개식에서 x^{n-1}의 계수가 같게 되는 두 자연수 a와 n ($n \geq 4$)의 값을 구하는 과정의 일부이다.

> $(x+a^2)^n$의 전개식에서 x^{n-1}의 계수는 a^2n이다.
> $(x^2-2a)(x+a)^n = x^2(x+a)^n - 2a(x+a)^n$에서
> $x^2(x+a)^n$을 전개하면 x^{n-1}의 계수는 $\boxed{(가)} \times a^3$이고,
> $2a(x+a)^n$을 전개하면 x^{n-1}의 계수는 $2a^2n$이다.
> 따라서 $(x^2-2a)(x+a)^n$의 전개식에서 x^{n-1}의 계수는
> $$\boxed{(가)} \times a^3 - 2a^2n$$
> 이다. 그러므로
> $$a^2n = \boxed{(가)} \times a^3 - 2a^2n$$
> 이고, 이 식을 정리하여 a를 n에 관한 식으로 나타내면
> $$a = \dfrac{18}{\boxed{(나)}}$$
> 이다. 여기서 a는 자연수이고 n은 4 이상의 자연수이므로
> $$n = \boxed{(다)}$$
> 이다.

위의 (가), (나)에 알맞은 식을 각각 $f(n)$, $g(n)$이라 하고, (다)에 알맞은 수를 k라 할 때, $f(k)+g(k)$의 값은?

① 10　　　　② 16　　　　③ 22

④ 28　　　　⑤ 34

093

오늘부터 8^{11}일째 되는 날이 토요일이라 할 때, 오늘부터 9^9일째 되는 날은 무슨 요일인가?

① 토요일　　　② 일요일　　　③ 월요일

④ 화요일　　　⑤ 수요일

이 단원에서는
- 통계적 확률과 수학적 확률의 의미를 이해한다.
- 확률의 기본 성질을 이해한다.
- 확률의 덧셈정리를 이해하고, 이를 활용할 수 있다.
- 여사건의 확률의 뜻을 알고, 이를 활용할 수 있다.
- 조건부확률의 의미를 이해하고, 이를 구할 수 있다.
- 확률의 곱셈정리를 이해하고, 이를 활용할 수 있다.
- 사건의 독립과 종속의 의미를 이해하고, 이를 설명할 수 있다.

확률

1 확률의 뜻과 활용

2 조건부확률

08 시행과 사건

개념 1 **시행과 사건**

(1) **시행** : 주사위나 동전을 던지는 것과 같이 같은 조건에서 반복할 수 있고, 그 결과가 우연에 의하여 정해지는 실험이나 관찰

(2) 표본공간 : 어떤 시행에서 일어날 수 있는 모든 결과의 집합

(3) 사건 : 표본공간의 부분집합

(4) 근원사건 : 한 개의 원소로 이루어진 사건

tip 표본공간은 보통 sample space의 첫 글자인 S로 나타내고, 공집합이 아닌 경우만 생각한다.

설명 한 개의 주사위를 던지는 시행에서

(1) 표본공간 S는 $S=\{1, 2, 3, 4, 5, 6\}$

(2) 근원사건은 $\{1\}, \{2\}, \{3\}, \{4\}, \{5\}, \{6\}$

(3) 짝수의 눈이 나오는 사건을 A라 하면 $A=\{2, 4, 6\}$

　　3 이하의 눈이 나오는 사건을 B라 하면 $B=\{1, 2, 3\}$

이때 반드시 일어나는 사건은 표본공간 S, 절대로 일어나지 않는 사건은 공집합 $\varnothing$으로 나타낸다.

개념 2 **배반사건과 여사건** 유형 025

표본공간 S의 두 사건 A, B에 대하여

(1) 합사건 : A 또는 B가 일어나는 사건 $\leftarrow A \cup B$

(2) 곱사건 : A와 B가 동시에 일어나는 사건 $\leftarrow A \cap B$

(3) 배반사건 : 두 사건 A, B가 동시에 일어나지 않을 때, 즉 $A \cap B = \varnothing$일 때, A와 B는 서로 **배반사건**이라 한다.

(4) 여사건 : 사건 A가 일어나지 않는 사건을 A의 **여사건**이라 하고, 기호로 A^C와 같이 나타낸다.

tip (1) A^C에서 C는 여사건을 뜻하는 complementary event의 첫 글자이다.

(2) 사건 A와 그 여사건 A^C에 대하여 $A \cap A^C = \varnothing$이므로 두 사건 A, A^C는 서로 배반사건이다.

설명 각 사건을 벤다이어그램으로 나타내면 다음과 같다.

(1) 합사건 $(A \cup B)$　　(2) 곱사건 $(A \cap B)$　　(3) A, B가 배반사건　　(4) A의 여사건 A^C

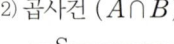 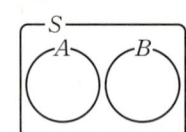  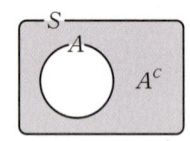

예 한 개의 주사위를 던지는 시행에서 표본공간을 S, 2의 배수의 눈이 나오는 사건을 A, 3의 약수의 눈이 나오는 사건을 B라 하면 $S=\{1, 2, 3, 4, 5, 6\}$, $A=\{2, 4, 6\}$, $B=\{1, 3\}$이다.

이때 2의 배수 또는 3의 약수의 눈이 나오는 사건, 즉 A와 B의 합사건은 $A \cup B=\{1, 2, 3, 4, 6\}$이다. 또한 2의 배수이면서 동시에 3의 약수의 눈이 나오는 사건, 즉 A와 B의 곱사건은 $A \cap B=\varnothing$이므로 두 사건 A, B는 서로 배반사건이다. 이를 벤다이어그램으로 나타내면 오른쪽 그림과 같다.

한편, 두 사건 A, B의 여사건은 각각 $A^C=\{1, 3, 5\}$, $B^C=\{2, 4, 5, 6\}$이다.

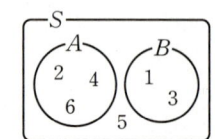

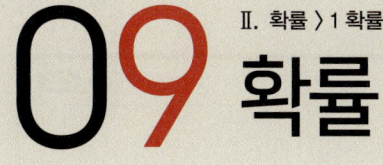
| 개념 1 | **수학적 확률** | 유형 026 ~ 032 |

(1) 확률 : 어떤 시행에서 사건 A가 일어날 가능성을 수로 나타낸 것을 사건 A의 확률이라 하고, 기호로 $P(A)$와 같이 나타낸다.

(2) 수학적 확률 : 표본공간이 S인 어떤 시행에서 각 근원사건이 일어날 가능성이 모두 같은 정도로 기대될 때, 사건 A가 일어날 확률 $P(A)$를

$$P(A) = \frac{n(A)}{n(S)} \quad \leftarrow \frac{(\text{사건 } A\text{가 일어나는 경우의 수})}{(\text{일어날 수 있는 모든 경우의 수})}$$

로 정의하고, 이것을 표본공간 S에서 사건 A가 일어날 **수학적 확률**이라 한다.

tip (1) $P(A)$에서 P는 확률을 뜻하는 Probability의 첫 글자이다.

(2) 수학적 확률은 표본공간이 공집합이 아닌 유한집합인 경우에서만 생각한다.

CHECK 1부터 5까지의 자연수가 각각 하나씩 적힌 5개의 공이 들어 있는 주머니에서 임의로 한 개의 공을 꺼낼 때, 소수가 적힌 공이 나올 확률을 구하시오.

풀이 표본공간을 S라 하면 $S = \{1,\ 2,\ 3,\ 4,\ 5\}$이므로 $n(S) = 5$

이때 소수가 적힌 공이 나오는 사건을 A라 하면 $A = \{2,\ 3,\ 5\}$이므로 $n(A) = 3$

따라서 구하는 확률은

$$P(A) = \frac{n(A)}{n(S)} = \frac{3}{5}$$

| 개념 2 | **통계적 확률** | 유형 033 |

어떤 시행을 n번 반복할 때, 사건 A가 일어난 횟수 r_n에 대하여 n이 한없이 커짐에 따라 상대도수 $\dfrac{r_n}{n}$이 일정한 값 p에 가까워지면 이 값 p를 사건 A가 일어날 **통계적 확률**이라 한다.

tip (1) 실제로는 시행 횟수 n을 한없이 크게 할 수 없으므로 n이 충분히 클 때의 상대도수 $\dfrac{r_n}{n}$을 통계적 확률로 생각한다.

(2) 사건 A가 일어날 수학적 확률이 p일 때, 시행 횟수 n을 충분히 크게 하면 상대도수 $\dfrac{r_n}{n}$은 수학적 확률 p에 가까워진다.

설명 수학적 확률은 어떤 시행에서 각 근원사건이 일어날 가능성이 모두 같은 정도로 기대된다는 가정에서 정의하였다. 그러나 우리 주변의 여러 현상 중에는 각 경우가 일어날 가능성이 모두 같다고 기대하기 어려운 경우도 있다.

예를 들어 비가 올 확률, 어떤 팀이 축구 경기에서 승리할 확률, 공장에서 불량품이 생산될 확률 등은 수학적 확률로 정의할 수 없다. 이와 같은 경우에는 많은 자료를 수집하여 조사하거나 같은 시행을 여러 번 반복하여 구한 상대도수를 통하여 그 사건이 일어날 확률을 알아볼 수 있다. 이와 같이 구하는 확률을 통계적 확률이라 한다.

개념 3	확률의 기본 성질	유형 034

표본공간이 S인 어떤 시행에서

(1) 임의의 사건 A에 대하여 $0 \le P(A) \le 1$

(2) 반드시 일어나는 사건 S에 대하여 $P(S) = 1$

(3) 절대로 일어나지 않는 사건 $\varnothing$에 대하여 $P(\varnothing) = 0$

설명 어떤 시행에서 임의의 사건 A는 표본공간 S의 부분집합이므로 $\varnothing \subset A \subset S$에서

$$0 \le n(A) \le n(S)$$

위 부등식의 각 변을 $n(S)$로 나누면

$$0 \le \frac{n(A)}{n(S)} \le 1 \qquad \therefore \ 0 \le P(A) \le 1$$

특히, 사건 A가 반드시 일어나는 사건 S이면

$$P(S) = \frac{n(S)}{n(S)} = 1$$

이고, 절대로 일어나지 않는 사건 $\varnothing$이면

$$P(\varnothing) = \frac{n(\varnothing)}{n(S)} = 0$$

이다.

CHECK 1부터 20까지의 자연수가 각각 하나씩 적힌 20개의 공이 들어 있는 상자에서 임의로 한 개의 공을 꺼낼 때, 다음을 구하시오.

(1) 3의 배수가 적힌 공이 나올 확률   (2) 20 이하의 자연수가 적힌 공이 나올 확률

(3) 음의 정수가 적힌 공이 나올 확률

풀이 (1) 1부터 20까지의 자연수 중 3의 배수는 6개이므로 구하는 확률은 $\dfrac{6}{20} = \dfrac{3}{10}$

(2) 20 이하의 자연수가 적힌 공이 나오는 사건은 반드시 일어나는 사건이므로 구하는 확률은 **1**

(3) 음의 정수가 적힌 공이 나오는 사건은 절대로 일어나지 않는 사건이므로 구하는 확률은 **0**

Plus⁺ 자료

◎ 기하적 확률

연속적인 변량을 크기로 갖는 표본공간의 영역 S 안에서 각각의 점을 잡을 가능성이 같은 정도로 기대될 때, 영역 S에 포함되어 있는 영역 A에 대하여 영역 S에서 임의로 잡은 점이 영역 A에 포함될 확률 $P(A)$는

$$P(A) = \frac{(\text{영역 } A \text{의 크기})}{(\text{영역 } S \text{의 크기})}$$

로 정의하고, 이것을 기하적 확률이라 한다.

예 오른쪽 그림과 같이 수직선 위에 네 점 $A(0)$, $B(3)$, $C(5)$, $D(8)$이 있을 때, 선분 AD 위의 임의의 점 P가 선분 BC 위에 있을 확률 p를 구해 보자.

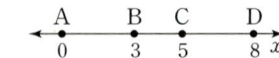

이 경우 표본공간은 선분 AD 위에 있는 모든 점에 대응하는 실수의 집합이므로 표본공간 S는

$$S = \{x \mid 0 \le x \le 8\}$$

이고, 임의의 점 P가 선분 BC 위에 있는 사건을 A라 하면

$$A = \{x \mid 3 \le x \le 5\}$$

이다. 이때 두 집합 S, A는 모두 무수히 많은 수들로 이루어져 있으므로 원소의 개수를 셀 수 없다.

이런 경우에는 각 집합이 나타내는 길이를 이용하여 확률 p를 다음과 같이 구한다.

$$p = \frac{(\text{선분 BC의 길이})}{(\text{선분 AD의 길이})} = \frac{2}{8} = \frac{1}{4}$$

시행과 사건

한 개의 주사위를 던지는 시행에서 나오는 눈의 수가 홀수인 사건을 A, 짝수인 사건을 B, 4의 약수인 사건을 C, 5의 약수인 사건을 D라 할 때, |보기|에서 서로 배반사건인 것만을 있는 대로 고르시오.

| 보기 |
ㄱ. A와 B ㄴ. A와 C ㄷ. B와 D ㄹ. C와 D

|풀이| 표본공간을 S라 하면 $S=\{1, 2, 3, 4, 5, 6\}$이고
$A=\{1, 3, 5\}$, $B=\{2, 4, 6\}$, $C=\{1, 2, 4\}$, $D=\{1, 5\}$
ㄱ. $A\cap B=\varnothing$ ㄴ. $A\cap C=\{1\}$ ㄷ. $B\cap D=\varnothing$ ㄹ. $C\cap D=\{1\}$
따라서 서로 배반사건인 것은 **ㄱ, ㄷ**이다.

수학적 확률

서로 다른 두 개의 주사위를 동시에 던질 때, 나오는 두 눈의 수의 차가 2 이하일 확률을 구하시오.

|풀이| 서로 다른 두 개의 주사위를 동시에 던질 때, 모든 경우의 수는 $6\times 6=36$
(i) 두 눈의 수의 차가 0인 경우는 $(1, 1), (2, 2), (3, 3), (4, 4), (5, 5), (6, 6)$의 6가지
(ii) 두 눈의 수의 차가 1인 경우는
   $(1, 2), (2, 1), (2, 3), (3, 2), (3, 4), (4, 3), (4, 5), (5, 4), (5, 6), (6, 5)$의 10가지
(iii) 두 눈의 수의 차가 2인 경우는 $(1, 3), (3, 1), (2, 4), (4, 2), (3, 5), (5, 3), (4, 6), (6, 4)$의 8가지
(i)~(iii)에서 두 눈의 수의 차가 2 이하인 경우의 수는 $6+10+8=24$
따라서 구하는 확률은 $\dfrac{24}{36}=\dfrac{2}{3}$

■ 정답과 풀이 26쪽

체크 094 1부터 10까지의 자연수가 각각 하나씩 적힌 10장의 카드 중 임의로 한 장의 카드를 뽑을 때, 뽑은 카드에 적힌 수가 6의 약수인 사건을 A, 소수인 사건을 B라 하자. 두 사건 A, B 모두와 배반사건인 사건의 개수를 구하시오.

체크 095 서로 다른 두 개의 주사위를 동시에 던져서 나오는 눈의 수를 각각 a, b라 할 때, 이차방정식 $x^2-2ax+5b=0$이 서로 다른 두 실근을 가질 확률을 구하시오.

유형 027 순열을 이용하는 확률

소설책 4권과 시집 6권을 책꽂이에 일렬로 꽂을 때, 소설책끼리 이웃하게 꽂을 확률을 구하시오.

| 풀이 | 10권의 책을 일렬로 꽂는 경우의 수는 10!

소설책 4권을 한 권으로 생각하여 총 7권을 일렬로 꽂는 경우의 수는 7!이고, 그 각각에 대하여 소설책 4권의 자리를 바꾸는 경우의 수는 4!이므로 소설책끼리 이웃하게 꽂는 경우의 수는 7!×4!

따라서 구하는 확률은 $\dfrac{7! \times 4!}{10!} = \dfrac{1}{30}$

유형 028 원순열을 이용하는 확률

오른쪽 그림과 같은 원탁에 A, B를 포함한 7명이 둘러앉을 때, A, B가 이웃하여 앉을 확률을 구하시오. (단, 회전하여 일치하는 경우는 같은 것으로 본다.)

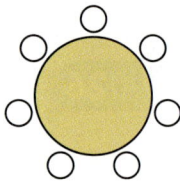

| 풀이 | 7명이 원탁에 둘러앉는 경우의 수는 (7−1)!=6!

A, B를 한 사람으로 생각하여 총 6명이 원탁에 둘러앉는 경우의 수는 (6−1)!=5!이고, 그 각각에 대하여 A, B가 자리를 바꾸는 경우의 수는 2!이므로 A, B가 이웃하여 앉는 경우의 수는 5!×2!

따라서 구하는 확률은 $\dfrac{5! \times 2!}{6!} = \dfrac{1}{3}$

■ 정답과 풀이 26쪽

체크 096 부모님을 포함하여 5명의 가족이 일렬로 설 때, 양 끝에 부모님이 설 확률을 구하시오.

체크 097 5개의 숫자 0, 1, 2, 3, 4를 모두 한 번씩 사용하여 만든 다섯 자리 자연수가 30000보다 클 확률을 구하시오.

체크 098 남학생 3명과 여학생 3명이 원탁에 둘러앉을 때, 남학생과 여학생이 교대로 앉을 확률을 구하시오.
(단, 회전하여 일치하는 경우는 같은 것으로 본다.)

중복순열을 이용하는 확률

백합, 장미, 카네이션, 튤립이 각각 1송이씩 있다. 이 4송이의 꽃을 A, B, C 3명에게 남김없이 나누어 줄 때, A가 장미, B가 튤립을 받을 확률을 구하시오. (단, 꽃을 1송이도 받지 못한 사람이 있을 수 있다.)

| 풀이 | 서로 다른 4송이의 꽃을 3명에게 나누어 주는 모든 경우의 수는 $_3\Pi_4=3^4$

장미를 A에게, 튤립을 B에게 먼저 주고, 나머지 2송이의 꽃을 3명에게 나누어 주는 경우의 수는 $_3\Pi_2=3^2$

따라서 구하는 확률은 $\dfrac{3^2}{3^4}=\dfrac{1}{9}$

같은 것이 있는 순열을 이용하는 확률

CONCEPTION에 있는 10개의 문자를 일렬로 나열할 때, 모음은 모음끼리, 자음은 자음끼리 이웃하게 나열할 확률을 구하시오.

| 풀이 | 10개의 문자 C, O, N, C, E, P, T, I, O, N을 일렬로 나열하는 경우의 수는

$$\dfrac{10!}{2!2!2!}$$

모음과 자음을 각각 한 묶음으로 볼 때 두 묶음이 자리를 바꾸는 경우의 수는 $2!$

그 각각에 대하여 모음 O, E, I, O를 일렬로 나열하는 경우의 수는 $\dfrac{4!}{2!}$, 자음 C, N, C, P, T, N을 일렬로 나열하는

경우의 수는 $\dfrac{6!}{2!2!}$이므로 모음은 모음끼리, 자음은 자음끼리 이웃하게 나열하는 경우의 수는 $2!\times\dfrac{4!}{2!}\times\dfrac{6!}{2!2!}$

따라서 구하는 확률은 $\dfrac{2!\times\dfrac{4!}{2!}\times\dfrac{6!}{2!2!}}{\dfrac{10!}{2!2!2!}}=\dfrac{1}{105}$

■ 정답과 풀이 26쪽

체크 099

집합 $X=\{a,\ b,\ c,\ d\}$에서 집합 $Y=\{1,\ 2,\ 3,\ 4,\ 5\}$로의 함수 f가 집합 X의 임의의 두 원소 x_1, x_2에 대하여 $f(x_1)=f(x_2)$이면 $x_1=x_2$를 만족시킬 확률을 구하시오.

체크 100

5개의 숫자 0, 1, 2, 3, 4에서 중복을 허용하여 만든 세 자리 자연수가 300보다 작은 짝수일 확률을 구하시오.

체크 101

오른쪽 그림과 같은 도로망이 있다. P 지점에서 출발하여 Q 지점까지 최단 거리로 갈 때, R 지점을 거쳐서 갈 확률을 구하시오.

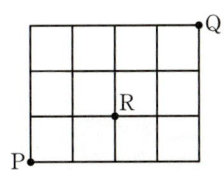

조합을 이용하는 확률

주머니에 검은 공 6개와 빨간 공 4개가 들어 있다. 다음 물음에 답하시오.
(1) 이 주머니에서 임의로 3개의 공을 동시에 꺼낼 때, 모두 검은 공이 나올 확률
(2) 이 주머니에서 임의로 2개의 공을 동시에 꺼낼 때, 서로 다른 색의 공이 나올 확률

| 풀이 | (1) 10개의 공 중 3개의 공을 꺼내는 경우의 수는 $_{10}C_3 = \dfrac{10 \times 9 \times 8}{3 \times 2 \times 1} = 120$

검은 공 6개 중 3개의 공을 꺼내는 경우의 수는 $_6C_3 = \dfrac{6 \times 5 \times 4}{3 \times 2 \times 1} = 20$

따라서 구하는 확률은 $\dfrac{20}{120} = \dfrac{1}{6}$

(2) 10개의 공 중 2개의 공을 꺼내는 경우의 수는 $_{10}C_2 = \dfrac{10 \times 9}{2 \times 1} = 45$

2개의 공이 서로 다른 색이려면 검은 공 1개, 빨간 공 1개를 꺼내야 하므로 그 경우의 수는
$_6C_1 \times _4C_1 = 6 \times 4 = 24$

따라서 구하는 확률은 $\dfrac{24}{45} = \dfrac{8}{15}$

중복조합을 이용하는 확률

떡볶이, 튀김, 순대 중 중복을 허용하여 5인분을 주문할 때, 떡볶이, 순대를 각각 1인분 이상 주문할 확률을 구하시오. (단, 각 메뉴는 1인분 단위로 주문할 수 있다.)

| 풀이 | 떡볶이, 튀김, 순대 중 중복을 허용하여 5인분을 주문하는 경우의 수는 서로 다른 3개에서 5개를 택하는 중복조합의 수와 같으므로 $_3H_5 = _7C_5 = _7C_2 = \dfrac{7 \times 6}{2 \times 1} = 21$

떡볶이, 순대를 각각 1인분씩 주문한 후 떡볶이, 튀김, 순대 중 중복을 허용하여 3인분을 주문하는 경우의 수는
$_3H_3 = _5C_3 = _5C_2 = \dfrac{5 \times 4}{2 \times 1} = 10$

따라서 구하는 확률은 $\dfrac{10}{21}$

■ 정답과 풀이 27쪽

체크 102 오른쪽 그림과 같이 원 위에 일정한 간격으로 8개의 점이 놓여 있다. 이 8개의 점 중 3개의 점을 꼭짓점으로 하는 삼각형을 만들 때, 직각삼각형이 만들어질 확률을 구하시오.

체크 103 방정식 $x + y + z = 10$의 음이 아닌 정수해 중 하나를 택할 때, 택한 정수해가 $y = 4$를 만족시킬 확률을 구하시오.

통계적 확률

오른쪽 표는 예은이네 반 학생들의 등교 시간을 조사하여 나타낸 것이다. 예은이네 반 학생 중 임의로 한 명을 택할 때, 그 학생의 등교 시간이 12분 이상 20분 미만일 확률을 구하시오.

등교 시간(분)	학생 수(명)
4 이상 ~ 8 미만	2
8 ~ 12	10
12 ~ 16	9
16 ~ 20	5
20 ~ 24	4
합계	30

| 풀이 | 예은이네 반 전체 학생 수는 30명이고 등교 시간이 12분 이상 20분 미만인 학생 수는 $9+5=14$(명)이므로

구하는 확률은 $\dfrac{14}{30}=\dfrac{7}{15}$

확률의 기본 성질

표본공간 S의 임의의 두 사건 A, B에 대하여 |보기|에서 옳은 것만을 있는 대로 고르시오.

| 보기 |
ㄱ. $0<P(A)<1$
ㄴ. $P(S)+P(\varnothing)=1$
ㄷ. $A-B=\varnothing$이면 $P(A)=P(B)$

| 풀이 | ㄱ. 사건 A가 표본공간 S이면 $P(A)=1$, $A=\varnothing$이면 $P(A)=0$ (거짓)
ㄴ. $P(S)=1$, $P(\varnothing)=0$이므로 $P(S)+P(\varnothing)=1$ (참)
ㄷ. $A\subset B$이고 $A\neq B$인 경우 $A-B=\varnothing$이지만 $P(A)\neq P(B)$ (거짓)
따라서 옳은 것은 ㄴ이다.

■ 정답과 풀이 27쪽

체크 104 n개의 당첨 제비가 포함되어 있는 300개의 제비 중 한 개를 뽑았을 때, 당첨 제비가 나올 확률이 $\dfrac{3}{20}$이라 한다. n의 값을 구하시오.

체크 105 표본공간 S의 임의의 두 사건 A, B에 대하여 |보기|에서 옳은 것만을 있는 대로 고르시오.

| 보기 |
ㄱ. $P(A)\neq P(A^C)$ ㄴ. $0\leq P(A)P(B)\leq 1$ ㄷ. $0\leq P(A)+P(B)\leq 1$

10 확률의 덧셈정리

개념 1 **확률의 덧셈정리** 유형 035, 036

(1) 두 사건 A, B에 대하여

$$P(A \cup B) = P(A) + P(B) - P(A \cap B)$$

(2) 두 사건 A, B가 서로 배반사건이면 ← $A \cap B = \varnothing$

$$P(A \cup B) = P(A) + P(B)$$

설명 표본공간 S의 두 사건 A, B에 대하여 사건 A 또는 사건 B가 일어날 확률을 구해 보자.

$$P(A \cup B) = \frac{n(A \cup B)}{n(S)} = \frac{n(A) + n(B) - n(A \cap B)}{n(S)} \quad \leftarrow n(A \cup B) = n(A) + n(B) - n(A \cap B)$$

$$= \frac{n(A)}{n(S)} + \frac{n(B)}{n(S)} - \frac{n(A \cap B)}{n(S)}$$

$$= P(A) + P(B) - P(A \cap B)$$

특히, 두 사건 A, B가 서로 배반사건, 즉 $A \cap B = \varnothing$이면 $P(A \cap B) = 0$이므로

$$P(A \cup B) = P(A) + P(B)$$

CHECK 한 개의 주사위를 던져서 나온 눈의 수가 2의 배수인 사건을 A, 3의 배수인 사건을 B라 할 때, $P(A \cup B)$를 구하시오.

풀이 $n(A) = 3$, $n(B) = 2$, $n(A \cap B) = 1$이므로

$$P(A) = \frac{3}{6} = \frac{1}{2}, \ P(B) = \frac{2}{6} = \frac{1}{3}, \ P(A \cap B) = \frac{1}{6}$$이다.

$$\therefore P(A \cup B) = P(A) + P(B) - P(A \cap B) = \frac{1}{2} + \frac{1}{3} - \frac{1}{6} = \frac{2}{3}$$

개념 2 **여사건의 확률** 유형 037

사건 A의 여사건 A^C에 대하여

$$P(A^C) = 1 - P(A)$$

---

tip '적어도 ~', '~ 이상', '~ 이하' 등의 표현을 포함한 사건의 확률을 구할 때, 여사건의 확률을 이용하면 편리하다.

설명 표본공간 S의 사건 A에 대하여 $A \cap A^C = \varnothing$, 즉 두 사건 A, A^C는 서로 배반사건이다.

확률의 덧셈정리에 의하여

$$P(A \cup A^C) = P(A) + P(A^C) \quad \leftarrow P(A \cap A^C) = 0$$

이때 $P(A \cup A^C) = P(S) = 1$이므로 $P(A) + P(A^C) = 1$

$$\therefore P(A^C) = 1 - P(A)$$

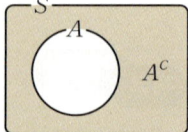

CHECK 한 개의 동전을 세 번 던질 때, 적어도 한 번은 앞면이 나올 확률을 구하시오.

풀이 한 개의 동전을 세 번 던질 때 앞면이 적어도 한 번 나오는 사건을 A라 하면 그 여사건 A^C는 한 개의 동전을 세 번 던질 때 모두 뒷면이 나오는 사건이다.

여사건 A^C의 확률은 $P(A^C) = \frac{1}{2^3} = \frac{1}{8}$

따라서 구하는 확률은 $P(A) = 1 - P(A^C) = 1 - \frac{1}{8} = \frac{7}{8}$

서로 다른 두 개의 주사위를 동시에 던질 때, 나오는 두 눈의 수의 합이 5이거나 차가 3일 확률을 구하시오.

| 풀이 | 서로 다른 두 개의 주사위를 동시에 던질 때, 모든 경우의 수는 $6 \times 6 = 36$

나오는 두 눈의 수를 각각 a, b라 하고 순서쌍 (a, b)로 나타낼 때, 두 눈의 수의 합이 5인 사건을 A, 두 눈의 수의 차가 3인 사건을 B라 하면

$A = \{(1, 4), (2, 3), (3, 2), (4, 1)\}$, $B = \{(1, 4), (2, 5), (3, 6), (4, 1), (5, 2), (6, 3)\}$,

$A \cap B = \{(1, 4), (4, 1)\}$

$\therefore \mathrm{P}(A) = \dfrac{4}{36} = \dfrac{1}{9}$, $\mathrm{P}(B) = \dfrac{6}{36} = \dfrac{1}{6}$, $\mathrm{P}(A \cap B) = \dfrac{2}{36} = \dfrac{1}{18}$

따라서 구하는 확률은

$\mathrm{P}(A \cup B) = \mathrm{P}(A) + \mathrm{P}(B) - \mathrm{P}(A \cap B) = \dfrac{1}{9} + \dfrac{1}{6} - \dfrac{1}{18} = \dfrac{2}{9}$

■ 정답과 풀이 27쪽

체크 106 두 사건 A, B에 대하여 $\mathrm{P}(A \cap B) = \dfrac{1}{2}\mathrm{P}(A) = \dfrac{1}{3}\mathrm{P}(B)$일 때, $\dfrac{\mathrm{P}(A \cup B)}{\mathrm{P}(A \cap B)}$를 구하시오. (단, $\mathrm{P}(A \cap B) \neq 0$)

체크 107 4개의 숫자 0, 1, 4, 5를 한 번씩 사용하여 만들 수 있는 네 자리 자연수 중 하나를 택할 때, 이 자연수가 5의 배수이거나 홀수일 확률을 구하시오.

체크 108 빨간 주머니에는 1, 2, 3, 4, 5의 숫자가 각각 하나씩 적힌 5개의 구슬이 들어 있고, 파란 주머니에는 2, 4, 6, 8의 숫자가 각각 하나씩 적힌 4개의 구슬이 들어 있다. 두 주머니에서 임의로 구슬을 각각 한 개씩 꺼낼 때, 꺼낸 두 구슬에 적힌 수의 합이 5 이하이거나 짝수일 확률을 구하시오.

확률의 덧셈정리 — 배반사건인 경우

흰 공 3개, 파란 공 1개, 빨간 공 6개가 들어 있는 주머니에서 임의로 두 개의 공을 꺼낼 때, 같은 색의 공이 나올 확률을 구하시오.

| 풀이 | 10개의 공 중 2개의 공을 꺼내는 경우의 수는 $_{10}C_2 = \dfrac{10 \times 9}{2 \times 1} = 45$

흰 공이 2개 나오는 사건을 A, 빨간 공이 2개 나오는 사건을 B라 하면

$$P(A) = \frac{_3C_2}{45} = \frac{3}{45} = \frac{1}{15}, \ P(B) = \frac{_6C_2}{45} = \frac{15}{45} = \frac{1}{3}$$

이때 두 사건 A, B는 서로 배반사건이므로 구하는 확률은

$$P(A \cup B) = P(A) + P(B) = \frac{1}{15} + \frac{1}{3} = \frac{6}{15} = \frac{2}{5}$$

여사건의 확률

1부터 5까지의 자연수가 각각 하나씩 적힌 5장의 카드 중 임의로 두 장을 뽑을 때, 카드에 적힌 두 수의 곱이 짝수일 확률을 구하시오.

| 풀이 | 5장의 카드 중 두 장을 뽑는 경우의 수는 $_5C_2 = 10$

뽑은 두 장의 카드에 적힌 두 수의 곱이 짝수인 사건을 A라 하면 두 수의 곱이 홀수인 사건은 A^C이다.

이때 두 수의 곱이 홀수이려면 두 장의 카드가 모두 홀수이어야 하므로

$$P(A^C) = \frac{_3C_2}{_5C_2} = \frac{3}{10}$$

따라서 구하는 확률은

$$P(A) = 1 - P(A^C) = 1 - \frac{3}{10} = \frac{7}{10}$$

■ 정답과 풀이 28쪽

체크 109 서로 다른 두 개의 주사위를 동시에 던질 때, 나오는 두 눈의 수의 곱이 6 또는 합이 4가 될 확률을 구하시오.

체크 110 두 사건 A, B에 대하여 A와 B^C는 서로 배반사건이고 $3P(A) = 2P(B) = \dfrac{2}{5}$일 때, $P(A^C \cap B)$를 구하시오.

체크 111 다음을 구하시오.
(1) 갑, 을, 병 세 사람이 가위바위보를 할 때, 승부가 결정될 확률
(2) 남학생 5명과 여학생 7명 중 대표 2명을 뽑을 때, 여학생이 적어도 한 명 뽑힐 확률

선생님의 출제 point

Q 기하적 확률을 이용하여 확률을 구할 수 있는가?

1 오른쪽 그림과 같이 한 변의 길이가 8인 정사각형 ABCD의 내부에 임의로 한 점 P를 잡을 때, 삼각형 BCP가 예각삼각형일 확률을 구하시오.

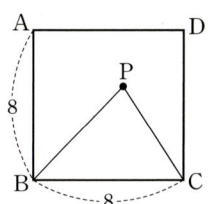

| 풀이 | ① 예각삼각형이 될 조건 찾기

반원을 생각할 때, 점 P가 반원의 호 위의 점이면 삼각형 BCP가 직각삼각형이다. 즉, 삼각형 BCP가 예각삼각형이려면 점 P는 오른쪽 그림과 같이 $\overline{BC}$를 지름으로 하는 반원의 외부에 있어야 한다.

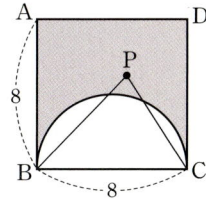

② 기하적 확률을 이용하여 확률 구하기

색칠한 부분의 넓이는 $8^2 - \pi \times 4^2 \times \frac{1}{2} = 64 - 8\pi$이므로 구하는 확률은

$$\frac{(\text{색칠한 부분의 넓이})}{(\text{정사각형 ABCD의 넓이})} = \frac{64 - 8\pi}{64} = 1 - \frac{\pi}{8}$$

Q 순열과 조합을 이용하여 확률을 구할 수 있는가?

2 전체집합 $U = \{1, 2, 3\}$의 부분집합 중 서로 다른 두 부분집합 A, B를 택할 때, $A \subset B$일 확률을 구하시오.

| 풀이 | ① 순열을 이용하여 모든 경우의 수 구하기

U의 부분집합의 개수는 $2^3 = 8$ ← ∅, {1}, {2}, {3}, {1, 2}, {1, 3}, {2, 3}, {1, 2, 3}
8개의 부분집합 중 서로 다른 두 개를 뽑아 A, B로 정하는 모든 경우의 수는
$_8P_2 = 8 \times 7 = 56$

② $A \subset B$를 만족시키는 경우의 수 구하기

(i) 집합 A가 공집합인 경우, 집합 B가 될 수 있는 경우의 수는 7
(ii) 집합 A의 원소가 1개인 경우
  $A = \{1\}$인 경우, $A \subset B$를 만족시키는 집합 B는 {1, 2}, {1, 3}, {1, 2, 3}의 3개이다.
  $A = \{2\}$, {3}인 경우도 이와 같으므로 경우의 수는 $3 \times 3 = 9$
(iii) 집합 A의 원소가 2개인 경우
  A가 {1, 2}인 경우, $A \subset B$를 만족시키는 집합 B는 {1, 2, 3}의 1개이다.
  $A = \{2, 3\}$, {1, 3}인 경우도 이와 같으므로 경우의 수는 $3 \times 1 = 3$
(iv) 집합 A의 원소가 3개인 경우, $A \subset B$, $A \neq B$를 만족시키는 집합 B는 존재하지 않는다.
(i)~(iv)에서 $A \subset B$, $A \neq B$를 만족시키는 경우의 수는
$7 + 9 + 3 = 19$

③ $A \subset B$일 확률 구하기

따라서 구하는 확률은 $\dfrac{19}{56}$

112

서로 다른 2개의 주사위를 동시에 던지는 시행에서 두 눈의 수의 합이 8인 사건을 A, 차가 3인 사건을 B, 곱이 홀수인 사건을 C, 두 눈의 수가 서로 같은 사건을 D라 하자. |**보기**|에서 서로 배반사건인 것만을 있는 대로 고르시오.

| **보기** |
| ㄱ. A와 B ㄴ. A와 C ㄷ. A와 D |
| ㄹ. B와 C ㅁ. B와 D ㅂ. C와 D |

113

1부터 4까지의 자연수가 각각 하나씩 적힌 4장의 카드 중 임의로 2장의 카드를 뽑아 두 자리 정수를 만들 때, 그 정수가 x 이하의 수일 확률은 1이고, y의 배수일 확률은 0이다. xy의 최솟값을 구하시오. (단, x, y는 자연수이다.)

114

남학생 5명과 여학생 3명을 일렬로 세울 때, 여학생끼리 이웃하지 않을 확률을 구하시오.

115

오른쪽 그림과 같이 정팔각형을 8등분한 8개의 영역을 흰색과 검은색을 포함한 서로 다른 8가지 색을 모두 사용하여 칠하려고 할 때, 흰색과 검은색을 마주 보게 칠할 확률을 구하시오. (단, 각 영역에는 한 가지 색만 칠하고, 회전하여 일치하는 경우는 같은 것으로 본다.)

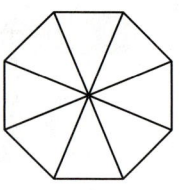

116

한 개의 주사위를 3번 던질 때, 나오는 눈의 수의 최솟값이 2일 확률을 구하시오.

117

1, 1, 1, 2, 2, 3, 4의 숫자가 각각 하나씩 적힌 7장의 카드가 있다. 이 카드를 모두 한 번씩 사용하여 일렬로 나열할 때, 양 끝에 모두 1이 적힌 카드가 올 확률을 구하시오.

118

두 집합 $X=\{1,\ 2,\ 3,\ 4,\ 5\}$, $Y=\{1,\ 2,\ 3\}$에 대하여

함수 $f:X \longrightarrow Y$가

$$f(1)+f(2)+f(3)+f(4)+f(5)=13$$

을 만족시킬 확률이 $\dfrac{q}{p}$일 때, $p+q$의 값을 구하시오.

(단, p와 q는 서로소인 자연수이다.)

119

표본공간 $S=\{1,\ 2,\ 3,\ 4\}$에 대하여 서로 다른 두 사건 A, B를 택할 때, A, B가 서로 배반사건이면서 $A \cup B=S$일 확률을 구하시오. (단, $\mathrm{P}(A) \neq 0$, $\mathrm{P}(B) \neq 0$)

120

오른쪽 그림과 같은 정육면체에서 세 꼭짓점을 연결하여 만들 수 있는 서로 다른 삼각형 중 임의로 한 삼각형을 택할 때, 택한 삼각형이 정삼각형일 확률을 구하시오.

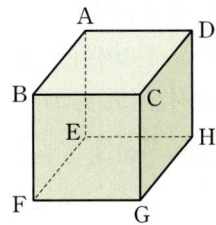

121

10명의 심사위원이 3개의 작품 A, B, C 중 1개에 무기명으로 투표할 때, 작품 B에 투표한 심사위원이 2명일 확률을 구하시오.

122

다음 그림과 같이 평행한 두 직선 l, m에 대하여 직선 l 위에 4개의 점과 직선 m 위에 5개의 점이 있다. 이들 점 중 임의로 3개의 점을 택하여 선분으로 연결할 때, 삼각형이 만들어질 확률을 구하시오.

123

표본공간 S의 두 사건 A, B에 대하여

$$\frac{1}{4} \leq \mathrm{P}(A) \leq \frac{3}{8},\ \mathrm{P}(A \cup B)=\frac{2}{3},\ \mathrm{P}(A^{c} \cup B^{c})=\frac{5}{6}$$

일 때, $\mathrm{P}(B)$의 최솟값을 구하시오.

124

표본공간 S의 임의의 두 사건 A, B에 대하여 |보기|에서 옳은 것만을 있는 대로 고르시오.

| 보기 |
ㄱ. $0 \leq P(A) \leq 1$
ㄴ. $P(A \cup B) \leq P(A) + P(B)$
ㄷ. $P(A) \leq P(S)$
ㄹ. $B \subset A$이면 $P(B) < P(A)$

125

흰 구슬, 노란 구슬, 파란 구슬이 각각 3개, 5개, 7개 들어 있는 주머니에서 임의로 두 개의 구슬을 동시에 꺼낼 때, 적어도 한 개가 노란 구슬일 확률을 구하시오.

126

소고기피자 4조각, 새우피자 n조각 중 임의로 5조각을 골라 접시에 담으려고 한다. 접시에 담은 5조각의 피자 중 소고기 피자가 3조각 이하일 확률이 $\dfrac{98}{99}$일 때, 자연수 n의 값을 구하시오.

127

TENSION의 7개의 문자를 일렬로 나열할 때, 적어도 한 쪽 끝에 자음이 올 확률을 구하시오.

128 　필수기출

한 개의 주사위를 두 번 던질 때 나오는 눈의 수를 차례대로 a, b라 하자. 이차함수 $f(x) = x^2 - 7x + 10$에 대하여 $f(a)f(b) < 0$이 성립할 확률은?

① $\dfrac{1}{18}$　　　② $\dfrac{1}{9}$　　　③ $\dfrac{1}{6}$

④ $\dfrac{2}{9}$　　　⑤ $\dfrac{5}{18}$

129 　필수기출

방정식 $x + y + z = 10$을 만족시키는 음이 아닌 정수 x, y, z의 모든 순서쌍 (x, y, z) 중 임의로 한 개를 선택한다. 선택한 순서쌍 (x, y, z)가 $(x-y)(y-z)(z-x) \neq 0$을 만족시킬 확률은 $\dfrac{q}{p}$이다. $p + q$의 값을 구하시오.

(단, p와 q는 서로소인 자연수이다.)

이 단원에서는
- 통계적 확률과 수학적 확률의 의미를 이해한다.
- 확률의 기본 성질을 이해한다.
- 확률의 덧셈정리를 이해하고, 이를 활용할 수 있다.
- 여사건의 확률의 뜻을 알고, 이를 활용할 수 있다.
- 조건부확률의 의미를 이해하고, 이를 구할 수 있다.
- 확률의 곱셈정리를 이해하고, 이를 활용할 수 있다.
- 사건의 독립과 종속의 의미를 이해하고, 이를 설명할 수 있다.

확률

조건부확률에서는

<table>
<tr><td>개념
1</td><td>**조건부확률**</td><td>유형 038, 039, 042</td></tr>
</table>

표본공간 S의 두 사건 A, B에 대하여

(1) 확률이 0이 아닌 사건 A가 일어났다고 가정할 때 사건 B가 일어날 확률을 사건 A가 일어났을 때의 사건 B의 **조건부확률**이라 하고, 기호로

$$P(B|A)$$

와 같이 나타낸다.

(2) 사건 A가 일어났을 때의 사건 B의 조건부확률은

$$P(B|A) = \frac{P(A \cap B)}{P(A)} \ (단, P(A) \neq 0)$$

tip 사건 B가 일어났을 때의 사건 A의 조건부확률은 $P(A|B) = \dfrac{P(A \cap B)}{P(B)}$이고, 일반적으로 $P(B|A) \neq P(A|B)$이다.

설명 각 근원사건이 일어날 가능성이 모두 같은 정도로 기대되는 표본공간 S의 두 사건 A, B에 대하여 사건 A가 일어났을 때의 사건 B의 조건부확률은 다음과 같다.

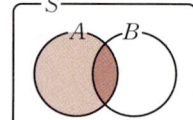

$$P(B|A) = \frac{n(A \cap B)}{n(A)}$$

이때 이 식에서 우변의 분자와 분모를 각각 $n(S)$로 나누면

$$P(B|A) = \frac{\dfrac{n(A \cap B)}{n(S)}}{\dfrac{n(A)}{n(S)}} = \frac{P(A \cap B)}{P(A)}$$

가 성립한다.

예 오른쪽 표는 어느 고등학교 학생 100명을 대상으로 안경 착용 여부를 조사하여 나타낸 것이다.

이 고등학교 학생 중 임의로 택한 한 명이 남학생일 때, 이 학생이 안경을 착용한 학생일 확률을 구해 보자.

이 고등학교 학생 100명 중 임의로 한 명을 택하는 사건을 S, 남학생을 택하는 사건을 A, 안경 쓴 학생을 택하는 사건을 B라 하면

(단위 : 명)

	남학생	여학생	합계
안경 착용	30	28	58
안경 미착용	15	27	42
합계	45	55	100

$$n(S) = 100, \ n(A) = 45, \ n(A \cap B) = 30$$

이다. 따라서

$$P(A) = \frac{45}{100} = \frac{9}{20}, \ P(A \cap B) = \frac{30}{100} = \frac{3}{10}$$

이므로 택한 한 명이 남학생일 때, 이 학생이 안경을 쓴 학생일 확률 $P(B|A)$는 다음과 같다.

$$P(B|A) = \frac{P(A \cap B)}{P(A)} = \frac{\dfrac{3}{10}}{\dfrac{9}{20}} = \frac{2}{3}$$

또한 $P(B|A)$는 $n(A)$, $n(A \cap B)$를 이용하여 다음과 같이 구할 수도 있다.

$$P(B|A) = \frac{n(A \cap B)}{n(A)} = \frac{30}{45} = \frac{2}{3}$$

확률의 곱셈정리

두 사건 A, B에 대하여 $P(A) \neq 0$, $P(B) \neq 0$일 때,

$$P(A \cap B) = P(A)P(B|A) = P(B)P(A|B)$$

설명 두 사건 A, B에 대하여 사건 $A \cap B$의 확률을 조건부확률을 이용하여 구해 보자.

$P(A) \neq 0$일 때, 사건 A가 일어났을 때의 사건 B의 조건부확률은

$$P(B|A) = \frac{P(A \cap B)}{P(A)}$$

이므로 이 식의 양변에 $P(A)$를 곱하면

$$P(A \cap B) = P(A)P(B|A)$$

가 성립한다.

마찬가지 방법으로 $P(B) \neq 0$일 때, 사건 B가 일어났을 때의 사건 A의 조건부확률 $P(A|B) = \frac{P(A \cap B)}{P(B)}$에서

$$P(A \cap B) = P(B)P(A|B)$$

가 성립한다.

CHECK 두 사건 A, B에 대하여 $P(B) = 0.4$, $P(A|B) = 0.6$일 때, $P(A \cap B)$를 구하시오.

풀이 $P(A \cap B) = P(B)P(A|B) = 0.4 \times 0.6 = \mathbf{0.24}$

Plus⁺ 자료

◎ $P(A \cap B)$와 $P(B|A)$의 차이

표본공간 S의 두 사건 A, B에 대하여 $P(A) \neq 0$일 때,

(1) $P(A \cap B) = \dfrac{n(A \cap B)}{n(S)}$ 는 표본공간 S에서 사건 $A \cap B$가 일어날 확률을 의미한다.

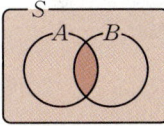

(2) $P(B|A) = \dfrac{P(A \cap B)}{P(A)} = \dfrac{n(A \cap B)}{n(A)}$ 는 사건 A를 새로운 표본공간으로 생각할 때, 사건 $A \cap B$가

일어날 확률을 의미한다.

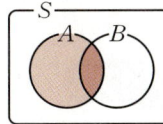

CHECK 주사위 한 개를 던져서 소수의 눈이 나오는 사건을 A, 짝수의 눈이 나오는 사건을 B라 할 때, 다음을 구하시오.

(1) $P(A)$ (2) $P(A \cap B)$ (3) $P(A|B)$

풀이 표본공간을 S라 하면

$S = \{1, 2, 3, 4, 5, 6\}$, $A = \{2, 3, 5\}$, $B = \{2, 4, 6\}$, $A \cap B = \{2\}$

(1) $P(A) = \dfrac{n(A)}{n(S)} = \dfrac{3}{6} = \dfrac{1}{2}$

(2) $P(A \cap B) = \dfrac{n(A \cap B)}{n(S)} = \dfrac{1}{6}$

(3) $P(A|B) = \dfrac{P(A \cap B)}{P(B)} = \dfrac{\frac{1}{6}}{\frac{1}{2}} = \dfrac{1}{3}$

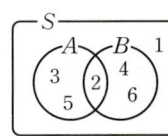

두 사건 A, B에 대하여 다음을 구하시오.

(1) $\mathrm{P}(A)=\dfrac{1}{3}$, $\mathrm{P}(B)=\dfrac{1}{2}$, $\mathrm{P}(A^c \cap B^c)=\dfrac{1}{4}$일 때, $\mathrm{P}(A|B)$

(2) $\mathrm{P}(A|B)=\dfrac{1}{3}$, $\mathrm{P}(B|A)=\dfrac{1}{4}$, $\mathrm{P}(A \cup B)=\dfrac{3}{5}$일 때, $\mathrm{P}(A \cap B)$

| 풀이 | (1) $\mathrm{P}(A^c \cap B^c)=\mathrm{P}((A \cup B)^c)=\dfrac{1}{4}$에서 $\mathrm{P}(A \cup B)=1-\mathrm{P}((A \cup B)^c)=1-\dfrac{1}{4}=\dfrac{3}{4}$이므로

$$\mathrm{P}(A \cap B)=\mathrm{P}(A)+\mathrm{P}(B)-\mathrm{P}(A \cup B)=\dfrac{1}{3}+\dfrac{1}{2}-\dfrac{3}{4}=\dfrac{1}{12}$$

$$\therefore\ \mathrm{P}(A|B)=\dfrac{\mathrm{P}(A \cap B)}{\mathrm{P}(B)}=\dfrac{\dfrac{1}{12}}{\dfrac{1}{2}}=\dfrac{1}{6}$$

(2) $\mathrm{P}(A|B)=\dfrac{\mathrm{P}(A \cap B)}{\mathrm{P}(B)}=\dfrac{1}{3}$에서 $\mathrm{P}(B)=3\mathrm{P}(A \cap B)$

$\mathrm{P}(B|A)=\dfrac{\mathrm{P}(A \cap B)}{\mathrm{P}(A)}=\dfrac{1}{4}$에서 $\mathrm{P}(A)=4\mathrm{P}(A \cap B)$

이때 $\mathrm{P}(A \cup B)=\mathrm{P}(A)+\mathrm{P}(B)-\mathrm{P}(A \cap B)=\dfrac{3}{5}$이므로

$4\mathrm{P}(A \cap B)+3\mathrm{P}(A \cap B)-\mathrm{P}(A \cap B)=\dfrac{3}{5}$

$6\mathrm{P}(A \cap B)=\dfrac{3}{5}$ $\qquad \therefore\ \mathrm{P}(A \cap B)=\dfrac{1}{10}$

■ 정답과 풀이 33쪽

체크 130 두 사건 A, B에 대하여
$$\mathrm{P}(A^c)=0.3,\ \mathrm{P}(B)=0.4,\ \mathrm{P}(A \cup B)=0.8$$
일 때, $\mathrm{P}(A|B)$를 구하시오.

체크 131 두 사건 A, B에 대하여
$$\mathrm{P}(B|A)=\dfrac{1}{6},\ \mathrm{P}(A|B)=\dfrac{1}{4},\ \mathrm{P}(A \cup B)=\dfrac{1}{2}$$
일 때, $\mathrm{P}(A)$를 구하시오.

체크 132 두 사건 A, B에 대하여
$$\mathrm{P}(A)=\dfrac{1}{2},\ \mathrm{P}(B)=\dfrac{5}{12},\ \mathrm{P}(A \cap B^c)=\dfrac{1}{3}$$
일 때, $\mathrm{P}(B|A^c)$를 구하시오.

조건부확률

오른쪽 표는 어느 고등학교의 교내 마라톤 대회에 참가한 두 학급 A, B의 학생들을 대상으로 마라톤 완주 여부를 조사하여 나타낸 것이다. 참가한 학생 중 임의로 뽑은 한 명이 마라톤을 완주하였을 때, 이 학생이 학급 A의 학생일 확률을 구하시오.

(단위 : 명)

	완주한 학생	기권한 학생
학급 A	28	7
학급 B	32	3

| 풀이 | 임의로 뽑은 한 명이 마라톤을 완주한 학생인 사건을 A, 학급 A의 학생인 사건을 B라 하자.

전체 학생은 70명이고 마라톤을 완주한 학생은 60명이므로 $\mathrm{P}(A) = \dfrac{60}{70} = \dfrac{6}{7}$

또한 학급 A에 속하면서 마라톤을 완주한 학생은 28명이므로 $\mathrm{P}(A \cap B) = \dfrac{28}{70} = \dfrac{2}{5}$

따라서 구하는 확률은 $\mathrm{P}(B|A) = \dfrac{\mathrm{P}(A \cap B)}{\mathrm{P}(A)} = \dfrac{\frac{2}{5}}{\frac{6}{7}} = \dfrac{7}{15}$

| 다른 풀이 | 오른쪽 표에서 구하는 확률은 마라톤에서 완주한 학생 중 학급 A의 학생을 뽑을 확률과 같으므로

$\mathrm{P}(B|A) = \dfrac{n(A \cap B)}{n(A)} = \dfrac{28}{60} = \dfrac{7}{15}$

(단위 : 명)

	완주한 학생	기권한 학생	합계
학급 A	28	7	35
학급 B	32	3	35
합계	60	10	70

■ 정답과 풀이 33쪽

체크 133 오른쪽 표는 어느 학원의 학생 50명을 대상으로 등원 수단을 조사하여 나타낸 것이다. 이 학원의 학생 중 임의로 뽑은 한 명이 버스를 이용하여 등원할 때, 이 학생이 남학생일 확률을 구하시오.

(단, 모든 학생은 지하철과 버스 중 한 가지만 이용하여 등원한다.)

(단위 : 명)

	남학생	여학생
지하철	13	12
버스	15	10

체크 134 2, 3, 4가 각각 하나씩 적힌 빨간 카드 3장과 5, 6, 7, 8, 9, 10이 각각 하나씩 적힌 파란 카드 6장이 들어 있는 상자에서 한 장의 카드를 임의로 뽑았더니 홀수가 적힌 카드였을 때, 이 카드가 파란 카드일 확률을 구하시오.

체크 135 어느 야구장을 방문한 관람객을 대상으로 성별과 두 야구팀 D, S에 대한 선호도를 조사하였더니 여자 관람객은 전체의 35 %이고, 야구팀 D를 선호하는 여자 관람객은 전체의 25 %이었다. 전체 관람객 중 임의로 뽑은 한 명이 여자였을 때, 이 관람객이 야구팀 D를 선호하는 관람객일 확률을 구하시오.

6장의 당첨권을 포함하여 총 10장의 경품 응모권이 들어 있는 상자에서 A, B 두 사람이 차례대로 1장씩 뽑을 때, 다음을 구하시오. (단, 뽑은 응모권은 다시 넣지 않는다.)

(1) 두 사람 A, B가 모두 당첨권을 뽑을 확률

(2) A는 당첨권을 뽑지 못하고, B는 당첨권을 뽑을 확률

| 풀이 | A, B가 당첨권을 뽑는 사건을 각각 A, B라 하자.

(1) A가 당첨권을 뽑을 확률은 $\mathrm{P}(A) = \dfrac{6}{10} = \dfrac{3}{5}$

A가 당첨권을 뽑았을 때, B도 당첨권을 뽑을 확률은 $\mathrm{P}(B|A) = \dfrac{5}{9}$ ← A가 당첨권을 뽑았으므로 남은 9장의 응모권 중 당첨권은 5장이다.

따라서 구하는 확률은 $\mathrm{P}(A \cap B) = \mathrm{P}(A)\mathrm{P}(B|A) = \dfrac{3}{5} \times \dfrac{5}{9} = \dfrac{1}{3}$

(2) A가 당첨권을 뽑지 못할 확률은 $\mathrm{P}(A^c) = \dfrac{4}{10} = \dfrac{2}{5}$

A가 당첨권을 뽑지 못했을 때, B가 당첨권을 뽑을 확률은 $\mathrm{P}(B|A^c) = \dfrac{6}{9} = \dfrac{2}{3}$ ← A가 당첨권을 뽑지 못했으므로 남은 9장의 응모권 중 당첨권은 6장이다.

따라서 구하는 확률은 $\mathrm{P}(A^c \cap B) = \mathrm{P}(A^c)\mathrm{P}(B|A^c) = \dfrac{2}{5} \times \dfrac{2}{3} = \dfrac{4}{15}$

■ 정답과 풀이 34쪽

체크 136 흰 공 4개와 검은 공 3개가 들어 있는 주머니에서 임의로 한 개씩 두 번 공을 꺼낼 때, 첫 번째에 검은 공, 두 번째에 흰 공이 나올 확률을 구하시오. (단, 꺼낸 공은 다시 넣지 않는다.)

체크 137 도영이가 축구에서 승부차기를 할 때 첫 번째 시도에서 성공할 확률은 $\dfrac{4}{5}$, 첫 번째 시도에서 실패했을 때 두 번째 시도에서 성공할 확률은 $\dfrac{5}{7}$이다. 도영이가 두 번의 승부차기를 할 때, 첫 번째 시도에서 실패하고 두 번째 시도에서 성공할 확률을 구하시오.

체크 138 n개의 당첨 제비를 포함하여 총 12개의 제비가 들어 있는 상자에서 임의로 한 개씩 두 번 제비를 뽑을 때, 두 번 모두 당첨 제비를 뽑을 확률은 $\dfrac{1}{11}$이다. n의 값을 구하시오. (단, 뽑은 제비는 다시 넣지 않는다.)

1부터 10까지의 자연수가 각각 하나씩 적힌 10장의 카드가 들어 있는 주머니에서 갑, 을 두 사람이 차례대로 1장씩 카드를 꺼낼 때, 을이 3의 배수가 적힌 카드를 꺼낼 확률을 구하시오. (단, 꺼낸 카드는 다시 넣지 않는다.)

| 풀이 |　갑, 을이 3의 배수가 적힌 카드를 꺼내는 사건을 각각 A, B라 하자.

(i) 갑이 3의 배수가 적힌 카드를 꺼낼 확률은 $P(A) = \dfrac{3}{10}$

　갑이 3의 배수가 적힌 카드를 꺼냈을 때, 을이 3의 배수가 적힌 카드를 뽑을 확률은

　$P(B|A) = \dfrac{2}{9}$　← 갑이 3의 배수가 적힌 카드를 꺼냈으므로 남은 9장의 카드 중 3의 배수가 적힌 카드는 2장이다.

　따라서 갑이 3의 배수가 적힌 카드를 꺼내고, 을도 3의 배수가 적힌 카드를 뽑을 확률은

　$P(A \cap B) = P(A)P(B|A) = \dfrac{3}{10} \times \dfrac{2}{9} = \dfrac{1}{15}$

(ii) 갑이 3의 배수가 적히지 않은 카드를 꺼낼 확률은 $P(A^c) = \dfrac{7}{10}$

　갑이 3의 배수가 적히지 않은 카드를 꺼냈을 때, 을이 3의 배수가 적힌 카드를 뽑을 확률은

　$P(B|A^c) = \dfrac{3}{9} = \dfrac{1}{3}$　← 갑이 3의 배수가 적히지 않은 카드를 꺼냈으므로 남은 9장의 카드 중 3의 배수가 적힌 카드는 3장이다.

　따라서 갑이 3의 배수가 적히지 않은 카드를 꺼내고, 을이 3의 배수가 적힌 카드를 뽑을 확률은

　$P(A^c \cap B) = P(A^c)P(B|A^c) = \dfrac{7}{10} \times \dfrac{1}{3} = \dfrac{7}{30}$

(i), (ii)에서 구하는 확률은

$P(B) = P(A \cap B) + P(A^c \cap B) = \dfrac{1}{15} + \dfrac{7}{30} = \mathbf{\dfrac{3}{10}}$

■ 정답과 풀이 34쪽

체크 **139**　흰 공 4개와 검은 공 3개가 들어 있는 주머니에서 A, B 두 사람이 차례대로 1개씩 공을 꺼낼 때, B가 흰 공을 꺼낼 확률을 구하시오. (단, 꺼낸 공은 다시 넣지 않는다.)

체크 **140**　어느 과수원이 한 해의 목표 수확량을 달성할 확률은 그 해 여름의 평균 기온이 예년보다 높은 경우에는 0.9이고, 예년과 비슷하거나 낮은 경우에는 0.4이다. 내년 여름의 평균 기온이 예년보다 높을 확률이 0.7일 때, 이 과수원이 내년에 목표 수확량을 달성할 확률을 구하시오.

오른쪽 그림과 같이 주머니 A에는 흰 구슬 3개와 검은 구슬 2개가 들어 있고, 주머니 B에는 흰 구슬 2개와 검은 구슬 4개가 들어 있다. 두 주머니 중 한 주머니를 임의로 택하여 3개의 구슬을 동시에 꺼냈더니 흰 구슬 2개와 검은 구슬 1개가 나왔을 때, 이 3개의 구슬이 주머니 A에서 나왔을 확률을 구하시오.

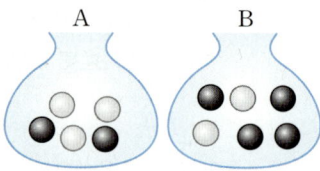

| 풀이 | 주머니 A를 택하는 사건을 A, 주머니 B를 택하는 사건을 B, 흰 구슬 2개와 검은 구슬 1개가 나오는 사건을 E라 하자.

(i) 주머니 A에서 흰 구슬 2개와 검은 구슬 1개가 나올 확률은

$$P(A \cap E) = P(A)P(E|A) = \frac{1}{2} \times \frac{{}_3C_2 \times {}_2C_1}{{}_5C_3} = \frac{1}{2} \times \frac{3 \times 2}{10} = \frac{3}{10}$$

(ii) 주머니 B에서 흰 구슬 2개와 검은 구슬 1개가 나올 확률은

$$P(B \cap E) = P(B)P(E|B) = \frac{1}{2} \times \frac{{}_2C_2 \times {}_4C_1}{{}_6C_3} = \frac{1}{2} \times \frac{1 \times 4}{20} = \frac{1}{10}$$

(i), (ii)에서

$$P(E) = P(A \cap E) + P(B \cap E) = \frac{3}{10} + \frac{1}{10} = \frac{2}{5}$$

따라서 구하는 확률은

$$P(A|E) = \frac{P(A \cap E)}{P(E)} = \frac{\dfrac{3}{10}}{\dfrac{2}{5}} = \mathbf{\frac{3}{4}}$$

■ 정답과 풀이 35쪽

체크 141 4번 중 3번 꼴로 거짓말을 하는 수현이에게 흰 공 4개와 검은 공 2개가 들어 있는 상자에서 임의로 한 개의 공을 꺼내어 보여 주었더니 흰 공이라고 대답하였다. 꺼낸 공이 실제로 흰 공이었을 확률을 구하시오.

체크 142 주머니 A에는 흰 공 2개와 검은 공 1개가 들어 있고, 주머니 B에는 흰 공 3개와 검은 공 2개가 들어 있다. 주머니 A에서 임의로 한 개의 공을 꺼내어 주머니 B에 넣은 다음 다시 주머니 B에서 임의로 2개의 공을 동시에 꺼내기로 한다. 주머니 B에서 꺼낸 두 개의 공이 모두 흰 공이었을 때, 주머니 A에서 주머니 B로 옮겨진 공이 흰 공이었을 확률을 구하시오.

선생님의 출제 point

Q 조건부확률을 이용하여 주어진 확률을 만족시키는 미지수의 값을 구할 수 있는가?

1 오른쪽 표는 어느 학급 학생들의 축구와 농구의 선호도를 조사하여 나타낸 것이다. 이 학급 학생 중 임의로 뽑은 한 명이 남학생이었을 때, 이 학생이 농구를 선호할 확률은 $\dfrac{2}{5}$이다. x의 값을 구하시오.

(단위 : 명)

	남학생	여학생
축구	12	10
농구	x	9

| 풀이 | ① P(A), P($A \cap B$) 구하기

임의로 뽑은 한 명이 남학생인 사건을 A, 농구를 선호하는 학생인 사건을 B라 하면 학급의 전체 학생 수는 $x+31$이므로

$$P(A)=\frac{x+12}{x+31}, \ P(A \cap B)=\frac{x}{x+31}$$

② 조건부확률 P($B|A$) 구하기

유형 039

따라서 뽑은 한 명이 남학생이었을 때, 이 학생이 농구를 선호할 확률은

$$P(B|A)=\frac{P(A \cap B)}{P(A)}=\frac{\dfrac{x}{x+31}}{\dfrac{x+12}{x+31}}=\frac{x}{x+12}$$

③ x의 값 구하기

즉, $\dfrac{x}{x+12}=\dfrac{2}{5}$이므로 $5x=2x+24$ $\therefore x=8$

Q 비율이 주어진 문제에서 확률의 곱셈정리와 조건부확률을 이용하여 확률을 구할 수 있는가?

2 어느 연구소에서 컴퓨터 바이러스 감염 여부를 진단하는 프로그램을 개발하였다. 이 프로그램이 바이러스에 감염된 컴퓨터를 감염되었다고 진단할 확률이 98 %이고, 바이러스에 감염되지 않은 컴퓨터를 감염되지 않았다고 진단할 확률이 96 %이다. 바이러스에 감염된 컴퓨터가 전체의 10 %인 어느 대형 PC방의 컴퓨터 중 임의로 한 대를 택하여 감염 여부를 검사하였더니 바이러스에 감염되었다고 진단하였을 때, 이 컴퓨터가 실제로 감염된 컴퓨터일 확률을 구하시오.

| 풀이 | ① P($A \cap B$), P($A \cap B^C$) 구하기

컴퓨터가 바이러스에 감염되었다고 진단하는 사건을 A, 실제로 바이러스에 감염된 컴퓨터인 사건을 B라 하면

(ⅰ) 바이러스에 감염된 컴퓨터를 감염되었다고 진단할 확률은

$$P(A \cap B)=P(B)P(A|B)=\frac{10}{100} \times \frac{98}{100}=\frac{49}{500}$$

(ⅱ) 바이러스에 감염되지 않은 컴퓨터를 감염되었다고 진단할 확률은

$$P(A \cap B^C)=P(B^C)P(A|B^C)=\frac{90}{100} \times \frac{4}{100}=\frac{9}{250}$$

② P(A) 구하기

유형 041

(ⅰ), (ⅱ)에서

$$P(A)=P(A \cap B)+P(A \cap B^C)=\frac{49}{500}+\frac{9}{250}=\frac{67}{500}$$

③ 조건부확률 P($B|A$) 구하기 **유형 042**

따라서 구하는 확률은

$$P(B|A)=\frac{P(A \cap B)}{P(A)}=\frac{\dfrac{49}{500}}{\dfrac{67}{500}}=\mathbf{\frac{49}{67}}$$

143

다음 물음에 답하시오.

(1) 서로 배반사건인 두 사건 A, B에 대하여

$$P(A) = \frac{1}{3}, \ P(B) = \frac{1}{2}$$

일 때, $P(A|B^C)$를 구하시오.

(2) 두 사건 A, B에 대하여

$$P(A) = \frac{1}{3}, \ P(A \cup B) = \frac{4}{5}$$

일 때, $P(B^C|A^C)$를 구하시오.

144

두 사건 A, B에 대하여 $P(A) = \dfrac{3}{5}$, $P(B) = \dfrac{4}{5}$이다.

$P(B|A)$의 최댓값을 M, 최솟값을 m이라 할 때, $M + m$의 값을 구하시오.

145

한 개의 주사위를 두 번 던져 첫 번째 나온 눈의 수가 두 번째 나온 눈의 수보다 큰 사건을 A, 두 눈의 수의 합이 짝수인 사건을 B라 할 때, $P(B|A)$를 구하시오.

146

오른쪽 표는 어느 스포츠센터의 15명의 회원을 대상으로 수강 종목의 신청 현황을 조사하여 나타낸 것이다. 15명의 회원 중 임의로 뽑은 2명이 같은 종목을 신청한 회원일 때, 그 종목이 요가일 확률을 구하시오.

(단위 : 명)

종목	스피닝	요가
회원 수	8	7

(단, 모든 회원은 두 종목 중 한 종목만 신청한다.)

147

오른쪽 그림과 같이 한 모서리의 길이가 2인 정육면체 ABCD−EFGH가 있다. 정육면체의 꼭짓점 중 서로 다른 두 점을 연결한 선분의 길이가 무리수일 때, 그 선분의 길이가 $2\sqrt{2}$일 확률을 구하시오.

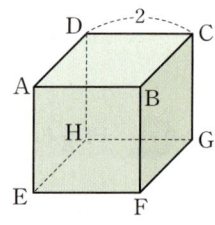

148

준영, 소현, 지연을 포함한 7명을 일렬로 세우려고 한다. 준영이와 소현이가 이웃하여 섰을 때, 준영이와 지연이도 이웃하여 섰을 확률을 구하시오.

149 필수기출

휴대 전화의 메인 보드 또는 액정 화면 고장으로 서비스센터에 접수된 200건에 대하여 접수 시기를 품질보증 기간 이내, 이후로 구분한 결과는 다음과 같다.

(단위 : 건)

구분	메인 보드 고장	액정 화면 고장	합계
품질보증 기간 이내	90	50	140
품질보증 기간 이후	a	b	60

접수된 200건 중 임의로 선택한 1건이 액정 화면 고장 건일 때, 이 건의 접수 시기가 품질보증 기간 이내일 확률이 $\frac{2}{3}$이다. $a-b$의 값을 구하시오. (단, 메인 보드와 액정 화면 둘 다 고장인 경우는 고려하지 않는다.)

150

갑, 을, 병이 포함된 10명으로 구성된 어느 소모임에서 회장과 부회장을 각각 1명씩 뽑으려고 한다. 갑 또는 을이 회장으로 뽑혔을 때, 병이 부회장으로 뽑힐 확률을 구하시오.

151

3개의 당첨 제비를 포함하여 5개의 제비가 있다. 갑, 을 두 사람이 차례대로 한 개씩 제비를 뽑을 때, 갑이 당첨 제비를 뽑는 사건을 A, 을이 당첨 제비를 뽑는 사건을 B라 하자.
|보기|에서 옳은 것만을 있는 대로 고르시오.

(단, 뽑은 제비는 다시 넣지 않는다.)

|보기|
ㄱ. $P(A)=P(B)$
ㄴ. $P(B|A)<P(B|A^c)$
ㄷ. $P(A^c|B)=P(B|A)$

152

검은 공 5개와 흰 공 7개가 들어 있는 주머니에서 임의로 2개의 공을 동시에 뽑는 시행을 반복한다. 세 번째 시행에서 처음으로 같은 색의 공을 뽑았을 때, 뽑은 두 공이 모두 검은 공일 확률을 구하시오. (단, 뽑은 공은 다시 넣지 않는다.)

153

비가 온 날의 다음 날에 비가 올 확률은 $\frac{2}{3}$이고, 비가 오지 않은 날의 다음 날에 비가 올 확률은 $\frac{1}{6}$이다. 월요일에 비가 왔을 때, 같은 주 수요일에 비가 올 확률을 구하시오.

154

흰 공 2개와 검은 공 4개가 들어 있는 주머니에서 다음과 같은 단계로 시행을 할 때, [3단계]에서 꺼낸 공이 흰 공일 확률을 구하시오.

[1단계] 주머니에서 임의로 1개의 공을 꺼내어 공의 색을 확인한 후 넣는다.
[2단계] 주머니에 [1단계]에서 꺼낸 공과 같은 색의 공을 1개 넣는다.
[3단계] 주머니에서 임의로 1개의 공을 꺼내어 공의 색을 확인한다.

155

어느 통계에 따르면 청소년 인구 비율이 지역 P는 $\frac{1}{5}$, 지역 Q는 $\frac{1}{6}$이라고 한다. 지역 P의 30명과 지역 Q의 60명을 합한 총 90명 중 임의로 뽑은 한 명이 청소년일 확률을 구하시오.

156

두 전구 회사 A, B에 같은 종류의 전구를 각각 30 %, 70 %의 비율로 주문하였다. 두 회사 A, B에서 생산되는 전구 중 불량품은 각각 2 %, 3 %라 한다. 주문한 전구 중 임의로 뽑은 한 개의 전구가 불량품이었을 때, 이 전구가 회사 A에서 생산되었을 확률을 구하시오.

157

주머니 A에는 1, 2, 3, 4, 5의 숫자가 각각 하나씩 적힌 5장의 카드가 들어 있고, 주머니 B에는 6, 7, 8의 숫자가 각각 하나씩 적힌 3장의 카드가 들어 있다. 두 주머니 A, B에서 각각 임의로 카드를 한 장씩 꺼냈더니 꺼낸 2장의 카드에 적힌 두 수의 합이 짝수였을 때, 주머니 A에서 꺼낸 카드에 적힌 숫자가 홀수일 확률을 구하시오.

158

어느 독서 동호회의 남자 회원 40명과 여자 회원 60명을 대상으로 두 작품 A, B에 대한 독서 여부를 조사하였더니 작품 A를 읽은 67명의 회원 중 남자는 31명이었고, 작품 B를 읽은 69명의 회원 중 여자는 44명이었다. 이 동호회의 회원 중 임의로 한 명을 뽑았더니 두 작품 A, B를 모두 읽은 회원이었을 때, 이 회원이 남자일 확률을 구하시오.

(단, 모든 회원은 A, B 중 적어도 한 작품을 읽었다.)

159 필수기출

남학생 수와 여학생 수의 비가 2 : 3인 어느 고등학교에서 전체 학생의 70 %가 K자격증을 가지고 있고, 나머지 30 %는 가지고 있지 않다. 이 학교의 학생 중 임의로 한 명을 선택할 때, 이 학생이 K자격증을 가지고 있는 남학생일 확률이 $\frac{1}{5}$이다. 이 학교의 학생 중 임의로 선택한 학생이 K자격증을 가지고 있지 않을 때, 이 학생이 여학생일 확률은?

① $\frac{1}{4}$　　　　② $\frac{1}{3}$　　　　③ $\frac{5}{12}$

④ $\frac{1}{2}$　　　　⑤ $\frac{7}{12}$

160

오른쪽 그림과 같은 대진표에 따라 A팀을 포함한 5개의 농구팀이 경기를 한다. A팀이 우승했을 때, A팀이 시합을 2번 했을 확률을 구하시오. (단, 비기는 경우는 없고, 모든 경기에서 이길 확률과 질 확률은 같다.)

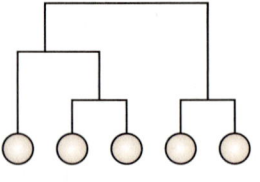

12 사건의 독립과 종속

개념 1 사건의 독립과 종속

(1) 독립

두 사건 A, B에 대하여 한 사건이 일어나는 것이 다른 사건이 일어날 확률에 아무런 영향을 주지 않을 때, 즉

$$P(B|A) = P(B|A^C) = P(B) \quad \leftarrow P(A|B) = P(A|B^C) = P(A)$$

일 때, 두 사건 A, B는 서로 **독립**이라 한다.

(2) 종속

두 사건 A, B가 서로 독립이 아닐 때, 즉

$$P(B|A) \neq P(B) \quad \leftarrow \text{또는 } P(B|A) \neq P(B|A^C)$$

일 때, 두 사건 A, B는 서로 **종속**이라 한다.

tip (1) 서로 독립인 두 사건을 독립사건, 서로 종속인 두 사건을 종속사건이라 한다.

(2) 두 사건 A와 B가 서로 독립이면 A와 B^C, A^C와 B, A^C와 B^C도 각각 서로 독립이다. → 80쪽 **Plus 자료** 참고

설명 $P(B|A) = P(B|A^C) = P(B)$는 다음 (i)~(iii)이 모두 같다는 것을 의미한다.

(i) 사건 A가 일어났을 때 사건 B가 일어날 확률

(ii) 사건 A가 일어나지 않았을 때 사건 B가 일어날 확률

(iii) 사건 B가 일어날 확률

즉, 사건 A가 일어나는 것은 사건 B가 일어날 확률에 아무런 영향을 주지 않음을 의미한다.

예 오른쪽 그림과 같이 3개의 당첨 제비를 포함하여 7개의 제비가 들어 있는 주머니가 있다. 첫 번째 꺼낸 제비가 당첨 제비인 사건을 A, 두 번째 꺼낸 제비가 당첨 제비인 사건을 B라 할 때, 꺼낸 제비를 다시 넣는 경우와 다시 넣지 않는 경우를 비교해 보자.

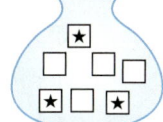

(i) 꺼낸 제비를 다시 넣는 경우

첫 번째 꺼낼 때와 두 번째 꺼낼 때의 주머니 안의 제비는 동일하다. 즉,

$$P(B|A) = P(B|A^C) = P(B) = \frac{3}{7}$$

따라서 두 번째 꺼낸 제비가 당첨 제비일 확률은 첫 번째 꺼낸 제비의 당첨 여부에 영향을 받지 않으므로 두 사건 A, B는 서로 독립이다.

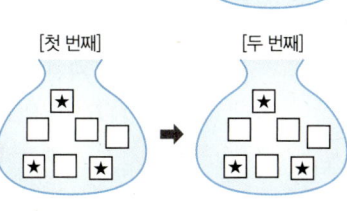

[첫 번째] [두 번째]

(ii) 꺼낸 제비를 다시 넣지 않는 경우

첫 번째 꺼낸 제비의 당첨 여부에 따라 두 번째 꺼낼 때의 주머니 안의 제비가 달라진다. 즉,

$$P(B|A) = \frac{2}{6} = \frac{1}{3}, \quad P(B|A^C) = \frac{3}{6} = \frac{1}{2}$$

따라서 두 번째 꺼낸 제비가 당첨 제비일 확률은 첫 번째 꺼낸 제비가 당첨 제비인지 아닌지에 따라 영향을 받으므로 $P(B|A) \neq P(B|A^C)$이고, 두 사건 A, B는 서로 종속이다.

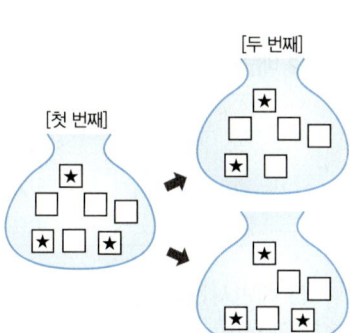

[첫 번째] [두 번째]

두 사건이 독립일 조건

두 사건 A, B가 서로 독립이기 위한 필요충분조건은

$$P(A \cap B) = P(A)P(B) \ (\text{단, } P(A) \neq 0, \ P(B) \neq 0)$$

tip 두 사건 A, B가 서로 종속이기 위한 필요충분조건은 $P(A \cap B) \neq P(A)P(B)$

설명 확률이 0이 아닌 두 사건 A, B에 대하여 두 사건 A, B가 서로 독립이면 확률의 곱셈정리에 의하여

$$P(A \cap B) = P(A)P(B|A) = P(A)P(B)$$

이다. 역으로 $P(A \cap B) = P(A)P(B)$이고 $P(A) \neq 0$이면

$$P(B|A) = \frac{P(A \cap B)}{P(A)} = \frac{P(A)P(B)}{P(A)} = P(B)$$

이므로 두 사건 A, B는 서로 독립이다.

CHECK 동전 1개와 주사위 1개를 동시에 던질 때, 동전은 뒷면이 나오고 주사위는 짝수의 눈이 나올 확률을 구하시오.

풀이 동전의 뒷면이 나오는 사건을 A, 주사위의 짝수의 눈이 나오는 사건을 B라 하면 두 사건 A, B는 서로 독립이므로

$$P(A \cap B) = P(A)P(B) = \frac{1}{2} \times \frac{1}{2} = \frac{1}{4}$$

Plus⁺ 자료

◎ 독립사건의 성질

두 사건 A와 B가 서로 독립이면 A와 B^C, A^C와 B, A^C와 B^C도 각각 서로 독립이다.

증명 두 사건 A, B가 서로 독립이므로 $P(A \cap B) = P(A)P(B)$

(1) $P(A \cap B^C) = P(A) - P(A \cap B) = P(A) - P(A)P(B) = P(A)\{1 - P(B)\} = P(A)P(B^C)$
　　따라서 두 사건 A와 B^C는 서로 독립이다.

(2) $P(A^C \cap B) = P(B) - P(A \cap B) = P(B) - P(A)P(B) = \{1 - P(A)\}P(B) = P(A^C)P(B)$
　　따라서 두 사건 A^C와 B는 서로 독립이다.

(3) $P(A^C \cap B^C) = P((A \cup B)^C) = 1 - P(A \cup B) = 1 - \{P(A) + P(B) - P(A \cap B)\}$
　　　　　　　　　 $= 1 - P(A) - P(B) + P(A \cap B) = 1 - P(A) - P(B) + P(A)P(B)$
　　　　　　　　　 $= \{1 - P(A)\}\{1 - P(B)\} = P(A^C)P(B^C)$
　　따라서 두 사건 A^C와 B^C는 서로 독립이다.

◎ 배반사건과 독립사건의 비교

	배반사건	독립사건
정의	$A \cap B = \varnothing$	$P(B|A) = P(B|A^C) = P(B)$
의미	두 사건 A, B는 동시에 일어나지 않는다.	두 사건 A, B는 서로 영향을 주지 않는다.
정리	$P(A \cup B) = P(A) + P(B)$	$P(A \cap B) = P(A)P(B)$

◎ 배반사건과 종속사건의 관계

확률이 0이 아닌 두 사건 A, B에 대하여 A, B가 서로 배반사건이면 A, B는 서로 종속이다.

tip 이 명제의 대우 '두 사건 A, B가 서로 독립이면 A, B는 서로 배반사건이 아니다.'도 참이다.

증명 두 사건 A, B가 서로 배반사건이면 $A \cap B = \varnothing$이므로 $P(A \cap B) = 0$이다.
　　이때 $P(A) \neq 0$, $P(B) \neq 0$이므로 $P(A \cap B) \neq P(A)P(B)$이다.
　　따라서 두 사건 A, B는 서로 종속이다.

한 개의 주사위를 던질 때, 6의 약수의 눈이 나오는 사건을 A, 짝수의 눈이 나오는 사건을 B, 소수의 눈이 나오는 사건을 C라 하자. 다음 두 사건이 서로 독립인지 종속인지 말하시오.

(1) A와 B

(2) A와 C

(3) B와 C

| 풀이 | $A=\{1, 2, 3, 6\}$, $B=\{2, 4, 6\}$, $C=\{2, 3, 5\}$이므로

$A\cap B=\{2, 6\}$, $A\cap C=\{2, 3\}$, $B\cap C=\{2\}$

(1) $P(A)=\dfrac{2}{3}$, $P(B)=\dfrac{1}{2}$, $P(A\cap B)=\dfrac{1}{3}$이므로

$P(A\cap B)=P(A)P(B)$

따라서 두 사건 A와 B는 서로 **독립**이다.

(2) $P(A)=\dfrac{2}{3}$, $P(C)=\dfrac{1}{2}$, $P(A\cap C)=\dfrac{1}{3}$이므로

$P(A\cap C)=P(A)P(C)$

따라서 두 사건 A와 C는 서로 **독립**이다.

(3) $P(B)=\dfrac{1}{2}$, $P(C)=\dfrac{1}{2}$, $P(B\cap C)=\dfrac{1}{6}$이므로

$P(B\cap C)\neq P(B)P(C)$

따라서 두 사건 B와 C는 서로 **종속**이다.

■ 정답과 풀이 41쪽

체크 161 10원짜리 동전 1개, 100원짜리 동전 1개, 500원짜리 동전 1개를 동시에 던질 때, 10원짜리 동전의 앞면이 나오는 사건을 A, 100원짜리 동전의 앞면이 나오는 사건을 B, 세 동전 중 두 개만 뒷면이 나오는 사건을 C라 하자. | 보기 |에서 서로 독립인 사건만을 있는 대로 고르시오.

| 보기 |

ㄱ. A와 B ㄴ. A와 C ㄷ. B와 C

체크 162 1부터 12까지의 자연수가 각각 하나씩 적힌 12장의 카드 중 임의로 한 장의 카드를 뽑는 시행을 한다. 뽑은 카드에 적힌 수가 홀수인 사건을 A, 5의 배수인 사건을 B, 12의 양의 약수인 사건을 C, 양의 약수의 개수가 3인 사건을 D라 할 때, | 보기 |에서 서로 독립인 사건만을 있는 대로 고르시오.

| 보기 |

ㄱ. A와 B ㄴ. A와 C ㄷ. A와 D ㄹ. C와 D

두 사건 A, B가 서로 독립이고 $P(A \cap B) = \dfrac{1}{6}$, $P(A \cap B^C) = \dfrac{1}{3}$일 때, $P(B)$를 구하시오.

| 풀이 | 두 사건 A, B가 서로 독립이므로

$$P(A \cap B) = P(A)P(B) = \dfrac{1}{6} \qquad \cdots\cdots \text{㉠}$$

두 사건 A, B가 서로 독립이므로 두 사건 A, B^C도 서로 독립이다.

$$\therefore P(A \cap B^C) = P(A)P(B^C) = \dfrac{1}{3} \qquad \cdots\cdots \text{㉡}$$

㉠, ㉡에서 $P(A)P(B) + P(A)P(B^C) = \dfrac{1}{6} + \dfrac{1}{3} = \dfrac{1}{2}$

$P(A)\{P(B) + P(B^C)\} = \dfrac{1}{2}$, $P(A) \times 1 = \dfrac{1}{2}$ $\quad \therefore P(A) = \dfrac{1}{2}$

이를 ㉠에 대입하면 $\dfrac{1}{2} \times P(B) = \dfrac{1}{6}$에서 $P(B) = \dfrac{1}{3}$

| 다른 풀이 | 두 사건 A, B가 서로 독립이므로

$$P(A \cap B) = P(A)P(B) = \dfrac{1}{6} \qquad \cdots\cdots \text{㉠}$$

이때 $P(A) = P(A \cap B) + P(A \cap B^C) = \dfrac{1}{6} + \dfrac{1}{3} = \dfrac{1}{2}$이므로 ㉠에서

$$\dfrac{1}{2} \times P(B) = \dfrac{1}{6} \qquad \therefore P(B) = \dfrac{1}{3}$$

■ 정답과 풀이 41쪽

체크 163 두 사건 A, B가 서로 독립이고 $P(A) = \dfrac{2}{5}$, $P(B^C) = \dfrac{2}{7}$일 때, $P(A^C \cap B)$를 구하시오.

체크 164 두 사건 A, B가 서로 독립이고 $P(B) = \dfrac{1}{4}$, $P(A \cup B) = \dfrac{1}{2}$일 때, $P(A|B)$를 구하시오.

체크 165 두 사건 A, B가 서로 독립이고 $P(A|B^C) + P(B|A^C) = \dfrac{31}{35}$, $P(A \cup B) = \dfrac{5}{7}$일 때, $P(A)P(B)$의 값을 구하시오.

자유투의 성공률이 각각 $\dfrac{4}{5}$, $\dfrac{3}{4}$인 두 농구선수 갑, 을이 한 번씩 자유투를 시도할 때, 다음을 구하시오.

(1) 갑, 을 모두 성공할 확률

(2) 갑은 실패하고, 을은 성공할 확률

(3) 갑, 을 중 적어도 한 명이 성공할 확률

| 풀이 | 갑, 을이 자유투를 성공하는 사건을 각각 A, B라 하면 두 사건 A, B는 서로 독립이다.

(1) 갑, 을 모두 성공할 확률은

$$\mathrm{P}(A \cap B) = \mathrm{P}(A)\mathrm{P}(B) = \dfrac{4}{5} \times \dfrac{3}{4} = \dfrac{3}{5}$$

(2) 갑은 실패하고, 을은 성공할 확률은

$$\mathrm{P}(A^c \cap B) = \mathrm{P}(A^c)\mathrm{P}(B) = \left(1 - \dfrac{4}{5}\right) \times \dfrac{3}{4} = \dfrac{3}{20}$$

(3) 갑, 을 중 적어도 한 명이 성공하는 사건은 갑, 을 모두 실패하는 사건의 여사건이므로 구하는 확률은

$$1 - \mathrm{P}(A^c \cap B^c) = 1 - \mathrm{P}(A^c)\mathrm{P}(B^c) = 1 - \left(1 - \dfrac{4}{5}\right)\left(1 - \dfrac{3}{4}\right) = \dfrac{19}{20}$$

| 다른 풀이 | (3) 갑, 을 중 적어도 한 명이 성공할 확률은

$$\begin{aligned}\mathrm{P}(A \cup B) &= \mathrm{P}(A) + \mathrm{P}(B) - \mathrm{P}(A \cap B) \\ &= \mathrm{P}(A) + \mathrm{P}(B) - \mathrm{P}(A)\mathrm{P}(B) \\ &= \dfrac{4}{5} + \dfrac{3}{4} - \dfrac{4}{5} \times \dfrac{3}{4} = \dfrac{19}{20}\end{aligned}$$

■ 정답과 풀이 41쪽

체크 166 서로 다른 주사위 2개와 서로 다른 동전 3개를 동시에 던질 때, 주사위의 두 눈의 수의 합은 4이고 동전은 모두 뒷면이 나올 확률을 구하시오.

체크 167 A, B 두 사람이 물총으로 과녁을 명중시킬 확률이 각각 0.1, 0.2이다. 두 사람 중 한 사람만 과녁을 명중시킬 확률을 구하시오.

체크 168 에지와 승현이가 운전 면허 시험에 합격할 확률이 각각 $\dfrac{2}{3}$, $\dfrac{3}{5}$일 때, 두 사람 중 적어도 한 명이 합격할 확률을 구하시오.

13 독립시행의 확률

개념 1 독립시행의 확률   유형 046. 047. 048

(1) 독립시행

동전이나 주사위를 여러 번 던지는 것과 같이 동일한 시행을 반복할 때, 각 시행에서 일어나는 사건이 서로 독립인 경우에 그러한 시행을 **독립시행**이라 한다.

(2) 독립시행의 확률

어떤 시행에서 사건 A가 일어날 확률이 p $(0<p<1)$일 때, 이 시행을 n번 반복하는 독립시행에서 사건 A가 r번 일어날 확률은

$$_n\mathrm{C}_r p^r (1-p)^{n-r} \quad (단, \ r=0, 1, 2, \cdots, n)$$ ← 임의의 실수 a에 대하여 $a^0=1$로 정의한다.

설명 한 개의 주사위를 4번 던질 때, 3의 배수의 눈이 2번 나올 확률을 구해 보자.

3의 배수의 눈이 나오는 경우를 ○, 그 이외의 눈이 나오는 경우를 ×로 나타내고 3의 배수의 눈이 2번 나오는 모든 경우와 각 사건이 일어날 확률을 구하면 오른쪽 표와 같다.

4회의 시행 중 3의 배수의 눈이 2번 나오는 경우의 수는

$$_4\mathrm{C}_2=\frac{4\times 3}{2\times 1}=6$$

이때 이 6가지의 사건을 각각 A_1, A_2, A_3, $\cdots$, A_6이라 하면 한 번의 시행에서 3의 배수의 눈이 나오는 확률이 $\frac{1}{3}$이므로 각 사건 A_1, A_2, A_3, $\cdots$, A_6이 일어날 확률은 $\left(\frac{1}{3}\right)^2\left(\frac{2}{3}\right)^2$이다.

1회	2회	3회	4회	확률
○	○	×	×	$\frac{1}{3}\times\frac{1}{3}\times\frac{2}{3}\times\frac{2}{3}=\left(\frac{1}{3}\right)^2\left(\frac{2}{3}\right)^2$
○	×	○	×	$\frac{1}{3}\times\frac{2}{3}\times\frac{1}{3}\times\frac{2}{3}=\left(\frac{1}{3}\right)^2\left(\frac{2}{3}\right)^2$
○	×	×	○	$\frac{1}{3}\times\frac{2}{3}\times\frac{2}{3}\times\frac{1}{3}=\left(\frac{1}{3}\right)^2\left(\frac{2}{3}\right)^2$
×	○	○	×	$\frac{2}{3}\times\frac{1}{3}\times\frac{1}{3}\times\frac{2}{3}=\left(\frac{1}{3}\right)^2\left(\frac{2}{3}\right)^2$
×	○	×	○	$\frac{2}{3}\times\frac{1}{3}\times\frac{2}{3}\times\frac{1}{3}=\left(\frac{1}{3}\right)^2\left(\frac{2}{3}\right)^2$
×	×	○	○	$\frac{2}{3}\times\frac{2}{3}\times\frac{1}{3}\times\frac{1}{3}=\left(\frac{1}{3}\right)^2\left(\frac{2}{3}\right)^2$

$_4\mathrm{C}_2$가지

또한 A_1, A_2, A_3, $\cdots$, A_6은 서로 배반사건이므로 4번의 독립시행에서 3의 배수의 눈이 2번 나올 확률은 확률의 덧셈정리에 의하여

$$\mathrm{P}(A_1)+\mathrm{P}(A_2)+\mathrm{P}(A_3)+\cdots+\mathrm{P}(A_6)=_4\mathrm{C}_2\times\left(\frac{1}{3}\right)^2\left(\frac{2}{3}\right)^2=\frac{8}{27}$$

임을 알 수 있다.

이와 같이 어떤 시행에서 사건 A가 일어날 확률이 p일 때, 이 시행을 n번 반복하는 독립시행에서 사건 A가 r번 일어날 확률은

$$_n\mathrm{C}_r p^r (1-p)^{n-r} \quad (r=0, 1, 2, \cdots, n)$$

이다.

CHECK 한 개의 동전을 4번 던질 때, 동전의 앞면이 3번 나올 확률을 구하시오.

풀이 한 개의 동전을 던져 앞면이 나올 확률은 $\frac{1}{2}$, 뒷면이 나올 확률은 $\frac{1}{2}$이다.

따라서 한 개의 동전을 4번 던질 때, 동전의 앞면이 3번 나올 확률은 독립시행의 확률에 의하여

$$_4\mathrm{C}_3\left(\frac{1}{2}\right)^3\left(\frac{1}{2}\right)^1=\frac{1}{4}$$

다음을 구하시오.

(1) 서로 다른 2개의 주사위를 동시에 던지는 시행을 4번 반복할 때, 두 눈의 수의 곱이 짝수인 사건이 3번 일어날 확률

(2) 한 개의 주사위를 3번 던질 때, 3의 눈이 2번 이상 나올 확률

| 풀이 | (1) 2개의 주사위를 동시에 던져 나오는 두 눈의 수의 곱이 홀수일 확률은 $\dfrac{3}{6} \times \dfrac{3}{6} = \dfrac{1}{4}$, 짝수일 확률은 $1 - \dfrac{1}{4} = \dfrac{3}{4}$이다.

따라서 구하는 확률은 $_4\mathrm{C}_3 \left(\dfrac{3}{4}\right)^3 \left(\dfrac{1}{4}\right)^1 = \dfrac{\mathbf{27}}{\mathbf{64}}$

(2) 한 개의 주사위를 던져 3의 눈이 나올 확률은 $\dfrac{1}{6}$, 3의 눈이 나오지 않을 확률은 $1 - \dfrac{1}{6} = \dfrac{5}{6}$이다.

(ⅰ) 한 개의 주사위를 3번 던질 때, 3의 눈이 2번 나올 확률은 $_3\mathrm{C}_2 \left(\dfrac{1}{6}\right)^2 \left(\dfrac{5}{6}\right)^1 = \dfrac{5}{72}$

(ⅱ) 한 개의 주사위를 3번 던질 때, 3의 눈이 3번 나올 확률은 $_3\mathrm{C}_3 \left(\dfrac{1}{6}\right)^3 \left(\dfrac{5}{6}\right)^0 = \dfrac{1}{216}$

(ⅰ), (ⅱ)에서 구하는 확률은 $\dfrac{5}{72} + \dfrac{1}{216} = \dfrac{\mathbf{2}}{\mathbf{27}}$

빨간 공 2개와 노란 공 6개가 들어 있는 주머니에서 임의로 한 개의 공을 꺼낼 때, 빨간 공이 나오면 한 개의 동전을 4번 던지고, 노란 공이 나오면 한 개의 동전을 5번 던진다. 동전의 앞면이 3번 나올 확률을 구하시오.

| 풀이 | 빨간 공 2개와 노란 공 6개가 들어 있는 주머니에서 빨간 공을 꺼낼 확률은 $\dfrac{1}{4}$, 노란 공을 꺼낼 확률은 $\dfrac{3}{4}$이다.

(ⅰ) 빨간 공을 꺼냈을 때, 동전을 4번 던지므로 동전의 앞면이 3번 나올 확률은 $\dfrac{1}{4} \times {}_4\mathrm{C}_3 \left(\dfrac{1}{2}\right)^3 \left(\dfrac{1}{2}\right)^1 = \dfrac{1}{16}$

(ⅱ) 노란 공을 꺼냈을 때, 동전을 5번 던지므로 동전의 앞면이 3번 나올 확률은 $\dfrac{3}{4} \times {}_5\mathrm{C}_3 \left(\dfrac{1}{2}\right)^3 \left(\dfrac{1}{2}\right)^2 = \dfrac{15}{64}$

(ⅰ), (ⅱ)에서 구하는 확률은 $\dfrac{1}{16} + \dfrac{15}{64} = \dfrac{\mathbf{19}}{\mathbf{64}}$

■ 정답과 풀이 42쪽

체크 169 다음을 구하시오.

(1) 한 개의 동전을 8번 던질 때, 앞면이 나온 횟수와 뒷면이 나온 횟수가 같을 확률

(2) 서로 다른 2개의 주사위를 동시에 던지는 시행을 3번 반복할 때, 두 눈의 수의 합이 7인 사건이 적어도 한 번 일어날 확률

체크 170 1부터 7까지의 자연수가 각각 하나씩 적힌 7개의 공이 들어 있는 상자에서 임의로 한 개의 공을 꺼낼 때, 소수가 적힌 공이 나오면 한 개의 주사위를 3번 던지고, 그 이외의 수가 적힌 공이 나오면 한 개의 주사위를 5번 던진다. 주사위의 4의 약수의 눈이 3번 나올 확률을 구하시오.

한 개의 주사위를 던져 홀수의 눈이 나오면 수직선 위의 점 P를 왼쪽으로 1만큼, 짝수의 눈이 나오면 오른쪽으로 1만큼 움직인다고 한다. 주사위를 6번 던질 때, 점 P의 위치가 처음보다 오른쪽으로 2만큼 떨어진 곳에 있을 확률을 구하시오.

| 풀이 | 한 개의 주사위를 던져 홀수의 눈이 나올 확률은 $\frac{1}{2}$, 짝수의 눈이 나올 확률은 $\frac{1}{2}$이다.

홀수의 눈이 나오는 횟수를 x, 짝수의 눈이 나오는 횟수를 y라 하면 주사위를 6번 던지므로
$x+y=6$ ······ ㉠
점 P의 위치가 처음보다 오른쪽으로 2만큼 떨어진 곳에 있으므로
$-x+y=2$ ······ ㉡
㉠, ㉡을 연립하여 풀면
$x=2,\ y=4$
즉, 점 P의 위치가 처음보다 오른쪽으로 2만큼 떨어진 곳에 있으려면 홀수의 눈이 2번, 짝수의 눈이 4번 나와야 한다.
따라서 구하는 확률은
$${}_6\mathrm{C}_2\left(\frac{1}{2}\right)^2\left(\frac{1}{2}\right)^4=\frac{15}{64}$$

■ 정답과 풀이 43쪽

체크 171 서로 다른 2개의 동전을 동시에 던져 모두 앞면이 나오면 10점을 얻고, 그렇지 않으면 5점을 잃는다. 2개의 동전을 동시에 던지는 시행을 5번 반복할 때, 20점을 얻을 확률을 구하시오.

체크 172 수직선 위의 원점에 점 P가 있다. 흰 공 4개와 검은 공 2개가 들어 있는 주머니에서 임의로 한 개의 공을 꺼내어 흰 공이 나오면 점 P를 오른쪽으로 1만큼, 검은 공이 나오면 왼쪽으로 3만큼 움직인다고 한다. 이 시행을 6번 반복할 때, 점 P의 위치가 2 또는 −2일 확률을 구하시오. (단, 꺼낸 공은 다시 넣는다.)

체크 173 오른쪽 그림과 같이 한 변의 길이가 1인 정삼각형 ABC의 변을 따라 한 개의 동전을 던져서 앞면이 나오면 2만큼, 뒷면이 나오면 1만큼 시계 반대 방향으로 움직이는 점 P가 있다. 한 개의 동전을 5번 던질 때, 점 P가 점 A를 출발하여 점 B에 도착할 확률을 구하시오.

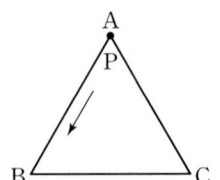

선생님의 출제 point

두 사건이 독립일 조건을 이용하여 주어진 조건을 만족시키는 미지수를 구할 수 있는가?

1 오른쪽 표는 어느 고등학교 학생 300명을 대상으로 스마트폰 사용 여부를 조사하여 나타낸 것이다. 이 고등학교 학생 중 임의로 한 명을 뽑을 때, 뽑힌 학생이 여학생인 사건을 A, 스마트폰을 사용하는 학생인 사건을 B라 하자. 두 사건 A, B가 서로 독립일 때, a의 값을 구하시오.

(단위 : 명)

	스마트폰 사용자	스마트폰 미사용자	합계
남학생	a	b	180
여학생	c	d	120
합계	200	100	300

| 풀이 | ① 표를 이용하여 각각의 확률 구하기

주어진 표에 의하여

$$P(A)=\frac{120}{300}=\frac{2}{5}, \ P(B)=\frac{200}{300}=\frac{2}{3}, \ P(A\cap B)=\frac{c}{300}$$

② 두 사건이 독립일 조건을 이용하여 미지수 구하기

유형 045

두 사건 A, B가 서로 독립이므로

$$P(A\cap B)=P(A)P(B)$$

즉, $\frac{c}{300}=\frac{2}{5}\times\frac{2}{3}$에서 $c=80$

$$\therefore a=200-c=200-80=\textbf{120}$$

독립시행의 확률을 이용하여 주어진 확률을 계산할 수 있는가?

2 두 사람 A, B가 7번 경기를 하는데 먼저 4승을 하는 사람이 우승한다고 한다. 3번째 경기까지의 결과로 A가 1승 2패일 때, 6번째 경기에서 우승자가 결정될 확률을 구하시오.

(단, 두 사람이 각 경기에서 승리할 확률은 같고, 비기는 경우는 없다.)

| 풀이 | ① A가 우승할 확률 구하기

유형 046

(ⅰ) A가 우승할 확률

남은 3번의 경기에서 A가 모두 이겨야 하므로

$$_3C_3\left(\frac{1}{2}\right)^3\left(\frac{1}{2}\right)^0=\frac{1}{8}$$

② B가 우승할 확률 구하기

유형 046

(ⅱ) B가 우승할 확률

B가 4번째, 5번째 경기에서 1승 1패를 하고 6번째 경기에서 이겨야 하므로

$$_2C_1\left(\frac{1}{2}\right)^1\left(\frac{1}{2}\right)^1\times\frac{1}{2}=\frac{1}{4}$$

③ 우승자가 결정될 확률 구하기

(ⅰ), (ⅱ)에서 구하는 확률은

$$\frac{1}{8}+\frac{1}{4}=\frac{3}{8}$$

174

주사위를 한 번 던지는 시행에서 다음 사건 중 3 이상의 수가 나오는 사건과 서로 독립인 것은?

① {1, 2}　　　② {1, 2, 3}　　　③ {1, 3, 5}

④ {4, 5, 6}　　　⑤ {1, 2, 3, 6}

175

두 사건 A, B에 대하여 다음 중 옳지 <u>않은</u> 것은?

(단, $P(A) \neq 0$, $P(B) \neq 0$)

① 두 사건 A, B가 서로 독립이면
  $P(A|B^C) + P(A^C|B) = 1$이다.

② 두 사건 A, B가 서로 배반사건이면 $P(A \cup B) \leq 1$이다.

③ 두 사건 A, B가 서로 독립이면
  $P(A \cap B^C) = P(A|B)P(B^C)$이다.

④ 두 사건 A, B가 서로 배반사건이면 A, B는 종속이다.

⑤ 두 사건 A, B가 서로 독립이면 A, B는 서로 배반사건이다.

176

두 사건 A, B가 서로 독립이고

$$P(A \cap B) = \frac{1}{5}, \quad P(A \cup B) = \frac{7}{10}$$

일 때, $P(A)$를 구하시오. (단, $P(A) < P(B)$)

177

두 사건 A, B가 서로 독립이고 $P(A \cap B) = \frac{1}{9}$일 때, $P(A \cup B)$의 최솟값을 구하시오.

178

두 양궁 선수 갑, 을이 과녁을 향하여 각각 화살을 한 발씩 쏠 때, 갑이 명중시킬 확률은 $\frac{3}{5}$, 갑과 을 중 한 명만 명중시킬 확률은 $\frac{1}{2}$이다. 을이 명중시킬 확률을 구하시오.

179

다음 표는 어느 회사의 직원 200명을 대상으로 여름 휴가 장소 선호도를 조사한 것이다. 이 회사 직원 중 임의로 한 명을 택하였을 때, 남자 직원인 사건과 국내를 선호하는 직원인 사건이 서로 독립이었다. $\frac{b}{c}$의 값을 구하시오.

(단위 : 명)

	국내	국외	합계
남자	a	b	150
여자	c	d	50
합계	80	120	200

180

1부터 10까지의 자연수가 각각 하나씩 적힌 10장의 카드 중 임의로 한 장을 뽑을 때, 카드에 적힌 수가 8의 약수인 사건을 A라 하자. 이 시행의 표본공간의 부분집합인 사건 B가 다음을 만족시킬 때, 사건 B의 개수를 구하시오.

> (가) $P(A \cap B) = \dfrac{1}{5}$
>
> (나) 두 사건 A, B는 서로 독립이다.

181

파란 공 3개와 빨간 공 3개가 들어 있는 상자에서 임의로 2개의 공을 동시에 꺼내는 시행을 5번 반복할 때, 서로 다른 색의 공이 나오는 사건이 3번 일어날 확률을 구하시오.

(단, 꺼낸 공은 다시 넣는다.)

182

서로 다른 2개의 주사위를 동시에 던지는 시행을 3번 반복할 때, 두 눈의 수의 곱이 10과 서로소인 사건이 2번 일어날 확률을 구하시오.

183

4건의 예약 중 1건 꼴로 취소되는 어느 식당에 테이블이 모두 3개가 있다. 예약을 5건 받았을 때, 테이블이 부족할 확률을 구하시오.

184

1, 2, 3의 자연수가 각각 하나씩 적힌 3장의 카드 중 임의로 한 장의 카드를 뽑아서 적힌 수를 확인한 후 다시 넣는 시행을 5번 반복할 때, 각 시행에서 나오는 수들의 합이 홀수일 확률을 구하시오.

185

1개의 당첨 제비를 포함하여 6개의 제비가 들어 있는 상자에서 추첨권 1장당 임의로 2개의 제비를 동시에 뽑게 하여 당첨 제비가 나오면 경품을 준다고 한다. 4장의 추첨권을 가진 사람이 받은 경품의 개수가 2일 확률을 구하시오.

(단, 뽑은 제비는 다시 넣는다.)

186 필수기출

한 개의 동전을 6번 던질 때, 앞면이 나오는 횟수가 뒷면이 나오는 횟수보다 클 확률은 $\dfrac{q}{p}$ 이다. $p+q$ 의 값을 구하시오.

(단, p 와 q 는 서로소인 자연수이다.)

187 필수기출

한 개의 주사위를 두 번 던질 때 나오는 수를 차례대로 a, b라 하자. 다음은 이차함수 $f(x)=x^2-7x+12$ 에 대하여 $f(a)f(b)=0$ 이 성립할 확률을 구하는 과정이다.

> 첫 번째 던져서 나오는 주사위의 눈의 수를 a라 할 때 $f(a)=0$ 이 되는 사건을 A라 하고, 두 번째 던져서 나오는 주사위의 눈의 수를 b라 할 때 $f(b)=0$ 이 되는 사건을 B라 하자.
>
> 이차방정식 $f(x)=0$ 의 해는 $x=3$ 또는 $x=4$ 이므로
> $$\mathrm{P}(A)=\boxed{(가)},\ \mathrm{P}(B)=\boxed{(가)}$$
> 이다.
> 구하는 확률 $\mathrm{P}(A\cup B)$ 는
> $$\mathrm{P}(A\cup B)=\mathrm{P}(A)+\mathrm{P}(B)-\mathrm{P}(A\cap B)$$
> 이고, 두 사건 A, B는 서로 독립이므로
> $$\mathrm{P}(A\cap B)=\boxed{(나)}$$
> 이다. 그러므로
> $$\mathrm{P}(A\cup B)=\boxed{(다)}$$
> 이다.

위의 (가), (나), (다)에 알맞은 수를 각각 m, n, k라 할 때, $m\times n\times k$ 의 값은?

① $\dfrac{1}{81}$　　② $\dfrac{5}{243}$　　③ $\dfrac{7}{243}$

④ $\dfrac{1}{27}$　　⑤ $\dfrac{11}{243}$

188

주사위 1개와 서로 다른 동전 6개를 던지는 시행에서 나온 주사위의 눈의 수와 앞면이 나온 동전의 개수가 서로 같을 확률을 구하시오.

189

파란 공 3개와 빨간 공 2개가 들어 있는 상자에서 임의로 2개의 공을 동시에 꺼낼 때, 같은 색의 공이 나오면 상훈이가 이기고, 다른 색의 공이 나오면 혜인이가 이기는 게임을 한다. 이 게임을 계속하여 먼저 3번 이긴 사람이 최종 우승한다고 할 때, 상훈이가 3번째 게임 또는 4번째 게임에서 최종 우승할 확률은 $\dfrac{b}{a}$ 이다. $a+b$ 의 값을 구하시오.

(단, a 와 b 는 서로소인 자연수이다.)

190

한 개의 동전을 던져 앞면이 나오면 좌표평면 위의 점 P를 x축의 방향으로 1만큼 평행이동하고, 뒷면이 나오면 y축의 방향으로 1만큼 평행이동한다. 좌표평면 위의 원점에 있는 점 P에 대하여 이 시행을 8번 반복할 때, 점 P의 최종 위치가 직선 $y=x+4$ 위로 옮겨지지 않을 확률을 구하시오.

이 단원에서는
- 확률변수와 확률분포의 뜻을 안다.
- 이산확률변수의 기댓값(평균)과 표준편차를 구할 수 있다.
- 이항분포의 뜻을 알고, 평균과 표준편차를 구할 수 있다.
- 정규분포의 뜻을 알고, 그 성질을 이해한다.
- 모집단과 표본의 뜻을 알고 표본추출의 원리를 이해한다.
- 표본평균과 모평균의 관계를 이해하고 설명할 수 있다.
- 모평균을 추정하고, 그 결과를 해석할 수 있다.

통계

확률변수와 확률분포

개념 1 확률변수 　　　　　　　　　　　　　　　　　　　　　　　　　　　　　유형 **049**

(1) 확률변수 : 어떤 시행에서 표본공간의 각 원소에 하나의 실수가 대응되는 함수를 **확률변수**라 한다.

(2) 이산확률변수 : 확률변수가 가질 수 있는 값이 유한개이거나 무한히 많더라도 자연수와 같이 셀 수 있을 때, 그 확률
변수를 **이산확률변수**라 한다.

---

tip　(1) 확률변수는 표본공간을 정의역으로 하고 실수 전체의 집합을 공역으로 하는 함수이지만, 변수의 역할을 하기 때문에 확률변수라 부른다.

(2) 확률변수는 보통 알파벳 대문자 X, Y, Z 등으로 나타내고, 확률변수가 가질 수 있는 값은 소문자 x, y, z 또는 x_1, x_2, x_3 등으로 나타낸다.

(3) 이산(離散)이란 하나하나 흩어져 있음을 뜻한다.

(4) 이산확률변수 X는 무한히 많은 값을 가질 때도 있지만 여기서는 유한개의 값을 가지는 경우만 다루기로 한다.

예　한 개의 동전을 두 번 던지는 시행에서 동전의 앞면을 H, 뒷면을 T로 나타내면 표본공간 S는

$$S = \{HH, HT, TH, TT\}$$

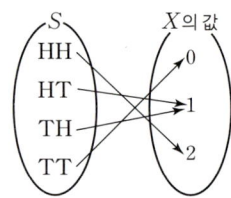

이다. 이때 앞면이 나오는 횟수를 X라 하면 X가 가질 수 있는 값은 0, 1, 2이고, 이 값들은 표본공간 S의 각 원소에 다음과 같이 대응된다.

$$HH \longrightarrow 2, \ HT \longrightarrow 1, \ TH \longrightarrow 1, \ TT \longrightarrow 0$$

즉, X는 표본공간의 각 원소에 0, 1, 2 중 하나의 값을 대응시키는 함수이므로 확률변수이다.

개념 2 이산확률변수의 확률분포 　　　　　　　　　　　　　　　　　　　　　유형 **049, 050**

이산확률변수 X가 어떤 값 x를 가질 확률을 기호로

$$P(X=x)$$

와 같이 나타내고, 이산확률변수 X가 가질 수 있는 모든 값 x_1, x_2, x_3, $\cdots$, x_n에 이 값을 가질 확률 p_1, p_2, p_3, $\cdots$, p_n이
대응되는 함수

$$P(X=x_i)=p_i \ (i=1, 2, 3, \cdots, n)$$

를 이산확률변수 X의 확률질량함수라 한다.

이때 이산확률변수 X가 가질 수 있는 값과 X가 이 값을 가질 확률의 대응 관계를 이산확률변수 X의 **확률분포**라 한다.

---

tip　(1) 확률변수 X가 a 이상 b 이하의 값을 가질 확률은 $P(a \leq X \leq b)$와 같이 나타낸다.

(2) $P(X=x_i$ 또는 $X=x_j)=P(X=x_i)+P(X=x_j)$ (단, $i \neq j$)

설명　이산확률변수 X의 확률질량함수가 $P(X=x_i)=p_i \ (i=1, 2, 3, \cdots, n)$일 때, X의 확률분포는 다음과 같이 표와 그래프로
나타낼 수 있다.

X	x_1	x_2	x_3	$\cdots$	x_n	합계
$P(X=x_i)$	p_1	p_2	p_3	$\cdots$	p_n	1

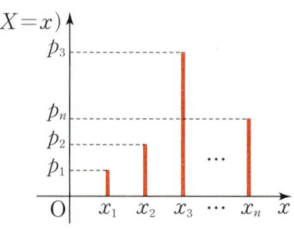

확률질량함수의 성질

이산확률변수 X의 확률질량함수가 $P(X=x_i)=p_i$ $(i=1, 2, 3, \cdots, n)$일 때, 다음이 성립한다.

(1) $0 \leq p_i \leq 1$

(2) $p_1+p_2+p_3+\cdots+p_n=1$　←확률의 총합은 1이다.

(3) $P(x_i \leq X \leq x_j)=p_i+p_{i+1}+p_{i+2}+\cdots+p_j$ (단, $j=1, 2, 3, \cdots, n, i \leq j$)

예 한 개의 동전을 세 번 던지는 시행에서 앞면이 나오는 횟수를 확률변수 X라 하면 X가 가질 수 있는 값은 0, 1, 2, 3이므로 X는 이산확률변수이다.

이때 확률변수 X가 각 값을 가질 확률은

$$P(X=0)={}_3C_0\left(\frac{1}{2}\right)^3=\frac{1}{8}$$

$$P(X=1)={}_3C_1\left(\frac{1}{2}\right)^1\left(\frac{1}{2}\right)^2=\frac{3}{8}$$

$$P(X=2)={}_3C_2\left(\frac{1}{2}\right)^2\left(\frac{1}{2}\right)^1=\frac{3}{8}$$

$$P(X=3)={}_3C_3\left(\frac{1}{2}\right)^3=\frac{1}{8}$$

이므로 확률변수 X의 확률분포를 표와 그래프로 나타내면 각각 다음과 같다.

X	0	1	2	3	합계
$P(X=x)$	$\frac{1}{8}$	$\frac{3}{8}$	$\frac{3}{8}$	$\frac{1}{8}$	1

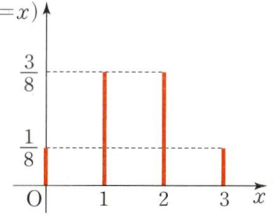

이때 다음을 확인할 수 있다.

(1) $0 \leq P(X=0) \leq 1$, $0 \leq P(X=1) \leq 1$, $0 \leq P(X=2) \leq 1$, $0 \leq P(X=3) \leq 1$

(2) $P(X=0)+P(X=1)+P(X=2)+P(X=3)=\frac{1}{8}+\frac{3}{8}+\frac{3}{8}+\frac{1}{8}=1$

(3) $P(0 \leq X \leq 2)=P(X=0)+P(X=1)+P(X=2)$

$$=\frac{1}{8}+\frac{3}{8}+\frac{3}{8}=\frac{7}{8}$$

CHECK 확률변수 X의 확률분포를 표로 나타내면 오른쪽과 같을 때, 다음을 구하시오.

(1) 상수 a의 값

(2) $P(X=1$ 또는 $X=3)$

(3) $P(0 \leq X \leq 2)$

X	0	1	2	3	합계
$P(X=x)$	$\frac{3}{10}$	a	$\frac{2}{5}$	$\frac{1}{10}$	1

풀이 (1) 확률의 총합은 1이므로 $\frac{3}{10}+a+\frac{2}{5}+\frac{1}{10}=1$에서 $a=\frac{1}{5}$

(2) $P(X=1$ 또는 $X=3)=P(X=1)+P(X=3)=\frac{1}{5}+\frac{1}{10}=\frac{3}{10}$

(3) $P(0 \leq X \leq 2)=P(X=0)+P(X=1)+P(X=2)=\frac{3}{10}+\frac{1}{5}+\frac{2}{5}=\frac{9}{10}$

확률변수 X의 확률질량함수가

$$\mathrm{P}(X=x)=\frac{k}{x(x+1)} \ (x=1, 2, 3, 4, 5)$$

일 때, 다음을 구하시오.

(1) 상수 k의 값

(2) $\mathrm{P}(2 \leq X \leq 4)$

| 풀이 | 확률변수 X의 확률분포를 표로 나타내면 다음과 같다.

X	1	2	3	4	5	합계
$\mathrm{P}(X=x)$	$\dfrac{k}{1\times 2}$	$\dfrac{k}{2\times 3}$	$\dfrac{k}{3\times 4}$	$\dfrac{k}{4\times 5}$	$\dfrac{k}{5\times 6}$	1

(1) 확률의 총합은 1이므로

$$\frac{k}{1\times 2}+\frac{k}{2\times 3}+\frac{k}{3\times 4}+\frac{k}{4\times 5}+\frac{k}{5\times 6}=1$$에서

$$k\left\{\left(1-\frac{1}{2}\right)+\left(\frac{1}{2}-\frac{1}{3}\right)+\left(\frac{1}{3}-\frac{1}{4}\right)+\left(\frac{1}{4}-\frac{1}{5}\right)+\left(\frac{1}{5}-\frac{1}{6}\right)\right\}=1$$

$$k\left(1-\frac{1}{6}\right)=1$$에서 $\frac{5}{6}k=1$이므로 $k=\frac{6}{5}$

(2) $\mathrm{P}(2 \leq X \leq 4)=\mathrm{P}(X=2)+\mathrm{P}(X=3)+\mathrm{P}(X=4)$

$$=\frac{6}{5}\left\{\left(\frac{1}{2}-\frac{1}{3}\right)+\left(\frac{1}{3}-\frac{1}{4}\right)+\left(\frac{1}{4}-\frac{1}{5}\right)\right\}$$

$$=\frac{6}{5}\times\left(\frac{1}{2}-\frac{1}{5}\right)=\frac{6}{5}\times\frac{3}{10}=\frac{9}{25}$$

■ 정답과 풀이 48쪽

체크 191 확률변수 X의 확률질량함수가

$$\mathrm{P}(X=x)=kx^2 \ (x=1, 2, 3, 4)$$

일 때, 다음을 구하시오.

(1) 상수 k의 값

(2) $\mathrm{P}(X^2-4X+3\leq 0)$

체크 192 확률변수 X의 확률질량함수가

$$\mathrm{P}(X=x)=\begin{cases}\dfrac{x}{18}+a & (x=1, 2, 3)\\[2mm]\dfrac{x}{18}-a & (x=4, 5)\end{cases}$$

일 때, $\mathrm{P}(3 \leq X \leq 5)$를 구하시오. (단, a는 상수이다.)

여학생 3명과 남학생 4명으로 구성된 모임에서 3명의 대표를 뽑을 때, 뽑힌 여학생의 수를 확률변수 X라 하자.
다음 물음에 답하시오.

(1) X의 확률질량함수를 구하시오.

(2) X의 확률분포를 표로 나타내시오.

(3) 여학생이 2명 이상 뽑힐 확률을 구하시오.

| 풀이 | (1) 뽑힌 여학생의 수가 확률변수 X이므로 X가 가질 수 있는 값은 0, 1, 2, 3이다.

이때 7명의 학생 중 3명의 대표를 뽑는 경우의 수는 $_7C_3$이고, 뽑힌 3명의 대표 중 여학생이 x명인 경우의 수는

$_3C_x \times {_4}C_{3-x}$이므로 X의 확률질량함수는

$$P(X=x) = \frac{_3C_x \times {_4}C_{3-x}}{_7C_3} \ (x=0, 1, 2, 3)$$

(2) X가 각 값을 가질 확률은

$$P(X=0) = \frac{_3C_0 \times {_4}C_3}{_7C_3} = \frac{4}{35}, \ P(X=1) = \frac{_3C_1 \times {_4}C_2}{_7C_3} = \frac{18}{35}$$

$$P(X=2) = \frac{_3C_2 \times {_4}C_1}{_7C_3} = \frac{12}{35}, \ P(X=3) = \frac{_3C_3 \times {_4}C_0}{_7C_3} = \frac{1}{35}$$

따라서 확률변수 X의 확률분포를 표로 나타내면 다음과 같다.

X	0	1	2	3	합계
$P(X=x)$	$\frac{4}{35}$	$\frac{18}{35}$	$\frac{12}{35}$	$\frac{1}{35}$	1

(3) 여학생이 2명 이상 뽑힐 확률은 $P(X \geq 2)$이므로

$$P(X \geq 2) = P(X=2) + P(X=3) = \frac{12}{35} + \frac{1}{35} = \frac{13}{35}$$

■■ 정답과 풀이 48쪽

체크 193 3개의 당첨 제비가 포함된 10개의 제비 중 임의로 3개의 제비를 동시에 뽑을 때, 뽑힌 당첨 제비의 개수를 확률변수 X라 하자. 다음 물음에 답하시오.

(1) X의 확률질량함수를 구하시오.

(2) X의 확률분포를 표로 나타내시오.

(3) $P(X=1$ 또는 $X=3)$을 구하시오.

체크 194 흰 바둑돌 3개와 검은 바둑돌 7개가 들어 있는 주머니에서 임의로 5개의 바둑돌을 동시에 꺼낼 때, 나오는 검은 바둑돌의 개수를 확률변수 X라 하자. $P(X \geq a) = \frac{1}{2}$일 때, 자연수 a의 값을 구하시오.

15 이산확률변수의 기댓값과 표준편차

| 개념 1 | 이산확률변수 X의 기댓값(평균) | 유형 051, 052, 053 |

이산확률변수 X의 확률분포가 오른쪽 표와 같을 때,

$$x_1 p_1 + x_2 p_2 + x_3 p_3 + \cdots + x_n p_n$$

을 이산확률변수 X의 **기댓값** 또는 평균이라 하고,

이것을 기호로

$$\mathrm{E}(X)$$

와 같이 나타낸다. 즉,

$$\mathrm{E}(X) = x_1 p_1 + x_2 p_2 + x_3 p_3 + \cdots + x_n p_n$$

X	x_1	x_2	x_3	$\cdots$	x_n	합계
$\mathrm{P}(X=x_i)$	p_1	p_2	p_3	$\cdots$	p_n	1

tip $\mathrm{E}(X)$의 E는 기댓값을 뜻하는 Expectation의 첫 글자이다. 한편, $\mathrm{E}(X)$를 평균을 뜻하는 mean의 첫 글자 m으로 나타내기도 한다.

설명 오른쪽 표는 어느 복권의 각 순위에 해당하는 매수와 당첨금을 나타낸 것이다.

한 장의 복권에 대한 당첨금의 평균은

$$\frac{10000 \times 1 + 5000 \times 2 + 1000 \times 3 + 0 \times 4}{10} \quad \leftarrow (평균) = \frac{\{(계급값) \times (도수)\}의\ 총합}{(도수)의\ 총합}$$

$$= 10000 \times \frac{1}{10} + 5000 \times \frac{2}{10} + 1000 \times \frac{3}{10} + 0 \times \frac{4}{10} \quad \cdots\cdots \ \text{㉠}$$

$$= 2300(원)$$

순위	매수(장)	당첨금(원)
1등	1	10000
2등	2	5000
3등	3	1000
등외	4	0
합계	10	

10장의 복권 중 임의로 택한 한 장의 복권에 대한 당첨금을 확률변수 X라 할 때, X가 가질 수 있는 값은 10000, 5000, 1000, 0이고, 각 값을 가질 확률은 $\frac{1}{10}$, $\frac{2}{10}$, $\frac{3}{10}$, $\frac{4}{10}$이므로 X의 확률분포를 표로 나타내면 오른쪽과 같다.

X	10000	5000	1000	0	합계
$\mathrm{P}(X=x)$	$\frac{1}{10}$	$\frac{2}{10}$	$\frac{3}{10}$	$\frac{4}{10}$	1

이때 ㉠에서 한 장의 복권에 대한 당첨금의 평균은 확률변수 X의 각 값과 그에 대응하는 확률을 곱하여 모두 더한 것과 같음을 알 수 있다.

CHECK 확률변수 X의 확률분포가 오른쪽 표와 같을 때, 다음을 구하시오.

(1) 상수 a의 값

(2) $\mathrm{E}(X)$

X	1	2	3	합계
$\mathrm{P}(X=x)$	$\frac{1}{6}$	a	$\frac{1}{2}$	1

풀이 (1) 확률의 총합은 1이므로

$$\frac{1}{6} + a + \frac{1}{2} = 1에서\ a + \frac{2}{3} = 1 \quad \therefore a = \frac{1}{3}$$

(2) $\mathrm{E}(X) = 1 \times \frac{1}{6} + 2 \times \frac{1}{3} + 3 \times \frac{1}{2} = \dfrac{7}{3}$

이산확률변수 X의 분산과 표준편차

이산확률변수 X의 확률질량함수가 $P(X=x_i)=p_i$ ($i=1, 2, 3, \cdots, n$)이고 X의 기댓값 $E(X)$를 m이라 할 때

(1) 편차 $X-m$의 제곱의 기댓값을 확률변수 X의 분산이라 하고, 이것을 기호로 $V(X)$와 같이 나타낸다. 즉,

$$V(X)=E((X-m)^2)$$
$$=(x_1-m)^2 p_1+(x_2-m)^2 p_2+(x_3-m)^2 p_3+\cdots+(x_n-m)^2 p_n$$

이때 $V(X)$는 다음과 같이 구할 수도 있다.

$$V(X)=E(X^2)-\{E(X)\}^2$$

(2) 분산 $V(X)$의 음이 아닌 제곱근을 확률변수 X의 표준편차라 하고, 이것을 기호로 $\sigma(X)$와 같이 나타낸다. 즉,

$$\sigma(X)=\sqrt{V(X)}$$

tip (1) $V(X)$의 V는 분산을 뜻하는 Variance의 첫 글자이고, $\sigma(X)$의 σ(시그마)는 표준편차를 뜻하는 standard deviation의 첫 글자 s에 해당하는 그리스 문자이다.

(2) (편차)=(변량)-(평균)이므로 (편차)$=X-m$과 같이 나타낼 수 있다.

(3) $E(X^2)$은 X^2의 기댓값을 의미한다. 즉, $E(X^2)=x_1^2 p_1+x_2^2 p_2+x_3^2 p_3+\cdots+x_n^2 p_n$이다.

설명 $V(X)=E((X-m)^2)$

$$=(x_1-m)^2 p_1+(x_2-m)^2 p_2+(x_3-m)^2 p_3+\cdots+(x_n-m)^2 p_n$$
$$=\underbrace{(x_1^2 p_1+x_2^2 p_2+x_3^2 p_3+\cdots+x_n^2 p_n)}_{=E(X^2)}-2m\underbrace{(x_1 p_1+x_2 p_2+x_3 p_3+\cdots+x_n p_n)}_{=E(X)=m}+m^2\underbrace{(p_1+p_2+p_3+\cdots+p_n)}_{=1}$$
$$=E(X^2)-m^2$$
$$=E(X^2)-\{E(X)\}^2$$

예 확률변수 X의 확률분포가 오른쪽 표와 같을 때, 확률변수 X의 기댓값 $E(X)$는

$$E(X)=0\times\frac{3}{10}+1\times\frac{2}{5}+2\times\frac{3}{10}=1$$

이다.

X	0	1	2	합계
$P(X=x)$	$\frac{3}{10}$	$\frac{2}{5}$	$\frac{3}{10}$	1

이때 $E(X)=m$이라 하고, $X-m$의 값을 구하여 표로 나타내면 오른쪽과 같으므로 확률변수 X의 분산 $V(X)$와 표준편차 $\sigma(X)$는

$$V(X)=E((X-m)^2)$$
$$=(-1)^2\times\frac{3}{10}+0^2\times\frac{2}{5}+1^2\times\frac{3}{10}=\frac{3}{5}$$
$$\sigma(X)=\sqrt{V(X)}=\sqrt{\frac{3}{5}}=\frac{\sqrt{15}}{5}$$

X	0	1	2	합계
$X-m$	-1	0	1	0
$P(X=x)$	$\frac{3}{10}$	$\frac{2}{5}$	$\frac{3}{10}$	1

이다. 한편, $V(X)=E(X^2)-\{E(X)\}^2$이므로 $V(X)$는 다음과 같이 구할 수도 있다.

$$V(X)=E(X^2)-\{E(X)\}^2=0^2\times\frac{3}{10}+1^2\times\frac{2}{5}+2^2\times\frac{3}{10}-1^2=\frac{3}{5}$$

CHECK 확률변수 X의 확률분포가 오른쪽 표와 같을 때, X의 평균, 분산, 표준편차를 각각 구하시오.

X	0	1	2	3	합계
$P(X=x)$	$\frac{1}{8}$	$\frac{3}{8}$	$\frac{3}{8}$	$\frac{1}{8}$	1

풀이 $E(X)=0\times\frac{1}{8}+1\times\frac{3}{8}+2\times\frac{3}{8}+3\times\frac{1}{8}=\frac{3}{2}$

$V(X)=E(X^2)-\{E(X)\}^2$이므로 $V(X)=\left(0^2\times\frac{1}{8}+1^2\times\frac{3}{8}+2^2\times\frac{3}{8}+3^2\times\frac{1}{8}\right)-\left(\frac{3}{2}\right)^2=\frac{3}{4}$

$\sigma(X)=\sqrt{V(X)}=\sqrt{\frac{3}{4}}=\frac{\sqrt{3}}{2}$

이산확률변수 $aX+b$의 평균, 분산, 표준편차

이산확률변수 X와 두 상수 a $(a\neq0)$, b에 대하여

(1) 평균 : $\mathrm{E}(aX+b)=a\mathrm{E}(X)+b$

(2) 분산 : $\mathrm{V}(aX+b)=a^2\mathrm{V}(X)$

(3) 표준편차 : $\sigma(aX+b)=|a|\sigma(X)$

tip 위의 성질은 이산확률변수뿐만 아니라 일반적으로 모든 확률변수에 대하여 성립한다.

설명 이산확률변수 X의 확률분포가 다음 표와 같을 때, 확률변수 $aX+b$ (a, b는 상수, $a\neq0$)의 평균, 분산, 표준편차를 구해 보자.

X	x_1	x_2	x_3	$\cdots$	x_n	합계
$\mathrm{P}(X=x_i)$	p_1	p_2	p_3	$\cdots$	p_n	1

$Y=aX+b$라 하면 확률변수 Y가 가질 수 있는 값은

ax_1+b, ax_2+b, ax_3+b, $\cdots$, ax_n+b

이고, 각 값을 가질 확률은

p_1, p_2, p_3, $\cdots$, p_n

이므로 확률변수 Y의 확률분포를 표로 나타내면 다음과 같다.

Y	ax_1+b	ax_2+b	ax_3+b	$\cdots$	ax_n+b	합계
$\mathrm{P}(Y=ax_i+b)$	p_1	p_2	p_3	$\cdots$	p_n	1

따라서 확률변수 Y, 즉 $aX+b$의 평균, 분산, 표준편차는 각각 다음과 같다.

(1) $\mathrm{E}(Y)=\mathrm{E}(aX+b)$

$=(ax_1+b)p_1+(ax_2+b)p_2+(ax_3+b)p_3+\cdots+(ax_n+b)p_n$

$=a(x_1p_1+x_2p_2+x_3p_3+\cdots+x_np_n)+b(p_1+p_2+p_3+\cdots+p_n)$

$=a\mathrm{E}(X)+b$

(2) $\mathrm{E}(X)=m$이라 하면 $\mathrm{E}(Y)=a\mathrm{E}(X)+b=am+b$이므로

$\mathrm{V}(Y)=\mathrm{V}(aX+b)$

$=\{(ax_1+b)-(am+b)\}^2p_1+\{(ax_2+b)-(am+b)\}^2p_2+\{(ax_3+b)-(am+b)\}^2p_3+$

$\cdots+\{(ax_n+b)-(am+b)\}^2p_n$

$=a^2\{(x_1-m)^2p_1+(x_2-m)^2p_2+(x_3-m)^2p_3+\cdots+(x_n-m)^2p_n\}$

$=a^2\mathrm{V}(X)$

(3) $\sigma(Y)=\sqrt{\mathrm{V}(Y)}=\sqrt{a^2\mathrm{V}(X)}=|a|\sigma(X)$

CHECK 확률변수 X에 대하여 $\mathrm{E}(X)=2$, $\mathrm{V}(X)=7$일 때, 확률변수 $Y=3X+1$의 평균, 분산, 표준편차를 각각 구하시오.

풀이 $\mathbf{E(Y)}=\mathrm{E}(3X+1)=3\mathrm{E}(X)+1=3\times2+1=\mathbf{7}$

$\mathbf{V(Y)}=\mathrm{V}(3X+1)=3^2\mathrm{V}(X)=9\times7=\mathbf{63}$

$\boldsymbol{\sigma(Y)}=\sigma(3X+1)=|3|\sigma(X)=3\sqrt{\mathrm{V}(X)}=\mathbf{3\sqrt{7}}$

확률변수 X의 확률분포가 오른쪽 표와 같을 때, X의 평균, 분산, 표준편차를 각각 구하시오.

(단, a는 상수이다.)

X	0	1	2	3	합계
$\mathrm{P}(X=x)$	$\dfrac{1}{8}$	$\dfrac{1}{2}$	a	$\dfrac{1}{4}$	1

| 풀이 | 확률의 총합은 1이므로

$\dfrac{1}{8}+\dfrac{1}{2}+a+\dfrac{1}{4}=1$에서 $a+\dfrac{7}{8}=1$ $\therefore a=\dfrac{1}{8}$

따라서 확률변수 X의 평균, 분산, 표준편차는 각각

$$\mathrm{E}(X)=0\times\dfrac{1}{8}+1\times\dfrac{1}{2}+2\times\dfrac{1}{8}+3\times\dfrac{1}{4}=\dfrac{3}{2}$$

$$\mathrm{V}(X)=\mathrm{E}(X^2)-\{\mathrm{E}(X)\}^2=0^2\times\dfrac{1}{8}+1^2\times\dfrac{1}{2}+2^2\times\dfrac{1}{8}+3^2\times\dfrac{1}{4}-\left(\dfrac{3}{2}\right)^2=1$$

$$\sigma(X)=\sqrt{\mathrm{V}(X)}=\sqrt{1}=1$$

■ 정답과 풀이 48쪽

체크 195 확률변수 X의 확률분포가 오른쪽 표와 같을 때, X의 평균, 분산, 표준편차를 각각 구하시오. (단, a는 상수이다.)

X	-1	0	1	2	합계
$\mathrm{P}(X=x)$	$\dfrac{1}{5}$	$\dfrac{3}{10}$	a	$\dfrac{1}{10}$	1

체크 196 확률변수 X의 확률분포가 오른쪽 표와 같고 $\mathrm{E}(X)=5$일 때, $\sigma(X)$의 값을 구하시오. (단, k, p는 상수이다.)

X	k	$2k$	$3k$	$4k$	합계
$\mathrm{P}(X=x)$	$\dfrac{1}{6}$	$\dfrac{1}{4}$	$\dfrac{1}{2}$	p	1

체크 197 확률변수 X의 확률분포가 오른쪽 표와 같고 $\mathrm{E}(X)=\dfrac{3}{2}$일 때, $\mathrm{V}(X)$의 값을 구하시오. (단, a, b는 상수이다.)

X	1	2	3	합계
$\mathrm{P}(X=x)$	a	b	$\dfrac{1}{6}$	1

빨간 구슬 4개와 파란 구슬 6개가 들어 있는 주머니에서 임의로 3개의 구슬을 동시에 꺼낼 때, 나오는 빨간 구슬의 개수를 확률변수 X라 하자. $\sigma(X)$를 구하시오.

| 풀이 | 3개의 구슬을 꺼낼 때, 나오는 빨간 구슬의 개수가 확률변수 X이므로 X가 가질 수 있는 값은 0, 1, 2, 3이다.

X가 각 값을 가질 확률은

$$P(X=0)=\frac{{}_4C_0 \times {}_6C_3}{{}_{10}C_3}=\frac{1}{6}, \ P(X=1)=\frac{{}_4C_1 \times {}_6C_2}{{}_{10}C_3}=\frac{1}{2}$$

$$P(X=2)=\frac{{}_4C_2 \times {}_6C_1}{{}_{10}C_3}=\frac{3}{10}, \ P(X=3)=\frac{{}_4C_3 \times {}_6C_0}{{}_{10}C_3}=\frac{1}{30}$$

이므로 X의 확률분포를 표로 나타내면 오른쪽과 같다.

이때

$$E(X)=0 \times \frac{1}{6}+1 \times \frac{1}{2}+2 \times \frac{3}{10}+3 \times \frac{1}{30}=\frac{6}{5}$$

$$E(X^2)=0^2 \times \frac{1}{6}+1^2 \times \frac{1}{2}+2^2 \times \frac{3}{10}+3^2 \times \frac{1}{30}=2$$

이므로 $V(X)=E(X^2)-\{E(X)\}^2=2-\left(\frac{6}{5}\right)^2=\frac{14}{25}$

$$\therefore \ \sigma(X)=\sqrt{V(X)}=\sqrt{\frac{14}{25}}=\frac{\sqrt{14}}{5}$$

X	0	1	2	3	합계
$P(X=x)$	$\frac{1}{6}$	$\frac{1}{2}$	$\frac{3}{10}$	$\frac{1}{30}$	1

■ 정답과 풀이 49쪽

체크 198 각 면에 1, 2, 3, 4의 숫자가 하나씩 적힌 정사면체 모양의 주사위를 한 번 던질 때, 바닥면에 적힌 숫자를 확률변수 X라 하자. X의 분산을 구하시오.

체크 199 1, 2, 3, 4, 5의 숫자가 각각 하나씩 적힌 5장의 카드가 들어 있는 주머니에서 임의로 3장의 카드를 동시에 꺼낼 때, 나오는 카드 중 소수가 적힌 카드의 개수를 확률변수 X라 하자. X의 표준편차를 구하시오.

체크 200 책상 위에 앞면이 4개, 뒷면이 3개가 보이도록 놓여 있는 서로 다른 7개의 동전 중 임의로 3개의 동전을 동시에 뒤집어 놓을 때, 앞면이 보이는 동전의 개수를 확률변수 X라 하자. X의 평균을 구하시오.

5세트의 경기 중 3세트를 먼저 이기면 우승하는 어느 테니스 경기 결승전에 실력이 같은 것으로 여겨지는 두 선수 A, B가 진출하였다. 3세트 경기를 하여 선수 A가 2세트, 선수 B가 1세트를 이긴 상태에서 우천으로 경기가 중단되었다. 우승 상금이 12억 원일 때, 선수 A가 받을 수 있는 상금의 기댓값을 구하시오.

(단, 상금은 각 선수의 우승 확률에 대한 비로 분배하고, 비기는 경우는 없다.)

| 풀이 | 경기가 중단되지 않고 계속되었다고 할 때, 선수 A가 우승하려면 선수 A가 4세트에서 이기거나 4세트에서 지고 5세트에서 이겨야 하므로 선수 A가 우승할 확률은

$$\frac{1}{2}+\frac{1}{2}\times\frac{1}{2}=\frac{3}{4}$$

한편, 선수 B가 우승할 확률은 선수 A가 우승하는 사건의 여사건의 확률이므로

$$1-\frac{3}{4}=\frac{1}{4}$$

선수 A가 받을 상금을 확률변수 X라 할 때, X의 확률분포를 표로 나타내면 오른쪽과 같다.

따라서 선수 A가 받을 수 있는 상금의 기댓값은

$$\mathrm{E}(X)=0\times\frac{1}{4}+12\times\frac{3}{4}=\textbf{9 (억 원)}$$

1세트	2세트	3세트	4세트	5세트	확률
	A가 2승 1패		승		$\frac{1}{2}$
			패	승	$\frac{1}{4}$

X	0	12	합계
$\mathrm{P}(X=x)$	$\frac{1}{4}$	$\frac{3}{4}$	1

■ 정답과 풀이 50쪽

체크 | 201 흰 공 3개와 검은 공 4개가 들어 있는 주머니에서 임의로 2개의 공을 동시에 꺼낼 때, 꺼낸 공이 모두 흰 공이면 700원, 모두 검은 공이면 1400원, 서로 다른 색의 공이면 2100원을 받는다고 한다. 한 번의 시행에서 받을 수 있는 금액의 기댓값을 구하시오.

체크 | 202 유정이의 여행 가방을 여는 자물쇠는 세 자리 비밀번호로 되어 있다. 유정이는 이 비밀번호에 세 숫자 1, 2, 3을 사용하였는데, 그 배열 순서를 잊어버렸다. 임의로 세 숫자를 배열하여 여행 가방을 여는 시도를 했을 때, 여행 가방이 열릴 때까지 시도한 횟수의 기댓값을 구하시오.

(단, 비밀번호는 서로 다른 숫자로 구성되고, 한 번 시도했던 비밀번호는 다시 시도하지 않는다.)

확률변수 X에 대하여 $\mathrm{E}(X)=120$, $\mathrm{V}(X)=36$이다. 확률변수 $Y=\dfrac{X-96}{3}$에 대하여 $\mathrm{E}(Y)=a$, $\mathrm{E}(Y^2)=b$

라 할 때, $a+b$의 값을 구하시오. (단, a, b는 상수이다.)

| 풀이 | $a=\mathrm{E}(Y)=\mathrm{E}\left(\dfrac{X-96}{3}\right)=\mathrm{E}\left(\dfrac{1}{3}X-32\right)$

$\qquad =\dfrac{1}{3}\mathrm{E}(X)-32=\dfrac{1}{3}\times 120-32=8$

이때 $\mathrm{V}(Y)=\mathrm{E}(Y^2)-\{\mathrm{E}(Y)\}^2$에서 $\mathrm{E}(Y^2)=\mathrm{V}(Y)+\{\mathrm{E}(Y)\}^2$이므로

$b=\mathrm{E}(Y^2)=\mathrm{V}\left(\dfrac{X-96}{3}\right)+8^2$

$\qquad =\left(\dfrac{1}{3}\right)^2\mathrm{V}(X)+64=\dfrac{1}{9}\times 36+64=68$

$\therefore a+b=8+68=\mathbf{76}$

■ 정답과 풀이 51쪽

체크 | 203 확률변수 X의 평균을 m, 분산을 σ^2이라 하자. 확률변수 $Y=\dfrac{1}{2}X+5$에 대하여 $\mathrm{E}(Y)=4$, $\mathrm{E}(Y^2)=28$일 때, $m+\sigma^2$의 값을 구하시오.

체크 | 204 평균이 -2, 분산이 3인 확률변수 X에 대하여 확률변수 $Y=aX+b$의 평균이 1, 분산이 3일 때, 양수 a, b에 대하여 $a+b$의 값을 구하시오.

체크 | 205 확률변수 X의 확률분포가 오른쪽 표와 같을 때, 확률변수 $Y=aX+b$에 대하여 $\mathrm{E}(Y)=4$, $\mathrm{V}(Y)=9$이다. 상수 a, b에 대하여 a^2+b^2의 값을 구하시오. (단, $a>0$)

X	0	1	2	3	합계
$\mathrm{P}(X=x)$	$\dfrac{1}{10}$	$\dfrac{1}{5}$	$\dfrac{3}{10}$	$\dfrac{2}{5}$	1

소정이의 장난감 보관 상자 안에 들어 있는 9개의 장난감 중에는 고장 난 장난감이 3개 포함되어 있다. 이 상자에서 임의로 2개의 장난감을 동시에 꺼낼 때, 꺼낸 장난감 중 고장 난 장난감의 개수를 확률변수 X라 하자. 확률변수 $6X-4$의 평균, 분산, 표준편차를 각각 구하시오.

|풀이| 꺼낸 장난감 중 고장 난 장난감의 개수가 X이므로 확률변수 X가 가질 수 있는 값은 0, 1, 2이다.

X가 각 값을 가질 확률은

$$P(X=0)=\frac{{}_3C_0\times{}_6C_2}{{}_9C_2}=\frac{5}{12}, \; P(X=1)=\frac{{}_3C_1\times{}_6C_1}{{}_9C_2}=\frac{1}{2}$$

$$P(X=2)=\frac{{}_3C_2\times{}_6C_0}{{}_9C_2}=\frac{1}{12}$$

이므로 X의 확률분포를 표로 나타내면 오른쪽과 같다.

이때 확률변수 X의 평균, 분산, 표준편차는 각각

X	0	1	2	합계
$P(X=x)$	$\frac{5}{12}$	$\frac{1}{2}$	$\frac{1}{12}$	1

$$E(X)=0\times\frac{5}{12}+1\times\frac{1}{2}+2\times\frac{1}{12}=\frac{2}{3}$$

$$V(X)=0^2\times\frac{5}{12}+1^2\times\frac{1}{2}+2^2\times\frac{1}{12}-\left(\frac{2}{3}\right)^2=\frac{7}{18}$$

$$\sigma(X)=\sqrt{V(X)}=\sqrt{\frac{7}{18}}=\frac{\sqrt{14}}{6}$$

따라서 구하는 확률변수 $6X-4$의 평균, 분산, 표준편차는 각각

$$E(6X-4)=6E(X)-4=6\times\frac{2}{3}-4=\mathbf{0}$$

$$V(6X-4)=6^2V(X)=36\times\frac{7}{18}=\mathbf{14}$$

$$\sigma(6X-4)=|6|\sigma(X)=6\times\frac{\sqrt{14}}{6}=\sqrt{\mathbf{14}}$$

■ 정답과 풀이 51쪽

 체크 **206** 1에서 10까지의 자연수가 각각 하나씩 적힌 10장의 카드 중 임의로 3장의 카드를 동시에 뽑을 때, 뽑힌 카드 중 9의 약수가 적힌 카드의 개수를 확률변수 X라 하자. $V(10X+3)$을 구하시오.

체크 **207** 흰 공 2개와 검은 공 3개가 들어 있는 상자에서 공 한 개를 임의로 꺼낸 후 상자에 다시 넣지 않는 시행을 계속한다. 이 상자에서 흰 공이 모두 꺼내어질 때까지의 시행 횟수를 확률변수 X라 할 때, $E(7X+2)$를 구하시오.

선생님의 출제 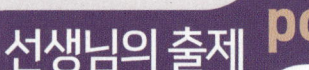 point

Q 이항정리를 이용하여 이산확률변수의 평균을 구할 수 있는가?

1 10개의 주사위를 동시에 던질 때, 3의 배수의 눈이 나오는 주사위의 개수를 확률변수 X라 하자. 4^X의 기댓값을 구하시오.

|풀이| ① 확률변수 4^X의 확률분포 나타내기

유형 050

주사위 한 개를 던질 때, 3의 배수가 나올 확률은 $\frac{1}{3}$이고, 확률변수 X가 가질 수 있는 값은 0, 1, 2, $\cdots$, 10이므로 확률변수 X의 확률질량함수는

$$P(X=x)={}_{10}C_x\left(\frac{1}{3}\right)^x\left(\frac{2}{3}\right)^{10-x} \ (x=0, 1, 2, \cdots, 10)$$

이때 확률변수 4^X의 확률분포를 표로 나타내면 다음과 같다.

4^X	4^0	4^1	4^2	$\cdots$	4^{10}	합계
$P(X=x)$	${}_{10}C_0\left(\frac{2}{3}\right)^{10}$	${}_{10}C_1\left(\frac{1}{3}\right)^1\left(\frac{2}{3}\right)^9$	${}_{10}C_2\left(\frac{1}{3}\right)^2\left(\frac{2}{3}\right)^8$	$\cdots$	${}_{10}C_{10}\left(\frac{1}{3}\right)^{10}$	1

② 4^X의 기댓값 구하기

유형 053

따라서 구하는 기댓값은

$$E(4^X)=4^0\times{}_{10}C_0\left(\frac{2}{3}\right)^{10}+4^1\times{}_{10}C_1\left(\frac{1}{3}\right)^1\left(\frac{2}{3}\right)^9+4^2\times{}_{10}C_2\left(\frac{1}{3}\right)^2\left(\frac{2}{3}\right)^8+\cdots+4^{10}\times{}_{10}C_{10}\left(\frac{1}{3}\right)^{10}$$

$$={}_{10}C_0\left(\frac{2}{3}\right)^{10}+{}_{10}C_1\left(\frac{4}{3}\right)^1\left(\frac{2}{3}\right)^9+{}_{10}C_2\left(\frac{4}{3}\right)^2\left(\frac{2}{3}\right)^8+\cdots+{}_{10}C_{10}\left(\frac{4}{3}\right)^{10}$$

$$=\left(\frac{4}{3}+\frac{2}{3}\right)^{10}=2^{10}=\mathbf{1024}$$

Q 이산확률변수의 확률분포를 도형 문제에 활용하여 해결할 수 있는가?

2 오른쪽 그림과 같이 반지름의 길이가 1인 원에 내접하는 정육각형의 각 꼭짓점에 시계 방향으로 1부터 6까지의 자연수를 하나씩 적는다. 1부터 6까지의 숫자가 각각 하나씩 적힌 공이 들어 있는 주머니에서 임의로 2개의 공을 동시에 꺼낼 때, 나온 공의 숫자가 나타내는 꼭짓점을 각각 A, B라 하자. 선분 AB의 길이를 확률변수 X라 할 때, X^2의 평균을 구하시오.

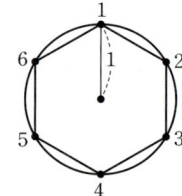

|풀이| ① 확률변수 X의 확률분포 구하기

유형 050

오른쪽 그림과 같이 반지름의 길이가 1인 원에 내접하는 정육각형의 한 변의 길이는 1이므로 선분 AB의 길이, 즉 확률변수 X가 가질 수 있는 값은 1, $\sqrt{3}$, 2이다. 이때 X가 각 값을 가질 확률은

$$P(X=1)=\frac{6}{{}_6C_2}=\frac{2}{5}, \ P(X=\sqrt{3})=\frac{6}{{}_6C_2}=\frac{2}{5}$$

$$P(X=2)=\frac{3}{{}_6C_2}=\frac{1}{5}$$

이므로 X의 확률분포를 표로 나타내면 다음과 같다.

X	1	$\sqrt{3}$	2	합계
$P(X=x)$	$\frac{2}{5}$	$\frac{2}{5}$	$\frac{1}{5}$	1

② X^2의 평균 구하기

따라서 구하는 X^2의 평균은

$$E(X^2)=1^2\times\frac{2}{5}+(\sqrt{3})^2\times\frac{2}{5}+2^2\times\frac{1}{5}=\frac{\mathbf{12}}{\mathbf{5}}$$

208

확률변수 X의 확률분포가 다음 표와 같을 때, 상수 a의 값을 구하시오.

X	-1	0	1	합계
$P(X=x)$	$\dfrac{a}{3}$	$\dfrac{1}{3}$	a^2	1

209

확률변수 X의 확률질량함수가

$$P(X=x)=\frac{a}{\sqrt{2x+1}+\sqrt{2x-1}} \ (x=1, 2, 3, \cdots, 24)$$

일 때, $P(X=5)+P(X=6)+P(X=7)+\cdots+P(X=24)$의 값을 구하시오. (단, a는 상수이다.)

210

확률변수 X의 확률질량함수가

$$P(X=x)=\frac{ax+2}{20} \ (x=0, 1, 2, 3)$$

이고 $P(|X-2|\leq1)=b$일 때, 상수 a, b에 대하여 $a-b$의 값을 구하시오.

211

0, 1, 2, 3, 4의 숫자가 각각 하나씩 적힌 5장의 카드 중 임의로 2장의 카드를 동시에 뽑을 때, 뽑힌 카드에 적힌 두 수의 차를 확률변수 X라 하자. $P(X^2-6X+5<0)$을 구하시오.

212

다음은 확률변수 X의 확률분포를 표로 나타낸 것인데, 일부가 찢어져 보이지 않는다. X의 평균이 $\dfrac{1}{2}$일 때, $P(X=1)$을 구하시오.

X	-2	-1	0	1	2	합계
$P(X=x)$	$\dfrac{1}{9}$	$\dfrac{1}{6}$	$\dfrac{1}{6}$			1

213

확률변수 X의 확률분포가 다음 표와 같다.

X	2	4	6	합계
$P(X=x)$	a	$\dfrac{1}{4}$	b	1

확률변수 X의 분산이 최대일 때, $P(X\leq4)$를 구하시오.

(단, a, b는 상수이다.)

214

1부터 5까지의 자연수가 각각 하나씩 적힌 5개의 공이 들어 있는 주머니에서 임의로 3개의 공을 동시에 꺼낼 때, 꺼낸 공에 적힌 수의 최댓값을 확률변수 X라 하자. X의 평균을 구하시오.

215

3개의 불량품을 포함하여 7개의 제품이 들어 있는 상자에서 임의로 2개의 제품을 동시에 꺼낼 때, 나오는 불량품의 개수를 확률변수 X라 하자. X의 평균, 분산, 표준편차를 각각 구하시오.

216

어느 과일 가게에서 한 상자에 12개의 키위를 넣어 판매하고 있는데, 한 상자 당 상한 키위는 3개씩 들어 있다고 한다. 한 상자에서 임의로 2개의 키위를 동시에 꺼내어 확인할 때, 상한 키위가 없으면 이 상자를 6000원에 판매하고, 상한 키위가 1개 이상이면 상자 속의 상한 키위를 모두 정상인 키위로 바꾸어 8000원에 판매한다. 이 가게에서 110상자를 판매할 때, 전체 판매액의 기댓값을 구하시오.

217 필수기출

확률변수 X의 확률분포를 표로 나타내면 다음과 같다.

X	0.121	0.221	0.321	합계
$P(X=x)$	a	b	$\dfrac{2}{3}$	1

다음은 $E(X)=0.271$일 때, $V(X)$를 구하는 과정이다.

> $Y=10X-2.21$이라 하자. 확률변수 Y의 확률분포를 표로 나타내면 다음과 같다.
>
> | Y | -1 | 0 | 1 | 합계 |
> |---|---|---|---|---|
> | $P(Y=y)$ | a | b | $\dfrac{2}{3}$ | 1 |
>
> $E(Y)=10E(X)-2.21=0.5$이므로
>
> $a=\boxed{\text{(가)}}$, $b=\boxed{\text{(나)}}$
>
> 이고 $V(Y)=\dfrac{7}{12}$이다.
>
> 한편, $Y=10X-2.21$이므로 $V(Y)=\boxed{\text{(다)}}\times V(X)$이다.
>
> 따라서 $V(X)=\dfrac{1}{\boxed{\text{(다)}}}\times\dfrac{7}{12}$이다.

위의 (가), (나), (다)에 알맞은 수를 각각 p, q, r라 할 때, pqr의 값은? (단, a, b는 상수이다.)

① $\dfrac{13}{9}$ ② $\dfrac{16}{9}$ ③ $\dfrac{19}{9}$

④ $\dfrac{22}{9}$ ⑤ $\dfrac{25}{9}$

218

윤정이네 농장에서 생산하는 포도의 $1\,\text{kg}$ 당 국내 가격을 확률변수 X라 할 때, X의 평균이 5250원, 표준편차가 196원이라 한다. 이 농장에서 다른 나라로 수출하는 포도의 $1\,\text{kg}$ 당 수출 가격을 확률변수 Y라 할 때, $Y=\dfrac{8}{7}X+160$이 성립한다. Y의 평균, 표준편차를 각각 구하시오.

219

어느 반의 수학 시험 점수 X의 평균이 m점이고 표준편차가 σ점일 때, 표준점수 T를

$$T=a\left(\frac{X-m}{\sigma}\right)+b$$

로 정의한다. 표준점수 T의 평균이 80점, 표준편차가 20점이 되도록 하는 상수 a, b에 대하여 $a+b$의 값을 구하시오.

(단, $a>0$)

220 [필수기출]

1부터 5까지의 자연수가 각각 하나씩 적혀 있는 5개의 서랍이 있다. 5개의 서랍 중 영희에게 임의로 2개를 배정해 주려고 한다. 영희에게 배정되는 서랍에 적혀 있는 자연수 중 작은 수를 확률변수 X라 할 때, $E(10X)$를 구하시오.

221

책상 위에 1, 2, 3, 4, 5, 6의 숫자가 각각 하나씩 적힌 6장의 카드 4세트가 있다. 각 세트에서 임의로 카드를 한 장씩 뽑았을 때, 짝수가 적힌 카드가 X장 나오면 효주는 5^X만 원의 상금을 받기로 하였다. 효주가 받을 상금의 기댓값을 구하시오.

222

1부터 7까지의 숫자가 각각 하나씩 적힌 7개의 의자가 숫자 순서대로 일렬로 나열되어 있다. 이 의자에 남학생 3명과 여학생 4명이 앉을 때, 여학생 중 맨 앞에 있는 여학생이 앉은 의자에 적힌 숫자를 확률변수 X라 하자. $V(5X)$를 구하시오.

223

7번의 경기 중 4번을 먼저 이기면 우승하는 어느 야구 경기 결승전에 실력이 같은 것으로 여겨지는 두 팀 A, B가 진출하였다. 우승팀이 정해지기까지 치른 경기의 수를 확률변수 X라 할 때, $E(16X)$를 구하시오. (단, 무승부는 없다.)

16 이항분포

개념 1 이항분포　　　　　　　　　　　　　　　　　　　　유형 056. 057

한 번의 시행에서 사건 A가 일어날 확률이 p로 일정할 때, n번의 독립시행에서 사건 A가 일어나는 횟수를 확률변수 X라 하면 X가 가질 수 있는 값은 $0, 1, 2, \cdots, n$이고, X의 확률질량함수는

$$\mathrm{P}(X=x)={}_nC_x p^x q^{n-x} \quad (x=0, 1, 2, \cdots, n, \ q=1-p) \quad \leftarrow a \neq 0일 때, a^0=1로 정의한다.$$

이다. 이와 같은 확률변수 X의 확률분포를 이항분포라 하고, 이것을 기호로

　　$\mathrm{B}(n, p)$

와 같이 나타낸다. 이때 '확률변수 X는 이항분포 $\mathrm{B}(n, p)$를 따른다'고 한다.

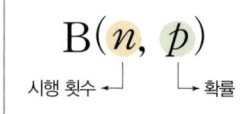

$$\mathrm{B}(n, p)$$
시행 횟수 ↰　　　↱ 확률

tip　$\mathrm{B}(n, p)$의 B는 이항분포를 뜻하는 Binomial distribution의 첫 글자이다.

설명　한 번의 시행에서 사건 A가 일어날 확률이 p이고, 일어나지 않을 확률이 $1-p=q$일 때, n번의 독립시행에서 사건 A가 일어나는 횟수를 확률변수 X라 하면 X가 가질 수 있는 값은 $0, 1, 2, \cdots, n$이고, X의 확률질량함수는

$$\mathrm{P}(X=x)={}_nC_x p^x q^{n-x} \quad (x=0, 1, 2, \cdots, n)$$

이다. 이때 확률변수 X의 확률분포를 표로 나타내면 다음과 같다.

X	0	1	2	$\cdots$	x	$\cdots$	n	합계
$\mathrm{P}(X=x)$	${}_nC_0 q^n$	${}_nC_1 p^1 q^{n-1}$	${}_nC_2 p^2 q^{n-2}$	$\cdots$	${}_nC_x p^x q^{n-x}$	$\cdots$	${}_nC_n p^n$	1

위의 표에서 각 확률은 $(q+p)^n$을 이항정리를 이용하여 전개한 식

$$(q+p)^n={}_nC_0 q^n+{}_nC_1 p^1 q^{n-1}+{}_nC_2 p^2 q^{n-2}+\cdots+{}_nC_x p^x q^{n-x}+\cdots+{}_nC_n p^n$$

의 우변의 각 항과 같다. 이때 $q+p=1$이므로 각 확률을 모두 더한 값이 1임을 알 수 있다.

예　한 개의 주사위를 3번 던질 때, 3의 눈이 나오는 횟수를 확률변수 X라 하면 X가 가질 수 있는 값은 $0, 1, 2, 3$이고, 1회의 시행에서 3의 눈이 나올 확률은 $\dfrac{1}{6}$이므로 X의 확률질량함수는

$$\mathrm{P}(X=x)={}_3C_x \left(\dfrac{1}{6}\right)^x \left(\dfrac{5}{6}\right)^{3-x} \quad (x=0, 1, 2, 3)$$

이다.

따라서 확률변수 X의 확률분포를 표로 나타내면 다음과 같다.

X	0	1	2	3	합계
$\mathrm{P}(X=x)$	${}_3C_0\left(\dfrac{5}{6}\right)^3$	${}_3C_1\left(\dfrac{1}{6}\right)^1\left(\dfrac{5}{6}\right)^2$	${}_3C_2\left(\dfrac{1}{6}\right)^2\left(\dfrac{5}{6}\right)^1$	${}_3C_3\left(\dfrac{1}{6}\right)^3$	1

이때 확률변수 X는 이항분포 $\mathrm{B}\left(3, \dfrac{1}{6}\right)$을 따른다고 한다.

CHECK　확률변수 X가 이항분포 $\mathrm{B}\left(3, \dfrac{1}{3}\right)$을 따를 때, 다음을 구하시오.

(1) X의 확률질량함수　　　　　　　　　　　　(2) $\mathrm{P}(X=1)$

풀이　(1) $\mathrm{P}(X=x)={}_3C_x\left(\dfrac{1}{3}\right)^x\left(\dfrac{2}{3}\right)^{3-x} \quad (x=0, 1, 2, 3)$

　　　(2) $\mathrm{P}(X=1)={}_3C_1\left(\dfrac{1}{3}\right)^1\left(\dfrac{2}{3}\right)^2=\dfrac{4}{9}$

이항분포의 평균, 분산, 표준편차

확률변수 X가 이항분포 $B(n, p)$를 따를 때

$$\mathrm{E}(X)=np, \ \mathrm{V}(X)=npq, \ \sigma(X)=\sqrt{npq} \ (\text{단}, q=1-p)$$

tip 이항분포를 따르는 확률변수 X의 평균과 분산 및 표준편차는 시행 횟수 n과 사건이 일어날 확률 p만으로 간단히 구할 수 있다.

설명 확률변수 X가 이항분포 $B(3, p)$를 따를 때, X의 확률분포를 표로 나타내면 다음과 같다. (단, $q=1-p$)

X	0	1	2	3	합계
$\mathrm{P}(X=x)$	q^3	$3pq^2$	$3p^2q$	p^3	1

따라서 확률변수 X의 평균, 분산, 표준편차를 구하면 각각 다음과 같다.

(1) $\mathrm{E}(X)=0\times q^3+1\times 3pq^2+2\times 3p^2q+3\times p^3$

$\qquad =3p(q+p)^2$

$\qquad =3p \ (\because q+p=1)$ → 3을 n으로 바꾸면 $\mathrm{E}(X)=np$

(2) $\mathrm{V}(X)=\mathrm{E}(X^2)-\{\mathrm{E}(X)\}^2$

$\qquad =0^2\times q^3+1^2\times 3pq^2+2^2\times 3p^2q+3^2\times p^3-(3p)^2$

$\qquad =3p(q^2+4pq+3p^2)-9p^2$

$\qquad =3p(q+p)(q+3p)-9p^2$

$\qquad =3pq+9p^2-9p^2 \ (\because q+p=1)$

$\qquad =3pq$ → 3을 n으로 바꾸면 $\mathrm{V}(X)=npq$

(3) $\sigma(X)=\sqrt{\mathrm{V}(X)}=\sqrt{3pq}$ → 3을 n으로 바꾸면 $\sigma(X)=\sqrt{npq}$

일반적으로 확률변수 X가 이항분포 $B(n, p)$를 따를 때, X의 평균, 분산, 표준편차는 각각

$$\mathrm{E}(X)=np, \ \mathrm{V}(X)=npq, \ \sigma(X)=\sqrt{npq}$$

이다.

CHECK 확률변수 X가 다음 이항분포를 따를 때, X의 평균, 분산, 표준편차를 각각 구하시오.

(1) $B\left(36, \dfrac{1}{2}\right)$ (2) $B\left(192, \dfrac{1}{4}\right)$

풀이

(1) $n=36$, $p=\dfrac{1}{2}$, $q=1-p=1-\dfrac{1}{2}=\dfrac{1}{2}$이므로

$\qquad \mathrm{E}(X)=np=36\times \dfrac{1}{2}=\mathbf{18}$

$\qquad \mathrm{V}(X)=npq=36\times \dfrac{1}{2}\times \dfrac{1}{2}=\mathbf{9}$

$\qquad \sigma(X)=\sqrt{npq}=\sqrt{9}=\mathbf{3}$

(2) $n=192$, $p=\dfrac{1}{4}$, $q=1-p=1-\dfrac{1}{4}=\dfrac{3}{4}$이므로

$\qquad \mathrm{E}(X)=np=192\times \dfrac{1}{4}=\mathbf{48}$

$\qquad \mathrm{V}(X)=npq=192\times \dfrac{1}{4}\times \dfrac{3}{4}=\mathbf{36}$

$\qquad \sigma(X)=\sqrt{npq}=\sqrt{36}=\mathbf{6}$

큰수의 법칙

어떤 시행에서 사건 A가 일어날 수학적 확률이 p일 때, n번의 독립시행에서 사건 A가 일어나는 횟수를 X라 하면 임의의 작은 양수 h에 대하여 n이 한없이 커질수록 확률 $\mathrm{P}\left(\left|\dfrac{X}{n}-p\right|<h\right)$는 1에 한없이 가까워진다. 이것을 **큰수의 법칙**이라 한다.

설명 한 개의 주사위를 n번 던질 때, 3의 눈이 나오는 횟수를 확률변수 X라 하면 X는 이항분포 $\mathrm{B}\left(n, \dfrac{1}{6}\right)$을 따르고, X의 확률질량함수는

$$\mathrm{P}(X=x)={}_n\mathrm{C}_x\left(\frac{1}{6}\right)^x\left(\frac{5}{6}\right)^{n-x}\ (x=0,\ 1,\ 2,\ \cdots,\ n)$$

이다. 따라서 $n=10,\ 30,\ 50$일 때, 확률변수 X의 확률분포를 표로 나타내면 오른쪽과 같다. 이때 오른쪽 표를 이용하여 각 n의 값에 따라 상대도수 $\dfrac{X}{n}$와 수학적 확률 $\dfrac{1}{6}$의 차가 0.1 보다 작을 확률 $\mathrm{P}\left(\left|\dfrac{X}{n}-\dfrac{1}{6}\right|<0.1\right)$을 구해 보자.

X \ n	10	30	50
0	0.162	0.004	0.000
1	0.323	0.025	0.001
2	0.291	0.073	0.005
3	0.155	0.137	0.017
4	0.054	0.185	0.040
5	0.013	0.192	0.075
6	0.002	0.160	0.112
7	0.000	0.110	0.140
8	$\cdots$	0.063	0.151
9	$\cdots$	0.031	0.141
10	$\cdots$	0.013	0.116
11	$\cdots$	0.005	0.084
12	$\cdots$	0.001	0.055
13	$\cdots$	0.000	0.032
14	$\cdots$	$\cdots$	0.017
15	$\cdots$	$\cdots$	0.008
16	$\cdots$	$\cdots$	0.004
17	$\cdots$	$\cdots$	0.001
18	$\cdots$	$\cdots$	0.001
19	$\cdots$	$\cdots$	0.000

(ⅰ) $n=10$일 때

$$\mathrm{P}\left(\left|\frac{X}{10}-\frac{1}{6}\right|<0.1\right)=\mathrm{P}(0.66\cdots<X<2.66\cdots)$$
$$=\mathrm{P}(X=1)+\mathrm{P}(X=2)$$
$$=0.323+0.291=0.614$$

(ⅱ) $n=30$일 때

$$\mathrm{P}\left(\left|\frac{X}{30}-\frac{1}{6}\right|<0.1\right)=\mathrm{P}(2<X<8)$$
$$=\mathrm{P}(X=3)+\mathrm{P}(X=4)+\cdots+\mathrm{P}(X=7)$$
$$=0.137+0.185+0.192+0.160+0.110$$
$$=0.784$$

(ⅲ) $n=50$일 때

$$\mathrm{P}\left(\left|\frac{X}{50}-\frac{1}{6}\right|<0.1\right)=\mathrm{P}(3.33\cdots<X<13.33\cdots)$$
$$=\mathrm{P}(X=4)+\mathrm{P}(X=5)+\cdots+\mathrm{P}(X=13)$$
$$=0.040+0.075+\cdots+0.032$$
$$=0.946$$

(ⅰ)~(ⅲ)에서 n의 값이 커질수록 확률 $\mathrm{P}\left(\left|\dfrac{X}{n}-\dfrac{1}{6}\right|<0.1\right)$은 1에 가까워짐을 알 수 있다. 이 결과는 0.1 대신 0.01, 0.001, 0.0001, …과 같은 임의의 작은 양수로 바꾸어도 성립한다.

즉, 주사위를 던지는 횟수 n의 값이 커짐에 따라 3의 눈이 나오는 상대도수 $\dfrac{X}{n}$는 수학적 확률 $\dfrac{1}{6}$에 가까워짐을 알 수 있다.

한편, 오른쪽 그림과 같이 이항분포 $\mathrm{B}(n, p)$의 그래프는 p가 일정할 때, n이 커짐에 따라 좌우 대칭인 모양의 곡선에 가까워짐을 알 수 있다.

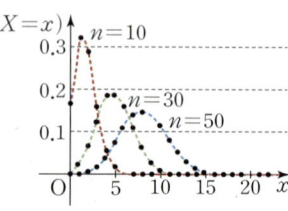

일반적으로 시행 횟수 n이 한없이 커지면 통계적 확률은 수학적 확률에 가까워지므로 사건 A가 일어나는 횟수의 상대도수 $\dfrac{X}{n}$를 사건 A가 일어날 수학적 확률 $\mathrm{P}(A)$의 근삿값으로 이용할 수 있다.

따라서 자연 현상이나 사회 현상에서 수학적 확률을 구하기 어려운 경우 큰수의 법칙에 의하여 통계적 확률을 대신 이용할 수 있다.

유형 056 이항분포에서의 확률 (1)

확률변수 X가 이항분포 $B\left(5, \dfrac{1}{3}\right)$을 따를 때, $P(2 \le X \le 4)$를 구하시오.

| 풀이 | 확률변수 X의 확률질량함수는

$$P(X=x) = {}_5C_x\left(\frac{1}{3}\right)^x\left(\frac{2}{3}\right)^{5-x} \quad (x=0, 1, 2, \cdots, 5)$$

$$\therefore P(2 \le X \le 4) = P(X=2) + P(X=3) + P(X=4)$$

$$= {}_5C_2\left(\frac{1}{3}\right)^2\left(\frac{2}{3}\right)^3 + {}_5C_3\left(\frac{1}{3}\right)^3\left(\frac{2}{3}\right)^2 + {}_5C_4\left(\frac{1}{3}\right)^4\left(\frac{2}{3}\right)^1 = \boldsymbol{\frac{130}{243}}$$

유형 057 이항분포에서의 확률 (2)

화살을 한 번 쏘아 10점을 맞힐 확률이 $\dfrac{4}{5}$인 양궁 선수가 화살을 5번 쏠 때, 10점을 맞히는 횟수를 확률변수 X라 하자. 다음 물음에 답하시오.

(1) X의 확률분포를 이항분포 $B(n, p)$ 꼴로 나타내시오.
(2) X의 확률질량함수를 구하시오.
(3) $P(1 \le X \le 2)$를 구하시오.

| 풀이 | (1) 화살을 5번 쏘므로 5회의 독립시행이고, 화살을 한 번 쏘아 10점을 맞힐 확률이 $\dfrac{4}{5}$이므로 확률변수 X는 이항분포 $B\left(5, \dfrac{4}{5}\right)$를 따른다.

(2) $P(X=x) = {}_5C_x\left(\dfrac{4}{5}\right)^x\left(\dfrac{1}{5}\right)^{5-x} \ (x=0, 1, 2, \cdots, 5)$

(3) $P(1 \le X \le 2) = P(X=1) + P(X=2)$

$$= {}_5C_1\left(\frac{4}{5}\right)^1\left(\frac{1}{5}\right)^4 + {}_5C_2\left(\frac{4}{5}\right)^2\left(\frac{1}{5}\right)^3 = \boldsymbol{\frac{36}{625}}$$

■ 정답과 풀이 56쪽

체크 224 이항분포 $B(10, p)$를 따르는 확률변수 X에 대하여 $P(X=10) = \dfrac{1}{1024}$일 때, p의 값을 구하시오.

체크 225 ○, ×로 답하는 8개의 문항에 임의로 답할 때, 맞힌 문항의 개수를 확률변수 X라 하자. 다음 물음에 답하시오.
(1) X의 확률분포를 $B(n, p)$ 꼴로 나타내시오.
(2) $P(X=5)$를 구하시오.

이항분포의 평균, 분산, 표준편차 (1)

확률변수 X의 확률질량함수가 $P(X=x)={}_{80}C_x\left(\dfrac{3}{4}\right)^x\left(\dfrac{1}{4}\right)^{80-x}$ $(x=0, 1, 2, \cdots, 80)$일 때, X의 평균, 분산, 표준편차를 각각 구하시오.

| 풀이 | 확률변수 X가 이항분포 $B\left(80, \dfrac{3}{4}\right)$을 따르므로 X의 평균, 분산, 표준편차는 각각

$$E(X)=80\times\frac{3}{4}=\mathbf{60}, \ V(X)=80\times\frac{3}{4}\times\frac{1}{4}=\mathbf{15}, \ \sigma(X)=\sqrt{V(X)}=\sqrt{\mathbf{15}}$$

이항분포의 평균, 분산, 표준편차 (2)

한 개의 주사위를 36번 던져서 6의 약수의 눈이 나오는 횟수를 확률변수 X라 할 때, 다음을 구하시오.
(1) $E(X)$　　　　　　　(2) $V(X)$　　　　　　　(3) $E(X^2)$

| 풀이 | 한 개의 주사위를 한 번 던질 때, 6의 약수의 눈이 나올 확률은 $\dfrac{2}{3}$이므로 확률변수 X는 이항분포 $B\left(36, \dfrac{2}{3}\right)$를 따른다.

(1) $E(X)=36\times\dfrac{2}{3}=\mathbf{24}$

(2) $V(X)=36\times\dfrac{2}{3}\times\dfrac{1}{3}=\mathbf{8}$

(3) $V(X)=E(X^2)-\{E(X)\}^2$에서
$E(X^2)=V(X)+\{E(X)\}^2=8+24^2=\mathbf{584}$

■ 정답과 풀이 56쪽

체크 226 확률변수 X의 확률분포가 다음 표와 같을 때, X의 평균과 분산을 각각 구하시오.

X	0	1	2	$\cdots$	320	합계
$P(X=x)$	${}_{320}C_0\left(\dfrac{3}{8}\right)^{320}$	${}_{320}C_1\left(\dfrac{5}{8}\right)^1\left(\dfrac{3}{8}\right)^{319}$	${}_{320}C_2\left(\dfrac{5}{8}\right)^2\left(\dfrac{3}{8}\right)^{318}$	$\cdots$	${}_{320}C_{320}\left(\dfrac{5}{8}\right)^{320}$	1

체크 227 다음 물음에 답하시오.
(1) 이항분포 $B(30, p)$를 따르는 확률변수 X에 대하여 $E(X)=6$일 때, $V(X)$를 구하시오.
(2) 이항분포 $B(n, p)$를 따르는 확률변수 X에 대하여 $E(X)=48$, $\sigma(X)=4$일 때, n의 값을 구하시오.

체크 228 윷가락 한 개를 던질 때, 평평한 면이 나올 확률은 $\dfrac{3}{5}$, 둥근 면이 나올 확률은 $\dfrac{2}{5}$이다. 4개의 윷가락을 동시에 던질 때, 평평한 면 2개, 둥근 면이 2개 나오는 것을 '개'라 한다. 4개의 윷가락을 동시에 던지는 시행을 125번 반복할 때, 개가 나오는 횟수를 확률변수 X라 하자. $E(X)$를 구하시오.

이항분포를 따르는 확률변수 X에 대한 $aX+b$의 평균, 분산, 표준편차

노란 공 4개와 파란 공 6개가 들어 있는 상자에서 임의로 3개의 공을 동시에 꺼내어 색을 확인하고 다시 넣는 시행을 50회 반복하였다. 노란 공 1개와 파란 공 2개가 나오는 횟수를 확률변수 X라 할 때, 확률변수 $Y=2X+1$의 평균, 분산, 표준편차를 각각 구하시오.

| 풀이 | 한 번의 시행에서 노란 공 1개와 파란 공 2개가 나올 확률은

$$\frac{_4C_1 \times _6C_2}{_{10}C_3} = \frac{1}{2}$$

이므로 확률변수 X는 이항분포 $B\left(50, \frac{1}{2}\right)$을 따른다.

$$\therefore E(X) = 50 \times \frac{1}{2} = 25, \ V(X) = 50 \times \frac{1}{2} \times \frac{1}{2} = \frac{25}{2}, \ \sigma(X) = \sqrt{V(X)} = \sqrt{\frac{25}{2}} = \frac{5\sqrt{2}}{2}$$

따라서 확률변수 $Y=2X+1$의 평균, 분산, 표준편차는 각각

$$E(Y) = E(2X+1) = 2E(X)+1 = 2 \times 25 + 1 = \mathbf{51}$$

$$V(Y) = V(2X+1) = 2^2 V(X) = 4 \times \frac{25}{2} = \mathbf{50}$$

$$\sigma(Y) = \sigma(2X+1) = |2|\sigma(X) = 2 \times \frac{5\sqrt{2}}{2} = \mathbf{5\sqrt{2}}$$

■ 정답과 풀이 56쪽

체크 229 확률변수 X가 이항분포 $B\left(25, \frac{2}{5}\right)$를 따를 때, $V(-4X+3)$을 구하시오.

체크 230 정우가 매일 아침 알람 소리에 깰 확률이 0.75라 한다. 정우가 40일 동안 알람 소리에 깨는 날의 수를 확률변수 X라 할 때, $E\left(\frac{1}{2}X+3\right)$을 구하시오.

체크 231 1부터 20까지의 자연수가 각각 하나씩 적힌 20장의 카드가 들어 있는 주머니에서 임의로 한 장의 카드를 꺼내어 확인하고 다시 넣는 시행을 n번 반복하였다. 4의 배수가 적힌 카드가 나오는 횟수를 확률변수 X라 하면 $E(X^2)=70$일 때, $\sigma(2X+3)$을 구하시오.

선생님의 출제 point

Q 이항분포를 따르는 확률변수를 이용하여 기댓값을 구할 수 있는가?

1 흰 공 3개와 검은 공 2개가 들어 있는 주머니에서 임의로 1개의 공을 꺼내어 색을 확인하고 다시 넣는 시행을 반복한다. 기본 상금 1000원을 받고 흰 공과 검은 공이 나올 때마다 각각 300원, 100원씩 상금을 추가로 받는다고 한다. 이 시행을 30회 반복하였을 때, 받는 총 금액의 기댓값을 구하시오.

| 풀이 | ① 이항분포의 평균 구하기
유형 **059**

흰 공이 나오는 횟수를 확률변수 X라 하면 검은 공이 나오는 횟수는 $30-X$이고, 1회의 시행에서 흰 공이 나올 확률은 $\dfrac{3}{5}$이므로 확률변수 X는 이항분포 $B\left(30, \dfrac{3}{5}\right)$을 따른다.

$$\therefore E(X)=30\times\dfrac{3}{5}=18$$

② 확률변수 $aX+b$의 평균 구하기
유형 **060**

이 시행을 30회 반복하였을 때, 받는 총 금액을 확률변수 Y라 하면
$$Y=1000+300X+100(30-X)$$
$$=200X+4000$$
$$\therefore E(Y)=E(200X+4000)$$
$$=200E(X)+4000$$
$$=200\times18+4000=7600$$
따라서 구하는 금액의 기댓값은 **7600원**이다.

Q 이항분포의 평균을 이용하여 식을 계산할 수 있는가?

2 두 수 a, b가 다음과 같을 때, $b-a$의 값을 구하시오.

$$a={}_{90}C_0\left(\dfrac{2}{3}\right)^{90}+{}_{90}C_1\left(\dfrac{1}{3}\right)^1\left(\dfrac{2}{3}\right)^{89}+{}_{90}C_2\left(\dfrac{1}{3}\right)^2\left(\dfrac{2}{3}\right)^{88}+\cdots+{}_{90}C_{90}\left(\dfrac{1}{3}\right)^{90}$$

$$b=1\times{}_{90}C_1\left(\dfrac{1}{3}\right)^1\left(\dfrac{2}{3}\right)^{89}+2\times{}_{90}C_2\left(\dfrac{1}{3}\right)^2\left(\dfrac{2}{3}\right)^{88}+3\times{}_{90}C_3\left(\dfrac{1}{3}\right)^3\left(\dfrac{2}{3}\right)^{87}+\cdots+90\times{}_{90}C_{90}\left(\dfrac{1}{3}\right)^{90}$$

| 풀이 | ① 이항정리를 이용하여 식을 계산하기

$$a={}_{90}C_0\left(\dfrac{2}{3}\right)^{90}+{}_{90}C_1\left(\dfrac{1}{3}\right)^1\left(\dfrac{2}{3}\right)^{89}+{}_{90}C_2\left(\dfrac{1}{3}\right)^2\left(\dfrac{2}{3}\right)^{88}+\cdots+{}_{90}C_{90}\left(\dfrac{1}{3}\right)^{90}=\left(\dfrac{2}{3}+\dfrac{1}{3}\right)^{90}=1$$

② 이항분포의 평균을 이용하여 식을 계산하기
유형 **059**

확률질량함수가 $P(X=x)={}_{90}C_x\left(\dfrac{1}{3}\right)^x\left(\dfrac{2}{3}\right)^{90-x}$ $(x=0, 1, 2, \cdots, 90)$인 확률변수 X는 이항분포 $B\left(90, \dfrac{1}{3}\right)$을 따른다.

이때 b는 변량 x에 확률 $P(X=x)={}_{90}C_x\left(\dfrac{1}{3}\right)^x\left(\dfrac{2}{3}\right)^{90-x}$을 곱하여 더한 것이므로 확률변수 X의 평균과 같다.

$$\therefore b=E(X)=90\times\dfrac{1}{3}=30$$

따라서 $a=1$, $b=30$이므로 $b-a=30-1=$ **29**

232

이항분포 $B\left(6, \dfrac{3}{5}\right)$을 따르는 확률변수 X에 대하여
$P(X=1)=kP(X=3)$을 만족시키는 상수 k의 값을 구하시오.

233

어떤 공장에서 생산된 제품 중 12.5 %가 불량품이라 한다. 이 공장에서 생산된 제품 중 4개를 택할 때, 나오는 불량품의 개수를 확률변수 X라 하자. $P(X\geq3)=\dfrac{k}{2^{12}}$일 때, 상수 k의 값을 구하시오.

234

확률변수 X가 이항분포 $B(20, p)$를 따를 때, $V(X)$의 최댓값을 구하시오.

235

확률변수 X의 확률질량함수가
$$P(X=x)={}_{50}C_x\left(\frac{3}{5}\right)^x\left(\frac{2}{5}\right)^{50-x} \ (x=0, 1, 2, \cdots, 50)$$
일 때, $E(X^2)$을 구하시오.

236

다음 식의 값을 구하시오.
$$1^2\times{}_{60}C_1\left(\frac{1}{2}\right)^{60}+2^2\times{}_{60}C_2\left(\frac{1}{2}\right)^{60}+3^2\times{}_{60}C_3\left(\frac{1}{2}\right)^{60}$$
$$+\cdots+60^2\times{}_{60}C_{60}\left(\frac{1}{2}\right)^{60}$$

237

노란 카드 4장과 빨간 카드 a장이 들어 있는 주머니에서 임의로 1장의 카드를 꺼내어 색을 확인하고 다시 넣는 시행을 n번 반복할 때, 빨간 카드가 나오는 횟수를 확률변수 X라 하자. X의 평균이 6, 분산이 4일 때, $\dfrac{n}{a}$의 값을 구하시오.

238 필수기출

이차함수 $y=f(x)$의 그래프는 오른쪽 그림과 같고, $f(0)=f(3)=0$이다. 주사위 한 개를 던져 나온 눈의 수 m에 대하여 $f(m)$이 0보다 큰 사건을 A라 하자. 주사위 한 개를 15회 던지는 독립시행에서 사건 A가 일어나는 횟수를 확률변수 X라 할 때, $E(X)$는?

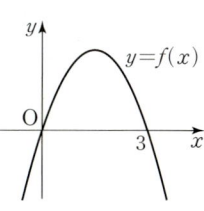

① 3   ② $\dfrac{7}{2}$ ③ 4

④ $\dfrac{9}{2}$ ⑤ 5

239

이항분포 $B\left(n, \dfrac{1}{3}\right)$을 따르는 확률변수 X에 대하여

$V\left(\dfrac{1}{2}X+3\right)=10$일 때, n의 값을 구하시오.

240 필수기출

확률변수 X가 이항분포 $B(10, p)$를 따르고,

$P(X=4)=\dfrac{1}{3}P(X=5)$일 때, $E(7X)$를 구하시오.

(단, $0<p<1$)

241

두 확률변수 X, Y는 각각 이항분포 $B(3, p)$, $B(4, 1-p)$를 따른다고 한다. $E(X)=E(3Y-2)$가 성립할 때,

$P(X=2)+P(Y=3)$의 값을 구하시오.

242

1부터 10까지의 자연수가 각각 한 개씩 적힌 10개의 공이 들어 있는 주머니에서 임의로 한 개의 공을 꺼내어 숫자를 확인하고 다시 넣는 시행을 50번 반복할 때, 3의 배수가 적힌 공이 나오는 횟수를 확률변수 X라 하자. $(X-a)^2$의 평균의 최솟값을 $\dfrac{n}{m}$이라 할 때, $m+n$의 값을 구하시오.

(단, a는 실수이고, m과 n은 서로소인 자연수이다.)

243

원점 O를 출발하여 수직선 위를 움직이는 점 P가 있다. 한 개의 주사위를 던져서 2보다 큰 수의 눈이 나오면 양의 방향으로 2만큼, 그 이외의 수의 눈이 나오면 음의 방향으로 3만큼 점 P를 이동시킬 때, 주사위를 30번 던진 후의 점 P의 좌표를 확률변수 X라 하자. $E(X)$를 구하시오.

17 연속확률변수

개념 1 연속확률변수의 확률분포

유형 061. 062

(1) **연속확률변수**

확률변수가 어떤 범위에 속하는 모든 실수의 값을 가질 때, 그 확률변수를 **연속확률변수**라 한다.

(2) **확률밀도함수**

$\alpha \leq X \leq \beta$에서 모든 실수의 값을 가질 수 있는 연속확률변수 X에 대하여 $\alpha \leq x \leq \beta$에서 정의된 함수 $f(x)$가 다음 세 가지 성질을 만족시킬 때, 함수 $f(x)$를 확률변수 X의 확률밀도함수라 한다.

① $f(x) \geq 0$

② 함수 $y=f(x)$의 그래프와 x축 및 두 직선 $x=\alpha$, $x=\beta$로 둘러싸인 도형의 넓이는 1이다.

③ $\mathrm{P}(a \leq X \leq b)$는 함수 $y=f(x)$의 그래프와 x축 및 두 직선 $x=a$, $x=b$로 둘러싸인 도형의 넓이와 같다. (단, $\alpha \leq a \leq b \leq \beta$)

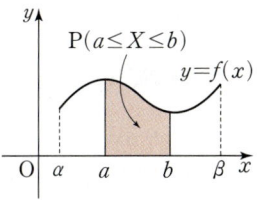

---

tip 연속확률변수 X가 특정한 값을 가질 확률은 0이므로 $\mathrm{P}(a \leq X \leq b)=\mathrm{P}(a < X \leq b)=\mathrm{P}(a \leq X < b)=\mathrm{P}(a < X < b)$가 성립한다.

설명 시간, 길이, 무게, 온도 등과 같이 어떤 범위에 속하는 모든 실수의 값을 가지는 확률변수를 연속확률변수라 한다.

예를 들어 8시와 8시 5분 사이의 임의의 시각에 도착하는 버스를 8시부터 기다릴 때, 버스를 기다리는 시간을 X분이라 하면 확률변수 X는 0 이상 5 이하의 모든 값을 가질 수 있으므로 연속확률변수이다.

이때 X가 그 값을 가지는 것은 같은 정도로 일어난다고 기대할 수 있으므로 버스를 기다리는 시간이 a분 이상 b분 이하일 확률은 다음과 같다.

$$\mathrm{P}(a \leq X \leq b)=\frac{b-a}{5} \ (단, \ 0 \leq a \leq b \leq 5)$$

따라서 $f(x)=\dfrac{1}{5} \ (0 \leq x \leq 5)$이라 하면 다음이 성립한다.

① $f(x) \geq 0$

② 함수 $y=f(x)$의 그래프와 x축 및 두 직선 $x=0$, $x=5$로 둘러싸인 도형의 넓이는

$$5 \times \frac{1}{5}=1$$

③ 함수 $y=f(x)$의 그래프와 x축 및 두 직선 $x=a$, $x=b$로 둘러싸인 도형의 넓이는

$$(b-a) \times \frac{1}{5}=\frac{b-a}{5}=\mathrm{P}(a \leq X \leq b)$$

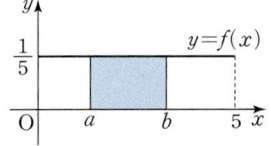

이상에서 함수 $f(x)$는 확률밀도함수가 되는 세 가지 성질을 만족시키므로 $f(x)$는 연속확률변수 X의 확률밀도함수이다.

CHECK 연속확률변수 X의 확률밀도함수가 $f(x)=\dfrac{1}{2}x \ (0 \leq x \leq 2)$일 때, $\mathrm{P}(0 \leq X \leq 1)$을 구하시오.

풀이 $\mathrm{P}(0 \leq X \leq 1)$은 오른쪽 그림에서 색칠한 삼각형의 넓이와 같으므로

$$\mathrm{P}(0 \leq X \leq 1)=\frac{1}{2} \times 1 \times \frac{1}{2}=\frac{1}{4}$$

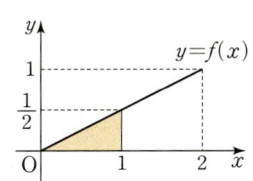

○ 상대도수와 확률밀도함수의 성질

다음 표는 어느 아파트 100세대의 1일 평균 난방 가동 시간을 조사한 것이다.

난방 가동 시간(시간)	도수(세대)	상대도수	$\dfrac{(상대도수)}{(계급의 크기)}$
1 이상 ～ 1.5 미만	15	0.15	0.3
1.5 ～ 2	25	0.25	0.5
2 ～ 2.5	40	0.40	0.8
2.5 ～ 3	10	0.10	0.2
3 ～ 3.5	5	0.05	0.1
3.5 ～ 4	5	0.05	0.1
합계	100	1	2

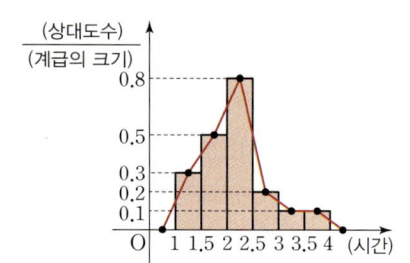

위의 표에서 난방 가동 시간을 확률변수 X라 하면 X는 연속확률변수이다.

이때 계급의 양 끝 값을 가로축, $\dfrac{(상대도수)}{(계급의 크기)}$ 를 세로축에 표시하여 히스토그램

과 도수분포다각형을 그리면 오른쪽 그림과 같다.

이때 오른쪽 그림의 히스토그램에서 각 직사각형의 넓이는

$$(직사각형의 \ 넓이) = (가로의 \ 길이) \times (세로의 \ 길이)$$
$$= (계급의 \ 크기) \times \dfrac{(상대도수)}{(계급의 \ 크기)}$$
$$= (상대도수)$$

이므로 각 직사각형의 넓이가 각 계급의 상대도수를 나타내고, 상대도수의 합은 1이므로 모든 직사각형의 넓이의 합도 1이다. 여기서 자료의 개수를 한없이 늘리고 계급의 크기를 0에 가깝게 하면 위의 도수분포다각형은 다음 그림과 같이 매끄러운 곡선에 가까워짐을 알 수 있다. 이때 이 곡선은 항상 x축보다 위에 있고, 이 곡선과 x축으로 둘러싸인 도형의 넓이는 1이다. 또한 연속확률변수 X가 a 이상 b 이하의 값을 가질 확률 $\mathrm{P}(a \leq X \leq b)$는 이 곡선과 x축 및 두 직선 $x=a$, $x=b$로 둘러싸인 도형의 넓이와 같다.

이와 같은 곡선을 나타내는 함수 $f(x)$를 연속확률변수 X의 확률밀도함수라 한다.

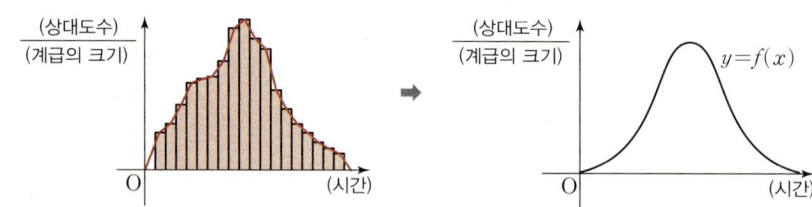

○ 연속확률변수와 적분   ← 수학Ⅱ를 이수한 학생이 학습할 수 있습니다.

연속확률변수 $X\,(\alpha \leq X \leq \beta)$의 확률밀도함수 $f(x)\,(\alpha \leq x \leq \beta)$의 성질은 다음과 같다.

① $\alpha \leq x \leq \beta$인 모든 x에 대하여 $f(x) \geq 0$

② $\displaystyle \int_{\alpha}^{\beta} f(x)dx = 1$

③ $\mathrm{P}(a \leq X \leq b) = \displaystyle \int_{a}^{b} f(x)dx$ (단, $\alpha \leq a \leq b \leq \beta$)

설명 연속확률변수 $X\,(\alpha \leq X \leq \beta)$에 대하여 확률 $\mathrm{P}(a \leq X \leq b)\,(\alpha \leq a \leq b \leq \beta)$는 확률밀도함수 $y=f(x)$의 그래프와 x축 및 두 직선 $x=a$, $x=b$로 둘러싸인 도형의 넓이와 같으므로 이를 정적분으로 나타내면 $\mathrm{P}(a \leq X \leq b) = \displaystyle \int_{a}^{b} f(x)dx$이다.

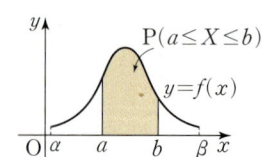

연속확률변수 X의 확률밀도함수가

$$f(x)=k(2x+1)\ (1\le x\le 3)$$

일 때, 상수 k의 값을 구하시오.

| 풀이 | 오른쪽 그림에서 함수 $y=f(x)$의 그래프와 x축 및 두 직선 $x=1$, $x=3$으로
둘러싸인 도형의 넓이가 1이므로

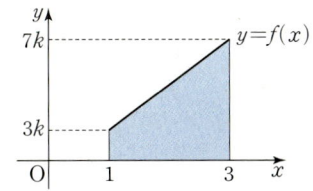

$$\frac{1}{2}\times(3k+7k)\times 2=1$$

$$10k=1 \qquad \therefore k=\frac{1}{10}$$

■ 정답과 풀이 59쪽

체크 **244** $-1\le X\le 1$에서 정의된 연속확률변수 X의 확률밀도함수가 될 수 있는 것만을 | **보기** |에서 있는 대로 고르시오.

| 보기 |

ㄱ. $f(x)=1$ ㄴ. $g(x)=x$

ㄷ. $h(x)=\dfrac{1}{4}x+\dfrac{1}{2}$ ㄹ. $r(x)=|x|$

체크 **245** $0\le X\le 3$에서 정의된 연속확률변수 X의 확률밀도함수 $f(x)$의 그래프가 오른쪽
그림과 같을 때, 상수 k의 값을 구하시오.

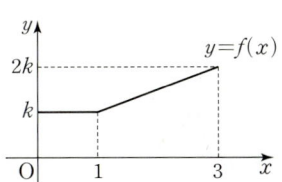

체크 **246** 연속확률변수 X의 확률밀도함수가

$$f(x)=a(3-|x|)\ (-3\le x\le 3)$$

일 때, 상수 a의 값을 구하시오.

연속확률변수 X의 확률밀도함수가

$$f(x)=\begin{cases} k(1-x) & (0\leq x<1) \\ \dfrac{k}{2}(x-1) & (1\leq x\leq 3) \end{cases}$$

일 때, 다음을 구하시오.

(1) 상수 k의 값　　　　　　(2) $\mathrm{P}(1\leq X\leq 2)$　　　　　　(3) $\mathrm{P}\left(\dfrac{1}{2}\leq X\leq 3\right)$

| 풀이 | (1) 함수 $y=f(x)$의 그래프와 x축 및 두 직선 $x=0$, $x=3$으로 둘러싸인 도형의 넓이가

1이어야 하므로 $\left(\dfrac{1}{2}\times 1\times k\right)+\left(\dfrac{1}{2}\times 2\times k\right)=1$

$\dfrac{3}{2}k=1$　　$\therefore k=\dfrac{2}{3}$

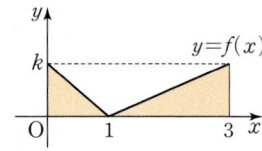

(2) $f(x)=\begin{cases} \dfrac{2}{3}(1-x) & (0\leq x<1) \\ \dfrac{1}{3}(x-1) & (1\leq x\leq 3) \end{cases}$ 이고, $\mathrm{P}(1\leq X\leq 2)$는 함수 $y=f(x)$의 그래프와 x

축 및 직선 $x=2$로 둘러싸인 도형의 넓이와 같으므로

$\mathrm{P}(1\leq X\leq 2)=\dfrac{1}{2}\times 1\times \dfrac{1}{3}=\dfrac{1}{6}$

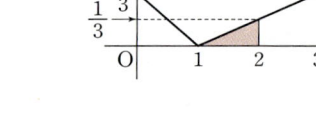

(3) $\mathrm{P}\left(\dfrac{1}{2}\leq X\leq 3\right)$은 함수 $y=f(x)$의 그래프와 x축 및 두 직선 $x=\dfrac{1}{2}$, $x=3$으로 둘러

싸인 도형의 넓이와 같으므로

$\mathrm{P}\left(\dfrac{1}{2}\leq X\leq 3\right)=\left(\dfrac{1}{2}\times\dfrac{1}{2}\times\dfrac{1}{3}\right)+\left(\dfrac{1}{2}\times 2\times\dfrac{2}{3}\right)=\dfrac{3}{4}$

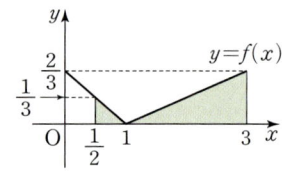

■ 정답과 풀이 59쪽

체크 247　연속확률변수 X의 확률밀도함수가 $f(x)=\begin{cases} \dfrac{a}{3}x & (0\leq x<3) \\ -\dfrac{a}{2}(x-5) & (3\leq x\leq 5) \end{cases}$ 일 때, 다음을 구하시오.

(1) 상수 a의 값　　　　　　(2) $\mathrm{P}\left(0\leq X\leq\dfrac{3}{2}\right)$　　　　　　(3) $\mathrm{P}\left(\dfrac{3}{2}\leq X\leq 4\right)$

체크 248　연속확률변수 X의 확률밀도함수 $y=f(x)\,(0\leq x\leq k)$의 그래프가 오른쪽 그림과 같

다. $\mathrm{P}(0\leq X\leq a)=\dfrac{k}{9}$일 때, a의 값을 구하시오. (단, a, k는 상수이다.)

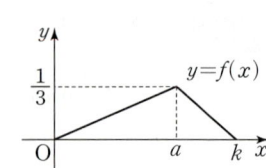

18 정규분포

개념 1 정규분포

실수 전체의 집합에서 정의된 연속확률변수 X의 확률밀도함수 $f(x)$가

$$f(x)=\frac{1}{\sqrt{2\pi}\sigma}e^{-\frac{(x-m)^2}{2\sigma^2}} \quad \leftarrow e=2.718281\cdots \text{인 무리수}$$

일 때, X의 확률분포를 평균이 m, 분산이 σ^2인 **정규분포**라 하며, 기호로

$$\mathrm{N}(m,\ \sigma^2)$$

과 같이 나타낸다. 이때 확률변수 X는 정규분포 $\mathrm{N}(m,\ \sigma^2)$을 따른다고 한다.

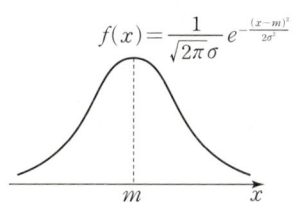

tip (1) $\mathrm{N}(m,\ \sigma^2)$에서 N은 정규분포를 뜻하는 Normal distribution의 첫 글자이다.
(2) 정규분포 $\mathrm{N}(m,\ \sigma^2)$을 따르는 확률변수 X의 확률밀도함수의 그래프를 정규분포곡선이라 한다.

설명 강수량, 시험 점수 등 자연 현상이나 사회 현상을 관찰하여 얻은 자료의 상대도수를 계급의 크기를 작게 하여 히스토그램으로 나타내면, 자료의 개수가 많아질수록 다음 그림과 같이 좌우 대칭인 종 모양의 곡선에 가까워진다.

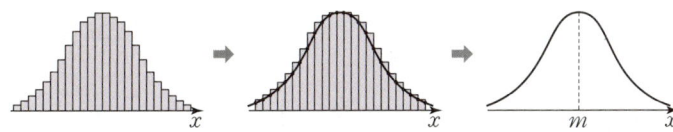

이러한 자연 현상이나 사회 현상은 일반적으로 정규분포를 따름이 알려져 있다.

개념 2 정규분포 $\mathrm{N}(m,\ \sigma^2)$의 확률밀도함수의 그래프의 성질

유형 063, 064

정규분포 $\mathrm{N}(m,\ \sigma^2)$을 따르는 확률변수 X의 확률밀도함수의 그래프는 다음과 같은 성질을 갖는다.

(1) 직선 $x=m$에 대하여 대칭이고 x축이 점근선인 종 모양의 곡선이다.

(2) $x=m$일 때 최댓값을 갖는다.

(3) 곡선과 x축 사이의 넓이는 1이다.

(4) σ의 값이 일정할 때, m의 값이 달라지면 대칭축의 위치는 바뀌지만 곡선의 모양은 변하지 않는다.

(5) m의 값이 일정할 때, σ의 값이 클수록 가운데 부분의 높이는 낮아지고 옆으로 퍼진 모양이 된다.

설명 정규분포 $\mathrm{N}(m,\ \sigma^2)$을 따르는 확률변수 X의 확률밀도함수의 그래프는 m, σ의 값에 따라 그 모양과 위치가 다음 그림과 같다.

σ의 값이 일정한 경우	m의 값이 일정한 경우
m의 값이 클수록 대칭축은 오른쪽으로 이동하지만 그래프의 모양은 변하지 않는다.	σ의 값이 클수록 가운데 부분의 높이는 낮아지고 옆으로 퍼진 모양이 되지만 대칭축은 변하지 않는다.

평균이 0이고 분산이 1인 정규분포 **N(0, 1)**을 **표준정규분포**라 한다.

확률변수 Z가 표준정규분포 N(0, 1)을 따를 때, Z의 확률밀도함수는

$$f(z) = \frac{1}{\sqrt{2\pi}} e^{-\frac{z^2}{2}} \quad \leftarrow f(x) = \frac{1}{\sqrt{2\pi}\sigma} e^{-\frac{(x-m)^2}{2\sigma^2}}$$ 에 $m=0$, $\sigma=1$을 대입하고 x 대신 z 사용

이고, 그 그래프는 오른쪽 그림과 같다.

이때 양수 z에 대하여 $P(0 \le Z \le z)$는 오른쪽 그림에서 색칠한 도형의 넓이와 같고, 그 값은 표준정규분포표를 이용하여 구할 수 있다.   ← 155쪽 참고

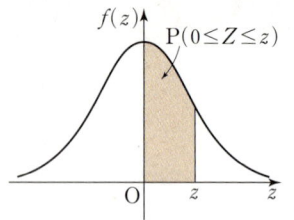

tip   표준정규분포를 따르는 확률변수는 보통 Z로 나타낸다.

예   오른쪽 표준정규분포표에서 $P(0 \le Z \le 2.06)$은 2.0의 가로줄과 0.06의 세로줄이 만나는 곳의 수인 0.4803임을 알 수 있다.

z	0.00	0.01	0.02	⋯	0.06	⋯
⋮	⋮	⋮	⋮	⋮	⋮	⋮
2.0	.4772	.4778	.4783	⋯	.4803	⋯
⋮	⋮	⋮	⋮	⋮	⋮	⋮

표준정규분포 N(0, 1)을 따르는 확률변수 Z의 확률밀도함수 $f(z)$의 그래프가 직선 $z=0$에 대하여 대칭이므로 다음이 성립한다. (단, $0 < a < b$)

(1) $P(Z \ge 0) = P(Z \le 0) = 0.5$

(2) $P(0 \le Z \le a) = P(-a \le Z \le 0)$

(3) $P(Z \ge a) = P(Z \ge 0) - P(0 \le Z \le a) = 0.5 - P(0 \le Z \le a)$

(4) $P(Z \le a) = P(Z \le 0) + P(0 \le Z \le a) = 0.5 + P(0 \le Z \le a)$

(5) $P(a \le Z \le b) = P(0 \le Z \le b) - P(0 \le Z \le a)$

(6) $P(-a \le Z \le b) = P(-a \le Z \le 0) + P(0 \le Z \le b) = P(0 \le Z \le a) + P(0 \le Z \le b)$

설명   (3) 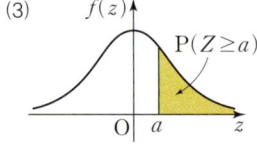   (4) 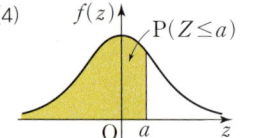   (5) 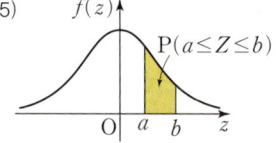   (6)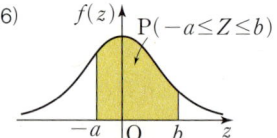

CHECK   확률변수 Z가 표준정규분포 N(0, 1)을 따를 때, $P(0 \le Z \le 1) = 0.3413$, $P(0 \le Z \le 2.06) = 0.4803$임을 이용하여 다음 확률을 구하시오.

(1) $P(-2.06 \le Z \le 0)$ (2) $P(1 \le Z \le 2.06)$ (3) $P(Z \ge 1)$

풀이   (1) 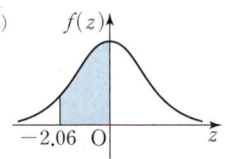   (2) 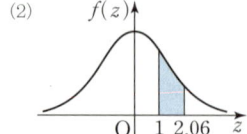   (3)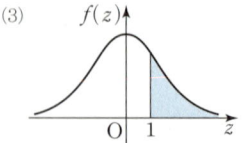

(1) $P(-2.06 \le Z \le 0)$
$= P(0 \le Z \le 2.06)$
$= \mathbf{0.4803}$

(2) $P(1 \le Z \le 2.06)$
$= P(0 \le Z \le 2.06) - P(0 \le Z \le 1)$
$= 0.4803 - 0.3413 = \mathbf{0.1390}$

(3) $P(Z \ge 1)$
$= P(Z \ge 0) - P(0 \le Z \le 1)$
$= 0.5 - 0.3413 = \mathbf{0.1587}$

정규분포의 표준화

확률변수 X가 정규분포 $N(m, \sigma^2)$을 따를 때, 확률변수

$$Z = \frac{X-m}{\sigma}$$

은 표준정규분포 $N(0, 1)$을 따른다. 이와 같이 정규분포 $N(m, \sigma^2)$을 따르는 확률변수 X를 표준정규분포 $N(0, 1)$을 따르는 확률변수 Z로 바꾸는 것을 표준화라 한다.

설명 확률변수 X가 정규분포 $N(m, \sigma^2)$을 따를 때, $Z = \frac{X-m}{\sigma}$이라 하면

$$E(Z) = E\left(\frac{X-m}{\sigma}\right) = E\left(\frac{X}{\sigma} - \frac{m}{\sigma}\right)$$

$$= \frac{1}{\sigma}E(X) - \frac{m}{\sigma} = \frac{m}{\sigma} - \frac{m}{\sigma} = 0 \quad \leftarrow E(aX+b) = aE(X)+b$$

$$V(Z) = V\left(\frac{X-m}{\sigma}\right) = V\left(\frac{X}{\sigma} - \frac{m}{\sigma}\right)$$

$$= \left(\frac{1}{\sigma}\right)^2 V(X) = \frac{1}{\sigma^2} \times \sigma^2 = 1 \quad \leftarrow V(aX+b) = a^2 V(X)$$

이므로 확률변수 Z는 표준정규분포 $N(0, 1)$을 따른다.

따라서 확률변수 X가 정규분포 $N(m, \sigma^2)$을 따르면

$$P(a \le X \le b) = P\left(\frac{a-m}{\sigma} \le \frac{X-m}{\sigma} \le \frac{b-m}{\sigma}\right)$$

$$= P\left(\frac{a-m}{\sigma} \le Z \le \frac{b-m}{\sigma}\right)$$

이므로 확률 $P(a \le X \le b)$는 확률변수 X를 표준화한 뒤 표준정규분포표를 이용하여 구할 수 있다.

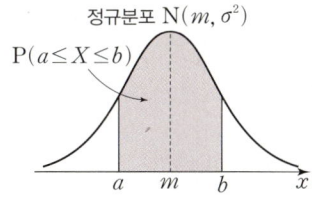 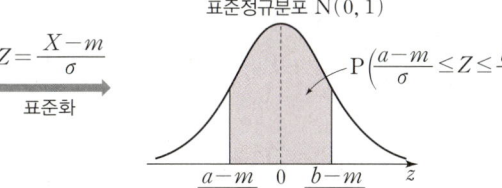

CHECK 확률변수 X가 다음 정규분포를 따를 때, X를 표준정규분포 $N(0, 1)$을 따르는 확률변수 Z로 표준화하시오.

(1) $N(15, 3^2)$ (2) $N(32, 5^2)$

풀이 (1) $m=15$, $\sigma=3$이므로 $Z = \dfrac{X-15}{3}$

(2) $m=32$, $\sigma=5$이므로 $Z = \dfrac{X-32}{5}$

유형 063 정규분포의 확률밀도함수의 그래프의 성질

정규분포 $N(1, \sigma^2)$을 따르는 확률변수 X에 대하여 $P(X \geq a) + P(X \leq 10) = 1$, $P(-1 \leq X \leq 2) = P(0 \leq X \leq b)$일 때, 상수 a, b에 대하여 $a+b$의 값을 구하시오.

| 풀이 | 정규분포를 따르는 확률변수 X의 확률밀도함수의 그래프와 x축 사이의
넓이는 1이므로 $a=10$
또한 정규분포 $N(1, \sigma^2)$에서 평균이 1이므로 정규분포곡선은 직선 $x=1$
에 대하여 대칭이다.
따라서 $P(-1 \leq X \leq 2) = P(0 \leq X \leq 3)$이므로 $b=3$
$\therefore a+b = 10+3 = \mathbf{13}$

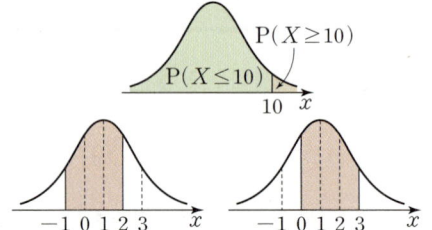

유형 064 정규분포에서의 확률

정규분포 $N(m, \sigma^2)$을 따르는 확률변수 X의 확률밀도함수의 그래프가 오른쪽 그림과 같을 때, $P(-2\sigma \leq X - m \leq \sigma)$를 구하시오.

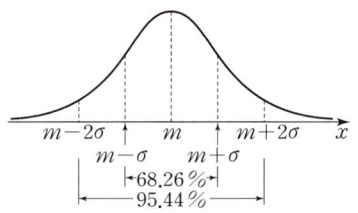

| 풀이 | $P(-2\sigma \leq X - m \leq \sigma) = P(m-2\sigma \leq X \leq m+\sigma)$
$\qquad\qquad\qquad\qquad\qquad = P(m-2\sigma \leq X \leq m) + P(m \leq X \leq m+\sigma)$
정규분포곡선은 직선 $x=m$에 대하여 대칭이므로
$P(m-2\sigma \leq X \leq m) = \frac{1}{2}P(m-2\sigma \leq X \leq m+2\sigma) = \frac{1}{2} \times 0.9544 = 0.4772$
$P(m \leq X \leq m+\sigma) = \frac{1}{2}P(m-\sigma \leq X \leq m+\sigma) = \frac{1}{2} \times 0.6826 = 0.3413$
$\therefore P(-2\sigma \leq X - m \leq \sigma) = 0.4772 + 0.3413 = \mathbf{0.8185}$

■ 정답과 풀이 60쪽

체크 249 네 지역 A, B, C, D의 강수량이 각각 정규분포를 따르고 각 정규분포의 확률밀도함수의 그래프가 오른쪽 그림과 같을 때, 표준편차가 가장 큰 지역과 평균이 가장 큰 지역을 차례대로 구하시오.

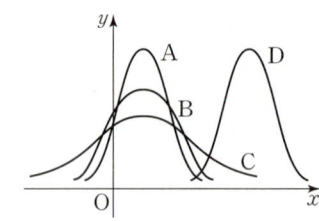

체크 250 정규분포 $N(70, 4)$를 따르는 확률변수 X에 대하여 $P(a-2 \leq X \leq a+6)$이 최대가 될 때, 상수 a의 값을 구하시오.

체크 251 정규분포 $N(m, \sigma^2)$을 따르는 확률변수 X에 대하여 $P(m \leq X \leq x)$가 오른쪽 표와 같다. 확률변수 X가 정규분포 $N(30, 3^2)$을 따를 때, 오른쪽 표를 이용하여 $P(27 \leq X \leq 36)$을 구하시오.

x	$P(m \leq X \leq x)$
$m+\sigma$	0.3413
$m+2\sigma$	0.4772
$m+3\sigma$	0.4987

124 Ⅲ. 통계

표준화하여 확률 구하기

확률변수 X가 정규분포 $N(170, 5^2)$을 따를 때, 오른쪽 표준정규분포표를 이용하여 다음 확률을 구하시오.

(1) $P(X \geq 165)$
(2) $P(160 \leq X \leq 175)$

z	$P(0 \leq Z \leq z)$
1.0	0.3413
1.5	0.4332
2.0	0.4772

| 풀이 | $Z = \dfrac{X-170}{5}$으로 놓으면 확률변수 Z는 표준정규분포 $N(0, 1)$을 따른다.

(1) $P(X \geq 165) = P\left(Z \geq \dfrac{165-170}{5}\right) = P(Z \geq -1)$

$\qquad\qquad\quad = P(-1 \leq Z \leq 0) + P(Z \geq 0)$

$\qquad\qquad\quad = P(0 \leq Z \leq 1) + P(Z \geq 0)$

$\qquad\qquad\quad = 0.3413 + 0.5 = \textbf{0.8413}$

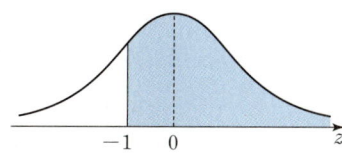

(2) $P(160 \leq X \leq 175) = P\left(\dfrac{160-170}{5} \leq Z \leq \dfrac{175-170}{5}\right)$

$\qquad\qquad\qquad\quad = P(-2 \leq Z \leq 1)$

$\qquad\qquad\qquad\quad = P(-2 \leq Z \leq 0) + P(0 \leq Z \leq 1)$

$\qquad\qquad\qquad\quad = P(0 \leq Z \leq 2) + P(0 \leq Z \leq 1)$

$\qquad\qquad\qquad\quad = 0.4772 + 0.3413 = \textbf{0.8185}$

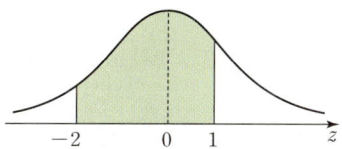

유형 066 표준화하여 미지수의 값 구하기

정규분포 $N(5, 4^2)$을 따르는 확률변수 X에 대하여 $P(5 \leq X \leq k) = 0.4772$일 때, 상수 k의 값을 구하시오.

(단, Z가 표준정규분포를 따르는 확률변수일 때, $P(0 \leq Z \leq 2) = 0.4772$로 계산한다.)

| 풀이 | $Z = \dfrac{X-5}{4}$로 놓으면 확률변수 Z는 표준정규분포 $N(0, 1)$을 따른다.

$\therefore P(5 \leq X \leq k) = P\left(\dfrac{5-5}{4} \leq Z \leq \dfrac{k-5}{4}\right) = P\left(0 \leq Z \leq \dfrac{k-5}{4}\right) = 0.4772$

이때 $P(0 \leq Z \leq 2) = 0.4772$이므로 $\dfrac{k-5}{4} = 2$ $\therefore k = \textbf{13}$

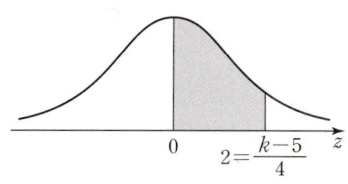

■ 정답과 풀이 60쪽

체크 252 확률변수 X가 정규분포 $N(30, 10^2)$을 따를 때, $P\left(\left|X - \dfrac{85}{2}\right| \geq \dfrac{5}{2}\right)$를 구하시오.

(단, Z가 표준정규분포를 따르는 확률변수일 때, $P(0 \leq Z \leq 1) = 0.3$, $P(0 \leq Z \leq 1.5) = 0.4$로 계산한다.)

체크 253 두 확률변수 X, Y가 각각 정규분포 $N(100, 6^2)$, $N(50, 2^2)$을 따를 때, $P(100 \leq X \leq 109) = P(k \leq Y \leq 50)$을 만족시키는 상수 k의 값을 구하시오.

어느 고등학교 2학년 학생 300명의 수학 점수는 평균이 45점, 표준편차가 10점인 정규분포를 따른다고 한다. 수학 점수가 25점 이하인 학생은 보충 수업을 들어야 한다고 할 때, 이 고등학교 2학년 학생 중 보충 수업을 들어야 하는 학생은 몇 명인지 오른쪽 표준정규분포표를 이용하여 구하시오.

z	$P(0 \leq Z \leq z)$
1.0	0.34
2.0	0.47
3.0	0.49

| 풀이 | 수학 점수를 확률변수 X라 하면 X는 정규분포 $N(45, 10^2)$을 따르므로 $Z = \dfrac{X-45}{10}$로 놓으면 확률변수 Z는 표준정규분포 $N(0, 1)$을 따른다.

수학 점수가 25점 이하일 때 보충 수업을 들어야 하므로

$$\begin{aligned} P(X \leq 25) &= P\left(Z \leq \frac{25-45}{10}\right) = P(Z \leq -2) \\ &= P(Z \leq 0) - P(-2 \leq Z \leq 0) \\ &= P(Z \leq 0) - P(0 \leq Z \leq 2) \\ &= 0.5 - 0.47 = 0.03 \end{aligned}$$

따라서 보충 수업을 들어야 하는 학생은

$300 \times 0.03 = $ **9 (명)**

■ 정답과 풀이 61쪽

체크 | 254 어느 공장에서 만드는 부품의 무게는 평균이 80 g, 표준편차가 2 g인 정규분포를 따른다고 할 때, 무게가 74 g 이하이거나 84 g 이상인 부품은 전체의 몇 %인지 오른쪽 표준정규분포표를 이용하여 구하시오.

z	$P(0 \leq Z \leq z)$
1.0	0.3413
2.0	0.4772
3.0	0.4987

체크 | 255 어느 고등학교에서 학생 200명을 대상으로 수행평가를 실시하여 오른쪽 표와 같이 점수에 따라 5개의 등급으로 나누었다. 수행평가의 성적은 평균이 70점, 표준편차가 5점인 정규분포를 따른다고 할 때, C등급을 받은 학생은 몇 명인지 구하시오. (단, Z가 표준정규분포를 따르는 확률변수일 때, $P(0 \leq Z \leq 1) = 0.3$, $P(0 \leq Z \leq 2) = 0.4$로 계산한다.)

등급	점수
A	90점 이상
B	75점 이상 90점 미만
C	60점 이상 75점 미만
D	40점 이상 60점 미만
E	40점 미만

30명을 모집하는 어느 오디션에 1000명이 지원하였다. 전체 지원자의 오디션 점수
는 평균이 50점, 표준편차가 16점인 정규분포를 따른다고 할 때, 오디션에 합격하
기 위한 최저 점수를 오른쪽 표준정규분포표를 이용하여 구하시오.

z	$P(0 \leq Z \leq z)$
1.0	0.34
1.5	0.43
2.0	0.47
2.5	0.49

| 풀이 | 오디션 지원자의 점수를 확률변수 X라 하면 X는 정규분포 $N(50, 16^2)$을 따르므로 $Z = \dfrac{X-50}{16}$으로 놓으면 확률변수 Z는 표준정규분포 $N(0, 1)$을 따른다.

오디션 합격자의 최저 점수를 k점이라 하면

$P(X \geq k) = \dfrac{30}{1000} = 0.03$에서 $P\left(Z \geq \dfrac{k-50}{16}\right) = 0.03$이므로

$P(Z \geq 0) - P\left(0 \leq Z \leq \dfrac{k-50}{16}\right) = 0.03$

$0.5 - P\left(0 \leq Z \leq \dfrac{k-50}{16}\right) = 0.03$

$\therefore \ P\left(0 \leq Z \leq \dfrac{k-50}{16}\right) = 0.47$

이때 $P(0 \leq Z \leq 2) = 0.47$이므로 $\dfrac{k-50}{16} = 2$ $\qquad \therefore \ k = 82$

따라서 오디션에 합격하기 위한 최저 점수는 **82점**이다.

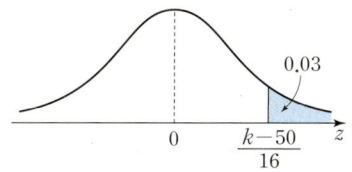

■ 정답과 풀이 61쪽

체크 256 어느 지역 고등학생 100명의 100 m 달리기 기록은 평균이 15초, 표준편차가 2초인
정규분포를 따른다고 한다. 이중 상위 4 % 이내에 든 학생은 전국 대회에 나갈 수
있을 때, 전국 대회에 나갈 수 있는 100 m 달리기 기록은 최대 몇 초 이내이어야 하
는지 오른쪽 표준정규분포표를 이용하여 구하시오.

z	$P(0 \leq Z \leq z)$
1.25	0.40
1.5	0.43
1.75	0.46
2.0	0.47

체크 257 25명을 선발하는 어느 대학교 수학과의 수시 모집에 응시한 200명의 성적은 평균이 82점, 표준편차가 10점인 정
규분포를 따른다고 한다. 모집 정원의 2배를 1차 합격자로 선발한다고 할 때, 1차 합격자가 되기 위한 최저 점수
를 구하시오. (단, Z가 표준정규분포를 따르는 확률변수일 때, $P(0 \leq Z \leq 0.68) = 0.25$로 계산한다.)

이항분포와 정규분포의 관계

| 개념 1 | 이항분포와 정규분포의 관계 | 유형 069. 070. 071 |

확률변수 X가 이항분포 $B(n, p)$를 따를 때, n이 충분히 크면 X는 근사적으로 정규분포 $N(np, npq)$를 따른다.

(단, $q=1-p$)

tip n이 충분히 크다는 것은 일반적으로 $np \geq 5$, $nq \geq 5$일 때를 뜻한다.

설명 한 개의 주사위를 n번 던질 때, 3의 눈이 나오는 횟수를 확률변수 X라 하면 X는 이항분포 $B\left(n, \dfrac{1}{6}\right)$을 따른다.

이때 3의 눈이 x회 나올 확률은

$$P(X=x)={}_n C_x \left(\frac{1}{6}\right)^x \left(\frac{5}{6}\right)^{n-x} \ (x=0, 1, 2, \cdots, n)$$

이므로 $n=10, 30, 50$일 때의 이항분포 $B\left(n, \dfrac{1}{6}\right)$의 확률질량함수의 그래프는 오른쪽

그림과 같다.

즉, n의 값이 커질수록 이항분포의 확률질량함수의 그래프는 좌우 대칭인 종 모양의 정규분포곡선에 가까워짐을 알 수 있다.

일반적으로 확률변수 X가 이항분포 $B(n, p)$를 따를 때, n이 충분히 크면 X는 근사적으로 평균이 np이고 분산이 npq인 정규분포 $N(np, npq)$를 따른다는 사실이 알려져 있다. (단, $q=1-p$)

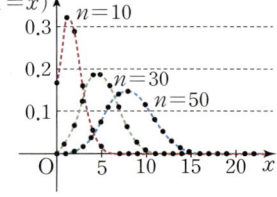

예 확률변수 X가 이항분포 $B\left(600, \dfrac{3}{5}\right)$을 따를 때, $P(348 \leq X \leq 366)$을 구해 보자.

(단, Z가 표준정규분포를 따르는 확률변수일 때, $P(0 \leq Z \leq 0.5)=0.1915$, $P(0 \leq Z \leq 1)=0.3413$으로 계산한다.)

확률변수 X가 이항분포 $B\left(600, \dfrac{3}{5}\right)$을 따르므로 X의 확률질량함수는

$$P(X=x)={}_{600}C_x \left(\frac{3}{5}\right)^x \left(\frac{2}{5}\right)^{600-x} \ (x=0, 1, 2, \cdots, 600)$$

이다. 따라서 $P(348 \leq X \leq 366)$은

$$P(348 \leq X \leq 366)={}_{600}C_{348}\left(\frac{3}{5}\right)^{348}\left(\frac{2}{5}\right)^{252}+{}_{600}C_{349}\left(\frac{3}{5}\right)^{349}\left(\frac{2}{5}\right)^{251}+\cdots+{}_{600}C_{366}\left(\frac{3}{5}\right)^{366}\left(\frac{2}{5}\right)^{234}$$

이다. 그러나 이 값을 구하기는 쉽지 않으므로 이항분포와 정규분포의 관계를 이용하여 다음과 같이 그 근삿값을 구할 수 있다.

확률변수 X의 평균, 분산, 표준편차는 각각

$$E(X)=600 \times \frac{3}{5}=360, \ V(X)=600 \times \frac{3}{5} \times \frac{2}{5}=144, \ \sigma(X)=12$$

이때 600은 충분히 큰 수이므로 이항분포 $B\left(600, \dfrac{3}{5}\right)$을 따르는 확률변수 X는 근사적으로 정규분포 $N(360, 12^2)$을 따른다.

따라서 $Z=\dfrac{X-360}{12}$으로 놓으면 확률변수 Z는 표준정규분포 $N(0, 1)$을 따르므로

$$\begin{aligned} P(348 \leq X \leq 366) &= P\left(\frac{348-360}{12} \leq Z \leq \frac{366-360}{12}\right) \\ &= P(-1 \leq Z \leq 0.5) \\ &= P(-1 \leq Z \leq 0)+P(0 \leq Z \leq 0.5) \\ &= P(0 \leq Z \leq 1)+P(0 \leq Z \leq 0.5) \\ &= 0.3413+0.1915=0.5328 \end{aligned}$$

확률변수 X가 이항분포 $\mathrm{B}\left(192, \dfrac{1}{4}\right)$을 따를 때, 오른쪽 표준정규분포표를 이용하여 다음 확률을 구하시오.

(1) $\mathrm{P}(42 \leq X \leq 57)$

(2) $\mathrm{P}(X \geq 33)$

z	$\mathrm{P}(0 \leq Z \leq z)$
1.0	0.3413
1.5	0.4332
2.0	0.4772
2.5	0.4938

| 풀이 | 확률변수 X는 이항분포 $\mathrm{B}\left(192, \dfrac{1}{4}\right)$을 따르므로

$$\mathrm{E}(X)=192 \times \frac{1}{4}=48, \ \mathrm{V}(X)=192 \times \frac{1}{4} \times \frac{3}{4}=36$$

이때 192는 충분히 큰 수이므로 확률변수 X는 근사적으로 정규분포 $\mathrm{N}(48, 6^2)$을 따른다.

따라서 $Z=\dfrac{X-48}{6}$로 놓으면 확률변수 Z는 표준정규분포 $\mathrm{N}(0, 1)$을 따른다.

(1) $\mathrm{P}(42 \leq X \leq 57)=\mathrm{P}\left(\dfrac{42-48}{6} \leq Z \leq \dfrac{57-48}{6}\right)=\mathrm{P}(-1 \leq Z \leq 1.5)$

$\qquad\qquad\qquad\qquad =\mathrm{P}(-1 \leq Z \leq 0)+\mathrm{P}(0 \leq Z \leq 1.5)$

$\qquad\qquad\qquad\qquad =\mathrm{P}(0 \leq Z \leq 1)+\mathrm{P}(0 \leq Z \leq 1.5)$

$\qquad\qquad\qquad\qquad =0.3413+0.4332=\mathbf{0.7745}$

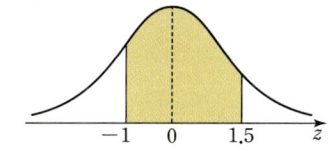

(2) $\mathrm{P}(X \geq 33)=\mathrm{P}\left(Z \geq \dfrac{33-48}{6}\right)=\mathrm{P}(Z \geq -2.5)$

$\qquad\qquad\quad =\mathrm{P}(-2.5 \leq Z \leq 0)+\mathrm{P}(Z \geq 0)$

$\qquad\qquad\quad =\mathrm{P}(0 \leq Z \leq 2.5)+\mathrm{P}(Z \geq 0)$

$\qquad\qquad\quad =0.4938+0.5=\mathbf{0.9938}$

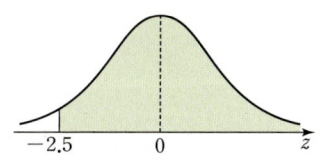

■ 정답과 풀이 62쪽

체크 **258** 확률변수 X가 이항분포 $\mathrm{B}\left(162, \dfrac{1}{3}\right)$을 따를 때, X는 근사적으로 정규분포 $\mathrm{N}(a, b^2)$을 따른다. 표준정규분포를 따르는 확률변수 Z에 대하여 $\mathrm{P}(42 \leq X \leq 60)=\mathrm{P}(0 \leq Z \leq c)+\mathrm{P}(0 \leq Z \leq d)$일 때, $a+b+c+d$의 값을 구하시오. (단, a, b, c, d는 상수, $b>0$, $0<c<d$)

체크 **259** 확률변수 X가 이항분포 $\mathrm{B}\left(720, \dfrac{5}{6}\right)$를 따를 때, 오른쪽 표준정규분포표를 이용하여 다음 확률을 구하시오.

(1) $\mathrm{P}(610 \leq X \leq 625)$

(2) $\mathrm{P}(X \leq 585)$

z	$\mathrm{P}(0 \leq Z \leq z)$
1.0	0.3413
1.5	0.4332
2.0	0.4772
2.5	0.4938
3.0	0.4987

3개의 동전을 동시에 960번 던질 때, 앞면이 2개 나오는 횟수가 375번 이상일 확률을 구하시오.

(단, Z가 표준정규분포를 따르는 확률변수일 때, $P(0 \le Z \le 1) = 0.3413$으로 계산한다.)

| 풀이 | 960번의 시행에서 3개의 동전 중 앞면이 2개 나오는 횟수를 확률변수 X라 하자.

3개의 동전을 동시에 한 번 던질 때, 앞면이 2개, 뒷면이 1개 나올 확률은 $\dfrac{3}{8}$이므로 ← (앞, 앞, 뒤), (앞, 뒤, 앞), (뒤, 앞, 앞)

확률변수 X는 이항분포 $\mathrm{B}\left(960, \dfrac{3}{8}\right)$을 따른다.

$$\therefore \mathrm{E}(X) = 960 \times \frac{3}{8} = 360, \quad \mathrm{V}(X) = 960 \times \frac{3}{8} \times \frac{5}{8} = 225$$

이때 960은 충분히 큰 수이므로 확률변수 X는 근사적으로 정규분포 $\mathrm{N}(360, 15^2)$을 따른다.

따라서 $Z = \dfrac{X - 360}{15}$으로 놓으면 확률변수 Z는 표준정규분포 $\mathrm{N}(0, 1)$을 따르므로 구하는 확률은

$$\begin{aligned} P(X \ge 375) &= P\left(Z \ge \frac{375 - 360}{15}\right) = P(Z \ge 1) \\ &= P(Z \ge 0) - P(0 \le Z \le 1) \\ &= 0.5 - 0.3413 = \mathbf{0.1587} \end{aligned}$$

■ 정답과 풀이 62쪽

체크 260 한 개의 주사위를 450번 던질 때, 5의 약수의 눈이 165번 이상 180번 이하로 나올 확률을 구하시오.
(단, Z가 표준정규분포를 따르는 확률변수일 때, $P(0 \le Z \le 1.5) = 0.4332$, $P(0 \le Z \le 3) = 0.4987$로 계산한다.)

체크 261 어느 고등학교 학생들의 독서량을 조사하였더니 한 달에 4권 이상 독서를 하는 학생의 비율이 20 %라 한다. 이 학교 학생 225명 중 한 달에 4권 이상 독서를 하는 학생이 27명 이상 39명 이하일 확률을 오른쪽 표준정규분포표를 이용하여 구하시오.

z	$P(0 \le Z \le z)$
1.0	0.3413
1.5	0.4332
2.0	0.4772
2.5	0.4938
3.0	0.4987

지현이와 태균이가 18번의 가위바위보를 할 때, a번 이상 비길 확률이 0.02라 한다. 오른쪽 표준정규분포표를 이용하여 a의 값을 구하시오.

z	$P(0 \leq Z \leq z)$
1.0	0.34
1.5	0.43
2.0	0.48

| 풀이 | 지현이와 태균이가 18번의 가위바위보를 하여 비기는 횟수를 확률변수 X라 하자.

두 명이 가위바위보를 한 번 하여 비길 확률은 $\dfrac{1}{3}$이므로 확률변수 X는 이항분포 $B\left(18, \dfrac{1}{3}\right)$을 따른다.

$\therefore E(X) = 18 \times \dfrac{1}{3} = 6$, $V(X) = 18 \times \dfrac{1}{3} \times \dfrac{2}{3} = 4$

이때 18은 충분히 큰 수이므로 확률변수 X는 근사적으로 정규분포 $N(6, 2^2)$을 따른다.

따라서 $Z = \dfrac{X-6}{2}$으로 놓으면 확률변수 Z는 표준정규분포 $N(0, 1)$을 따른다.

$P(X \geq a) = 0.02$이므로 $P\left(Z \geq \dfrac{a-6}{2}\right) = 0.02$

$P(Z \geq 0) - P\left(0 \leq Z \leq \dfrac{a-6}{2}\right) = 0.02$

$0.5 - P\left(0 \leq Z \leq \dfrac{a-6}{2}\right) = 0.02$

$\therefore P\left(0 \leq Z \leq \dfrac{a-6}{2}\right) = 0.48$

이때 $P(0 \leq Z \leq 2) = 0.48$이므로 $\dfrac{a-6}{2} = 2$

$\therefore a = \mathbf{10}$

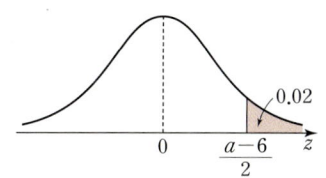

■ 정답과 풀이 63쪽

체크 **262**   수연이가 ○, × 퀴즈 64문제에 임의로 답할 때, k개 이하의 문제를 맞힐 확률이 0.01이라 한다. k의 값을 구하시오. (단, Z가 표준정규분포를 따르는 확률변수일 때, $P(0 \leq Z \leq 2.5) = 0.49$로 계산한다.)

체크 **263**   어느 대학교 수시모집 합격자의 1차 등록률은 80 %이다. 이 대학교 수시모집 합격자 400명 중 1차 등록을 한 합격자 수를 확률변수 X라 할 때, $P(|X-320| \leq k) = 0.38$을 만족시키는 양수 k의 값을 오른쪽 표준정규분포표를 이용하여 구하시오.

z	$P(0 \leq Z \leq z)$
0.5	0.19
1.0	0.34
1.5	0.43

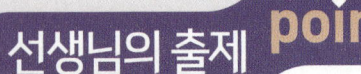
Q 표준정규분포를 활용하여 서로 다른 정규분포를 따르는 통계 자료들을 비교할 수 있는가?

1 어느 모의고사에서 국어, 수학, 영어의 점수는 평균이 각각 64, 62, 65점이고, 표준편차가 각각 15, 13, 20점인 정규분포를 따른다고 한다. 이 모의고사에서 동재의 국어, 수학, 영어의 점수가 각각 91, 88, 89점이었을 때, 동재의 성적이 상대적으로 좋은 과목부터 순서대로 나열하시오.

| 풀이 | ① 각각의 확률변수를 표준정규분포를 따르는 확률변수로 변환하기
유형 065

국어, 수학, 영어 점수를 각각 확률변수 X_1, X_2, X_3이라 하면 X_1, X_2, X_3은 각각 정규분포 $N(64, 15^2)$, $N(62, 13^2)$, $N(65, 20^2)$을 따르므로

$$Z_1 = \frac{X_1 - 64}{15}, \ Z_2 = \frac{X_2 - 62}{13}, \ Z_3 = \frac{X_3 - 65}{20}$$

로 놓으면 Z_1, Z_2, Z_3은 모두 표준정규분포 $N(0, 1)$을 따른다.

② 표준화하여 성적 비교하기

다른 학생들이 동재보다 국어, 수학, 영어 점수가 높을 확률은 각각

$$P(X_1 \geq 91) = P\left(Z_1 \geq \frac{91 - 64}{15}\right) = P\left(Z_1 \geq \frac{9}{5}\right)$$

$$P(X_2 \geq 88) = P\left(Z_2 \geq \frac{88 - 62}{13}\right) = P(Z_2 \geq 2)$$

$$P(X_3 \geq 89) = P\left(Z_3 \geq \frac{89 - 65}{20}\right) = P\left(Z_3 \geq \frac{6}{5}\right)$$

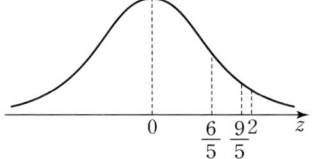

$2 > \dfrac{9}{5} > \dfrac{6}{5}$이므로 성적이 상대적으로 좋은 과목부터 순서대로 나열하면

수학, 국어, 영어이다.

Q 이항분포와 정규분포의 관계를 이용하여 실생활에서의 확률을 구할 수 있는가?

2 어느 공장에서 생산하는 제품의 무게 X는 평균이 400 g, 표준편차가 10 g인 정규분포를 따른다고 한다. 제품 한 개의 무게를 재었을 때 380 g 이하이면 불량품으로 판정한다. 생산된 제품 중 10000개를 임의로 택할 때, 불량품이 186개 이하일 확률을 오른쪽 표준정규분포표를 이용하여 구하시오.

z	$P(0 \leq Z \leq z)$
1.0	0.34
1.5	0.43
2.0	0.48

| 풀이 | ① 정규분포를 활용하여 불량품일 확률 구하기
유형 067

확률변수 X는 정규분포 $N(400, 10^2)$을 따르므로 $Z_X = \dfrac{X - 400}{10}$으로 놓으면 확률변수 Z_X는 표준정규분포 $N(0, 1)$을 따른다. 따라서 제품 한 개를 택했을 때 불량품일 확률은

$$P(X \leq 380) = P\left(Z_X \leq \frac{380 - 400}{10}\right) = P(Z_X \leq -2) = P(Z_X \leq 0) - P(-2 \leq Z_X \leq 0)$$
$$= P(Z_X \leq 0) - P(0 \leq Z_X \leq 2) = 0.5 - 0.48 = 0.02$$

② 이항분포와 정규분포의 관계를 이용하여 확률 구하기
유형 070

제품 10000개 중 불량품의 개수를 확률변수 Y라 하면 Y는 이항분포 $B(10000, 0.02)$를 따른다.

그러므로 Y는 근사적으로 정규분포 $N(200, 14^2)$을 따른다. ← $E(Y) = 10000 \times 0.02 = 200$, $V(Y) = 10000 \times 0.02 \times 0.98 = 196$

따라서 $Z_Y = \dfrac{Y - 200}{14}$으로 놓으면 Z_Y는 표준정규분포 $N(0, 1)$을 따르므로 구하는 확률은

$$P(Y \leq 186) = P\left(Z_Y \leq \frac{186 - 200}{14}\right) = P(Z_Y \leq -1) = P(Z_Y \leq 0) - P(-1 \leq Z_Y \leq 0)$$
$$= P(Z_Y \leq 0) - P(0 \leq Z_Y \leq 1) = 0.5 - 0.34 = \mathbf{0.16}$$

264

연속확률변수 X의 확률밀도함수가

$$f(x) = \frac{x}{4} + k \,(0 \le x \le 2)$$

일 때, $\mathrm{P}(X \ge 1)$을 구하시오. (단, k는 상수이다.)

265

$-1 \le X \le 1$에서 정의된 연속확률변수 X의 확률밀도함수 $y = f(x)$의 그래프가 다음과 같다.

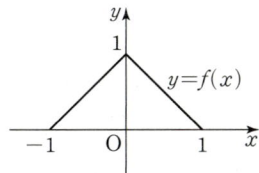

$\mathrm{P}\!\left(a \le X \le a + \dfrac{1}{3}\right)$이 최대가 되도록 하는 상수 a의 값을 구하시오.

266

연속확률변수 X가 갖는 값의 범위는 $0 \le X \le 4$이고, $\mathrm{P}(X \le 1)$과 $\mathrm{P}(X \le 3)$의 값이 이차방정식 $12x^2 - 7x + 1 = 0$의 두 근일 때, $\mathrm{P}(3 \le X \le 4)$를 구하시오.

267

연속확률변수 X의 확률밀도함수가

$$f(x) = \begin{cases} -x + 1 & (0 \le x < 1) \\ ax - a & (1 \le x \le 2) \end{cases}$$

일 때, $\mathrm{P}\!\left(|X - 1| \ge \dfrac{1}{2}\right)$을 구하시오. (단, a는 상수이다.)

268

$-1 \le X \le 1$에서 정의된 연속확률변수 X의 확률밀도함수 $f(x)$가 다음 조건을 만족시킬 때, $\mathrm{P}\!\left(-\dfrac{2}{3} \le X \le 0\right)$을 구하시오.

> (가) $f(-x) = f(x)$ (단, $-1 \le x \le 1$)
>
> (나) $\mathrm{P}\!\left(0 \le X \le \dfrac{2}{3}\right) = 4\mathrm{P}\!\left(\dfrac{2}{3} \le X \le 1\right)$

269 필수기출

연속확률변수 X가 갖는 값의 범위는 $0 \le X \le 3$이고

$$\mathrm{P}(x \le X \le 3) = a(3 - x) \,(0 \le x \le 3)$$

이 성립할 때, $\mathrm{P}(0 \le X < a) = \dfrac{q}{p}$이다. $p + q$의 값을 구하시오. (단, a는 상수이고, p와 q는 서로소인 자연수이다.)

270

정규분포 $N(m, \sigma^2)$을 따르는 확률변수 X가 다음 조건을 만족시킨다.

> (가) $P(X \leq 4) = P(X \geq 8)$
> (나) $E(X^2) = 61$

$m + \sigma^2$의 값을 구하시오.

271

어느 고등학교 A, B, C 세 반의 수학 성적이 각각 정규분포를 따르고, 각 정규분포의 확률밀도함수의 그래프가 오른쪽 그림과 같다. A, B, C 세 반의 학생 수가 같을 때, |보기|에서 옳은 것만을 있는 대로 고르시오.

(단, A반과 C반의 수학 성적의 표준편차는 같다.)

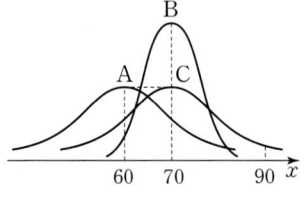

| 보기 |

ㄱ. 평균적으로 A반보다 B반의 학생이 더 우수하다.

ㄴ. 90점 이상인 학생 수는 C반보다 B반이 더 많다.

ㄷ. A반에서 점수가 65점 이하인 학생 수와 C반에서 점수가 65점 이상인 학생 수는 같다.

272

정규분포 $N(m, \sigma^2)$을 따르는 확률변수 X에 대하여 $P(m \leq X \leq x)$는 오른쪽 표와 같다. 확률변수 X가 정규분포 $N(5, 4^2)$을 따를 때, $P(|X-3| \leq 4)$를 구하시오.

x	$P(m \leq X \leq x)$
$m + 0.5\sigma$	0.1915
$m + \sigma$	0.3413
$m + 1.5\sigma$	0.4332
$m + 2\sigma$	0.4772

273

정규분포 $N(m, \sigma^2)$을 따르는 확률변수 X의 확률밀도함수 $f(x)$가 모든 실수 x에 대하여
$$f(50 - x) = f(50 + x)$$
를 만족시킨다.

$P(m \leq X \leq m+8) = 0.4772$일 때, 위의 표준정규분포표를 이용하여 $P(X \geq 54)$를 구하시오.

z	$P(0 \leq Z \leq z)$
1.0	0.3413
1.5	0.4332
2.0	0.4772
2.5	0.4938

274

A 공장과 B 공장에서 생산하는 제품의 무게는 각각 정규분포 $N(82, 2^2)$, $N(90, 4^2)$을 따른다고 한다. A 공장에서 임의로 택한 제품의 무게가 87 이하일 확률과 B 공장에서 임의로 택한 제품의 무게가 k 이하일 확률이 같을 때, k의 값을 구하시오. (단, 무게의 단위는 g이다.)

275

어느 고등학교 학생들의 키는 평균이 170 cm, 표준편차가 10 cm인 정규분포를 따른다고 한다. 이 학생들 중 키가 177 cm 이상인 학생이 a %일 때, 오른쪽 표준정규분포표를 이용하여 a의 값을 구하시오.

z	$P(0 \leq Z \leq z)$
0.7	0.2580
0.8	0.2881
0.9	0.3159
1.0	0.3413

276

어느 회사의 입사 시험을 치른 지원자들의 점수는 평균이 58점, 표준편차가 4점인 정규분포를 따른다고 한다. 입사 시험의 경쟁률이 25 : 1이었을 때, 합격자의 최저 점수를 위의 표준정규분포표를 이용하여 구하시오.

z	$P(0 \le Z \le z)$
1.28	0.40
1.75	0.46
2.06	0.48

277

두 확률변수 X, Y가 각각 정규분포 $N(40, 10^2)$, $N(50, 5^2)$을 따를 때, X, Y의 확률밀도함수의 그래프는 다음 그림과 같다.

z	$P(0 \le Z \le z)$
1.0	0.3413
2.0	0.4772
3.0	0.4987

두 곡선과 직선 $x=40$으로 둘러싸인 도형의 넓이를 S_1, 두 곡선과 직선 $x=50$으로 둘러싸인 도형의 넓이를 S_2라 할 때, S_2-S_1의 값을 위의 표준정규분포표를 이용하여 구하시오.

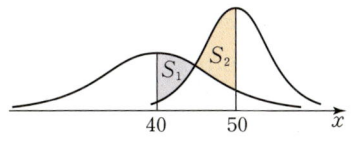

278

A 모의고사와 B 모의고사의 수학 점수는 각각 정규분포 $N(80, a^2)$, $N(82, 4^2)$을 따른다고 한다. 경원이의 A 모의고사와 B 모의고사의 수학 점수가 모두 84점일 때, 상대적으로 A 모의고사의 수학 성적이 더 우수하다고 판단할 수 있는 자연수 a의 최댓값을 구하시오.

279 필수기출

확률변수 X는 평균이 m, 표준편차가 5인 정규분포를 따르고, 확률변수 X의 확률밀도함수 $f(x)$가 다음 조건을 만족시킨다.

z	$P(0 \le Z \le z)$
0.6	0.226
0.8	0.288
1.0	0.341
1.2	0.385
1.4	0.419

(가) $f(10) > f(20)$
(나) $f(4) < f(22)$

m이 자연수일 때, $P(17 \le X \le 18)$을 위의 표준정규분포표를 이용하여 구한 것은?

① 0.044　　　　② 0.053　　　　③ 0.062
④ 0.078　　　　⑤ 0.097

280 필수기출

어느 회사 직원들의 어느 날의 출근 시간은 평균이 66.4분, 표준편차가 15분인 정규분포를 따른다고 한다. 이 날 출근 시간이 73분 이상인 직원들 중 40 %, 73분 미만인 직원들 중 20 %가 지하철을 이용하였고, 나머지 직원들은 다른 교통수단을 이용하였다. 이 날 출근한 이 회사 직원들 중 임의로 선택한 1명이 지하철을 이용하였을 확률은? (단, Z가 표준정규분포를 따르는 확률변수일 때, $P(0 \le Z \le 0.44)=0.17$로 계산한다.)

① 0.306　　　　② 0.296　　　　③ 0.286
④ 0.276　　　　⑤ 0.266

281

확률변수 X가 이항분포 $B(180, p)$를 따르고
$P(X \le 30) = 0.5$이다. 확률변수 X가 근사적으로 정규분포
$N(a, b)$를 따를 때, $a+b$의 값을 구하시오.

282

확률변수 X의 확률질량함수가

$$P(X=x) = {}_{490}C_x \left(\frac{5}{7}\right)^x \left(\frac{2}{7}\right)^{490-x} \ (x=0, 1, 2, \cdots, 490)$$

일 때, $P(340 \le X \le 365)$를 구하시오. (단, Z가 표준정규분
포를 따르는 확률변수일 때, $P(0 \le Z \le 1) = 0.3413$,
$P(0 \le Z \le 1.5) = 0.4332$로 계산한다.)

283

다음은 어느 고등학교 학생회장 선거에 출마한 네 명의 후보
A, B, C, D에 대한 지지율을 조사한 표이다.

후보	A	B	C	D	합계
지지율(%)	18	35	20	27	100

이 고등학교 학생 400명이 지지하는 후보에게 한 표씩 투표
를 할 때, 후보 C를 지지하지 않는 학생이 a명 이하일 확률이
0.0013이다. a의 값을 구하시오. (단, Z가 표준정규분포를 따
르는 확률변수일 때, $P(0 \le Z \le 3) = 0.4987$로 계산한다.)

284

1회의 시행에서 3점을 얻을 확률이 $\frac{4}{9}$이고 1점을 잃을 확률이
$\frac{5}{9}$인 게임이 있다. 0점에서 시작하여 이 게임을 1620번 독립
적으로 시행한 후의 점수가 1300점 이상일 확률을 p라 할 때,
$100p$의 값을 구하시오. (단, Z가 표준정규분포를 따르는 확
률변수일 때, $P(0 \le Z \le 0.5) = 0.19$로 계산한다.)

285

어느 농장에서 수확한 가지의 무
게는 평균이 400 g, 표준편차가
50 g인 정규분포를 따른다고 한
다. 이 중에서 무게가 442 g 이
상인 것만을 백화점 납품 상품으

z	$P(0 \le Z \le z)$
0.64	0.24
0.84	0.30
1.00	0.34
1.50	0.43

로 정한다. 이 농장에서 수확한 가지 중 100개를 임의로 선택
할 때, 백화점 납품 가능 상품이 26개 이상일 확률을 위의 표
준정규분포표를 이용하여 구한 것은?

① 0.07　　　　② 0.10　　　　③ 0.16

④ 0.20　　　　⑤ 0.26

이 단원에서는
- 확률변수와 확률분포의 뜻을 안다.
- 이산확률변수의 기댓값(평균)과 표준편차를 구할 수 있다.
- 이항분포의 뜻을 알고, 평균과 표준편차를 구할 수 있다.
- 정규분포의 뜻을 알고, 그 성질을 이해한다.
- 모집단과 표본의 뜻을 알고 표본추출의 원리를 이해한다.
- 표본평균과 모평균의 관계를 이해하고 설명할 수 있다.
- 모평균을 추정하고, 그 결과를 해석할 수 있다.

통계

20 모집단과 표본

개념 한눈에 보기

개념 1 **모집단과 표본**

(1) 통계 조사

  ① **전수조사** : 조사의 대상이 되는 집단 전체를 조사하는 것

  ② **표본조사** : 조사의 대상이 되는 집단 전체에서 일부분만을 뽑아서 조사하는 것

(2) 표본과 추출

  ① **모집단** : 통계 조사에서 조사의 대상이 되는 집단 전체

  ② **표본** : 조사하기 위하여 뽑은 모집단의 일부분

  ③ 표본의 크기 : 표본에 포함되어 있는 자료의 개수

  ④ 추출 : 모집단에서 표본을 뽑는 것

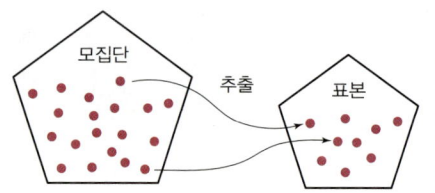

설명 모든 국민을 대상으로 실시하는 인구 주택 총조사는 전수조사, 일부만을 뽑아 실시하는 여론 조사는 표본조사의 대표적인 예이다.

한편, 전수조사는 자료의 특성을 정확히 파악할 수 있다는 장점이 있지만 시간과 비용이 많이 소요되고, 전수조사 자체가 불가능한 경우도 있다. 이러한 경우에는 전수조사보다는 표본조사를 많이 시행한다.

개념 2 **임의추출**

표본을 추출하는 방법 중 모집단에 속하는 각 대상이 같은 확률로 추출되도록 하는 방법을 **임의추출**이라 하고, 임의추출된 표본을 임의표본이라 한다.

(1) 복원추출 : 한 번 추출된 자료를 되돌려 놓은 후 다시 추출하는 것

(2) 비복원추출 : 추출된 자료를 되돌려 놓지 않고 다시 추출하는 것

tip (1) 특별한 언급이 없으면 임의추출은 복원추출로 생각한다.

(2) 모집단의 크기가 충분히 큰 경우에는 비복원추출도 복원추출로 볼 수 있다.

(3) 모집단에서 표본을 임의추출할 때에는 난수표, 난수 주사위, 제비뽑기, 공학용 계산기, 컴퓨터 프로그램 등을 이용할 수 있다.

설명 표본조사의 목적은 모집단 전체를 조사하지 않고도 모집단에서 추출한 표본을 바탕으로 그 표본으로만 모집단의 특성, 즉 평균 또는 표준편차 등을 추측하는 데 있다. 이때 표본으로 추측한 값과 모집단의 실제 값 사이의 오차를 줄이기 위해서는 표본을 추출할 때 모집단의 각 대상이 같은 확률로 추출되도록 하여야 한다. 이와 같은 방법을 임의추출이라 한다.

CHECK 1, 2, 3, 4의 숫자가 각각 하나씩 적힌 4개의 공이 들어 있는 주머니에서 2개의 공을 다음과 같이 임의추출할 때, 그 경우의 수를 구하시오.

(1) 한 개씩 복원추출

(2) 한 개씩 비복원추출

(3) 동시에 2개를 추출

풀이 (1) 공 4개 중 2개를 뽑는 중복순열의 수와 같으므로 $_4\Pi_2 = \mathbf{16}$

(2) 공 4개 중 2개를 뽑는 순열의 수와 같으므로 $_4P_2 = \mathbf{12}$

(3) 공 4개 중 2개를 뽑는 조합의 수와 같으므로 $_4C_2 = \mathbf{6}$

21 모평균과 표본평균

개념 1 **모평균, 모분산, 모표준편차** 유형 072

어느 모집단에서 조사하고자 하는 특성을 나타내는 확률변수를 X라 할 때, X의 평균, 분산, 표준편차를 각각 **모평균**, **모분산**, **모표준편차**라 하며, 이것을 각각 기호로

$$m, \sigma^2, \sigma$$

와 같이 나타낸다.

개념 2 **표본평균, 표본분산, 표본표준편차** 유형 072

모집단에서 임의추출한 크기가 n인 표본을 $X_1, X_2, X_3, \cdots, X_n$이라 할 때, 이들의 평균, 분산, 표준편차를 각각 **표본평균**, **표본분산**, **표본표준편차**라 하며, 이것을 각각 기호로

$$\overline{X}, S^2, S$$

와 같이 나타낸다. 이때 표본평균 $\overline{X}$, 표본분산 S^2, 표본표준편차 S는 다음과 같이 구한다.

(1) $\overline{X} = \dfrac{1}{n}(X_1 + X_2 + X_3 + \cdots + X_n)$

(2) $S^2 = \dfrac{1}{n-1}\{(X_1 - \overline{X})^2 + (X_2 - \overline{X})^2 + (X_3 - \overline{X})^2 + \cdots + (X_n - \overline{X})^2\}$

(3) $S = \sqrt{S^2}$

tip (1) 표본분산은 모분산과 달리 편차의 제곱의 합을 $n-1$로 나눈 것으로 정의하는데, 이는 표본분산과 모분산의 차이를 줄이기 위한 것이다.
(2) 모평균 m은 상수이지만, 표본평균 $\overline{X}$는 추출한 표본에 따라 다른 값을 가질 수 있는 확률변수이므로 $\overline{X}$의 확률분포, 평균, 표준편차 등을 구할 수 있다.

개념 3 **표본평균의 분포** 유형 073, 074

모평균이 m, 모표준편차가 σ인 모집단에서 크기가 n인 표본을 임의추출할 때, 표본평균 $\overline{X}$에 대하여 다음이 성립한다.

(1) $\mathrm{E}(\overline{X}) = m$, $\mathrm{V}(\overline{X}) = \dfrac{\sigma^2}{n}$, $\sigma(\overline{X}) = \dfrac{\sigma}{\sqrt{n}}$

(2) 모집단이 정규분포 $\mathrm{N}(m, \sigma^2)$을 따르면 표본평균 $\overline{X}$는 정규분포 $\mathrm{N}\left(m, \dfrac{\sigma^2}{n}\right)$을 따른다.

(3) 모집단의 분포가 정규분포가 아닐 때도 표본의 크기 n이 충분히 크면 $\overline{X}$는 근사적으로 정규분포 $\mathrm{N}\left(m, \dfrac{\sigma^2}{n}\right)$을 따른다.

tip (1) $\overline{X}$는 표본평균이고, $\mathrm{E}(\overline{X})$는 표본평균의 평균이다.
(2) (3)에서 표본의 크기 n이 충분히 크다는 것은 $n \geq 30$을 만족시킬 때이다.

설명 2, 4, 6의 숫자가 각각 하나씩 적힌 3개의 공이 들어 있는 주머니에서 한 개의 공을 임의추출할 때, 공에 적힌 숫자를 확률변수 X라 하자.

이때 X의 확률분포, 즉 모집단의 확률분포를 표로 나타내면 오른쪽과 같다.

X	2	4	6	합계
$P(X=x)$	$\frac{1}{3}$	$\frac{1}{3}$	$\frac{1}{3}$	1

따라서 확률변수 X의 모평균 m, 모분산 σ^2, 모표준편차 σ는 각각

$$m=2\times\frac{1}{3}+4\times\frac{1}{3}+6\times\frac{1}{3}=4$$

$$\sigma^2=2^2\times\frac{1}{3}+4^2\times\frac{1}{3}+6^2\times\frac{1}{3}-4^2=\frac{8}{3}$$

$$\sigma=\sqrt{\frac{8}{3}}=\frac{2\sqrt{6}}{3}$$

이다.

이 모집단에서 크기가 2인 표본을 복원추출할 때, 첫 번째 공에 적힌 숫자를 X_1, 두 번째 공에 적힌 숫자를 X_2라 하자.

오른쪽 표와 같이 추출된 두 표본 X_1, X_2에 따라 변하는 이들의 평균, 즉 표본평균 $\overline{X}=\frac{X_1+X_2}{2}$가 가질 수 있는 값은 2, 3, 4, 5, 6이다.

X_2 ＼ X_1	2	4	6
2	2	3	4
4	3	4	5
6	4	5	6

오른쪽 표를 이용하여 표본평균 $\overline{X}$의 확률분포를 표로 나타내면 다음과 같다.

$\overline{X}$	2	3	4	5	6	합계
$P(\overline{X}=\overline{x})$	$\frac{1}{9}$	$\frac{2}{9}$	$\frac{1}{3}$	$\frac{2}{9}$	$\frac{1}{9}$	1

따라서 표본평균 $\overline{X}=\frac{X_1+X_2}{2}$의 평균, 분산, 표준편차는 각각

$$E(\overline{X})=2\times\frac{1}{9}+3\times\frac{2}{9}+4\times\frac{1}{3}+5\times\frac{2}{9}+6\times\frac{1}{9}=4 \qquad \leftarrow E(\overline{X})=m$$

$$V(\overline{X})=2^2\times\frac{1}{9}+3^2\times\frac{2}{9}+4^2\times\frac{1}{3}+5^2\times\frac{2}{9}+6^2\times\frac{1}{9}-4^2=\frac{4}{3} \qquad \leftarrow V(\overline{X})=\frac{\sigma^2}{n}$$

$$\sigma(\overline{X})=\sqrt{\frac{4}{3}}=\frac{2\sqrt{3}}{3} \qquad \leftarrow \sigma(\overline{X})=\sqrt{V(\overline{X})}=\frac{\sigma}{\sqrt{n}}$$

이다. 여기서 표본평균 $\overline{X}$의 평균 $E(\overline{X})$는 모평균 m과 같고, 표본평균 $\overline{X}$의 분산 $V(\overline{X})$는 모분산을 표본의 크기로 나눈 것임을 알 수 있다.

CHECK 1, 3, 5, 7의 숫자가 각각 하나씩 적힌 4장의 카드가 들어 있는 주머니에서 2장의 카드를 임의추출할 때, 카드에 적힌 숫자의 표본평균을 $\overline{X}$라 하자. 표본평균 $\overline{X}$의 확률분포를 표로 나타내고, 평균, 분산을 구하시오.

풀이 표본평균 $\overline{X}$가 가질 수 있는 값은 1, 2, 3, 4, 5, 6, 7이므로 $\overline{X}$의 확률분포를 표로 나타내면 다음과 같다.

$\overline{X}$	1	2	3	4	5	6	7	합계
$P(\overline{X}=\overline{x})$	$\frac{1}{16}$	$\frac{1}{8}$	$\frac{3}{16}$	$\frac{1}{4}$	$\frac{3}{16}$	$\frac{1}{8}$	$\frac{1}{16}$	1

따라서 표본평균 $\overline{X}$의 평균, 분산은 각각

$$E(\overline{X})=1\times\frac{1}{16}+2\times\frac{1}{8}+3\times\frac{3}{16}+\cdots+7\times\frac{1}{16}=\mathbf{4}$$

$$V(\overline{X})=1^2\times\frac{1}{16}+2^2\times\frac{1}{8}+3^2\times\frac{3}{16}+\cdots+7^2\times\frac{1}{16}-4^2=\mathbf{\frac{5}{2}}$$

CHECK 모평균이 50, 모분산이 25인 모집단에서 크기가 100인 표본을 임의추출할 때, 표본평균 $\overline{X}$의 평균, 분산, 표준편차를 각각 구하시오.

풀이 모평균 $m=50$, 모분산 $\sigma^2=25$, 표본의 크기 $n=100$이므로 표본평균 $\overline{X}$의 평균, 분산, 표준편차는 각각

$$E(\overline{X})=m=\mathbf{50},\ V(\overline{X})=\frac{\sigma^2}{n}=\frac{25}{100}=\mathbf{\frac{1}{4}},\ \sigma(\overline{X})=\sqrt{V(\overline{X})}=\sqrt{\frac{1}{4}}=\mathbf{\frac{1}{2}}$$

오른쪽 표와 같은 확률분포를 따르는 모집단에서 크기가 4인 표본을 임의추출할 때, 표본평균을 $\overline{X}$라 하자. $E(\overline{X})=\dfrac{13}{3}$일 때, $V(\overline{X})$를 구하시오.

X	a	$2a$	$3a$	합계
$P(X=x)$	$\dfrac{1}{3}$	$\dfrac{1}{6}$	$\dfrac{1}{2}$	1

| 풀이 | $E(\overline{X})=E(X)$에서 $E(X)=\dfrac{13}{3}$이므로

$E(X)=a\times\dfrac{1}{3}+2a\times\dfrac{1}{6}+3a\times\dfrac{1}{2}=\dfrac{13}{3}$

$\dfrac{13}{6}a=\dfrac{13}{3}$ $\therefore a=2$

따라서 $V(X)=E(X^2)-\{E(X)\}^2=2^2\times\dfrac{1}{3}+4^2\times\dfrac{1}{6}+6^2\times\dfrac{1}{2}-\left(\dfrac{13}{3}\right)^2=\dfrac{29}{9}$이므로

$V(\overline{X})=\dfrac{V(X)}{4}=\dfrac{29}{36}$

■ 정답과 풀이 69쪽

체크 | 286 모평균이 40, 모표준편차가 16인 모집단에서 크기가 8인 표본을 임의추출할 때, 표본평균 $\overline{X}$에 대하여 $E(\overline{X}^2)$을 구하시오.

체크 | 287 1, 3, 5, 7의 숫자가 하나씩 적힌 카드가 각각 10장, 20장, 30장, 40장씩 들어 있는 상자에서 8장의 카드를 임의추출할 때, 카드에 적힌 숫자의 평균을 $\overline{X}$라 하자. $E(\overline{X})+V(\overline{X})$의 값을 구하시오.

체크 | 288 1, 1, 2, 2, 3, 3, 3의 숫자가 각각 하나씩 적힌 7개의 공이 들어 있는 주머니에서 크기가 n인 표본을 임의추출할 때, 공에 적힌 숫자의 표본평균 $\overline{X}$의 분산이 $\dfrac{17}{49}$이 되도록 하는 n의 값을 구하시오.

정규분포 $N(45, 4^2)$을 따르는 모집단에서 크기가 4인 표본을 임의추출할 때, 표본평균 $\overline{X}$가 40 이상 48 이하일 확률을 오른쪽 표준정규분포표를 이용하여 구하시오.

z	$P(0 \le Z \le z)$
1.0	0.3413
1.5	0.4332
2.0	0.4772
2.5	0.4938

| 풀이 | 모집단이 정규분포 $N(45, 4^2)$을 따르고 표본의 크기가 4이므로 표본평균 $\overline{X}$는 정규분포 $N\left(45, \dfrac{4^2}{4}\right)$, 즉 $N(45, 2^2)$을 따른다.

따라서 $Z = \dfrac{\overline{X}-45}{2}$로 놓으면 Z는 표준정규분포 $N(0, 1)$을 따르므로 구하는 확률은

$$P(40 \le \overline{X} \le 48) = P\left(\frac{40-45}{2} \le Z \le \frac{48-45}{2}\right) = P(-2.5 \le Z \le 1.5)$$
$$= P(-2.5 \le Z \le 0) + P(0 \le Z \le 1.5) = P(0 \le Z \le 2.5) + P(0 \le Z \le 1.5)$$
$$= 0.4938 + 0.4332 = \mathbf{0.9270}$$

■ 정답과 풀이 70쪽

체크 289 어느 과자 회사에서 생산하는 과자 한 봉지의 무게는 평균이 $350\,g$, 표준편차가 $25\,g$인 정규분포를 따른다고 한다. 이 회사에서 생산한 과자 중 25봉지를 임의추출할 때, 과자의 무게의 평균이 $360\,g$ 이상일 확률을 a라 하자. $100a$의 값을 구하시오. (단, Z가 표준정규분포를 따르는 확률변수일 때, $P(0 \le Z \le 2) = 0.48$로 계산한다.)

체크 290 어느 고등학교 학생들의 일주일 동안의 음악 감상 시간은 평균이 400분, 표준편차가 32분인 정규분포를 따른다고 한다. 이 고등학교 학생 중 64명을 임의추출할 때, 일주일 동안의 음악 감상 시간의 평균이 394분 이상 402분 이하일 확률을 오른쪽 표준정규분포표를 이용하여 구하시오.

z	$P(0 \le Z \le z)$
0.5	0.19
1.0	0.34
1.5	0.43
2.0	0.48

체크 291 정규분포 $N(m, 14^2)$을 따르는 모집단에서 크기가 49인 표본을 임의추출할 때, 표본평균 $\overline{X}$에 대하여 $P(|\overline{X}-m| \ge 5)$를 구하시오.
(단, Z가 표준정규분포를 따르는 확률변수일 때, $P(0 \le Z \le 2.5) = 0.4938$로 계산한다.)

정규분포 $N(400, 22^2)$을 따르는 모집단에서 크기가 121인 표본을 임의추출할 때, 표본평균 $\overline{X}$에 대하여 $P(\overline{X} \leq k) = 0.0228$을 만족시키는 상수 k의 값을 오른쪽 표준정규분포표를 이용하여 구하시오.

z	$P(0 \leq Z \leq z)$
1.0	0.3413
1.5	0.4332
2.0	0.4772
2.5	0.4938

|풀이| 모집단이 정규분포 $N(400, 22^2)$을 따르고 표본의 크기가 121이므로 표본평균 $\overline{X}$는 정규분포 $N\left(400, \dfrac{22^2}{121}\right)$, 즉

$N(400, 2^2)$을 따른다.

따라서 $Z = \dfrac{\overline{X} - 400}{2}$으로 놓으면 Z는 표준정규분포 $N(0, 1)$을 따르므로

$P(\overline{X} \leq k) = P\left(Z \leq \dfrac{k-400}{2}\right) = 0.0228$에서

$P\left(\dfrac{k-400}{2} \leq Z \leq 0\right) = P(Z \leq 0) - P\left(Z \leq \dfrac{k-400}{2}\right) = 0.5 - 0.0228 = 0.4772$

이때 $P(0 \leq Z \leq 2) = P(-2 \leq Z \leq 0) = 0.4772$이므로

$\dfrac{k-400}{2} = -2$ $\quad \therefore k = \mathbf{396}$

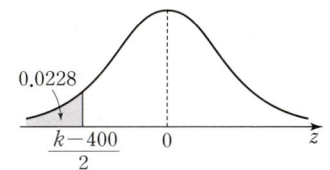

■ 정답과 풀이 70쪽

체크 292 정규분포 $N(40, 4^2)$을 따르는 모집단에서 크기가 n인 표본을 임의추출할 때, 표본평균 $\overline{X}$에 대하여 $P\left(\overline{X} \leq \dfrac{124}{\sqrt{n}}\right) = 0.8413$을 만족시키는 n의 값을 오른쪽 표준정규분포표를 이용하여 구하시오.

z	$P(0 \leq Z \leq z)$
1.0	0.3413
1.5	0.4332
2.0	0.4772
2.5	0.4938

체크 293 어느 공장에서 생산하는 아이스크림 한 개의 용량은 평균이 $450\,\text{mL}$, 표준편차가 $10\,\text{mL}$인 정규분포를 따른다고 한다. 이 공장에서 생산하는 아이스크림 중 n개를 임의추출할 때, 표본평균 $\overline{X}$에 대하여 $P(440 \leq \overline{X} \leq 460) = 0.9544$를 만족시키는 n의 값을 구하시오.
(단, Z가 표준정규분포를 따르는 확률변수일 때, $P(0 \leq Z \leq 2) = 0.4772$, $P(0 \leq Z \leq 2.5) = 0.4938$로 계산한다.)

체크 294 어느 단축 마라톤 대회에서 대회 출전자들의 완주기록이 평균이 58분, 표준편차가 24분인 정규분포를 따른다고 한다. 이 대회 출전자 중 임의추출한 400명의 완주기록의 평균을 $\overline{X}$라 할 때, $P(\overline{X} \geq k) \leq 0.16$을 만족시키는 정수 k의 최솟값을 오른쪽 표준정규분포표를 이용하여 구하시오.

z	$P(0 \leq Z \leq z)$
1.0	0.34
1.1	0.36
1.2	0.38
1.3	0.40

선생님의 출제 **point**

Q 표본의 총합이 주어졌을 때 표본평균의 확률을 구할 수 있는가?

1 어느 과수원에서 수확하는 한라봉 한 개의 무게는 평균이 290 g, 표준편차가 12 g 인 정규분포를 따른다고 한다. 이 한라봉을 9개씩 한 세트로 판매한다고 할 때, 한 라봉 한 세트의 무게가 2.7 kg 이상이면 특상품이라 한다. 세트 5000개 중 특상품 으로 판정되는 세트의 개수를 오른쪽 표준정규분포표를 이용하여 구하시오.

z	$P(0 \le Z \le z)$
1.5	0.4332
2.0	0.4772
2.5	0.4938

| 풀이 | ① 표본평균의 분포 구하 기

임의추출한 한라봉 9개의 무게의 평균을 $\overline{X}$라 하면 표본평균 $\overline{X}$는 정규분포

$N\left(290, \dfrac{12^2}{9}\right)$, 즉 $N(290, 4^2)$을 따른다.

따라서 $Z=\dfrac{\overline{X}-290}{4}$으로 놓으면 Z는 표준정규분포 $N(0, 1)$을 따르므로 한라봉 9개의

무게의 합이 2.7 kg 이상일 확률은

② 표본평균의 확률 구하 기

유형 073

$$P(9\overline{X} \ge 2700)=P(\overline{X} \ge 300)=P\left(Z \ge \dfrac{300-290}{4}\right)$$
$$=P(Z \ge 2.5)=P(Z \ge 0)-P(0 \le Z \le 2.5)$$
$$=0.5-0.4938=0.0062$$

따라서 세트 5000개 중 특상품으로 판정되는 세트의 개수는

$5000 \times 0.0062 = \mathbf{31}$

Q 정규분포를 따르는 두 모집단의 관계식을 이용하여 미지수를 구할 수 있는가?

2 정규분포 $N(30, 5^2)$을 따르는 모집단에서 크기가 16인 표본을 임의추출하여 구한 표본평균을 $\overline{X}$, 정규분포 $N(15, 2^2)$을 따르는 모집단에서 크기가 25인 표본을 임의추출하여 구한 표본평균을 $\overline{Y}$라 하자.

$P\left(\overline{X} \le \dfrac{125}{4}\right)=P(\overline{Y} \ge a)$일 때, $10a$의 값을 구하시오. (단, a는 상수이다.)

| 풀이 | ① 표본평균의 분포 구하 기

두 표본평균 $\overline{X}$, $\overline{Y}$는 각각 정규분포 $N\left(30, \dfrac{5^2}{16}\right)$, $N\left(15, \dfrac{2^2}{25}\right)$을 따르므로

$Z_X=\dfrac{\overline{X}-30}{\frac{5}{4}}$, $Z_Y=\dfrac{\overline{Y}-15}{\frac{2}{5}}$로 놓으면 Z_X, Z_Y는 모두 표준정규분포 $N(0, 1)$을 따른다.

② 표본평균의 확률을 이 용하여 미지수 구하기

유형 074

$P\left(\overline{X} \le \dfrac{125}{4}\right)=P(\overline{Y} \ge a)$, $P\left(Z_X \le \dfrac{\frac{125}{4}-30}{\frac{5}{4}}\right)=P\left(Z_Y \ge \dfrac{a-15}{\frac{2}{5}}\right)$

$P(Z_X \le 1)=P\left(Z_Y \ge \dfrac{a-15}{\frac{2}{5}}\right)$

즉, $\dfrac{a-15}{\frac{2}{5}}=-1$이므로 $a-15=-\dfrac{2}{5}$　　∴ $a=\dfrac{73}{5}$

∴ $10a=\mathbf{146}$

295

| 보기 |에서 표본조사가 적합한 것만을 있는 대로 고르시오.

> | 보기 |
>
> ㄱ. 전구의 평균수명 조사
> ㄴ. 어느 학급의 수학 성적의 평균
> ㄷ. 청소년들이 가장 선호하는 직업
> ㄹ. 선거 투표 후 유권자에 대한 출구 조사
> ㅁ. 우리나라의 총 인구 조사

296

어느 모집단의 확률분포가 다음 표와 같다.

X	1	3	5	7	합계
$P(X=x)$	$\frac{1}{8}$	$\frac{1}{4}$	$\frac{1}{8}$	$\frac{1}{2}$	1

이 모집단에서 크기가 2인 표본을 복원추출하여 구한 표본평균을 $\overline{X}$라 할 때, $P(\overline{X}=3)$을 구하시오.

297

모표준편차가 16인 모집단에서 크기가 n인 표본을 임의추출할 때, 표본평균 $\overline{X}$의 표준편차가 2 이하가 되도록 하는 n의 최솟값을 구하시오.

298

모평균이 12, 모분산이 5인 정규분포를 따르는 모집단에서 크기가 n인 표본을 임의추출할 때, 표본평균 $\overline{X}$에 대하여
$E(\overline{X}^2 - 24\overline{X} + 144) = \frac{1}{12}$ 을 만족시키는 n의 값을 구하시오.

299

1, 3, k의 숫자가 하나씩 적힌 카드가 각각 2장, 3장, k장씩 들어 있는 상자에서 카드 4장을 복원추출할 때, 카드에 적힌 숫자의 표본평균 $\overline{X}$의 평균이 $\frac{18}{5}$이다. $\overline{X}$의 분산을 구하시오.

300

평균이 56, 표준편차가 16인 정규분포를 따르는 모집단에서 크기가 16인 표본을 임의추출할 때, 표본평균 $\overline{X}$에 대하여 $P(50 \leq \overline{X} \leq 60)$을 구하시오. (단, Z가 표준정규분포를 따르는 확률변수일 때, $P(0 \leq Z \leq 1) = 0.3413$, $P(0 \leq Z \leq 1.5) = 0.4332$로 계산한다.)

301

이항분포 $B\left(600, \frac{2}{5}\right)$를 따르는 모집단에서 크기가 4인 표본을 임의추출하여 구한 표본평균을 $\overline{X}$라 할 때, $P(237 \leq \overline{X} \leq 252)$를 오른쪽 표준정규분포표를 이용하여 구하시오.

z	$P(0 \leq Z \leq z)$
0.5	0.1915
1.0	0.3413
1.5	0.4332
2.0	0.4772

302 필수기출

어느 도시에서 공용 자전거의 1회 이용 시간은 평균이 60분, 표준편차가 10분인 정규분포를 따른다고 한다. 공용 자전거를 이용한 25회를 임의추출하여 조사할 때, 25회 이용 시간의 총합이 1450분 이상일 확률을 위의 표준정규분포표를 이용하여 구한 것은?

z	$P(0 \leq Z \leq z)$
1.0	0.3413
1.5	0.4332
2.0	0.4772
2.5	0.4938

① 0.8351 ② 0.8413 ③ 0.9332
④ 0.9772 ⑤ 0.9938

303

정규분포 $N(100, \sigma^2)$을 따르는 모집단에서 크기가 9인 표본을 임의추출하여 구한 표본평균을 $\overline{X}$, 정규분포 $N(80, 16^2)$을 따르

z	$P(0 \leq Z \leq z)$
1.0	0.3413
2.0	0.4772
3.0	0.4987

는 모집단에서 크기가 4인 표본을 임의추출하여 구한 표본평균을 $\overline{Y}$라 하자. $P(\overline{X} \geq 92) + P(\overline{Y} \geq 96) = 1$일 때, $P(\overline{X} \leq 112)$를 위의 표준정규분포표를 이용하여 구하시오.

304

어느 공장에서 생산하는 전지의 수명은 평균이 2000시간, 표준편차가 120시간인 정규분포를 따른다. 이 공장에서 생산된 전지 중 n개를 임의추출하여 조사한 수명의 표본평균을 $\overline{X}$라 할 때, $P\left(\overline{X} \geq 1880 + \frac{144}{\sqrt{n}}\right) \geq 0.97$이 성립하기 위한 자연수 n의 최솟값을 구하시오. (단, Z가 표준정규분포를 따르는 확률변수일 때, $P(0 \leq Z \leq 1.08) = 0.36$, $P(0 \leq Z \leq 1.88) = 0.47$로 계산한다.)

305 필수기출

어느 지역 학생들의 1일 인터넷 사용시간 X는 평균이 m분, 표준편차가 30분인 정규분포를 따른다. 이 지역 학생들을 대상으로 9명을 임의추출하여 조사한 1일 인터넷 사용시간의 표본평균을 $\overline{X}$라 하자. 함수 $G(k)$, $H(k)$를

$$G(k) = P(X \leq m + 30k)$$
$$H(k) = P(\overline{X} \geq m - 30k)$$

라 할 때, |**보기**|에서 옳은 것만을 있는 대로 고른 것은?

보기
ㄱ. $G(0) = H(0)$
ㄴ. $G(3) = H(1)$
ㄷ. $G(1) + H(-1) = 1$

① ㄱ ② ㄷ ③ ㄱ, ㄴ
④ ㄴ, ㄷ ⑤ ㄱ, ㄴ, ㄷ

22 모평균의 추정

개념 1 모평균의 추정

유형 075, 076, 077

(1) 추정

표본에서 얻은 자료를 이용하여 모집단의 특성, 즉 모집단의 평균이나 표준편차 등과 같이 알지 못하는 값을 추측하는 것

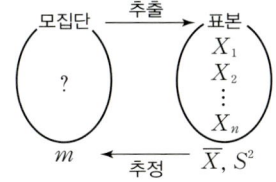

(2) 모평균의 신뢰구간

정규분포 $N(m, \sigma^2)$을 따르는 모집단에서 크기가 n인 표본을 임의추출할 때, 표본평균 $\overline{X}$의 값이 $\overline{x}$이면 모평균 m의 신뢰구간은 다음과 같다.

① 신뢰도 95 %의 신뢰구간 : $\overline{x}-1.96\dfrac{\sigma}{\sqrt{n}} \leq m \leq \overline{x}+1.96\dfrac{\sigma}{\sqrt{n}}$

② 신뢰도 99 %의 신뢰구간 : $\overline{x}-2.58\dfrac{\sigma}{\sqrt{n}} \leq m \leq \overline{x}+2.58\dfrac{\sigma}{\sqrt{n}}$

---

tip 표본의 크기 n이 충분히 크면 모표준편차 σ와 표본표준편차 S가 거의 같아지므로 σ 대신 S를 사용하여 신뢰구간을 구할 수 있다. 이때 표본의 크기 n이 충분히 크다는 것은 $n \geq 30$을 만족시킬 때이다.

설명 정규분포 $N(m, \sigma^2)$을 따르는 모집단에서 크기가 n인 표본을 임의추출할 때, 표본평균 $\overline{X}$는 정규분포 $N\left(m, \dfrac{\sigma^2}{n}\right)$을 따른다.

따라서 $\overline{X}$를 표준화한 확률변수 $Z=\dfrac{\overline{X}-m}{\dfrac{\sigma}{\sqrt{n}}}$은 표준정규분포 $N(0, 1)$을 따른다.

한편, 표준정규분포표에서 $P(-1.96 \leq Z \leq 1.96)=0.95$이므로

$$P\left(-1.96 \leq \dfrac{\overline{X}-m}{\dfrac{\sigma}{\sqrt{n}}} \leq 1.96\right)=0.95 \quad \leftarrow P\left(\overline{X}-1.96\dfrac{\sigma}{\sqrt{n}} \leq m \leq \overline{X}+1.96\dfrac{\sigma}{\sqrt{n}}\right)=0.95$$

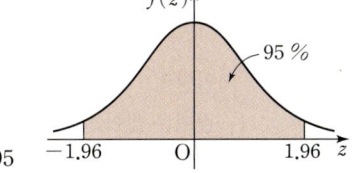

이것은 모평균 m이 $\overline{X}-1.96\dfrac{\sigma}{\sqrt{n}}$ 이상 $\overline{X}+1.96\dfrac{\sigma}{\sqrt{n}}$ 이하인 범위에 포함될 확률이 0.95 임을 나타낸다.

여기서 표본평균 $\overline{X}$의 값을 $\overline{x}$라 할 때,

$$\overline{x}-1.96\dfrac{\sigma}{\sqrt{n}} \leq m \leq \overline{x}+1.96\dfrac{\sigma}{\sqrt{n}}$$

를 모평균 m의 신뢰도 95 %의 신뢰구간이라 한다.

같은 방법으로 $P(-2.58 \leq Z \leq 2.58)=0.99$이므로 모평균 m의 신뢰도 99 %의 신뢰구간은 다음과 같다.

$$\overline{x}-2.58\dfrac{\sigma}{\sqrt{n}} \leq m \leq \overline{x}+2.58\dfrac{\sigma}{\sqrt{n}}$$

CHECK 모표준편차가 5인 정규분포를 따르는 모집단에서 임의추출한 크기가 100인 표본의 표본평균이 40일 때, 모평균 m의 신뢰도 95 %의 신뢰구간을 구하시오.

(단, Z가 표준정규분포를 따르는 확률변수일 때, $P(|Z| \leq 1.96)=0.95$로 계산한다.)

풀이 모표준편차 $\sigma=5$, 표본의 크기 $n=100$, 표본평균 $\overline{x}=40$이므로 모평균 m의 신뢰도 95 %의 신뢰구간은

$$40-1.96 \times \dfrac{5}{\sqrt{100}} \leq m \leq 40+1.96 \times \dfrac{5}{\sqrt{100}} \qquad \therefore 39.02 \leq m \leq 40.98$$

◎ 신뢰도의 의미

신뢰도란 표본평균의 분포로부터 모평균이 포함될 범위(신뢰구간)를 구할 때, 그 범위에 모평균이 포함될 확률이다.

설명 표본평균 $\overline{X}$는 확률변수이므로 추출되는 표본에 따라 표본평균의 값 $\overline{x}$가 달라지고, 이에 따라 신뢰구간도 달라진다.

이렇게 구한 신뢰구간 중에는 모평균 m을 포함하는 것과 포함하지 않는 것이 있을 수 있다.

예를 들어 오른쪽 그림에서 표본평균 $\overline{X}$의 값을 $\overline{x_1}$, $\overline{x_2}$로 계산한 신뢰구간은 m을 포함하고, $\overline{x_3}$으로 계산한 신뢰구간은 m을 포함하지 않는다.

즉, '모평균 m의 신뢰도 95 %의 신뢰구간'의 뜻은 모집단으로부터 크기가 n인 표본을 여러 번 추출하여 신뢰구간을 만드는 일을 반복할 때, 구한 신뢰구간 중 약 95 %는 모평균 m을 포함한다는 뜻이다.

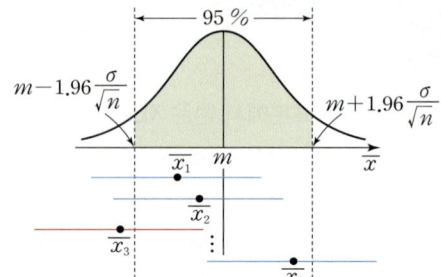

◎ 신뢰구간의 길이

정규분포 $\mathrm{N}(m, \sigma^2)$을 따르는 모집단에서 크기가 n인 표본을 임의추출할 때, 모평균 m의 신뢰구간의 길이는 다음과 같다.

(1) 신뢰도 95 %의 신뢰구간의 길이 : $2 \times 1.96 \dfrac{\sigma}{\sqrt{n}}$

(2) 신뢰도 99 %의 신뢰구간의 길이 : $2 \times 2.58 \dfrac{\sigma}{\sqrt{n}}$

설명 정규분포 $\mathrm{N}(m, \sigma^2)$을 따르는 모집단에서 크기가 n인 표본을 임의추출할 때, 표본평균 $\overline{X}$의 값을 $\overline{x}$라 하면 모평균 m의 신뢰도 95 %의 신뢰구간은 $\overline{x} - 1.96 \dfrac{\sigma}{\sqrt{n}} \leq m \leq \overline{x} + 1.96 \dfrac{\sigma}{\sqrt{n}}$이므로 신뢰구간의 길이는 다음과 같다.

$$\left(\overline{x} + 1.96 \dfrac{\sigma}{\sqrt{n}}\right) - \left(\overline{x} - 1.96 \dfrac{\sigma}{\sqrt{n}}\right) = 2 \times 1.96 \dfrac{\sigma}{\sqrt{n}}$$

같은 방법으로 신뢰도 99 %의 신뢰구간의 길이는 다음과 같다.

$$\left(\overline{x} + 2.58 \dfrac{\sigma}{\sqrt{n}}\right) - \left(\overline{x} - 2.58 \dfrac{\sigma}{\sqrt{n}}\right) = 2 \times 2.58 \dfrac{\sigma}{\sqrt{n}}$$

일반적으로 표본의 크기가 일정할 때, 신뢰도가 높아지면 신뢰구간의 길이는 길어지고, 신뢰도가 낮아지면 신뢰구간의 길이는 짧아진다. 또한 신뢰도가 일정할 때, 표본의 크기가 커지면 신뢰구간의 길이는 짧아지고, 표본의 크기가 작아지면 신뢰구간의 길이는 길어진다.

따라서 표본의 크기가 일정할 때, 신뢰구간의 길이를 짧게 하려면 신뢰도가 낮아져야 하고, 신뢰도가 일정할 때 신뢰구간의 길이를 짧게 하려면 표본의 크기가 커져야 한다.

◎ 신뢰도에 따른 신뢰구간

$\mathrm{P}(-k \leq Z \leq k) = \dfrac{\alpha}{100}$일 때, 표본평균 $\overline{X}$의 값을 $\overline{x}$라 하면 모평균 m의 신뢰도 α %의 신뢰구간은

$\overline{x} - k \dfrac{\sigma}{\sqrt{n}} \leq m \leq \overline{x} + k \dfrac{\sigma}{\sqrt{n}}$이고, 신뢰구간의 길이는 $2k \dfrac{\sigma}{\sqrt{n}}$이다.

설명 $\mathrm{P}(-1.96 \leq Z \leq 1.96) = 0.95$일 때, 표본평균 $\overline{X}$의 값을 $\overline{x}$라 하면 모평균 m의 신뢰도 95 %의 신뢰구간은

$$\overline{x} - 1.96 \dfrac{\sigma}{\sqrt{n}} \leq m \leq \overline{x} + 1.96 \dfrac{\sigma}{\sqrt{n}}$$

이다. 따라서 $\mathrm{P}(-k \leq Z \leq k) = \dfrac{\alpha}{100}$일 때, 표본평균 $\overline{X}$의 값을 $\overline{x}$라 하면 모평균 m의 신뢰도 α %의 신뢰구간은

$$\overline{x} - k \dfrac{\sigma}{\sqrt{n}} \leq m \leq \overline{x} + k \dfrac{\sigma}{\sqrt{n}}$$

이고, 신뢰구간의 길이는 $2k \dfrac{\sigma}{\sqrt{n}}$임을 알 수 있다.

어느 고등학교 학생 100명을 임의추출하여 제자리 멀리 뛰기 기록을 조사하였더니 평균이 210 cm, 표준편차가 20 cm인 정규분포를 따른다고 할 때, 제자리 멀리 뛰기 기록의 평균 m cm에 대하여 다음을 구하시오.

(단, Z가 표준정규분포를 따르는 확률변수일 때, $P(|Z| \leq 1.96) = 0.95$, $P(|Z| \leq 2.58) = 0.99$로 계산한다.)

(1) 신뢰도 95 %의 신뢰구간

(2) 신뢰도 99 %의 신뢰구간

| 풀이 | 표본의 크기 100이 충분히 크므로 모표준편차 대신 표본표준편차 20을 사용할 수 있고, 표본평균이 210이므로

(1) 모평균 m의 신뢰도 95 %의 신뢰구간은

$$210 - 1.96 \times \frac{20}{\sqrt{100}} \leq m \leq 210 + 1.96 \times \frac{20}{\sqrt{100}}$$

$$\therefore \mathbf{206.08 \leq m \leq 213.92}$$

(2) 모평균 m의 신뢰도 99 %의 신뢰구간은

$$210 - 2.58 \times \frac{20}{\sqrt{100}} \leq m \leq 210 + 2.58 \times \frac{20}{\sqrt{100}}$$

$$\therefore \mathbf{204.84 \leq m \leq 215.16}$$

■ 정답과 풀이 74쪽

체크 306 모표준편차가 3이고 정규분포를 따르는 모집단에서 크기가 144인 표본을 임의추출할 때, 표본평균이 50이었다. 모평균 m의 신뢰도 99 %의 신뢰구간을 구하시오.

(단, Z가 표준정규분포를 따르는 확률변수일 때, $P(|Z| \leq 2.58) = 0.99$로 계산한다.)

체크 307 어느 공장에서 생산되는 스마트폰의 무게는 정규분포를 따른다고 한다. 생산된 스마트폰 중 400개를 임의추출하여 그 무게를 조사하였더니 평균이 190 g, 표준편차가 10 g이었을 때, 생산된 스마트폰의 무게의 평균 m g에 대하여 다음을 구하시오. (단, Z가 표준정규분포를 따르는 확률변수일 때, $P(0 \leq Z \leq 1.96) = 0.4750$, $P(0 \leq Z \leq 2.58) = 0.4950$으로 계산한다.)

(1) 신뢰도 95 %의 신뢰구간

(2) 신뢰도 99 %의 신뢰구간

체크 308 어느 제과점에서 판매되는 샌드위치의 무게는 표준편차가 15 g인 정규분포를 따른다고 한다. 이 제과점에서 샌드위치 n개를 임의추출하여 무게를 조사하였더니 평균이 240 g이었다. 이 제과점에서 판매되는 샌드위치의 무게의 평균 m g의 신뢰도 95 %의 신뢰구간이 $235 \leq m \leq 245$일 때, n의 값을 구하시오.

(단, Z가 표준정규분포를 따르는 확률변수일 때, $P(0 \leq Z \leq 2) = 0.475$로 계산한다.)

어느 과수원에서 재배되는 사과 한 개의 무게는 표준편차가 30 g인 정규분포를 따른다고 한다. 이 과수원에서 재배되는 사과 한 개의 무게의 평균 m g의 신뢰도 95 %의 신뢰구간이 $a \leq m \leq b$일 때, $b-a$의 값이 14 이하가 되도록 하려면 적어도 몇 개의 사과를 임의추출하여 조사해야 하는지 구하시오.

(단, Z가 표준정규분포를 따르는 확률변수일 때, $\mathrm{P}(0 \leq Z \leq 1.96)=0.4750$으로 계산한다.)

| 풀이 | 표본의 크기를 n, 표본평균을 $\bar{x}$라 하면 모표준편차가 30이므로 모평균 m의 신뢰도 95 %의 신뢰구간은

$$\bar{x}-1.96 \times \frac{30}{\sqrt{n}} \leq m \leq \bar{x}+1.96 \times \frac{30}{\sqrt{n}}$$

이때 $b-a=2 \times 1.96 \times \dfrac{30}{\sqrt{n}} \leq 14$이므로 $\sqrt{n} \geq 8.4$

$\therefore n \geq 70.56$

따라서 적어도 **71개**의 사과를 조사해야 한다.

■ 정답과 풀이 74쪽

체크 309 모표준편차가 5인 모집단에서 크기가 n인 표본을 임의추출하여 신뢰도 99 %로 추정한 모평균 m의 신뢰구간이 $a \leq m \leq b$일 때, $b-a < 6$이기 위한 자연수 n의 최솟값을 구하시오.

(단, Z가 표준정규분포를 따르는 확률변수일 때, $\mathrm{P}(|Z| \leq 2.58)=0.99$로 계산한다.)

체크 310 어느 도시의 고등학생의 통학시간은 평균이 m분, 표준편차가 σ분인 정규분포를 따른다고 한다. 이 도시의 고등학생 중 900명을 임의추출하여 신뢰도 99 %로 추정한 모평균 m의 신뢰구간이 $\alpha \leq m \leq \beta$, n명을 임의추출하여 신뢰도 95%로 추정한 모평균 m의 신뢰구간이 $\gamma \leq m \leq \delta$라 한다. $l=\beta-\alpha$, $l'=\delta-\gamma$라 할 때, $l=l'$이 성립하도록 하는 표본의 크기 n의 값을 구하시오.

(단, Z가 표준정규분포를 따르는 확률변수일 때, $\mathrm{P}(|Z| \leq 2)=0.95$, $\mathrm{P}(|Z| \leq 3)=0.99$로 계산한다.)

정규분포를 따르는 모집단에서 크기가 n인 표본을 임의추출하였을 때, 모평균 m의 신뢰도 α %의 신뢰구간이 $a \le m \le b$이었다. **보기**에서 옳은 것만을 있는 대로 고르시오.

보기

ㄱ. n의 값이 일정할 때, α의 값이 커지면 $b-a$의 값은 커진다.
ㄴ. α의 값이 일정할 때, n의 값이 커지면 $b-a$의 값은 커진다.
ㄷ. α의 값이 작아지고 n의 값이 커지면 $b-a$의 값은 작아진다.

풀이   정규분포 $N(m, \sigma^2)$을 따르는 모집단에서 $P(-k \le Z \le k) = \dfrac{\alpha}{100}$일 때, 크기가 n인 표본의 표본평균을 $\overline{x}$라 하면 모평균 m의 신뢰도 α %의 신뢰구간은

$$\overline{x} - k\frac{\sigma}{\sqrt{n}} \le m \le \overline{x} + k\frac{\sigma}{\sqrt{n}}$$

이므로 $b - a = 2k\dfrac{\sigma}{\sqrt{n}}$

ㄱ. n의 값이 일정할 때, α의 값이 커지면 k의 값도 커지므로 $b-a$의 값은 커진다. (참)

ㄴ. α의 값이 일정하면 k의 값도 일정하고, n의 값이 커지면 $\dfrac{1}{\sqrt{n}}$의 값은 작아지므로 $b-a$의 값은 작아진다. (거짓)

ㄷ. α의 값이 작아지면 k의 값도 작아지고, n의 값이 커지면 $\dfrac{1}{\sqrt{n}}$의 값은 작아지므로 $b-a$의 값은 작아진다. (참)

따라서 옳은 것은 ㄱ, ㄷ이다.

■ 정답과 풀이 75쪽

체크 311   정규분포를 따르는 모집단에서 크기가 n인 표본을 임의추출하여 신뢰도 α %로 추정한 모평균 m의 신뢰구간이 $a \le m \le b$이다. 신뢰도가 같을 때, 표본의 크기가 $\dfrac{1}{2}$배가 되면 $b-a$의 값은 t배가 된다. t의 값을 구하시오.

체크 312   정규분포를 따르는 모집단에서 표본을 임의추출하여 구한 모평균 m의 신뢰구간이 $\alpha \le m \le \beta$ $(\alpha < \beta)$일 때, $\beta - \alpha$를 신뢰구간의 길이라 한다. **보기**에서 옳은 것만을 있는 대로 고르시오. (단, Z가 표준정규분포를 따르는 확률변수일 때, $P(0 \le Z \le 1.96) = 0.4750$, $P(0 \le Z \le 2.58) = 0.4950$으로 계산한다.)

보기

ㄱ. 표본의 크기가 일정할 때, 신뢰도 99 %의 신뢰구간은 신뢰도 95 %의 신뢰구간을 포함한다.
ㄴ. 신뢰도를 높이면서 표본의 크기를 작게 하면 신뢰구간의 길이는 길어진다.
ㄷ. 신뢰도가 일정할 때, 표본의 크기가 4배가 되면 신뢰구간의 길이는 2배가 된다.
ㄹ. 신뢰구간의 길이는 모평균 m의 값과 관계가 없다.

선생님의 출제 **point**

Q 모평균과 표본평균의 차에 대한 조건이 주어졌을 때 표본의 크기를 구할 수 있는가?

1 어느 회사에서 생산되는 제품의 길이는 표준편차가 60인 정규분포를 따른다고 한다. 이 회사에서 생산되는 제품의 길이의 평균을 신뢰도 95 %로 추정할 때, 모평균 m과 표본평균 $\bar{x}$의 차가 4 이하가 되도록 하려면 적어도 몇 개의 제품을 조사해야 하는지 구하시오.

(단, 길이의 단위는 cm이고, Z가 표준정규분포를 따르는 확률변수일 때 $P(|Z| \leq 1.96) = 0.95$로 계산한다.)

| 풀이 | ① 신뢰구간 구하기
유형 **075**

표본의 크기를 n이라 하면 모표준편차가 60이므로 모평균 m의 신뢰도 95 %의 신뢰구간은

$$\bar{x} - 1.96 \times \frac{60}{\sqrt{n}} \leq m \leq \bar{x} + 1.96 \times \frac{60}{\sqrt{n}}$$

② 모평균과 표본평균의 차 구하기

$$-1.96 \times \frac{60}{\sqrt{n}} \leq m - \bar{x} \leq 1.96 \times \frac{60}{\sqrt{n}} \qquad \therefore |m - \bar{x}| \leq 1.96 \times \frac{60}{\sqrt{n}}$$

이때 모평균 m과 표본평균 $\bar{x}$의 차가 4 이하이어야 하므로

$$1.96 \times \frac{60}{\sqrt{n}} \leq 4, \ \sqrt{n} \geq 29.4$$

$$\therefore n \geq 864.36$$

따라서 적어도 제품 **865개**를 조사해야 한다.

Q 표준정규분포표를 이용하여 모평균의 신뢰구간의 신뢰도를 구할 수 있는가?

2 어느 공장에서 생산되는 전구의 수명은 평균이 m시간, 표준편차가 20시간인 정규분포를 따른다고 한다. 이 공장에서 생산된 전구 중 36개를 임의추출하여 수명의 평균을 조사했더니 10000시간이었다. 모평균 m의 신뢰도 α %의 신뢰구간이 $9994 \leq m \leq 10006$일 때, 오른쪽 표준정규분포표를 이용하여 α의 값을 구하시오.

z	$P(0 \leq Z \leq z)$
1.6	0.45
1.8	0.46
2.0	0.48
2.2	0.49

| 풀이 | ① 신뢰구간 구하기
유형 **075**

$P(|Z| \leq k) = \dfrac{\alpha}{100}$라 하면 모표준편차가 20, 표본의 크기가 36, 표본평균이 10000이므로 모평균 m의 신뢰도 α %의 신뢰구간은

$$10000 - k \times \frac{20}{\sqrt{36}} \leq m \leq 10000 + k \times \frac{20}{\sqrt{36}}$$

$$\therefore 10000 - \frac{10}{3}k \leq m \leq 10000 + \frac{10}{3}k$$

② 신뢰도에 따른 미지수 구하기

이것이 $9994 \leq m \leq 10006$과 같으므로

$$10000 - \frac{10}{3}k = 9994, \ 10000 + \frac{10}{3}k = 10006$$

즉, $k = 1.8$이므로 $P(|Z| \leq 1.8) = \dfrac{\alpha}{100}$이다.

③ 표준정규분포표를 이용하여 답 구하기

표준정규분포표에서 $P(0 \leq Z \leq 1.8) = 0.46$, 즉 $P(|Z| \leq 1.8) = 0.92$이므로

$$\frac{\alpha}{100} = 0.92 \quad \therefore \alpha = \mathbf{92}$$

정답과 풀이 76쪽

313

재호네 학교 학생들의 하루 인터넷 사용 시간은 정규분포를 따른다고 한다. 재호네 학교 학생 중 임의추출한 36명의 하루 인터넷 사용 시간의 평균은 90분, 표준편차는 15분이었다. 전체 학생들의 하루 인터넷 사용 시간의 평균 m분의 신뢰도 95 %의 신뢰구간에 속하는 정수의 개수를 구하시오. (단, Z가 표준정규분포를 따르는 확률변수일 때, $P(0 \leq Z \leq 1.96)=0.4750$으로 계산한다.)

314

어느 고등학교 학생들의 수학 점수는 평균이 m점, 표준편차가 a점인 정규분포를 따른다고 한다. 이 고등학교 학생 중 100명을 임의추출하여 신뢰도 95 %로 추정한 모평균 m의 신뢰구간이 $62 \leq m \leq 68$일 때, a의 값을 구하시오. (단, Z가 표준정규분포를 따르는 확률변수일 때, $P(|Z| \leq 2)=0.95$로 계산한다.)

315

어느 양계장에서 생산되는 달걀의 무게는 정규분포를 따른다고 한다. 이 달걀 중 임의추출한 n개의 무게를 조사하였더니 평균이 60 g, 표준편차가 4 g이었다. 이 결과를 이용하여 구한 이 양계장에서 생산되는 달걀 무게의 평균 m g의 신뢰도 95 %의 신뢰구간이 $59.02 \leq m \leq a$일 때, $n+a$의 값을 구하시오. (단, $n \geq 30$이고, Z가 표준정규분포를 따르는 확률변수일 때 $P(0 \leq Z \leq 1.96)=0.4750$으로 계산한다.)

316

어느 공장에서 생산되는 제품의 무게는 정규분포를 따른다고 한다. 이 공장에서 생산되는 제품 중 100개를 임의추출하여 신뢰도 95 %로 추정한 모평균 m의

z	$P(0 \leq Z \leq z)$
1.0	0.340
1.8	0.464
2.0	0.475
2.3	0.489

신뢰구간이 $a \leq m \leq b$이고, 같은 표본으로 신뢰도 α %로 추정한 모평균 m의 신뢰구간이 $c \leq m \leq d$일 때, $b-a=2(d-c)$가 성립한다. 위의 표준정규분포표를 이용하여 α의 값을 구하시오. (단, 무게의 단위는 g이다.)

317

정규분포 $N(m, \sigma^2)$을 따르는 모집단에서 크기가 n인 표본을 임의추출하여 신뢰도 18.2 %로 추정한 모평균 m의 신뢰구간이 $a \leq m \leq b$, 크기가 kn인 표본을 임의추출하여 신뢰도 93.4 %로 추정한 모평균 m의 신뢰구간이 $c \leq m \leq d$라 한다. $b-a \leq d-c$를 만족시키는 k의 최댓값을 구하시오. (단, Z가 표준정규분포를 따르는 확률변수일 때, $P(0 \leq Z \leq 0.23)=0.091$, $P(0 \leq Z \leq 1.84)=0.467$로 계산한다.)

318

정규분포 $N(m, \sigma^2)$을 따르는 모집단에서 크기가 n인 표본을 임의추출하여 신뢰도 a %로 추정한 모평균 m의 신뢰구간이 $a \le m \le b$일 때, 다음 중 $b-a$의 값이 가장 큰 것은? (단, Z가 표준정규분포를 따르는 확률변수일 때, $P(0 \le Z \le 2)=0.4750$, $P(0 \le Z \le 3)=0.4950$으로 계산한다.)

① $n=100$, $a=95$ ② $n=100$, $a=99$

③ $n=400$, $a=95$ ④ $n=400$, $a=99$

⑤ $n=900$, $a=95$

319 필수기출

어느 나라에서 작년에 운행된 택시의 연간 주행거리는 모평균이 m인 정규분포를 따른다고 한다. 이 나라에서 작년에 운행된 택시 중 16대를 임의추출하여 구한 연

z	$P(0 \le Z \le z)$
0.49	0.1879
0.98	0.3365
1.47	0.4292
1.96	0.4750

간 주행거리의 표본평균이 $\bar{x}$이고, 이 결과를 이용하여 신뢰도 95 %로 추정한 m에 대한 신뢰구간이 $\bar{x}-c \le m \le \bar{x}+c$이었다. 이 나라에서 작년에 운행된 택시 중 임의로 1대를 선택할 때, 이 택시의 연간 주행거리가 $m+c$ 이하일 확률을 위의 표준정규분포표를 이용하여 구한 것은?

(단, 주행거리의 단위는 km이다.)

① 0.6242   ② 0.6635   ③ 0.6879

④ 0.8365   ⑤ 0.9292

320

어느 피자 가게에서 만드는 피자 한 판의 무게는 표준편차가 100 g인 정규분포를 따른다고 한다. 이 피자 가게에서 만든 피자 한 판의 무게의 평균 m g의 신뢰도 99 %의 신뢰구간이 $a \le m \le \beta$이다. $\beta-a$의 값이 80 이하가 되도록 하려면 적어도 몇 판의 피자를 조사해야 하는지 구하시오. (단, a, β는 상수이고, Z가 표준정규분포를 따르는 확률변수일 때 $P(|Z| \le 2.58)=0.99$로 계산한다.)

321

정규분포를 따르는 모집단에서 크기가 n인 표본을 임의추출하여 모평균을 신뢰도 95 %로 추정할 때, 모평균과 표본평균의 차를 모표준편차의 $\frac{1}{5}$배 이하가 되게 하려고 한다. n의 최솟값을 구하시오. (단, Z가 표준정규분포를 따르는 확률변수일 때, $P(|Z| \le 1.96)=0.95$로 계산한다.)

322

정규분포 $N(m, \sigma^2)$을 따르는 모집단에서 크기가 n_1인 표본을 임의추출하여 신뢰도 a %로 추정한 모평균 m의 신뢰구간이 $a \le m \le b$이고, 크기가 n_2인 표본을 임의추출하여 신뢰도 β %로 추정한 모평균 m의 신뢰구간이 $c \le m \le d$이다. **보기**에서 옳은 것만을 있는 대로 고르시오.

┌ **보기** ┐

ㄱ. $n_1=n_2$, $a<\beta$이면 $b-a>d-c$이다.

ㄴ. $n_1<n_2$, $a=\beta$이면 $b-a>d-c$이다.

ㄷ. $n_1=9n_2$, $a=\beta$이면 $3(b-a)=d-c$이다.

표준정규분포표

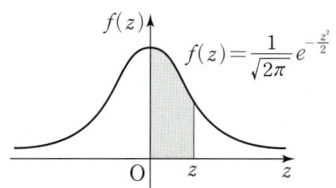

P($0 \leq Z \leq z$)는 오른쪽 그림에서 어두운 부분의 넓이이다.

z	0.00	0.01	0.02	0.03	0.04	0.05	0.06	0.07	0.08	0.09
0.0	.0000	.0040	.0080	.0120	.0160	.0199	.0239	.0279	.0319	.0359
0.1	.0398	.0438	.0478	.0517	.0557	.0596	.0636	.0675	.0714	.0753
0.2	.0793	.0832	.0871	.0910	.0948	.0987	.1026	.1064	.1103	.1141
0.3	.1179	.1217	.1255	.1293	.1331	.1368	.1406	.1443	.1480	.1517
0.4	.1554	.1591	.1628	.1664	.1700	.1736	.1772	.1808	.1844	.1879
0.5	.1915	.1950	.1985	.2019	.2054	.2088	.2123	.2157	.2190	.2224
0.6	.2257	.2291	.2324	.2357	.2389	.2422	.2454	.2486	.2517	.2549
0.7	.2580	.2611	.2642	.2673	.2704	.2734	.2764	.2794	.2823	.2852
0.8	.2881	.2910	.2939	.2967	.2995	.3023	.3051	.3078	.3106	.3133
0.9	.3159	.3186	.3212	.3238	.3264	.3289	.3315	.3340	.3365	.3389
1.0	.3413	.3438	.3461	.3485	.3508	.3531	.3554	.3577	.3599	.3621
1.1	.3643	.3665	.3686	.3708	.3729	.3749	.3770	.3790	.3810	.3830
1.2	.3849	.3869	.3888	.3907	.3925	.3944	.3962	.3980	.3997	.4015
1.3	.4032	.4049	.4066	.4082	.4099	.4115	.4131	.4147	.4162	.4177
1.4	.4192	.4207	.4222	.4236	.4251	.4265	.4279	.4292	.4306	.4319
1.5	.4332	.4345	.4357	.4370	.4382	.4394	.4406	.4418	.4429	.4441
1.6	.4452	.4463	.4474	.4484	.4495	.4505	.4515	.4525	.4535	.4545
1.7	.4554	.4564	.4573	.4582	.4591	.4599	.4608	.4616	.4625	.4633
1.8	.4641	.4649	.4656	.4664	.4671	.4678	.4686	.4693	.4699	.4706
1.9	.4713	.4719	.4726	.4732	.4738	.4744	.4750	.4756	.4761	.4767
2.0	.4772	.4778	.4783	.4788	.4793	.4798	.4803	.4808	.4812	.4817
2.1	.4821	.4826	.4830	.4834	.4838	.4842	.4846	.4850	.4854	.4857
2.2	.4861	.4864	.4868	.4871	.4875	.4878	.4881	.4884	.4887	.4890
2.3	.4893	.4896	.4898	.4901	.4904	.4906	.4909	.4911	.4913	.4916
2.4	.4918	.4920	.4922	.4925	.4927	.4929	.4931	.4932	.4934	.4936
2.5	.4938	.4940	.4941	.4943	.4945	.4946	.4948	.4949	.4951	.4952
2.6	.4953	.4955	.4956	.4957	.4959	.4960	.4961	.4962	.4963	.4964
2.7	.4965	.4966	.4967	.4968	.4969	.4970	.4971	.4972	.4973	.4974
2.8	.4974	.4975	.4976	.4977	.4977	.4978	.4979	.4979	.4980	.4981
2.9	.4981	.4982	.4982	.4983	.4984	.4984	.4985	.4985	.4986	.4986
3.0	.4987	.4987	.4987	.4988	.4988	.4989	.4989	.4989	.4990	.4990
3.1	.4990	.4991	.4991	.4991	.4992	.4992	.4992	.4992	.4993	.4993
3.2	.4993	.4993	.4994	.4994	.4994	.4994	.4994	.4995	.4995	.4995
3.3	.4995	.4995	.4995	.4996	.4996	.4996	.4996	.4996	.4996	.4997

Memo

Memo

Memo

Memo

Memo

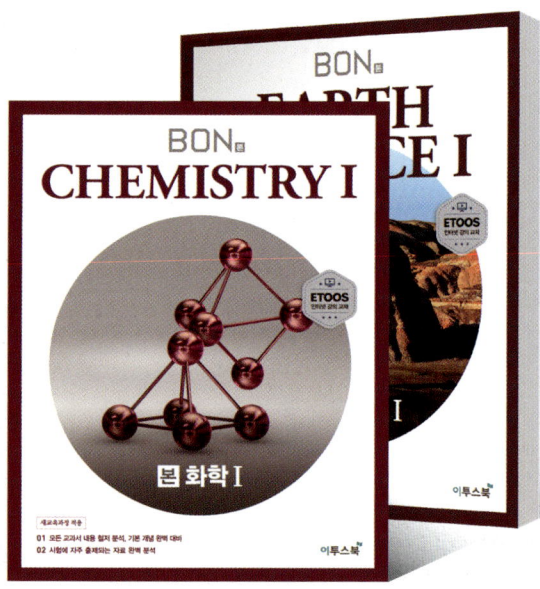

이투스북

쿡! 집어내는 개념 유형 기본서

개념 PICK 유형 PICK

개념픽

확률과 통계

· 정답과 풀이 ·

개념 PICK 유형 PICK

개념픽

확률과 통계

· 정답과 풀이 ·

스피드체크

071 35

072 32

2 이항정리

(체크) **073** 160

(체크) **074** $\frac{1}{4}$

(체크) **075** (1) 90

(2) 70

(체크) **076** 12

(체크) **077** $\sqrt{2}$

(체크) **078** ④

(체크) **079** 11

(체크) **080** 1024

(체크) **081** 11

082 2

083 5

084 5

085 70

086 228

087 660

088 32

089 6

090 255

091 3

092 ①

093 ①

II. 확률

1 확률의 뜻과 활용

(체크) **094** 16

(체크) **095** $\frac{7}{18}$

(체크) **096** $\frac{1}{10}$

(체크) **097** $\frac{1}{2}$

(체크) **098** $\frac{1}{10}$

(체크) **099** $\frac{24}{125}$

(체크) **100** $\frac{3}{10}$

(체크) **101** $\frac{18}{35}$

(체크) **102** $\frac{3}{7}$

(체크) **103** $\frac{7}{66}$

(체크) **104** 45

(체크) **105** ㄴ

(체크) **106** 4

(체크) **107** $\frac{7}{9}$

(체크) **108** $\frac{11}{20}$

(체크) **109** $\frac{7}{36}$

(체크) **110** $\frac{1}{15}$

(체크) **111** (1) $\frac{2}{3}$

(2) $\frac{28}{33}$

112 ㄱ, ㄹ, ㅁ

113 215

114 $\frac{5}{14}$

115 $\frac{1}{7}$

116 $\frac{61}{216}$

117 $\frac{1}{7}$

118 86

119 $\frac{1}{15}$

120 $\frac{1}{7}$

121 $\frac{3}{22}$

122 $\frac{5}{6}$

123 $\frac{11}{24}$

124 ㄱ, ㄴ, ㄷ

125 $\frac{4}{7}$

126 8

127 $\frac{6}{7}$

128 ④

129 19

2 조건부확률

(체크) **130** $\frac{3}{4}$

(체크) **131** $\frac{1}{3}$

체크 132 $\dfrac{1}{2}$

체크 133 $\dfrac{3}{5}$

체크 134 $\dfrac{3}{4}$

체크 135 $\dfrac{5}{7}$

체크 136 $\dfrac{2}{7}$

체크 137 $\dfrac{1}{7}$

체크 138 4

체크 139 $\dfrac{4}{7}$

체크 140 0.75

체크 141 $\dfrac{2}{5}$

체크 142 $\dfrac{4}{5}$

143 (1) $\dfrac{2}{3}$

(2) $\dfrac{3}{10}$

144 $\dfrac{5}{3}$

145 $\dfrac{2}{5}$

146 $\dfrac{3}{7}$

147 $\dfrac{3}{4}$

148 $\dfrac{1}{6}$

149 10

150 $\dfrac{1}{9}$

151 ㄱ, ㄴ, ㄷ

152 $\dfrac{3}{13}$

153 $\dfrac{1}{2}$

154 $\dfrac{1}{3}$

155 $\dfrac{8}{45}$

156 $\dfrac{2}{9}$

157 $\dfrac{3}{7}$

158 $\dfrac{4}{9}$

159 ②

160 $\dfrac{3}{4}$

체크 161 ㄱ

체크 162 ㄱ, ㄷ, ㄹ

체크 163 $\dfrac{3}{7}$

체크 164 $\dfrac{1}{3}$

체크 165 $\dfrac{6}{35}$

체크 166 $\dfrac{1}{96}$

체크 167 0.26

체크 168 $\dfrac{13}{15}$

체크 169 (1) $\dfrac{35}{128}$

(2) $\dfrac{91}{216}$

체크 170 $\dfrac{23}{112}$

체크 171 $\dfrac{45}{512}$

체크 172 $\dfrac{16}{27}$

체크 173 $\dfrac{11}{32}$

174 ③

175 ⑤

176 $\dfrac{2}{5}$

177 $\dfrac{5}{9}$

178 $\dfrac{1}{2}$

179 $\dfrac{9}{2}$

180 120

181 $\dfrac{216}{625}$

182 $\dfrac{8}{243}$

183 $\dfrac{81}{128}$

184 $\dfrac{122}{243}$

185 $\dfrac{8}{27}$

186 43

187 ②

188 $\dfrac{21}{128}$

189 737

190 $\dfrac{57}{64}$

Ⅲ. 통계

1 확률분포

체크 191 (1) $\dfrac{1}{30}$

(2) $\dfrac{7}{15}$

체크 192 $\dfrac{1}{2}$

체크 193 (1) $\mathrm{P}(X=x)=\dfrac{{}_3\mathrm{C}_x\times{}_7\mathrm{C}_{3-x}}{{}_{10}\mathrm{C}_3}$

$(x=0,\ 1,\ 2,\ 3)$

(2)

X	0	1	2	3	합계
$\mathrm{P}(X=x)$	$\dfrac{7}{24}$	$\dfrac{21}{40}$	$\dfrac{7}{40}$	$\dfrac{1}{120}$	1

(3) $\dfrac{8}{15}$

체크 194 4

체크 195 평균 : $\dfrac{2}{5}$, 분산 : $\dfrac{21}{25}$,

표준편차 : $\dfrac{\sqrt{21}}{5}$

체크 196 $\sqrt{3}$

체크 197 $\dfrac{7}{12}$

체크 198 $\dfrac{5}{4}$

체크 199 $\dfrac{3}{5}$

체크 200 $\dfrac{25}{7}$

체크 201 1700원

체크 202 3.5

체크 203 46

체크 204 4

체크 205 13

체크 206 49

체크 207 30

208 $\dfrac{2}{3}$

209 $\dfrac{2}{3}$

210 $\dfrac{11}{10}$

211 $\dfrac{3}{5}$

212 $\dfrac{2}{9}$

213 $\dfrac{5}{8}$

214 $\dfrac{9}{2}$

215 평균 : $\dfrac{6}{7}$, 분산 : $\dfrac{20}{49}$,

표준편차 : $\dfrac{2\sqrt5}{7}$

216 760000원

217 ⑤

218 평균 : 6160원, 표준편차 : 224원

219 100

220 20

221 81만 원

222 16

223 93

체크 224 $\dfrac{1}{2}$

체크 225 (1) $\mathrm{B}\left(8,\ \dfrac{1}{2}\right)$

(2) $\dfrac{7}{32}$

체크 226 평균 : 200, 분산 : 75

체크 227 (1) $\dfrac{24}{5}$

(2) 72

체크 228 $\dfrac{216}{5}$

체크 229 96

체크 230 18

체크 231 $2\sqrt6$

232 $\dfrac{2}{15}$

233 29

234 5

235 912

236 915

237 9

238 ⑤

239 180

240 50

241 $\dfrac{44}{81}$

242 23

243 10

체크 244 ㄷ, ㄹ

체크 245 $\dfrac{1}{4}$

체크 246 $\dfrac{1}{9}$

체크 247 (1) $\dfrac{2}{5}$

(2) $\dfrac{3}{20}$

(3) $\dfrac{3}{4}$

체크 **248** 4

체크 **249** C, D

체크 **250** 68

체크 **251** 0.8185

체크 **252** 0.9

체크 **253** 47

체크 **254** 2.41 %

체크 **255** 140명

체크 **256** 11.5초

체크 **257** 88.8점

체크 **258** 63

체크 **259** (1) 0.1525

(2) 0.0668

체크 **260** 0.0655

체크 **261** 0.1574

체크 **262** 22

체크 **263** 4

264 $\dfrac{5}{8}$

265 $-\dfrac{1}{6}$

266 $\dfrac{2}{3}$

267 $\dfrac{3}{4}$

268 $\dfrac{2}{5}$

269 10

270 31

271 ㄱ, ㄷ

272 0.6247

273 0.1587

274 100

275 24.2

276 65점

277 0.1359

278 7

279 ③

280 ⑤

281 55

282 0.7745

283 296

284 31

285 ①

2 통계적 추정

체크 **286** 1632

체크 **287** $\dfrac{11}{2}$

체크 **288** 2

체크 **289** 2

체크 **290** 0.62

체크 **291** 0.0124

체크 **292** 9

체크 **293** 4

체크 **294** 60

295 ㄱ, ㄷ, ㄹ

296 $\dfrac{3}{32}$

297 64

298 60

299 $\dfrac{61}{100}$

300 0.7745

301 0.6687

302 ②

303 0.9987

304 10

305 ③

체크 **306** $49.355 \leq m \leq 50.645$

체크 **307** (1) $189.02 \leq m \leq 190.98$

(2) $188.71 \leq m \leq 191.29$

체크 **308** 36

체크 **309** 19

체크 **310** 400

체크 **311** $\sqrt{2}$

체크 **312** ㄱ, ㄴ, ㄹ

313 9

314 15

315 124.98

316 68

317 64

318 ②

319 ③

320 42

321 97

322 ㄴ, ㄷ

1 순열과 조합

01 순열과 조합

02 원순열

체크 001

(1) 4쌍의 부부를 각각 한 사람으로 생각하면 모두 4명이고, 이들이 원탁에 둘러앉는 경우의 수는

$(4-1)!=3!=6$

부부끼리 자리를 바꾸는 경우의 수는 각각

$2!=2$

따라서 구하는 경우의 수는

$6 \times 2 \times 2 \times 2 \times 2 = 96$

(2) A 부부 2명이 마주 보고 앉은 후, 남은 6명이 나머지 6자리에 한 명씩 앉으면 되므로 구하는 경우의 수는

$6!=720$

답 (1) 96 (2) 720

체크 002

(1) 시후와 시연이를 포함한 8명을 원형으로 배열하는 경우의 수는

$(8-1)!=7!=5040$

시후와 시연이가 이웃하게 타는 경우의 수는 시후와 시연이를 한 사람으로 생각하여 7명을 원형으로 배열하는 경우의 수에 시후와 시연이가 서로 자리를 바꾸는 경우의 수를 곱한 것과 같으므로

$(7-1)! \times 2! = 1440$

시후와 시연이가 이웃하지 않게 타는 경우의 수는 전체 경우의 수에서 시후와 시연이가 이웃하게 타는 경우의 수를 뺀 것과 같으므로 구하는 경우의 수는

$5040-1440=3600$

(2) 시후와 시연이 사이에 타는 한 명을 A라 할 때, A를 택하는 경우의 수는

$_6C_1=6$

시후, A, 시연의 3명을 한 사람으로 생각하면 모두 6명이고, 이들을 원형으로 배열하는 경우의 수는

$(6-1)!=5!=120$

시후와 시연이가 자리를 바꾸는 경우의 수는

$2!=2$

따라서 구하는 경우의 수는

$6 \times 120 \times 2 = 1440$

답 (1) 3600 (2) 1440

체크 003

6명이 원탁에 둘러앉는 경우의 수는

$(6-1)!=5!=120$

이때 원탁에 둘러앉는 각 경우에 대하여 다음 그림과 같이 특정한 한 사람이 앉는 위치에 따라 서로 다른 배열이 3가지씩 존재한다.

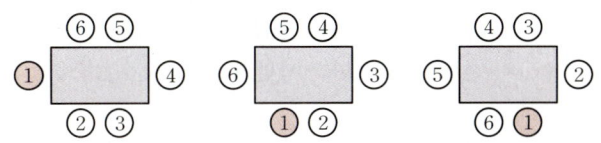

따라서 구하는 경우의 수는

$120 \times 3 = 360$

답 360

[다른 풀이]

6명을 일렬로 나열하는 순열의 수는 6!

이때 다음의 2가지 경우는 순열에서는 서로 다른 경우이지만 직사각형 모양으로 배열하면 $180°$ 회전하여 일치하므로 서로 같은 경우이다.

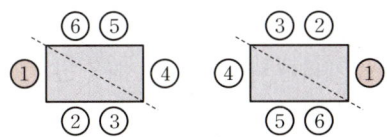

따라서 구하는 경우의 수는

$6! \div 2 = 6! \times \dfrac{1}{2} = 360$

체크 004

10명이 원탁에 둘러앉는 경우의 수는

$(10-1)!=9!$

이때 원탁에 둘러앉는 각 경우에 대하여 다음 그림과 같이 특정한 한 사람이 앉는 위치에 따라 서로 다른 배열이 2가지씩 존재한다.

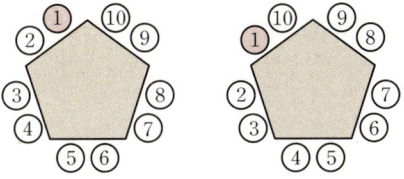

따라서 정오각형 모양의 탁자에 10명이 둘러앉는 경우의 수는

$9! \times 2 = 8! \times 18$이므로

$k=18$

답 18

[다른 풀이]

10명을 일렬로 나열하는 순열의 수는 10!

이때 다음의 5가지 경우는 순열에서는 모두 다른 경우이지만 정오각형 모양으로 배열하면 회전하여 일치하므로 모두 같은 경우이다.

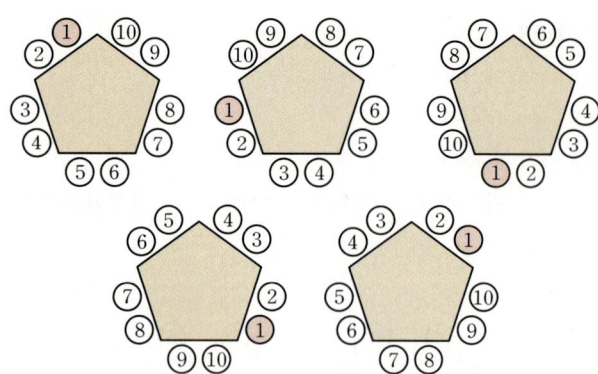

따라서 정오각형 모양의 탁자에 10명이 둘러앉는 경우의 수는

$$10! \div 5 = 10! \times \frac{1}{5} = 9! \times 2 = 8! \times 18$$

$$\therefore k = 18$$

체크 005

가운데 정삼각형을 칠하는 경우의 수는

$$_4C_1 = 4$$

나머지 3개의 정삼각형을 칠하는 경우의 수는 가운데 정삼각형에 칠한 색을 제외한 나머지 3가지 색을 원형으로 배열하는 원순열의 수와 같으므로

$$(3-1)! = 2! = 2$$

따라서 구하는 경우의 수는

$$4 \times 2 = 8$$

답 8

체크 006

정사각뿔의 밑면을 칠하는 경우의 수는

$$_5C_1 = 5$$

정사각뿔의 옆면을 칠하는 경우의 수는 밑면에 칠한 색을 제외한 나머지 4가지 색을 원형으로 배열하는 원순열의 수와 같으므로

$$(4-1)! = 3! = 6$$

따라서 구하는 경우의 수는

$$5 \times 6 = 30$$

답 30

체크 007

6가지 색 중 작은 원의 내부를 칠할 3가지 색을 택하는 경우의 수는

$$_6C_3 = 20$$

택한 3가지 색을 사용하여 작은 원의 내부를 칠하는 경우의 수는

$$(3-1)! = 2! = 2$$

나머지 3가지 색으로 작은 원의 외부를 칠하는 경우의 수는

$$3! = 6$$

따라서 구하는 경우의 수는

$$20 \times 2 \times 6 = 240$$

답 240

03 중복순열

체크 008

(1) 구하는 경우의 수는 서로 다른 3개에서 6개를 택하는 중복순열의 수와 같으므로

$$_3\Pi_6 = 3^6 = 729$$

(2) 구하는 경우의 수는 서로 다른 2개에서 10개를 택하는 중복순열의 수와 같으므로

$$_2\Pi_{10} = 2^{10} = 1024$$

답 (1) 729 (2) 1024

체크 009

서로 다른 3개에서 n개를 택하는 중복순열의 수는

$$_3\Pi_n = 3^n$$

이때 $_3\Pi_n = 243$에서 $3^n = 3^5$이므로 $n = 5$

따라서 구하는 경우의 수는 서로 다른 2개에서 5개를 택하는 중복순열의 수와 같으므로

$$_2\Pi_5 = 2^5 = 32$$

답 32

체크 010

전구 7개를 각각 켜거나 꺼서 만들 수 있는 신호의 개수는

$$_2\Pi_7 = 2^7 = 128$$

이때 모든 전구가 꺼진 경우는 제외해야 하므로 구하는 신호의 개수는

$$128 - 1 = 127$$

답 127

체크 011

6개의 숫자 0, 1, 2, 3, 4, 5에서 중복을 허용하여 만들 수 있는 자연수 중

(i) 한 자리 자연수의 개수는 1, 2, 3, 4, 5의 5

(ii) 두 자리 자연수의 개수는 $5 \times 6 = 30$

(iii) 세 자리 자연수의 개수는 $5 \times {_6\Pi_2} = 5 \times 6^2 = 180$

따라서 1000보다 작은 자연수의 개수는

$$5 + 30 + 180 = 215$$

이므로 1000은 216번째 수이다.

답 216

[다른 풀이]

한 자리 자연수는 백의 자리와 십의 자리의 숫자가 0인 세 자리 자연수, 두 자리 자연수는 백의 자리의 숫자가 0인 세 자리 자연수로 생각할 수 있다. 이때 세 자리 이하의 자연수의 개수는 서로 다른 6개의 숫자에서 중복을 허용하여 3개를 택하는 중복순열의 수에서 각 자리의 숫자가 모두 0이 되는 1가지 경우를 제외한 것과 같으므로

$_6\Pi_3 - 1 = 6^3 - 1 = 216 - 1 = 215$

따라서 1000은 216번째 수이다.

체크 012

1, 2, 3, 4, 5의 5개의 숫자에서 3개를 택하는 중복순열의 수는

$_5\Pi_3 = 5^3 = 125$

1개의 숫자로만 이루어진 세 자리 자연수의 개수는

111, 222, 333, 444, 555의 5

따라서 구하는 자연수의 개수는

$125 - 5 = 120$

답 120

체크 013

$f(1) + f(5) = 3$을 만족시키는 경우는 $f(1) = 1$, $f(5) = 2$ 또는 $f(1) = 2$, $f(5) = 1$의 2가지

각 경우에 대하여 $f(2)$, $f(3)$, $f(4)$의 값을 정하는 경우의 수는 공역 A의 원소 1, 2, 3, 4, 5의 5개에서 3개를 택하는 중복순열의 수와 같으므로

$_5\Pi_3 = 5^3 = 125$

따라서 구하는 함수의 개수는

$2 \times 125 = 250$

답 250

> **tip**
> 두 집합 $X = \{a_1, a_2, \cdots, a_r\}$, $Y = \{b_1, b_2, \cdots, b_n\}$에 대하여
> X에서 Y로의
> (1) 함수의 개수 ➡ $_n\Pi_r = n^r$
> (2) 일대일함수의 개수 ➡ $_n\mathrm{P}_r$ (단, $r \leq n$)
> (3) 일대일대응의 개수 ➡ $_r\mathrm{P}_r = r!$ (단, $r = n$)

체크 014

X에서 Y로의 함수의 개수는 공역 Y의 원소 2, 3, 5, 7, 11의 5개에서 중복을 허용하여 3개를 뽑아 정의역 X의 원소 0, 1, 2에 대응시키는 중복순열의 수와 같으므로

$_5\Pi_3 = 5^3 = 125$

X에서 Y로의 함수 중 $f(1) = 5$인 함수의 개수는

$_5\Pi_2 = 5^2 = 25$

따라서 구하는 함수의 개수는

$125 - 25 = 100$

답 100

[다른 풀이]

$f(0)$의 값이 될 수 있는 수는 5개,

$f(1)$의 값이 될 수 있는 수는 5를 제외한 4개,

$f(2)$의 값이 될 수 있는 수는 5개

이므로 구하는 함수의 개수는

$5 \times 4 \times 5 = 100$

체크 015

공역과 치역이 같기 위해서는 공역 Y의 3개의 원소 a, b, c가 모두 치역에 포함되어야 한다.

(ⅰ) 집합 X에서 집합 Y로의 함수의 개수는

$\quad _3\Pi_5 = 3^5 = 243$

(ⅱ) 치역의 원소가 1개인 함수의 개수는

$\quad _3\mathrm{C}_1 = 3$

(ⅲ) 치역의 원소가 2개인 함수의 개수는

$\quad _3\mathrm{C}_2 \times (_2\Pi_5 - 2) = 3 \times 30 = 90$

> $_2\Pi_5$는 치역이 한 개인 함수까지 센 것이므로 2를 빼어 준다.

(ⅰ)~(ⅲ)에서 구하는 함수의 개수는

$243 - 3 - 90 = 150$

답 150

04 같은 것이 있는 순열

체크 016

짝수가 되려면 일의 자리의 숫자가 0 또는 짝수이어야 하므로 일의 자리에 올 수 있는 숫자는 0 또는 2이다.

(ⅰ) 일의 자리의 숫자가 0인 경우

1, 1, 2, 2, 3을 일렬로 나열하는 경우의 수는

$\dfrac{5!}{2! \times 2!} = 30$

(ⅱ) 일의 자리의 숫자가 2인 경우

0, 1, 1, 2, 3을 일렬로 나열하는 경우의 수는

$\dfrac{5!}{2!} = 60$

0□□□□2 꼴의 자연수의 개수는 1, 1, 2, 3을 일렬로 나열하는 경우의 수와 같으므로

$\dfrac{4!}{2!} = 12$

따라서 일의 자리의 숫자가 2인 여섯 자리 자연수의 개수는

$60 - 12 = 48$

(ⅰ), (ⅱ)에서 구하는 짝수의 개수는

$30 + 48 = 78$

답 78

체크 017

다음 그림에서 짝수 2, 4, 4는 ○에, 홀수 1, 1, 1, 3은 △에 놓이게 된다.

$$\triangle\ \bigcirc\ \triangle\ \bigcirc\ \triangle\ \bigcirc\ \triangle$$

이때 2, 4, 4를 일렬로 나열하는 경우의 수는

$$\frac{3!}{2!}=3$$

1, 1, 1, 3을 일렬로 나열하는 경우의 수는

$$\frac{4!}{3!}=4$$

따라서 구하는 경우의 수는

$$3\times4=12 \qquad\qquad \text{답}\ 12$$

체크 018

어떤 자연수가 3의 배수가 되려면 각 자리의 숫자의 합이 3의 배수이어야 한다.

6개의 숫자 1, 1, 2, 2, 3, 3에서 4개를 택하여 그 합이 3의 배수가 되는 경우는 합이 6이 되는 경우인 1, 1, 2, 2와 합이 9가 되는 경우인 1, 2, 3, 3의 2가지이다.

(i) 1, 1, 2, 2를 일렬로 나열하는 경우의 수는

$$\frac{4!}{2!\times2!}=6$$

(ii) 1, 2, 3, 3을 일렬로 나열하는 경우의 수는

$$\frac{4!}{2!}=12$$

(i), (ii)에서 구하는 3의 배수의 개수는

$$6+12=18 \qquad\qquad \text{답}\ 18$$

체크 019

f와 n을 제외한 6개의 문자 l, o, r, e, c, e를 일렬로 나열하는 경우의 수는

$$\frac{6!}{2!}=360$$

양 끝에 f와 n을 나열하는 경우의 수는

$$2!=2$$

따라서 구하는 경우의 수는

$$360\times2=720 \qquad\qquad \text{답}\ 720$$

체크 020

모음 a, i, e를 하나의 문자 A로 생각하여 7개의 문자 h, A, p, p, n, s, s를 일렬로 나열하는 경우의 수는

$$\frac{7!}{2!\times2!}=1260$$

이때 모음끼리 자리를 바꾸는 경우의 수는

$$3!=6$$

따라서 구하는 경우의 수는

$$1260\times6=7560 \qquad\qquad \text{답}\ 7560$$

체크 021

c, r, m의 순서가 정해져 있으므로 c, r, m을 모두 X로 생각하여 7개의 문자 X, a, X, a, X, e, l을 일렬로 나열한 후, X를 왼쪽부터 차례대로 c, r, m으로 바꾸면 된다.

따라서 구하는 경우의 수는

$$\frac{7!}{3!\times2!}=420 \qquad\qquad \text{답}\ 420$$

> **tip**
>
> **순서가 정해진 순열**
>
> 순서가 정해진 것끼리는 모두 같은 문자로 생각하여 순열의 수를 구한다.

체크 022

(1) A 지점에서 선분 PQ를 거쳐 B 지점까지 최단 거리로 가는 경우의 수는

$$\frac{5!}{3!\times2!}\times1\times\frac{3!}{2!}=10\times1\times3=30$$

(2) A 지점에서 B 지점까지 최단 거리로 가는 경우의 수는

$$\frac{9!}{5!\times4!}=126$$

이때 (1)에서 A 지점에서 선분 PQ를 거쳐 B 지점까지 최단 거리로 가는 경우의 수가 30이므로 구하는 경우의 수는

$$126-30=96$$

답 (1) 30 (2) 96

체크 023

다음 그림과 같이 오른쪽으로 한 칸 가는 것을 a, 뒤로 한 칸 가는 것을 b, 위로 한 칸 가는 것을 c라 하자.

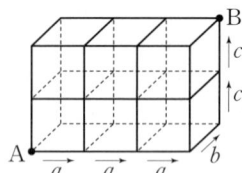

이때 꼭짓점 A에서 꼭짓점 B까지 최단 거리로 가는 경우의 수는 a, a, a, b, c, c를 일렬로 나열하는 순열의 수와 같다.

따라서 구하는 경우의 수는

$$\frac{6!}{3!\times2!}=60 \qquad\qquad \text{답}\ 60$$

체크 024

다음 그림과 같이 세 지점 P, Q, R를 잡으면

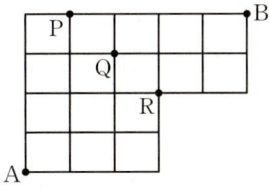

A 지점에서 B 지점까지 최단 거리로 가는 경우는

A → P → B

또는 A → Q → B

또는 A → R → B

(ⅰ) A → P → B로 가는 경우의 수는

$$\frac{5!}{4!} \times 1 = 5$$

(ⅱ) A → Q → B로 가는 경우의 수는

$$\frac{5!}{2! \times 3!} \times \frac{4!}{3!} = 40$$

(ⅲ) A → R → B로 가는 경우의 수는

$$\frac{5!}{3! \times 2!} \times \frac{4!}{2! \times 2!} = 60$$

(ⅰ)~(ⅲ)에서 구하는 경우의 수는

$5 + 40 + 60 = 105$　　　　　　　　　　**답** 105

체크 **025**

다음 그림과 같이 두 지점 P, Q를 잡으면

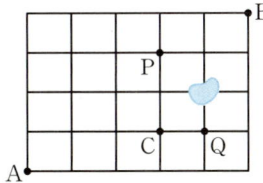

A 지점에서 C 지점을 거쳐 B 지점까지 최단 거리로 가는 경우는

A → C → P → B

또는 A → C → Q → B

(ⅰ) A → C → P → B로 가는 경우의 수는

$$\frac{4!}{3!} \times 1 \times \frac{3!}{2!} = 12$$

(ⅱ) A → C → Q → B로 가는 경우의 수는

$$\frac{4!}{3!} \times 1 \times 1 = 4$$

(ⅰ), (ⅱ)에서 구하는 경우의 수는

$12 + 4 = 16$　　　　　　　　　　　**답** 16

[다른 풀이]

다음 그림과 같이 물웅덩이로 인하여 막힌 도로의 한 지점을 P라 하자.

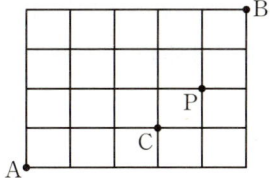

모든 도로가 막히지 않았다고 할 때, A 지점에서 C 지점을 거쳐 B 지점까지 최단 거리로 가는 경우의 수는

$$\frac{4!}{3!} \times \frac{5!}{2! \times 3!} = 40$$

A 지점에서 C 지점과 P 지점을 거쳐 B 지점까지 최단 거리로 가는 경우의 수는

$$\frac{4!}{3!} \times 2 \times \frac{3!}{2!} = 24$$

따라서 구하는 경우의 수는

$40 - 24 = 16$

연습 문제 01

026

남학생 4명이 원탁에 둘러앉는 경우의 수는

$(4-1)! = 3! = 6$

여학생 4명이 남학생 사이사이의 4개의 자리에 각각 한 명씩 앉는 경우의 수는

$4! = 24$

따라서 구하는 경우의 수는

$6 \times 24 = 144$　　　　　　　　　　　**답** 144

027

A와 B를 한 묶음으로 생각하여 5개를 원형으로 배열하는 원순열의 수는

$(5-1)! = 4! = 24$

이때 A와 B가 서로 자리를 바꾸는 경우의 수는

$2! = 2$

따라서 구하는 경우의 수는

$24 \times 2 = 48$　　　　　　　　　　　**답** ②

028

사각뿔대의 윗면과 아랫면을 칠하는 경우의 수는

$_6P_2 = 30$

모두 합동인 4개의 옆면을 칠하는 경우의 수는 윗면과 아랫면에 칠한 색을 제외한 나머지 4가지 색을 원형으로 배열하는 원순열의 수와 같으므로

$(4-1)!=3!=6$

따라서 구하는 경우의 수는

$30 \times 6 = 180$

답 180

029

서로 다른 사탕 8개를 2명의 학생에게 남김없이 나누어 주는 경우의 수는 서로 다른 2개에서 8개를 택하는 중복순열의 수와 같으므로

$_2\Pi_8 = 2^8 = 256$

이때 8개의 사탕을 1명의 학생이 모두 받는 경우는 제외해야 하므로 구하는 경우의 수는

$256 - 2 = 254$

답 254

> **tip**
>
> 서로 다른 r개의 물건을 n명에게 나누어 줄 때, n명 모두 적어도 한 개 이상을 받는 경우의 수는 다음과 같이 구한다.
>
> $_n\Pi_r -$ (하나도 받지 못하는 사람이 있는 경우의 수)

030

다음 그림과 같이 집합 $A-B$를 ①, 집합 $B-A$를 ②, 집합 $U-(A \cup B)$를 ③으로 나타내자.

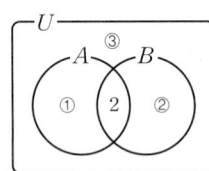

조건 (나)에서 $A \cap B = \{2\}$이므로 2를 제외한 나머지 5개의 원소 1, 3, 4, 5, 6이 각각 ①, ②, ③ 중 어느 한 집합의 원소가 될 수 있다.

따라서 조건 (나)를 만족시키는 순서쌍 (A, B)의 개수는

$_3\Pi_5 = 3^5 = 243$

이때 조건 (가)를 만족시키지 못하는 경우는 $n(A)=2$ 또는 $n(A)=1$인 경우이다.

(i) $n(A)=2$인 경우

1, 3, 4, 5, 6 중 하나를 택하여 집합 ①의 원소로 정하면 나머지 4개의 원소는 각각 두 집합 ②, ③ 중 어느 한 집합의 원소가 되므로 그 경우의 수는

$5 \times _2\Pi_4 = 5 \times 2^4 = 80$

(ii) $n(A)=1$인 경우

1, 3, 4, 5, 6은 각각 두 집합 ②, ③ 중 어느 한 집합의 원소가 되므로 그 경우의 수는

$_2\Pi_5 = 2^5 = 32$

따라서 두 조건 (가), (나)를 모두 만족시키는 순서쌍 (A, B)의 개수는

$243 - 80 - 32 = 131$

답 131

031

기호를 n개 사용하여 만들 수 있는 신호의 개수는

$_2\Pi_n = 2^n$

이므로 n개 이하의 기호를 사용하여 만들 수 있는 신호의 개수는

$_2\Pi_1 + _2\Pi_2 + _2\Pi_3 + \cdots + _2\Pi_n$

$= 2^1 + 2^2 + 2^3 + \cdots + 2^n$

만들려고 하는 신호가 70개 이상이고,

$2^1 + 2^2 + 2^3 + 2^4 + 2^5 = 62$

$2^1 + 2^2 + 2^3 + 2^4 + 2^5 + 2^6 = 126$

이므로 $n \geq 6$

따라서 n의 최솟값은 6이다.

답 6

032

(i) 한 자리 자연수 중 숫자 0을 포함하지 않는 수의 개수는

1, 2, $\cdots$, 9의 9

(ii) 두 자리 자연수 중 숫자 0을 포함하지 않는 수의 개수는 서로 다른 9개에서 중복을 허용하여 2개를 택하는 중복순열의 수와 같으므로

$_9\Pi_2 = 9^2 = 81$

(iii) 세 자리 자연수 중 숫자 0을 포함하지 않는 수의 개수는 서로 다른 9개에서 중복을 허용하여 3개를 택하는 중복순열의 수와 같으므로

$_9\Pi_3 = 9^3 = 729$

(i)~(iii)에서 구하는 자연수의 개수는

$9 + 81 + 729 = 819$

답 819

[다른 풀이]

1부터 999까지의 자연수 중 숫자 0을 포함하는 자연수는 다음과 같다.

10, 20, 30, $\cdots$, 90의 9개

100, 101, 102, $\cdots$, 109의 10개

110, 120, 130, $\cdots$, 190의 9개

200, 201, 202, $\cdots$, 209의 10개

210, 220, 230, $\cdots$, 290의 9개

300, 301, 302, $\cdots$, 309의 10개

$\vdots$

910, 920, 930, $\cdots$, 990의 9개

따라서 구하는 자연수의 개수는

$999-(9+19\times9)=999-180=819$

033

조건을 만족시키는 자연수 N은 맨 앞자리의 숫자와 맨 뒷자리의 숫자가 같은 세 자리 또는 네 자리 자연수이다.

(i) 세 자리 자연수 N을 만드는 경우의 수

맨 앞자리와 맨 뒷자리에 넣을 숫자 1개를 택하고 가운데 자리에 넣을 숫자 1개를 택하는 경우의 수이므로 두 자리 자연수를 만드는 경우의 수와 같다.

즉, 1, 2, 3, 4 중 2개를 택하는 중복순열의 수와 같으므로

${}_4\Pi_2=4^2=16$

(ii) 네 자리 자연수 N을 만드는 경우의 수

(i)과 같은 방법으로 하면 구하는 경우의 수는 세 자리 자연수를 만드는 경우의 수와 같다.

즉, 1, 2, 3, 4 중 3개를 택하는 중복순열의 수와 같으므로

${}_4\Pi_3=4^3=64$

(i), (ii)에서 구하는 자연수 N의 개수는

$16+64=80$ **답** 80

034

정의역의 모든 원소에 대한 함숫값의 곱이 홀수가 되려면 치역의 원소가 홀수로만 이루어져야 하므로 치역이 될 수 있는 경우는 $\{3\}$, $\{5\}$, $\{7\}$, $\{3, 5\}$, $\{3, 7\}$, $\{5, 7\}$, $\{3, 5, 7\}$이다.

따라서 구하는 함수의 개수는 집합 $X=\{2, 3, 4, 5, 6, 7\}$에서 집합 $\{3, 5, 7\}$로의 함수의 개수와 같으므로

${}_3\Pi_6=3^6=729$ **답** 729

035

두 조건 ㈎, ㈏에 의하여 함수 f의 치역은 $\{7, 8\}$ 또는 $\{3, 5, 7\}$이다.

(i) 치역이 $\{7, 8\}$인 경우

$f(1)=7$이므로 나머지 정의역의 원소 3, 5, 7, 8은 치역의 원소 7 또는 8에 대응해야 한다.

이때 모두 7에 대응하는 경우는 제외해야 하므로 함수의 개수는

${}_2\Pi_4-1=2^4-1=15$

(ii) 치역이 $\{3, 5, 7\}$인 경우

$f(1)=7$이므로 나머지 정의역의 원소 3, 5, 7, 8은 치역의 원소 3 또는 5 또는 7에 대응해야 한다.

이때 모두 3 또는 모두 5 또는 모두 7에 대응하는 경우와 3, 7 또는 5, 7에만 대응하는 경우는 제외해야 하므로 함수의 개수는

${}_3\Pi_4-3\times1-2\times({}_2\Pi_4-2)$

$=3^4-3-2\times(2^4-2)$

$=50$

(i), (ii)에서 구하는 함수의 개수는

$15+50=65$ **답** 65

036

두 조건 ㈎, ㈏에 의하여 $x\in X$인 모든 실수 x에 대하여 $f(x)$의 최댓값은 6이므로 주어진 조건을 만족시키는 함수는 집합 $X=\{-1, 0, 1, 2\}$에서 집합 $\{3, 4, 5, 6\}$으로의 함수 중 치역의 원소에 6이 반드시 포함되는 함수이다.

이는 집합 $X=\{-1, 0, 1, 2\}$에서 집합 $\{3, 4, 5, 6\}$으로의 함수의 개수에서 집합 $X=\{-1, 0, 1, 2\}$에서 집합 $\{3, 4, 5\}$로의 함수의 개수를 뺀 것과 같다.

따라서 구하는 함수의 개수는

${}_4\Pi_4-{}_3\Pi_4=4^4-3^4=175$ **답** 175

037

이웃하는 두 수의 곱이 항상 짝수가 되기 위해서는 홀수끼리 이웃하지 않아야 한다.

짝수 2, 2, 4를 일렬로 나열하는 경우의 수는

$\dfrac{3!}{2!}=3$

$\vee\;\boxed{짝수}\;\vee\;\boxed{짝수}\;\vee\;\boxed{짝수}\;\vee$

짝수 사이사이 또는 양 끝의 4개의 자리에서 3개를 택하여 홀수 1, 3, 3을 일렬로 나열하는 경우의 수는

${}_4C_3\times\dfrac{3!}{2!}=12$

따라서 구하는 경우의 수는

$3\times12=36$ **답** 36

038

흰 신발과 검은 신발의 개수가 서로 같고 각 세로 칸에는 같은 색의 신발을 넣을 수 없으므로 윗줄에 넣는 신발이 정해지면 아랫줄에 넣는 신발도 정해진다.

(i) 윗줄에 검은 신발 4켤레를 넣는 경우의 수는 1

(ii) 윗줄에 흰 신발 1켤레, 검은 신발 3켤레를 넣는 경우의 수는

$\dfrac{4!}{3!}=4$

(iii) 윗줄에 흰 신발 2켤레, 검은 신발 2켤레를 넣는 경우의 수는

$\dfrac{4!}{2!\times 2!}=6$

(iv) 윗줄에 흰 신발 3켤레, 검은 신발 1켤레를 넣는 경우의 수는

$\dfrac{4!}{3!}=4$

(v) 윗줄에 흰 신발 4켤레를 넣는 경우의 수는 1

(i)~(v)에서 구하는 경우의 수는

$1+4+6+4+1=16$　　　　　　　　답 16

039

7개의 문자 b, l, o, s, s, o, m을 일렬로 나열하는 경우의 수는

$\dfrac{7!}{2!\times 2!}=1260$

(i) 2개의 문자 o, o가 이웃하는 경우

　o, o를 한 문자 O로 생각하여 6개의 문자 b, l, O, s, s, m 을 일렬로 나열하는 경우의 수는

　$\dfrac{6!}{2!}=360$

(ii) 2개의 문자 s, s가 이웃하는 경우

　s, s를 한 문자 S로 생각하여 6개의 문자 b, l, o, S, o, m 을 일렬로 나열하는 경우의 수는

　$\dfrac{6!}{2!}=360$

(iii) o, o가 이웃하고 s, s가 이웃하는 경우

　o, o를 한 문자 O로, s, s를 한 문자 S로 생각하여 5개의 문자 b, l, O, S, m을 일렬로 나열하는 경우의 수는

　$5!=120$

(i)~(iii)에서 같은 문자끼리 이웃하는 경우의 수는

$360+360-120=600$

따라서 구하는 경우의 수는

$1260-600=660$　　　　　　　　답 660

---

tip

유한집합의 원소의 개수

전체집합 U의 두 부분집합 A, B에 대하여

$$n(A\cup B)=n(A)+n(B)-n(A\cap B)$$

040

a가 두 번 이상 나오는 경우는 a가 2번 또는 3번 또는 4번 나오는 경우이다.

(i) a가 두 번 나오는 경우

　네 자리 중 두 자리에 a를 배치하는 경우의 수는

$_4C_2=6$

나머지 두 자리에 b 또는 c를 중복을 허용하여 배치하는 경우의 수는 $_2\Pi_2=2^2=4$이므로 구하는 경우의 수는

$6\times 4=24$

(ii) a가 세 번 나오는 경우

　네 자리 중 세 자리에 a를 배치하는 경우의 수는

$_4C_3=4$

나머지 한 자리에 b 또는 c를 배치하는 경우의 수는 2이므로 구하는 경우의 수는

$4\times 2=8$

(iii) a가 네 번 나오는 경우

　$aaaa$의 1가지

(i)~(iii)에서 구하는 경우의 수는

$24+8+1=33$　　　　　　　　답 33

041

A, B를 제외한 나머지 5가지 업무 중 오늘 처리할 3가지 업무를 택하는 경우의 수는

$_5C_3=10$

A를 B보다 먼저 처리하므로 A, B를 서로 같은 것으로 생각하여 5가지 업무의 순서를 정하는 경우의 수는

$\dfrac{5!}{2!}=60$

따라서 구하는 경우의 수는

$10\times 60=600$　　　　　　　　답 ④

042

다음 그림과 같이 네 지점 P, Q, R, S를 잡자.

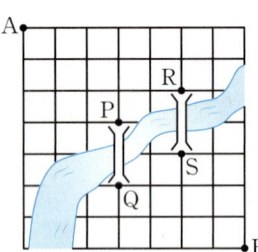

다리를 통해서만 A 지점에서 B 지점으로 갈 수 있으므로 최단거리로 가는 경우는

A → P → Q → B 또는 A → R → S → B

(i) A → P → Q → B로 가는 경우의 수는

$\dfrac{6!}{3!\times 3!}\times 1\times\dfrac{6!}{4!\times 2!}=20\times 1\times 15=300$

(ii) A → R → S → B로 가는 경우의 수는

$\dfrac{7!}{5!\times 2!}\times 1\times\dfrac{5!}{2!\times 3!}=21\times 1\times 10=210$

(i), (ii)에서 구하는 경우의 수는

$300+210=510$

답 510

043

오른쪽 그림과 같이 정팔면체의 한 면 A에 한 가지 색을 칠하면 A와 마주 보는 면에 색을 칠하는 경우의 수는

$_7C_1=7$

또한 면 A와 모서리를 공유하는 세 면에 나머지 6가지 색 중 3가지를 택하여 칠하는 경우의 수는

$_6C_3\times(3-1)!=20\times2=40$

이때 나머지 3개의 면에 남은 3가지 색을 칠하는 경우의 수는

$3!=6$

따라서 구하는 경우의 수는

$7\times40\times6=1680$

답 1680

05 중복조합

체크 044

$_nH_2=_{n+1}C_2=\dfrac{(n+1)\times n}{2\times1}=\dfrac{n(n+1)}{2}$

이므로 $_nH_2=120$에서 $\dfrac{n(n+1)}{2}=120$

$n^2+n-240=0$, $(n-15)(n+16)=0$

$\therefore n=15$ ($\because n$은 자연수)

답 15

체크 045

구하는 경우의 수는 서로 다른 4개에서 중복을 허용하여 8개를 택하는 중복조합의 수와 같으므로

$_4H_8=_{11}C_8=_{11}C_3=\dfrac{11\times10\times9}{3\times2\times1}=165$

답 165

체크 046

기명 투표는 5명의 유권자가 각각 어느 후보를 뽑았는지 알 수 있으므로 3명의 후보 A, B, C에서 중복을 허용하여 5명을 택하는 중복순열의 수와 같다.

$\therefore a=_3\Pi_5=3^5=243$

한편, 무기명 투표는 5명의 유권자가 각각 어느 후보를 뽑았는지 알 수 없으므로 3명의 후보 A, B, C에서 중복을 허용하여 5명을 택하는 중복조합의 수와 같다.

$\therefore b=_3H_5=_7C_5=_7C_2=\dfrac{7\times6}{2\times1}=21$

$\therefore a+b=243+21=264$

답 264

체크 047

딸기 3개, 키위 4개, 사과 2개를 먼저 산 다음 6개의 과일을 더 사면 된다.

따라서 구하는 경우의 수는 딸기, 참외, 키위, 사과 4종류의 과일에서 중복을 허용하여 6개를 택하는 중복조합의 수와 같으므로

$_4H_6=_9C_6=_9C_3=\dfrac{9\times8\times7}{3\times2\times1}=84$

답 84

체크 048

(1) 3개의 문자 a, b, c에서 중복을 허용하여 5개를 택하여 곱하면 주어진 다항식을 전개할 때 생기는 항이 하나씩 만들어진다.

따라서 다항식 $(a+2b+3c)^5$의 전개식에서 서로 다른 항의 개수는 3개의 문자 a, b, c에서 중복을 허용하여 5개를 택하는 중복조합의 수와 같으므로

$_3H_5=_7C_5=_7C_2=\dfrac{7\times6}{2\times1}=21$

(2) 다항식 $(a+b+c)^3$의 전개식에서 서로 다른 항의 개수는 3개의 문자 a, b, c에서 중복을 허용하여 3개를 택하는 중복조합의 수와 같으므로

$_3H_3=_5C_3=_5C_2=\dfrac{5\times4}{2\times1}=10$

또한 다항식 $(x-y)^5$의 전개식에서 서로 다른 항의 개수는 2개의 문자 x, y에서 중복을 허용하여 5개를 택하는 중복조합의 수와 같으므로

$_2H_5=_6C_5=_6C_1=6$

따라서 구하는 서로 다른 항의 개수는

$10\times6=60$

답 (1) 21 (2) 60

체크 049

(1) 음이 아닌 정수해의 개수는 서로 다른 4개의 문자 x, y, z, w에서 중복을 허용하여 10개를 택하는 중복조합의 수와 같으므로

$_4H_{10}=_{13}C_{10}=_{13}C_3=\dfrac{13\times12\times11}{3\times2\times1}=286$

(2) 음이 아닌 정수 x', y', z', w'에 대하여 $x'+1$, $y'+1$, $z'+1$, $w'+1$은 양의 정수이므로

$x=x'+1$, $y=y'+1$, $z=z'+1$, $w=w'+1$이라 하면

$x+y+z+w=10$에서

$(x'+1)+(y'+1)+(z'+1)+(w'+1)=10$

$\therefore x'+y'+z'+w'=6$

따라서 구하는 양의 정수해의 개수는 서로 다른 4개의 문자

x', y', z', w'에서 중복을 허용하여 6개를 택하는 중복조합의 수와 같으므로

$$_4H_6={_9}C_6={_9}C_3=\frac{9\times8\times7}{3\times2\times1}=84$$

(3) 음이 아닌 정수 x', y', z', w'에 대하여
$x'+1\geq1$, $y'+2\geq2$, $z'+3\geq3$, $w'+1\geq1$이므로
$x=x'+1$, $y=y'+2$, $z=z'+3$, $w=w'+1$이라 하면
$x+y+z+w=10$에서
$(x'+1)+(y'+2)+(z'+3)+(w'+1)=10$
$\therefore x'+y'+z'+w'=3$
따라서 구하는 정수해의 개수는 서로 다른 4개의 문자 x', y', z', w'에서 중복을 허용하여 3개를 택하는 중복조합의 수와 같으므로

$$_4H_3={_6}C_3=\frac{6\times5\times4}{3\times2\times1}=20$$

답 (1) 286 (2) 84 (3) 20

tip
> 해의 조건이 '음이 아닌 정수해'가 아닌 경우, 방정식을 음이 아닌 정수해를 갖는 미지수에 대한 방정식으로 변형한 다음 중복조합을 이용한다.

체크 050

천의 자리의 숫자를 a, 백의 자리의 숫자를 b, 십의 자리의 숫자를 c, 일의 자리의 숫자를 d라 하면
$a+b+c+d=8$ (단, a는 자연수, b, c, d는 음이 아닌 정수)
이때 음이 아닌 정수 a'에 대하여 $a=a'+1$이라 하면
$(a'+1)+b+c+d=8$ $\therefore a'+b+c+d=7$
따라서 구하는 자연수의 개수는 서로 다른 4개의 문자 a', b, c, d에서 중복을 허용하여 7개를 택하는 중복조합의 수와 같으므로

$$_4H_7={_{10}}C_7={_{10}}C_3=\frac{10\times9\times8}{3\times2\times1}=120$$

답 120

체크 051

방정식 $x+y+3z=8$을 만족시키는 x, y, z는 음이 아닌 정수이므로 z의 값으로 가능한 것은 0, 1, 2이다.
(i) $z=0$일 때
　방정식 $x+y=8$의 음이 아닌 정수해의 개수는 서로 다른 2개의 문자 x, y에서 중복을 허용하여 8개를 택하는 중복조합의 수와 같으므로

$$_2H_8={_9}C_8={_9}C_1=9$$

(ii) $z=1$일 때
　방정식 $x+y=5$의 음이 아닌 정수해의 개수는 서로 다른

2개의 문자 x, y에서 중복을 허용하여 5개를 택하는 중복조합의 수와 같으므로

$$_2H_5={_6}C_5={_6}C_1=6$$

(iii) $z=2$일 때
　방정식 $x+y=2$의 음이 아닌 정수해의 개수는 서로 다른 2개의 문자 x, y에서 중복을 허용하여 2개를 택하는 중복조합의 수와 같으므로

$$_2H_2={_3}C_2={_3}C_1=3$$

(i)~(iii)에서 구하는 해의 개수는
$9+6+3=18$

답 18

체크 052

조건 ㈏를 만족시키는 자연수 x, y, z의 순서쌍 (x, y, z)의 개수는 8개의 자연수 1, 2, 3, …, 8에서 중복을 허용하여 3개를 택하는 중복조합의 수와 같으므로

$$_8H_3={_{10}}C_3=\frac{10\times9\times8}{3\times2\times1}=120$$

이때 조건 ㈎를 만족시키는 자연수 x, y, z의 순서쌍 (x, y, z)의 개수는 조건 ㈏를 만족시키는 전체 순서쌍의 개수에서 $x\times y\times z$의 값이 홀수인 순서쌍의 개수를 빼면 된다.
이때 $x\times y\times z$의 값이 홀수이려면 x, y, z는 모두 홀수이어야 한다. 이를 만족시키는 순서쌍의 개수는 8 이하의 4개의 홀수 1, 3, 5, 7에서 중복을 허용하여 3개를 택하는 중복조합의 수와 같으므로

$$_4H_3={_6}C_3=\frac{6\times5\times4}{3\times2\times1}=20$$

따라서 구하는 순서쌍의 개수는
$120-20=100$

답 100

tip
> $x\times y\times z$의 값이 짝수인 경우는
> (i) x, y, z가 모두 짝수
> (ii) x, y, z 중 어느 두 수가 짝수
> (iii) x, y, z 중 어느 한 수가 짝수
> 인 3가지이고, $x\times y\times z$의 값이 홀수인 경우는 x, y, z가 모두 홀수인 1가지뿐이므로 $x\times y\times z$의 값이 짝수인 경우의 수는 전체 경우의 수에서 x, y, z가 모두 홀수인 경우의 수를 빼어 구하면 편리하다.

체크 053

$1\leq a\leq b<c\leq d<10$을 만족시키는 자연수 a, b, c, d의 순서쌍 (a, b, c, d)의 개수는 $1\leq a\leq b\leq c\leq d<10$을 만족시키는 자연수 a, b, c, d의 순서쌍 (a, b, c, d)의 개수에서 $1\leq a\leq b=c\leq d<10$을 만족시키는 자연수 a, b, c, d의 순서

쌍 (a, b, c, d)의 개수를 뺀 것과 같다.

$1 \le a \le b \le c \le d < 10$을 만족시키는 자연수 a, b, c, d의 순서쌍 (a, b, c, d)의 개수는 9개의 자연수 $1, 2, 3, \cdots, 9$에서 중복을 허용하여 4개를 택하는 중복조합의 수와 같으므로

$$_9H_4 = {}_{12}C_4 = \frac{12 \times 11 \times 10 \times 9}{4 \times 3 \times 2 \times 1} = 495$$

$1 \le a \le b = c \le d < 10$을 만족시키는 자연수 a, b, c, d의 순서쌍 (a, b, c, d)의 개수는 9개의 자연수 $1, 2, 3, \cdots, 9$에서 중복을 허용하여 3개를 택하는 중복조합의 수와 같으므로

$$_9H_3 = {}_{11}C_3 = \frac{11 \times 10 \times 9}{3 \times 2 \times 1} = 165$$

따라서 구하는 모든 순서쌍 (a, b, c, d)의 개수는

$495 - 165 = 330$ **답** 330

체크 054

(1) 함수 f의 개수는 공역 Y의 서로 다른 원소 5개에서 3개를 택하는 중복순열의 수와 같으므로

$$_5\Pi_3 = 5^3 = 125$$

(2) 일대일함수 f의 개수는 공역 Y의 서로 다른 원소 5개에서 3개를 택하는 순열의 수와 같으므로

$$_5P_3 = 5 \times 4 \times 3 = 60$$

(3) 상수함수 f의 개수는 공역 Y의 원소의 개수와 같으므로 5

(4) $f(a) < f(b) < f(c)$를 만족시키는 함수 f의 개수는 공역 Y의 서로 다른 원소 5개에서 3개를 택하는 조합의 수와 같으므로

$$_5C_3 = {}_5C_2 = \frac{5 \times 4}{2 \times 1} = 10$$

(5) $f(a) \le f(b) \le f(c)$를 만족시키는 함수 f의 개수는 공역 Y의 서로 다른 원소 5개에서 3개를 택하는 중복조합의 수와 같으므로

$$_5H_3 = {}_7C_3 = \frac{7 \times 6 \times 5}{3 \times 2 \times 1} = 35$$

답 (1) 125 (2) 60 (3) 5 (4) 10 (5) 35

tip
집합 $X = \{a_1, a_2, \cdots, a_r\}$에서 집합 $Y = \{b_1, b_2, \cdots, b_n\}$으로의 함수 f에 대하여 $x_i \in X$, $x_j \in X$일 때
(1) 함수 f의 개수는 $_n\Pi_r$
(2) $x_i \ne x_j$이면 $f(x_i) \ne f(x_j)$인 함수, 즉 일대일함수의 개수는 $_nP_r$ (단, $n \ge r$)
(3) $x_i < x_j$이면 $f(x_i) < f(x_j)$인 함수의 개수는 $_nC_r$ (단, $n \ge r$)
(4) $x_i < x_j$이면 $f(x_i) \le f(x_j)$인 함수의 개수는 $_nH_r$

체크 055

$f(1) = 6$이고, $x_1 < x_2$이면 $f(x_1) \ge f(x_2)$를 만족시키므로

$f(4) \le f(3) \le f(2) \le f(1) = 6$

즉, 공역 Y의 원소 중 $1, 2, 3, \cdots, 6$에서 중복을 허용하여 3개를 택하여 크기가 크거나 같은 것부터 차례대로 $f(2), f(3), f(4)$에 대응시키면 된다.

따라서 구하는 함수 f의 개수는 공역 Y의 원소 중 $1, 2, 3, 4, 5, 6$의 6개에서 3개를 택하는 중복조합의 수와 같으므로

$$_6H_3 = {}_8C_3 = \frac{8 \times 7 \times 6}{3 \times 2 \times 1} = 56$$

답 56

연습 문제 02

056

$$_3H_n = {}_{n+2}C_n = {}_{n+2}C_2 = \frac{(n+2)(n+1)}{2 \times 1} = \frac{(n+1)(n+2)}{2}$$

이므로 $_3H_n = 55$에서

$$\frac{(n+1)(n+2)}{2} = 55, \quad n^2 + 3n + 2 = 110$$

$n^2 + 3n - 108 = 0$, $(n-9)(n+12) = 0$

$\therefore n = 9$ ($\because n$은 자연수) **답** 9

057

(i) 같은 종류의 주스 4병을 3명에게 남김없이 나누어 주는 경우의 수는

$$_3H_4 = {}_6C_4 = {}_6C_2 = \frac{6 \times 5}{2 \times 1} = 15$$

(ii) 같은 종류의 생수 2병을 3명에게 남김없이 나누어 주는 경우의 수는

$$_3H_2 = {}_4C_2 = \frac{4 \times 3}{2 \times 1} = 6$$

(iii) 우유 1병을 3명에게 남김없이 나누어 주는 경우의 수는 3

(i)~(iii)에서 구하는 경우의 수는

$15 \times 6 \times 3 = 270$ **답** ⑤

058

서로 다른 3개의 과자를 서로 같은 3개의 주머니에 각각 1개씩 넣으면 각 주머니는 서로 다른 주머니가 된다.

한편, 서로 같은 사탕 8개를 각 주머니에 1개 이상씩 넣는 경우의 수는 서로 다른 3개의 주머니에 서로 같은 사탕을 하나씩 넣고 남은 5개를 서로 다른 3개의 주머니에 넣는 경우의 수와 같다.

따라서 구하는 경우의 수는 서로 다른 3개에서 중복을 허용하여 5개를 택하는 중복조합의 수와 같으므로

$$_3H_5 = {}_7C_5 = {}_7C_2 = \frac{7 \times 6}{2 \times 1} = 21$$

답 21

059

고기만두, 김치만두, 새우만두, 야채만두 중 n개를 주문하는 경우의 수는 서로 다른 4개에서 중복을 허용하여 n개를 택하는 중복조합의 수와 같으므로

$$_4\mathrm{H}_n = {}_{n+3}\mathrm{C}_n = {}_{n+3}\mathrm{C}_3 = \frac{(n+3)(n+2)(n+1)}{3 \times 2 \times 1} = 120$$

$(n+3)(n+2)(n+1) = 720 = 10 \times 9 \times 8$

즉, $n+1=8$이므로 $n=7$

이때 고기만두, 김치만두를 각각 적어도 하나씩 포함하여 7개를 주문하는 경우의 수는 먼저 고기만두, 김치만두를 하나씩 주문한 다음 고기만두, 김치만두, 새우만두, 야채만두 중 5개를 주문하는 경우의 수와 같다.

따라서 구하는 경우의 수는 서로 다른 4개에서 중복을 허용하여 5개를 택하는 중복조합의 수와 같으므로

$$_4\mathrm{H}_5 = {}_8\mathrm{C}_5 = {}_8\mathrm{C}_3 = \frac{8 \times 7 \times 6}{3 \times 2 \times 1} = 56$$

답 56

060

$12 = 2^2 \times 3$이므로 택한 6개의 수를 모두 곱한 값이 12의 배수가 되려면 2를 2개 이상, 3을 1개 이상 택해야 한다.

즉, 먼저 2를 2개, 3을 1개 택한 다음 4개의 자연수 2, 3, 5, 7에서 중복을 허용하여 3개를 택하면 되므로 구하는 경우의 수는

$$_4\mathrm{H}_3 = {}_6\mathrm{C}_3 = \frac{6 \times 5 \times 4}{3 \times 2 \times 1} = 20$$

답 20

061

a는 포함하지 않고, b는 포함하는 서로 다른 항의 개수는 b를 먼저 하나 택한 다음 3개의 문자 b, c, d에서 중복을 허용하여 나머지 4개를 택하는 중복조합의 수와 같다.

따라서 구하는 서로 다른 항의 개수는

$$_3\mathrm{H}_4 = {}_6\mathrm{C}_4 = {}_6\mathrm{C}_2 = \frac{6 \times 5}{2 \times 1} = 15$$

답 15

[다른 풀이]

다항식 $(a+b+c+d)^5$의 전개식에서 a를 포함하지 않는 서로 다른 항의 개수는 다항식 $(b+c+d)^5$의 전개식에서 서로 다른 항의 개수와 같다.

이때 다항식 $(b+c+d)^5$의 전개식에서 서로 다른 항의 개수는 3개의 문자 b, c, d에서 중복을 허용하여 5개를 택하는 중복조합의 수와 같으므로

$$_3\mathrm{H}_5 = {}_7\mathrm{C}_5 = {}_7\mathrm{C}_2 = \frac{7 \times 6}{2 \times 1} = 21$$

또한 다항식 $(b+c+d)^5$의 전개식에서 b를 포함하지 않는 항의 개수는 다항식 $(c+d)^5$의 전개식에서 서로 다른 항의 개수

와 같다.

이때 다항식 $(c+d)^5$의 전개식에서 서로 다른 항의 개수는 2개의 문자 c, d에서 중복을 허용하여 5개를 택하는 중복조합의 수와 같으므로

$$_2\mathrm{H}_5 = {}_6\mathrm{C}_5 = {}_6\mathrm{C}_1 = 6$$

따라서 구하는 서로 다른 항의 개수는

$21 - 6 = 15$

062

다항식 $(a+2b+c)^6$의 전개식에서 서로 다른 항의 개수는

$$_3\mathrm{H}_6 = {}_8\mathrm{C}_6 = {}_8\mathrm{C}_2 = \frac{8 \times 7}{2 \times 1} = 28$$

다항식 $(2b+c-3d)^6$의 전개식에서 서로 다른 항의 개수는

$$_3\mathrm{H}_6 = {}_8\mathrm{C}_6 = {}_8\mathrm{C}_2 = \frac{8 \times 7}{2 \times 1} = 28$$

이때 두 다항식 $(a+2b+c)^6$과 $(2b+c-3d)^6$의 전개식에서 공통인 항의 개수는 다항식 $(2b+c)^6$의 전개식에서 서로 다른 항의 개수와 같으므로

$$_2\mathrm{H}_6 = {}_7\mathrm{C}_6 = {}_7\mathrm{C}_1 = 7$$

따라서 구하는 서로 다른 항의 개수는

$28 + 28 - 7 = 49$

답 49

063

방정식 $x+y+z=n$을 만족시키는 음이 아닌 정수해의 개수는 서로 다른 3개의 문자 x, y, z에서 중복을 허용하여 n개를 택하는 중복조합의 수와 같으므로

$$_3\mathrm{H}_n = {}_{n+2}\mathrm{C}_n = {}_{n+2}\mathrm{C}_2 = \frac{(n+2)(n+1)}{2 \times 1} = 231$$에서

$n^2 + 3n + 2 = 462$, $n^2 + 3n - 460 = 0$

$(n-20)(n+23) = 0$

$\therefore n = 20$ ($\because$ n은 자연수)

답 20

064

$x \geq -2$, $y \geq 2$, $z \geq 3$이므로

$x+2 \geq 0$, $y-2 \geq 0$, $z-3 \geq 0$

이때 $x+2=x'$, $y-2=y'$, $z-3=z'$이라 하면

$x=x'-2$, $y=y'+2$, $z=z'+3$이므로 $x+y+z=12$에서

$(x'-2)+(y'+2)+(z'+3)=12$

$\therefore x'+y'+z'=9$ (단, x', y', z'은 음이 아닌 정수)

따라서 구하는 해의 개수는 서로 다른 3개의 문자 x', y', z'에서 중복을 허용하여 9개를 택하는 중복조합의 수와 같으므로

$$_3\mathrm{H}_9 = {}_{11}\mathrm{C}_9 = {}_{11}\mathrm{C}_2 = \frac{11 \times 10}{2 \times 1} = 55$$

답 55

065

방정식 $x+y+2z=5$를 만족시키는 x, y, z는 음이 아닌 정수이므로 z의 값으로 가능한 것은 0, 1, 2이다.

(i) $z=0$일 때

방정식 $x+y=5$를 만족시키는 음이 아닌 정수해의 개수는
$$_2H_5={}_6C_5={}_6C_1=6$$

(ii) $z=1$일 때

방정식 $x+y=3$을 만족시키는 음이 아닌 정수해의 개수는
$$_2H_3={}_4C_3={}_4C_1=4$$

(iii) $z=2$일 때

방정식 $x+y=1$을 만족시키는 음이 아닌 정수해의 개수는
$$_2H_1={}_2C_1=2$$

(i)~(iii)에서 구하는 음이 아닌 정수해의 개수는

$6+4+2=12$ **답** 12

066

x, y, z가 음이 아닌 정수이므로 부등식 $x+y+z\leq4$를 만족시키는 경우를 다음과 같이 나누어 구한다.

(i) 방정식 $x+y+z=0$을 만족시키는 음이 아닌 정수해의 개수는
$$_3H_0={}_2C_0=1$$

(ii) 방정식 $x+y+z=1$을 만족시키는 음이 아닌 정수해의 개수는
$$_3H_1={}_3C_1=3$$

(iii) 방정식 $x+y+z=2$를 만족시키는 음이 아닌 정수해의 개수는
$$_3H_2={}_4C_2=\frac{4\times3}{2\times1}=6$$

(iv) 방정식 $x+y+z=3$을 만족시키는 음이 아닌 정수해의 개수는
$$_3H_3={}_5C_3={}_5C_2=\frac{5\times4}{2\times1}=10$$

(v) 방정식 $x+y+z=4$를 만족시키는 음이 아닌 정수해의 개수는
$$_3H_4={}_6C_4={}_6C_2=\frac{6\times5}{2\times1}=15$$

(i)~(v)에서 구하는 음이 아닌 정수해의 개수는

$1+3+6+10+15=35$ **답** 35

[다른 풀이]

x, y, z가 음이 아닌 정수이므로 부등식 $x+y+z\leq4$를 만족시키는 경우는 $x+y+z=0$ 또는 $x+y+z=1$ 또는 $x+y+z=2$ 또는 $x+y+z=3$ 또는 $x+y+z=4$이다.

이때 음이 아닌 정수 w에 대하여 방정식

$x+y+z+w=4$의 해의 개수는

$w=4$일 때, $x+y+z=0$의 음이 아닌 정수해의 개수와

$w=3$일 때, $x+y+z=1$의 음이 아닌 정수해의 개수와

$w=2$일 때, $x+y+z=2$의 음이 아닌 정수해의 개수와

$w=1$일 때, $x+y+z=3$의 음이 아닌 정수해의 개수와

$w=0$일 때, $x+y+z=4$의 음이 아닌 정수해의 개수의 합과 같다.

따라서 부등식 $x+y+z\leq4$의 음이 아닌 정수해의 개수는 음이 아닌 정수 w에 대하여 방정식 $x+y+z+w=4$의 음이 아닌 정수해의 개수와 같으므로
$$_4H_4={}_7C_4={}_7C_3=\frac{7\times6\times5}{3\times2\times1}=35$$

> **tip**
>
> 위의 풀이에서
> $$_3H_0+{}_3H_1+{}_3H_2+{}_3H_3+{}_3H_4={}_4H_4$$
> 임을 알 수 있다. 일반적으로 두 자연수 n, r에 대하여 다음이 성립한다.
> $$_nH_0+{}_nH_1+{}_nH_2+\cdots+{}_nH_r={}_{n+1}H_r$$

체크 067

a는 홀수이고 조건 (나)에서 자연수 a, b, c가 $a^2+b+c=13$을 만족시키므로 a의 값으로 가능한 것은 1, 3이다.

(i) $a=1$일 때

조건 (나)에서 $b+c=12$

음이 아닌 정수 b', c'에 대하여 $b=b'+1$, $c=c'+1$이라 하면
$$(b'+1)+(c'+1)=12$$
$$\therefore b'+c'=10$$

이를 만족시키는 순서쌍의 개수는
$$_2H_{10}={}_{11}C_{10}={}_{11}C_1=11$$

(ii) $a=3$일 때

조건 (나)에서 $b+c=4$

음이 아닌 정수 b', c'에 대하여 $b=b'+1$, $c=c'+1$이라 하면
$$(b'+1)+(c'+1)=4$$
$$\therefore b'+c'=2$$

이를 만족시키는 순서쌍의 개수는
$$_2H_2={}_3C_2={}_3C_1=3$$

(i), (ii)에서 구하는 모든 순서쌍 (a, b, c)의 개수는

$11+3=14$ **답** 14

068

$1\leq|x|\leq|y|\leq4$이므로 4개의 자연수 1, 2, 3, 4에서 중복을

허용하여 2개를 택한 후 크기가 작거나 같은 것부터 차례대로 $|x|$, $|y|$에 대응시키면 된다.

따라서 순서쌍 $(|x|, |y|)$의 개수는

$$_4H_2 = {}_5C_2 = \frac{5 \times 4}{2 \times 1} = 10$$

이때 x, y의 값은 각각 양수 또는 음수가 될 수 있으므로 구하는 모든 순서쌍 (x, y)의 개수는

$$10 \times 2 \times 2 = 40$$

답 40

069

구하는 함수 f의 개수는 조건 ㈎를 만족시키는 모든 함수의 개수에서 $f(3) = 9$이면서 조건 ㈎를 만족시키는 함수의 개수를 빼면 된다.

조건 ㈎를 만족시키는 함수 f는 공역 Y의 5개의 원소 6, 7, 8, 9, 10에서 중복을 허용하여 5개를 택한 후 크기가 작거나 같은 것부터 차례대로 $f(1)$, $f(2)$, $f(3)$, $f(4)$, $f(5)$에 대응시키면 되므로 이를 만족시키는 함수의 개수는

$$_5H_5 = {}_9C_5 = {}_9C_4 = \frac{9 \times 8 \times 7 \times 6}{4 \times 3 \times 2 \times 1} = 126$$

$f(3) = 9$이면서 조건 ㈎를 만족시키는 함수는 공역 Y의 4개의 원소 6, 7, 8, 9에서 중복을 허용하여 2개를 택한 후 크기가 작거나 같은 것부터 차례대로 $f(1)$, $f(2)$에 대응시키고, 공역 Y의 2개의 원소 9, 10에서 중복을 허용하여 2개를 택한 후 크기가 작거나 같은 것부터 차례대로 $f(4)$, $f(5)$에 대응시키면 되므로 이를 만족시키는 함수의 개수는

$$_4H_2 \times {}_2H_2 = {}_5C_2 \times {}_3C_2 = 10 \times 3 = 30$$

따라서 구하는 함수 f의 개수는

$$126 - 30 = 96$$

답 96

070

같은 종류의 연필 6자루를 5명의 학생에게 먼저 1자루씩 나누어 주고 남은 연필 1자루를 한 명에게 주면 되므로 서로 같은 종류의 연필 6자루를 5명의 학생에게 각각 1자루 이상씩 나누어 주는 경우의 수는 5이다.

이때 연필을 1자루 받은 4명의 학생에게만 먼저 지우개를 1개씩 나누어 주고 남은 6개의 지우개를 중복을 허용하여 4명에게 나누어 주면 된다.

즉, 1자루의 연필을 받은 학생에게만 지우개를 각각 1개 이상씩 나누어 주는 경우의 수는

$$_4H_6 = {}_9C_6 = {}_9C_3 = \frac{9 \times 8 \times 7}{3 \times 2 \times 1} = 84$$

따라서 구하는 경우의 수는

$$5 \times 84 = 420$$

답 420

071

D열의 10개의 좌석 중 왼쪽부터 갑, 을, 병의 순으로 앉았을 때, 갑, 을, 병의 양 끝과 사이사이의 빈 좌석의 개수를 각각 다음 그림과 같이 왼쪽부터 차례대로 a, b, c, d (a, d는 음이 아닌 정수, b, c는 $b \geq 1$, $c \geq 2$인 정수)라 하자.

$$\overset{a}{\vee} \boxed{갑} \overset{b}{\vee} \boxed{을} \overset{c}{\vee} \boxed{병} \overset{d}{\vee}$$

이때 $a \geq 0$, $b \geq 1$, $c \geq 2$, $d \geq 0$이고, $a+b+c+d = 7$이므로 음이 아닌 정수 b', c'에 대하여 $b = b'+1$, $c = c'+2$라 하면

$$a + (b'+1) + (c'+2) + d = 7$$

$$\therefore a + b' + c' + d = 4$$

따라서 구하는 경우의 수는 서로 다른 4개에서 중복을 허용하여 4개를 택하는 중복조합의 수와 같으므로

$$_4H_4 = {}_7C_4 = {}_7C_3 = \frac{7 \times 6 \times 5}{3 \times 2 \times 1} = 35$$

답 35

072

$a+b+c = 7$을 만족시키는 음이 아닌 정수 a, b, c의 순서쌍 (a, b, c)의 개수는

$$_3H_7 = {}_9C_7 = {}_9C_2 = \frac{9 \times 8}{2 \times 1} = 36$$

조건 ㈏에서 $2^a \times 4^b = 2^{a+2b}$이 8의 배수, 즉 2^3의 배수이므로

$$a + 2b \geq 3$$

이때 $a+2b < 3$을 만족시키는 음이 아닌 정수 a, b의 순서쌍 (a, b)는

$$(0, 0), (0, 1), (1, 0), (2, 0)$$

의 4개이므로 구하는 순서쌍 (a, b, c)의 개수는

$$36 - 4 = 32$$

답 32

2 이항정리

06 이항정리

체크 073

$(a+2b)^6$의 전개식의 일반항은

$_6C_r a^{6-r}(2b)^r = {}_6C_r 2^r a^{6-r}b^r$

이때 $a^{6-r}b^r = a^3 b^3$에서 $r=3$

따라서 $a^3 b^3$의 계수는

$_6C_3 \times 2^3 = 20 \times 8 = 160$

답 160

체크 074

$(ax+2y)^6$의 전개식의 일반항은

$_6C_r (ax)^{6-r}(2y)^r = {}_6C_r 2^r a^{6-r} x^{6-r} y^r$

이때 $x^{6-r}y^r = x^2 y^4$에서 $r=4$

한편, $x^2 y^4$의 계수가 15이므로 $_6C_4 2^4 a^2 = 15$에서

$15 \times 16 \times a^2 = 15$, $a^2 = \dfrac{1}{16}$

$\therefore a = \dfrac{1}{4}$ $(\because a>0)$

답 $\dfrac{1}{4}$

체크 075

(1) $\left(x+\dfrac{3}{x}\right)^5$의 전개식의 일반항은

$_5C_r x^{5-r}\left(\dfrac{3}{x}\right)^r = {}_5C_r 3^r \dfrac{x^{5-r}}{x^r}$

이때 x항은 $5-r-r=1$일 때이므로 $r=2$

따라서 x의 계수는 $_5C_2 \times 3^2 = 10 \times 9 = 90$

(2) $\left(x^2-\dfrac{1}{x}\right)^8$의 전개식의 일반항은

$_8C_r (x^2)^{8-r}\left(-\dfrac{1}{x}\right)^r = {}_8C_r(-1)^r \dfrac{x^{16-2r}}{x^r}$

이때 x^4항은 $16-2r-r=4$일 때이므로 $r=4$

따라서 x^4의 계수는 $_8C_4 \times (-1)^4 = 70 \times 1 = 70$

답 (1) 90 (2) 70

체크 076

$\left(x-\dfrac{1}{x}\right)^4$의 전개식의 일반항은

$_4C_r x^{4-r}\left(-\dfrac{1}{x}\right)^r = {}_4C_r(-1)^r \dfrac{x^{4-r}}{x^r}$ ...... ㉠

이때

$(3x^2+2x+4)\left(x-\dfrac{1}{x}\right)^4$

$= 3x^2\left(x-\dfrac{1}{x}\right)^4 + 2x\left(x-\dfrac{1}{x}\right)^4 + 4\left(x-\dfrac{1}{x}\right)^4$

이므로 전개식에서 상수항은 다음과 같은 경우에 나타난다.

(i) $3x^2$과 ㉠의 $\dfrac{1}{x^2}$항이 곱해지는 경우

㉠에서 $\dfrac{1}{x^2}$항은 $r-(4-r)=2$, 즉 $r=3$일 때이므로

$3x^2 \times {}_4C_3 \times (-1)^3 \times \dfrac{1}{x^2} = -12$

(ii) $2x$와 ㉠의 $\dfrac{1}{x}$항이 곱해지는 경우

㉠에서 $\dfrac{1}{x}$항은 $r-(4-r)=1$, 즉 $r=\dfrac{5}{2}$일 때이다.

그런데 r는 $0 \le r \le 4$인 정수이므로 ㉠에서 $\dfrac{1}{x}$항은 존재하지 않는다.

(iii) 4와 ㉠의 상수항이 곱해지는 경우

㉠에서 상수항은 $4-r=r$, 즉 $r=2$일 때이므로

$4 \times {}_4C_2 \times (-1)^2 = 24$

(i)~(iii)에서 상수항은

$-12+24=12$

답 12

체크 077

$(x-a)^4$의 전개식의 일반항은 $_4C_r x^{4-r}(-a)^r$

$\left(x+\dfrac{1}{x^2}\right)^3$의 전개식의 일반항은 $_3C_s x^{3-s}\left(\dfrac{1}{x^2}\right)^s = {}_3C_s \dfrac{x^{3-s}}{x^{2s}}$

$(x-a)^4\left(x+\dfrac{1}{x^2}\right)^3$의 전개식의 일반항은

$_4C_r \times {}_3C_s \times (-a)^r \times \dfrac{x^{7-r-s}}{x^{2s}}$ ...... ㉠

이므로 x^2항은 $7-r-s-2s=2$, 즉 $r+3s=5$일 때이다.

이때 $0 \le r \le 4$, $0 \le s \le 3$인 정수 r, s에 대하여 $r+3s=5$를 만족시키는 순서쌍 (r, s)는 $(2, 1)$ 뿐이다.

따라서 $r=2$, $s=1$을 ㉠의 $_4C_r \times {}_3C_s \times (-a)^r$에 대입하면 x^2의 계수는

$_4C_2 \times {}_3C_1 \times a^2 = 18a^2$

x^2의 계수가 36이므로 $18a^2 = 36$, $a^2 = 2$

$\therefore a = \sqrt{2}$ $(\because a>0)$

답 $\sqrt{2}$

07 이항계수의 성질

체크 078

$_{12}C_9 + {}_{13}C_{10} + {}_{14}C_{11} + {}_{15}C_{12} + {}_{16}C_{13}$

$= \underbrace{{}_{12}C_8 + {}_{12}C_9}_{{}_{13}C_9} + {}_{13}C_{10} + {}_{14}C_{11} + {}_{15}C_{12} + {}_{16}C_{13} - {}_{12}C_8$

$$= \underbrace{{}_{13}C_9 + {}_{13}C_{10}}_{{}_{14}C_{10}} + {}_{14}C_{11} + {}_{15}C_{12} + {}_{16}C_{13} - {}_{12}C_8$$

$$= \underbrace{{}_{14}C_{10} + {}_{14}C_{11}}_{{}_{15}C_{11}} + {}_{15}C_{12} + {}_{16}C_{13} - {}_{12}C_8$$

$$= \underbrace{{}_{15}C_{11} + {}_{15}C_{12}}_{{}_{16}C_{12}} + {}_{16}C_{13} - {}_{12}C_8$$

$$= {}_{16}C_{12} + {}_{16}C_{13} - {}_{12}C_8$$

$$= {}_{17}C_{13} - {}_{12}C_8 \qquad\qquad \text{답 ④}$$

체크 079

${}_5C_0 = {}_5C_5$, ${}_6C_1 = {}_6C_5$, ${}_7C_2 = {}_7C_5$, ${}_8C_3 = {}_8C_5$, ${}_9C_4 = {}_9C_5$이므로

(주어진 식)

$$= 2\,{}_5C_0 + 2\,{}_6C_1 + 2\,{}_7C_2 + 2\,{}_8C_3 + 2\,{}_9C_4 + 2\,{}_{10}C_5$$

$$= 2(\underbrace{{}_6C_0 + {}_6C_1}_{{}_7C_1} + {}_7C_2 + {}_8C_3 + {}_9C_4 + {}_{10}C_5) \ (\because {}_5C_0 = {}_6C_0)$$

$$= 2(\underbrace{{}_7C_1 + {}_7C_2}_{{}_8C_2} + {}_8C_3 + {}_9C_4 + {}_{10}C_5)$$

$$= 2({}_8C_2 + {}_8C_3 + {}_9C_4 + {}_{10}C_5)$$

$$\vdots$$

$$= 2({}_{10}C_4 + {}_{10}C_5)$$

$$= 2\,{}_{11}C_5 = 2\,{}_{11}C_6$$

$$\therefore n = 11 \qquad\qquad \text{답 11}$$

체크 080

$(1+x)^{10} = {}_{10}C_0 + {}_{10}C_1 x + {}_{10}C_2 x^2 + \cdots + {}_{10}C_{10} x^{10}$의 양변에

$x = -3$을 대입하면

$$(-2)^{10} = {}_{10}C_0 - 3\,{}_{10}C_1 + 3^2\,{}_{10}C_2 - 3^3\,{}_{10}C_3 + \cdots + 3^{10}\,{}_{10}C_{10}$$

$$\therefore {}_{10}C_0 - 3\,{}_{10}C_1 + 3^2\,{}_{10}C_2 - 3^3\,{}_{10}C_3 + \cdots + 3^{10}\,{}_{10}C_{10} = 1024$$

$$\text{답 } 1024$$

체크 081

$(1+x)^n = {}_nC_0 + {}_nC_1 x + {}_nC_2 x^2 + \cdots + {}_nC_n x^n$의 양변에 $x=1$을

대입하면

$$2^n = {}_nC_0 + {}_nC_1 + {}_nC_2 + \cdots + {}_nC_n$$

따라서 주어진 부등식은 다음과 같이 나타낼 수 있다.

$$2000 < 2^n < 3000$$

이때 $2^{10} = 1024$, $2^{11} = 2048$, $2^{12} = 4096$이므로 주어진 부등식

을 만족시키는 자연수 n의 값은 11이다. $\qquad$ 답 11

082

$\left(ax + \dfrac{1}{bx}\right)^7$의 전개식의 일반항은

$${}_7C_r (ax)^{7-r}\left(\frac{1}{bx}\right)^r = {}_7C_r \times a^{7-r} \times \left(\frac{1}{b}\right)^r \times \frac{x^{7-r}}{x^r}$$

이때 x항은 $7-r-r = 1$일 때이므로 $r=3$

x의 계수는 35이므로

$${}_7C_3 \times a^4 \times \frac{1}{b^3} = \frac{35a^4}{b^3} = 35$$

$$\therefore a^4 = b^3 \qquad\qquad \cdots\cdots \ \text{㉠}$$

또한 x^5항은 $7-r-r = 5$일 때이므로 $r=1$

x^5의 계수는 7이므로

$${}_7C_1 \times a^6 \times \frac{1}{b} = \frac{7a^6}{b} = 7$$

$$\therefore b = a^6 \qquad\qquad \cdots\cdots \ \text{㉡}$$

㉡을 ㉠에 대입하면 $a^4 = a^{18}$

이때 a는 자연수이므로 $a=1$, $b=1$

$$\therefore a+b = 2 \qquad\qquad \text{답 } 2$$

083

$\left(x^3 - \dfrac{2}{x^2}\right)^n$의 전개식의 일반항은

$${}_nC_r (x^3)^{n-r}\left(-\frac{2}{x^2}\right)^r = {}_nC_r (-2)^r \frac{x^{3n-3r}}{x^{2r}}$$

이때 상수항이 존재하려면 $3n-3r = 2r$에서 $3n=5r$, 즉 $3n$

이 5의 배수이어야 한다.

따라서 구하는 자연수 n의 최솟값은 5이다. $\qquad$ 답 5

084

$(2+x)^3$의 전개식의 일반항은 ${}_3C_r 2^{3-r} x^r$

$(1+x^2)^n$의 전개식의 일반항은 ${}_nC_s x^{2s}$

$(2+x)^3 (1+x^2)^n$의 전개식의 일반항은

$${}_3C_r 2^{3-r} x^r \times {}_nC_s x^{2s} = {}_3C_r \times {}_nC_s \times 2^{3-r} \times x^{r+2s}$$

이므로 x^2항은 $r+2s = 2$일 때이다.

이때 $0 \le r \le 3$, $0 \le s \le n$인 정수 r, s에 대하여 $r+2s = 2$를

만족시키는 순서쌍 (r, s)는 $(0, 1)$ 또는 $(2, 0)$이므로 x^2의

계수는

$$({}_3C_0 \times {}_nC_1 \times 2^3) + ({}_3C_2 \times {}_nC_0 \times 2) = 8n+6$$

$$8n+6 = 46 \qquad \therefore n=5 \qquad\qquad \text{답 } 5$$

[다른 풀이]

$(2+x)^3$의 전개식의 일반항은

$${}_3C_r 2^{3-r} x^r \qquad\qquad \cdots\cdots \ \text{㉠}$$

$(1+x^2)^n$의 전개식의 일반항은

$_nC_s x^{2s}$ ...... ⓛ

이때 $(2+x)^3(1+x^2)^n$에서 x^2항은 다음과 같은 경우에 나타난다.

(i) ㉠의 상수항과 ⓛ의 x^2항이 곱해지는 경우

　㉠에서 상수항은 $r=0$일 때이고, ⓛ에서 x^2항은 $s=1$일 때이므로

　$(_3C_0 \times 2^3) \times _nC_1 x^2 = 8nx^2$

(ii) ㉠의 x항과 ⓛ의 x항이 곱해지는 경우

　㉠에서 x항은 $r=1$일 때이고, ⓛ에서 x항은 $2s=1$, 즉 $s=\dfrac{1}{2}$일 때이다.

　그런데 s는 $0 \leq s \leq n$인 정수이므로 x^2항은 존재하지 않는다.

(iii) ㉠의 x^2항과 ⓛ의 상수항이 곱해지는 경우

　㉠에서 x^2항은 $r=2$일 때이고, ⓛ에서 상수항은 $s=0$일 때이므로

　$(_3C_2 \times 2x^2) \times _nC_0 = 6x^2$

(i)~(iii)에서 x^2의 계수는 $8n+6$이므로

$8n+6=46$ $\therefore n=5$

085

주어진 식의 값은 $(1+x)^4(1+x)^4 = (1+x)^8$의 전개식에서 x^4의 계수와 같으므로

$_4C_0 \times _4C_4 + _4C_1 \times _4C_3 + _4C_2 \times _4C_2 + _4C_3 \times _4C_1 + _4C_4 \times _4C_0$

$= _8C_4$

$= \dfrac{8 \times 7 \times 6 \times 5}{4 \times 3 \times 2 \times 1} = 70$ **답** 70

[다른 풀이]

$_4C_0 \times _4C_4 + _4C_1 \times _4C_3 + _4C_2 \times _4C_2 + _4C_3 \times _4C_1 + _4C_4 \times _4C_0$

$= (_4C_0)^2 + (_4C_1)^2 + (_4C_2)^2 + (_4C_1)^2 + (_4C_0)^2$

$= 2(_4C_0)^2 + 2(_4C_1)^2 + (_4C_2)^2$

$= 2 \times 1^2 + 2 \times 4^2 + 6^2 = 70$

086

주어진 그림에서 색칠한 부분을 다음 그림과 같이 (i), (ii), (iii)으로 나누면

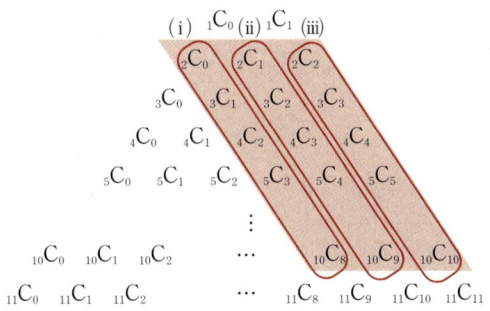

(i) $_2C_0 + _3C_1 + _4C_2 + \cdots + _{10}C_8 = _{11}C_8 = _{11}C_3 = 165$

(ii) $_1C_0 + _2C_1 + _3C_2 + \cdots + _{10}C_9 = _{11}C_9 = _{11}C_2 = 55$이므로

　$_2C_1 + _3C_2 + \cdots + _{10}C_9 = 55 - 1 = 54$

(iii) $_2C_2 + _3C_3 + \cdots + _{10}C_{10} = \underbrace{1+1+\cdots+1}_{9개} = 9$

(i)~(iii)에서 색칠한 부분에 포함되는 모든 수의 합은

$165 + 54 + 9 = 228$ **답** 228

087

1, $(1+2x)$에는 x^2항이 없으므로 x^2의 계수는 0이다.

$(1+2x)^2$에서 x^2의 계수는 $2^2 \times _2C_2$

$(1+2x)^3$에서 x^2의 계수는 $2^2 \times _3C_2$

$(1+2x)^4$에서 x^2의 계수는 $2^2 \times _4C_2$

$\qquad\qquad\qquad \vdots$

$(1+2x)^{10}$에서 x^2의 계수는 $2^2 \times _{10}C_2$

즉, 주어진 식의 전개식에서 x^2의 계수는

$2^2 \times (_2C_2 + _3C_2 + _4C_2 + \cdots + _{10}C_2)$

이때

$_2C_2 + _3C_2 + _4C_2 + \cdots + _{10}C_2$

$= \underbrace{_3C_3 + _3C_2}_{_4C_3} + _4C_2 + \cdots + _{10}C_2 \ (\because _2C_2 = _3C_3)$

$= \underbrace{_4C_3 + _4C_2}_{_5C_3} + \cdots + _{10}C_2$

$\qquad\qquad \vdots$

$= _{10}C_3 + _{10}C_2$

$= _{11}C_3 = \dfrac{11 \times 10 \times 9}{3 \times 2 \times 1} = 165$

이므로 구하는 x^2의 계수는

$2^2 \times 165 = 660$ **답** 660

088

$(1+x)^n$의 전개식의 일반항은 $_nC_r x^r$

이때 x^{n-3}의 계수는 $_nC_{n-3} = _nC_3$이므로 $f(n, x) = _nC_3$

$\therefore f(3, x) + f(4, x) + f(5, x) + \cdots + f(11, x)$

$= _3C_3 + _4C_3 + _5C_3 + \cdots + _{11}C_3$

$= \underbrace{_4C_4 + _4C_3}_{_5C_4} + _5C_3 + \cdots + _{11}C_3 \ (\because _3C_3 = _4C_4)$

$= \underbrace{_5C_4 + _5C_3}_{_6C_4} + \cdots + _{11}C_3$

$\qquad\qquad \vdots$

$= _{11}C_4 + _{11}C_3 = _{12}C_4 = _{12}C_8$

즉, $f(3, x) + f(4, x) + f(5, x) + \cdots + f(11, x)$는

$(1+x)^{12}$의 전개식에서 x^4의 계수 또는 x^8의 계수와 같으므로

$p=4$ 또는 $p=8$

따라서 구하는 모든 p의 값의 곱은

$4 \times 8 = 32$

답 32

089

$(1+x)^{2n} = {}_{2n}C_0 + {}_{2n}C_1 x + {}_{2n}C_2 x^2 + \cdots + {}_{2n}C_{2n} x^{2n}$ …… ㉠

㉠의 양변에 $x=1$을 대입하면

$2^{2n} = {}_{2n}C_0 + {}_{2n}C_1 + {}_{2n}C_2 + \cdots + {}_{2n}C_{2n}$ …… ㉡

㉠의 양변에 $x=-1$을 대입하면

$0 = {}_{2n}C_0 - {}_{2n}C_1 + {}_{2n}C_2 - \cdots + {}_{2n}C_{2n}$ …… ㉢

㉡+㉢을 하면

$2^{2n} = 2({}_{2n}C_0 + {}_{2n}C_2 + {}_{2n}C_4 + \cdots + {}_{2n}C_{2n})$

$\therefore {}_{2n}C_0 + {}_{2n}C_2 + {}_{2n}C_4 + \cdots + {}_{2n}C_{2n} = 2^{2n-1}$

이때 주어진 부등식에서

$2^{2n-1} > 1000$

한편, $2^9 = 512$, $2^{10} = 1024$이므로 $2n-1 > 9$에서 $n > 5$

따라서 주어진 부등식을 만족시키는 자연수 n의 최솟값은 6 이다.

답 6

090

(가) $(1+x)^{100} = {}_{100}C_0 + {}_{100}C_1 x + {}_{100}C_2 x^2 + \cdots + {}_{100}C_{100} x^{100}$의

양변에 $x=-5$를 대입하면

$(-4)^{100} = {}_{100}C_0 - 5{}_{100}C_1 + 5^2{}_{100}C_2 - \cdots + 5^{100}{}_{100}C_{100}$

${}_{100}C_0 - 5{}_{100}C_1 + 5^2{}_{100}C_2 - \cdots + 5^{100}{}_{100}C_{100} = 2^{200}$

$\therefore p = 200$

(나) $(1+x)^{51} = {}_{51}C_0 + {}_{51}C_1 x + {}_{51}C_2 x^2 + \cdots + {}_{51}C_{51} x^{51}$의 양변에

$x=1$을 대입하면

$2^{51} = {}_{51}C_0 + {}_{51}C_1 + {}_{51}C_2 + \cdots + {}_{51}C_{51}$

이때

${}_{51}C_0 + {}_{51}C_1 + {}_{51}C_2 + \cdots + {}_{51}C_{25}$

$= {}_{51}C_{26} + {}_{51}C_{27} + {}_{51}C_{28} + \cdots + {}_{51}C_{51}$

이므로

${}_{51}C_{26} + {}_{51}C_{27} + {}_{51}C_{28} + \cdots + {}_{51}C_{51} = 2^{50}$

$\therefore q = 50$

(다) $({}_5C_0)^2 + ({}_5C_1)^2 + ({}_5C_2)^2 + \cdots + ({}_5C_5)^2$

$= ({}_5C_0 \times {}_5C_5) + ({}_5C_1 \times {}_5C_4) + ({}_5C_2 \times {}_5C_3) + \cdots + ({}_5C_5 \times {}_5C_0)$

이므로 주어진 식은 $(1+x)^5 (1+x)^5 = (1+x)^{10}$의 전개

식에서 x^5의 계수와 같다.

이때 $(1+x)^{10}$의 전개식에서 x^5의 계수는 ${}_{10}C_5$

$\therefore ({}_5C_0)^2 + ({}_5C_1)^2 + ({}_5C_2)^2 + \cdots + ({}_5C_5)^2 = {}_{10}C_5$

$\therefore r = 5$

(가), (나), (다)에서

$p+q+r = 200+50+5 = 255$

답 255

091

원 위의 n개의 점 전부 또는 일부를 사용하여 만들 수 있는 다 각형은 삼각형, 사각형, 오각형, $\cdots$, n각형이므로 그 개수는

${}_nC_3 + {}_nC_4 + {}_nC_5 + \cdots + {}_nC_n$

이때 ${}_nC_0 + {}_nC_1 + {}_nC_2 + \cdots + {}_nC_n = 2^n$이므로

$$\begin{aligned} {}_nC_3 + {}_nC_4 + {}_nC_5 + \cdots + {}_nC_n &= 2^n - {}_nC_0 - {}_nC_1 - {}_nC_2 \\ &= 2^n - 1 - n - \frac{n(n-1)}{2} \\ &= 2^n - \frac{n^2+n+2}{2} \end{aligned}$$

따라서 $a=1$, $b=2$이므로

$a+b=3$

답 3

> **tip**
>
> **원 위의 점으로 만들 수 있는 도형의 개수**
>
> 원 위의 n개의 점을 이어서 만들 수 있는 r각형의 개수는
>
> ${}_nC_r$ (단, $3 \le r \le n$)

092

$(x+a^2)^n$의 전개식에서 x^{n-1}의 계수는

${}_nC_{n-1} \times a^2 = {}_nC_1 \times a^2 = a^2 n$

$(x^2 - 2a)(x+a)^n = x^2(x+a)^n - 2a(x+a)^n$

$(x+a)^n$의 전개식에서 x^{n-3}의 계수는

${}_nC_{n-3} \times a^3 = {}_nC_3 a^3 = \dfrac{n(n-1)(n-2)}{6} a^3$

이므로 $x^2(x+a)^n$을 전개하면 x^{n-1}의 계수는

$\boxed{\dfrac{n(n-1)(n-2)}{6}} \times a^3$이고,

$2a(x+a)^n$을 전개하면 x^{n-1}의 계수는 $2a^2 n$이다.

따라서 $(x^2 - 2a)(x+a)^n$의 전개식에서 x^{n-1}의 계수는

$\boxed{\dfrac{n(n-1)(n-2)}{6}} \times a^3 - 2a^2 n$

이다. 그러므로

$a^2 n = \boxed{\dfrac{n(n-1)(n-2)}{6}} \times a^3 - 2a^2 n$

이고, 양변을 a^2으로 나누면

$1 = \dfrac{(n-1)(n-2)}{6} \times a - 2$

$\therefore a = \dfrac{18}{\boxed{(n-1)(n-2)}}$

여기서 a는 자연수이고, n은 4 이상의 자연수이므로

$n-1 = 3$

$\therefore n=4$

따라서 $f(n)=\dfrac{n(n-1)(n-2)}{6}$, $g(n)=(n-1)(n-2)$,

$k=4$이므로

$f(k)+g(k)=f(4)+g(4)$

$\qquad\qquad\quad =\dfrac{4\times3\times2}{6}+3\times2$

$\qquad\qquad\quad =4+6=10$ **답 ①**

093

$(1+x)^{11}={}_{11}C_0+{}_{11}C_1x+{}_{11}C_2x^2+\cdots+{}_{11}C_{11}x^{11}$의 양변에

$x=7$을 대입하면

$8^{11}={}_{11}C_0+{}_{11}C_1\times7+{}_{11}C_2\times7^2+\cdots+{}_{11}C_{11}\times7^{11}$

$\quad ={}_{11}C_0+7({}_{11}C_1+{}_{11}C_2\times7+\cdots+{}_{11}C_{11}\times7^{10})$

$\quad =1+7({}_{11}C_1+{}_{11}C_2\times7+\cdots+{}_{11}C_{11}\times7^{10})$

즉, 8^{11}을 7로 나눈 나머지는 1이다.

따라서 오늘부터 8^{11}일째 되는 날의 요일인 토요일은 내일의
요일과 같으므로 오늘은 금요일이다.

한편, $(2+x)^9={}_9C_02^9+{}_9C_1x\times2^8+{}_9C_2x^2\times2^7+\cdots+{}_9C_9x^9$

의 양변에 $x=7$을 대입하면

$9^9={}_9C_02^9+{}_9C_1\times7\times2^8+{}_9C_2\times7^2\times2^7+\cdots+{}_9C_9\times7^9$

$\quad =512+7({}_9C_1\times2^8+{}_9C_2\times7\times2^7+\cdots+{}_9C_9\times7^8)$

즉, 9^9을 7로 나눈 나머지는 512를 7로 나눈 나머지인 1이므
로 오늘부터 9^9일째 되는 날의 요일은 내일의 요일과 같다.

따라서 9^9일째 되는 날의 요일은 토요일이다.   **답 ①**

1 확률의 뜻과 활용

08 시행과 사건

09 확률

체크 094

표본공간을 S라 하면

$S = \{1, 2, 3, \cdots, 10\}$이고

$A = \{1, 2, 3, 6\}$, $B = \{2, 3, 5, 7\}$

이때 두 사건 A, B 모두와 배반사건인

사건은 $A^c \cap B^c$의 부분집합이다.

$A^c \cap B^c = (A \cup B)^c = \{4, 8, 9, 10\}$

이므로 A, B 모두와 배반사건인 사건의 개수는

$2^4 = 16$ **답** 16

체크 095

서로 다른 두 개의 주사위를 동시에 던질 때, 모든 경우의 수는

$6 \times 6 = 36$

이차방정식 $x^2 - 2ax + 5b = 0$이 서로 다른 두 실근을 가지려면

판별식을 D라 할 때 $\dfrac{D}{4} = a^2 - 5b > 0$이어야 한다.

이를 만족시키는 순서쌍 (a, b)는

$(3, 1)$, $(4, 1)$, $(5, 1)$, $(6, 1)$, $(4, 2)$, $(5, 2)$, $(6, 2)$,

$(4, 3)$, $(5, 3)$, $(6, 3)$, $(5, 4)$, $(6, 4)$, $(6, 5)$, $(6, 6)$

의 14개이다.

따라서 구하는 확률은 $\dfrac{14}{36} = \dfrac{7}{18}$ **답** $\dfrac{7}{18}$

체크 096

부모님을 포함한 5명의 가족이 일렬로 서는 경우의 수는 5!

양 끝 자리에 부모님이 서는 경우의 수는 2!이고, 그 각각에 대하여 부모님 사이에 3명의 가족이 일렬로 서는 경우의 수가 3!이므로 5명이 일렬로 설 때 양 끝에 부모님이 서는 경우의 수는 $2! \times 3!$

따라서 구하는 확률은 $\dfrac{2! \times 3!}{5!} = \dfrac{1}{10}$ **답** $\dfrac{1}{10}$

> **tip**
>
> **순열의 수**
>
> 서로 다른 n개 중 r개를 뽑아 일렬로 나열하는 방법의 수
>
> ➡ ${}_n\mathrm{P}_r = n \times (n-1) \times \cdots \times (n-r+1)$
>
> $\qquad = \dfrac{n!}{(n-r)!}$ (단, $0 \le r \le n$)

체크 097

다섯 자리의 자연수가 되기 위해서는 만의 자리에 0이 올 수 없으므로 0, 1, 2, 3, 4를 모두 한 번씩 사용하여 만들 수 있는 다섯 자리 자연수의 개수는 $4 \times 4!$

3□□□□ 꼴의 자연수의 개수는 4!

4□□□□ 꼴의 자연수의 개수는 4!

즉, 다섯 자리 자연수가 30000보다 큰 경우의 수는 $4! + 4!$

따라서 구하는 확률은 $\dfrac{4! + 4!}{4 \times 4!} = \dfrac{1}{2}$ **답** $\dfrac{1}{2}$

체크 098

6명이 원탁에 둘러앉는 경우의 수는 $(6-1)! = 5!$

남학생 3명이 원탁에 둘러앉는 경우의 수는 $(3-1)! = 2!$

남학생 사이사이의 3개의 자리에 여학생 3명이 한 명씩 앉는 경우의 수는 3!

즉, 남학생과 여학생이 교대로 앉는 경우의 수는 $2! \times 3!$

따라서 구하는 확률은 $\dfrac{2! \times 3!}{5!} = \dfrac{1}{10}$ **답** $\dfrac{1}{10}$

> **tip**
>
> **원순열의 수**
>
> (1) 서로 다른 n개를 원형으로 배열하는 원순열의 수
>
> ➡ $\dfrac{n!}{n} = (n-1)!$
>
> (2) 서로 다른 n개 중 r개를 택하여 원형으로 배열하는 원순열의 수
>
> ➡ $\dfrac{{}_n\mathrm{P}_r}{r} = \dfrac{n!}{r(n-r)!}$

체크 099

만들 수 있는 함수 f의 개수는

${}_5\Pi_4 = 5^4 = 625$

집합 X의 임의의 두 원소 x_1, x_2에 대하여 $f(x_1) = f(x_2)$이면 $x_1 = x_2$를 만족시키는 경우는 함수 f가 일대일함수일 때이다.

일대일함수인 함수 f의 개수는 ${}_5\mathrm{P}_4 = 120$

따라서 구하는 확률은 $\dfrac{120}{625} = \dfrac{24}{125}$ **답** $\dfrac{24}{125}$

> **tip**
>
> x_1, x_2가 정의역의 원소일 때,
>
> '$x_1 \neq x_2$이면 $f(x_1) \neq f(x_2)$이다.'
>
> 와 그 대우
>
> '$f(x_1) = f(x_2)$이면 $x_1 = x_2$이다.'
>
> 는 모두 함수 f가 일대일함수임을 뜻한다.

체크 100

백의 자리에는 0이 올 수 없으므로 5개의 숫자 0, 1, 2, 3, 4에서 중복을 허용하여 만들 수 있는 세 자리 자연수의 개수는

$4 \times {}_5\Pi_2 = 100$

300보다 작은 세 자리 자연수가 짝수이려면 백의 자리의 숫자로는 1, 2만 가능하고 일의 자리의 숫자로는 0, 2, 4만 가능하다.

(i) 2□□ 꼴인 짝수의 개수는 $5 \times 3 = 15$

(ii) 1□□ 꼴인 짝수의 개수는 $5 \times 3 = 15$

따라서 구하는 확률은 $\dfrac{15+15}{100} = \dfrac{3}{10}$

답 $\dfrac{3}{10}$

체크 101

P 지점에서 Q 지점까지 최단 거리로 가는 경우의 수는

$\dfrac{7!}{4!3!} = 35$

P 지점에서 R 지점까지 최단 거리로 가는 경우의 수는

$\dfrac{3!}{2!} = 3$이고, R 지점에서 Q 지점까지 최단 거리로 가는 경우의 수는 $\dfrac{4!}{2!2!} = 6$이므로 P 지점에서 R 지점을 거쳐 Q 지점까지 최단 거리로 가는 경우의 수는 $3 \times 6 = 18$

따라서 구하는 확률은 $\dfrac{18}{35}$

답 $\dfrac{18}{35}$

체크 102

원 위에 일정한 간격으로 놓인 8개의 점 중 어느 세 점도 일직선 위에 있지 않으므로 3개의 점을 택하면 삼각형이 하나 만들어진다. 즉, 8개의 점 중 3개의 점을 꼭짓점으로 하는 삼각형의 개수는

${}_8C_3 = \dfrac{8 \times 7 \times 6}{3 \times 2 \times 1} = 56$

오른쪽 그림과 같이 하나의 지름 AB에 대하여 만들 수 있는 직각삼각형은 6개이고, 8개의 점으로 만들 수 있는 지름은 4개이므로 직각삼각형의 개수는

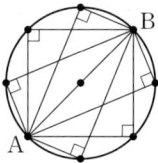

$6 \times 4 = 24$

따라서 구하는 확률은 $\dfrac{24}{56} = \dfrac{3}{7}$

답 $\dfrac{3}{7}$

체크 103

방정식 $x+y+z=10$의 음이 아닌 정수해의 개수는 서로 다른 3개에서 중복을 허용하여 10개를 택하는 중복조합의 수와 같으므로

${}_3H_{10} = {}_{12}C_{10} = {}_{12}C_2 = \dfrac{12 \times 11}{2 \times 1} = 66$

$x+y+z=10$에서 $y=4$이면 $x+z=6$

$x+z=6$의 음이 아닌 정수해의 개수는 서로 다른 2개에서 중복을 허용하여 6개를 택하는 중복조합의 수와 같으므로

${}_2H_6 = {}_7C_6 = {}_7C_1 = 7$

따라서 구하는 확률은 $\dfrac{7}{66}$

답 $\dfrac{7}{66}$

체크 104

당첨 제비가 나올 확률이 $\dfrac{3}{20}$이므로 $\dfrac{n}{300} = \dfrac{3}{20}$

$20n = 900$ $\therefore n = 45$

답 45

체크 105

ㄱ. (반례) 표본공간 $S = \{1, 2, 3, 4\}$에서 $A = \{1, 2\}$이면
$A^C = \{3, 4\}$이므로 $P(A) = P(A^C) = \dfrac{1}{2}$ (거짓)

ㄴ. $0 \leq P(A) \leq 1$, $0 \leq P(B) \leq 1$이므로
$0 \leq P(A)P(B) \leq 1$ (참)

ㄷ. (반례) $S = \{1, 2, 3\}$, $A = \{1, 2\}$, $B = \{2, 3\}$일 때,
$P(A) = \dfrac{2}{3}$, $P(B) = \dfrac{2}{3}$이므로 $P(A) + P(B) = \dfrac{4}{3} > 1$

(거짓)

따라서 옳은 것은 ㄴ이다.

답 ㄴ

> **tip**
>
> ㄷ에서 $0 \leq P(A) \leq 1$, $0 \leq P(B) \leq 1$이므로
> $0 \leq P(A) + P(B) \leq 2$

10 확률의 덧셈정리

체크 106

$P(A \cap B) = \dfrac{1}{2}P(A) = \dfrac{1}{3}P(B)$에서

$P(A) = 2P(A \cap B)$, $P(B) = 3P(A \cap B)$이므로

$P(A \cup B) = P(A) + P(B) - P(A \cap B)$
$= 2P(A \cap B) + 3P(A \cap B) - P(A \cap B)$
$= 4P(A \cap B)$

$\therefore \dfrac{P(A \cup B)}{P(A \cap B)} = \dfrac{4P(A \cap B)}{P(A \cap B)} = 4$

답 4

체크 107

천의 자리에는 0이 올 수 없으므로 4개의 숫자 0, 1, 4, 5를 한 번씩 사용하여 만들 수 있는 네 자리 자연수의 개수는

$3 \times {}_3P_3 = 18$

네 자리 자연수가 5의 배수인 사건을 A, 홀수인 사건을 B라 하자.

(i) 네 자리 자연수가 5의 배수가 되려면 일의 자리의 숫자가 0 또는 5이어야 한다.

일의 자리의 숫자가 0인 자연수의 개수는 $3! = 6$

천의 자리에는 0이 올 수 없으므로 일의 자리의 숫자가 5인 자연수의 개수는 $2 \times 2 = 4$

$\therefore P(A) = \dfrac{6+4}{18} = \dfrac{5}{9}$

(ii) 네 자리 자연수가 홀수이려면 일의 자리의 숫자가 1 또는 5이어야 한다.

천의 자리에는 0이 올 수 없으므로 일의 자리의 숫자가 1인 자연수의 개수는 $2 \times 2 = 4$

일의 자리의 숫자가 5인 자연수의 개수는 4 ($\because$ (i))

$\therefore P(B) = \dfrac{4+4}{18} = \dfrac{4}{9}$

(iii) 네 자리 자연수가 5의 배수이면서 홀수이려면 일의 자리의 숫자가 5이어야 한다.

일의 자리의 숫자가 5인 자연수의 개수는 4 ($\because$ (i))

$\therefore P(A \cap B) = \dfrac{4}{18} = \dfrac{2}{9}$

(i)~(iii)에서 구하는 확률은

$P(A \cup B) = P(A) + P(B) - P(A \cap B)$
$= \dfrac{5}{9} + \dfrac{4}{9} - \dfrac{2}{9} = \dfrac{7}{9}$

답 $\dfrac{7}{9}$

tip

4개의 숫자 0, 1, 4, 5를 한 번씩 사용하여 만들 수 있는 네 자리 자연수의 개수는 0, 1, 4, 5를 일렬로 나열하는 경우의 수에서 0이 맨 앞에 오도록 일렬로 나열하는 경우의 수를 뺀 것과 같으므로 $4! - 3! = 24 - 6 = 18$과 같이 구할 수도 있다.

체크 108

빨간 주머니와 파란 주머니에서 임의로 구슬을 각각 한 개씩 꺼내는 모든 경우의 수는

$5 \times 4 = 20$

빨간 주머니와 파란 주머니에서 꺼낸 구슬에 적힌 숫자를 각각 a, b라 하고 순서쌍 (a, b)로 나타낼 때, 구슬에 적힌 두 수의 합이 5 이하인 사건을 A, 짝수인 사건을 B라 하면

$A = \{(1, 2), (1, 4), (2, 2), (3, 2)\}$

$B = \{(2, 2), (2, 4), (2, 6), (2, 8),$
$\qquad\qquad\quad (4, 2), (4, 4), (4, 6), (4, 8)\}$

$A \cap B = \{(2, 2)\}$

$\therefore P(A) = \dfrac{4}{20} = \dfrac{1}{5}$, $P(B) = \dfrac{8}{20} = \dfrac{2}{5}$, $P(A \cap B) = \dfrac{1}{20}$

따라서 구하는 확률은

$P(A \cup B) = P(A) + P(B) - P(A \cap B)$
$= \dfrac{1}{5} + \dfrac{2}{5} - \dfrac{1}{20} = \dfrac{11}{20}$

답 $\dfrac{11}{20}$

체크 109

서로 다른 두 개의 주사위를 동시에 던질 때, 모든 경우의 수는

$6 \times 6 = 36$

나오는 두 눈의 수를 각각 a, b라 하고 순서쌍 (a, b)로 나타낼 때, 두 눈의 수의 곱이 6인 사건을 A, 합이 4인 사건을 B라 하면

$A = \{(1, 6), (2, 3), (3, 2), (6, 1)\}$,
$B = \{(1, 3), (2, 2), (3, 1)\}$

$\therefore P(A) = \dfrac{4}{36} = \dfrac{1}{9}$, $P(B) = \dfrac{3}{36} = \dfrac{1}{12}$

이때 두 사건 A, B는 서로 배반사건이므로 구하는 확률은

$P(A \cup B) = P(A) + P(B)$
$= \dfrac{1}{9} + \dfrac{1}{12} = \dfrac{7}{36}$

답 $\dfrac{7}{36}$

체크 110

$3P(A) = 2P(B) = \dfrac{2}{5}$에서

$P(A) = \dfrac{1}{3} \times \dfrac{2}{5} = \dfrac{2}{15}$, $P(B) = \dfrac{1}{2} \times \dfrac{2}{5} = \dfrac{1}{5}$

한편, 두 사건 A와 B^c가 서로 배반사건이므로

$A \cap B^c = \varnothing$ $\therefore A \subset B$

따라서 $P(A \cap B) = P(A)$이므로

$P(A^c \cap B) = P(B) - P(A \cap B)$
$= P(B) - P(A)$
$= \dfrac{1}{5} - \dfrac{2}{15} = \dfrac{1}{15}$

답 $\dfrac{1}{15}$

체크 111

(1) 세 사람이 가위바위보를 할 때 나올 수 있는 모든 경우의 수는

$3 \times 3 \times 3 = 27$

세 사람의 승부가 결정되는 사건을 A라 하면 승부가 결정되지 않는 사건은 A^C이다.

승부가 결정되지 않는 경우는 세 사람이 모두 같은 것을 내거나 모두 다른 것을 낼 때이다. 이때 모두 같은 것을 내는 경우의 수는 3, 모두 다른 것을 내는 경우의 수는 $3!=6$이므로

$$P(A^C)=\frac{3+6}{27}=\frac{1}{3}$$

따라서 구하는 확률은

$$P(A)=1-P(A^C)=1-\frac{1}{3}=\frac{2}{3}$$

(2) 남학생 5명과 여학생 7명의 12명 중 대표 2명을 뽑는 경우의 수는

$$_{12}C_2=66$$

여학생이 적어도 한 명 뽑히는 사건을 A라 하면 여학생이 한 명도 뽑히지 않는 사건은 A^C이다. 남학생 5명 중에서만 2명을 뽑는 경우의 수는 $_5C_2=10$이므로

$$P(A^C)=\frac{10}{66}=\frac{5}{33}$$

따라서 구하는 확률은

$$P(A)=1-P(A^C)=1-\frac{5}{33}=\frac{28}{33}$$

답 (1) $\dfrac{2}{3}$ (2) $\dfrac{28}{33}$

연습 문제 04

112

두 눈의 수를 a, b라 하고 순서쌍 (a, b)로 나타내면

$A=\{(2, 6), (3, 5), (4, 4), (5, 3), (6, 2)\}$
$B=\{(1, 4), (2, 5), (3, 6), (4, 1), (5, 2), (6, 3)\}$
$C=\{(1, 1), (1, 3), (1, 5), (3, 1), (3, 3), (3, 5),$
$(5, 1), (5, 3), (5, 5)\}$
$D=\{(1, 1), (2, 2), (3, 3), (4, 4), (5, 5), (6, 6)\}$

ㄱ. $A \cap B=\varnothing$이므로 A와 B는 서로 배반사건이다.

ㄴ. $A \cap C=\{(3, 5), (5, 3)\}$이므로 A와 C는 서로 배반사건이 아니다.

ㄷ. $A \cap D=\{(4, 4)\}$이므로 A와 D는 서로 배반사건이 아니다.

ㄹ. $B \cap C=\varnothing$이므로 B와 C는 서로 배반사건이다.

ㅁ. $B \cap D=\varnothing$이므로 B와 D는 서로 배반사건이다.

ㅂ. $C \cap D=\{(1, 1), (3, 3), (5, 5)\}$이므로 C와 D는 서로 배반사건이 아니다.

따라서 서로 배반사건인 것은 ㄱ, ㄹ, ㅁ이다.

답 ㄱ, ㄹ, ㅁ

113

만들 수 있는 두 자리 정수는

12, 13, 14, 21, 23, 24, 31, 32, 34, 41, 42, 43

이때 두 자리 정수가 x 이하의 수일 확률이 1이므로

$x \geq 43$

또한 두 자리 정수가 y의 배수일 확률이 0이므로 자연수 y의 최솟값은 5이다.

따라서 구하는 xy의 최솟값은

$43 \times 5=215$

답 215

114

남학생 5명과 여학생 3명의 8명을 일렬로 세울 때, 모든 경우의 수는 8!

∨ 남 ∨ 남 ∨ 남 ∨ 남 ∨ 남 ∨

여학생끼리 이웃하지 않게 서려면 남학생을 먼저 한 줄로 세운 후, 양 끝과 그 사이사이의 6개의 자리 중 3개를 택하여 여학생이 한 명씩 서면 된다.

즉, 여학생끼리 이웃하지 않는 경우의 수는 $5! \times _6P_3$

따라서 구하는 확률은

$$\frac{5! \times _6P_3}{8!}=\frac{5! \times 6 \times 5 \times 4}{8!}=\frac{5}{14}$$

답 $\dfrac{5}{14}$

115

색을 칠하는 모든 경우의 수는

$(8-1)!=7!$

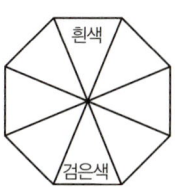

흰색을 칠할 자리가 정해지면 검은색을 칠할 자리는 그 맞은편으로 자동으로 정해진다. 회전하면 모두 같으므로 흰색과 검은색을 칠하는 경우의 수는 1이고, 남은 6개의 영역에 나머지 6가지 색을 칠하면 된다. 즉, 흰색과 검은색을 마주 보게 칠하는 경우의 수는

$1 \times 6!=6!$

따라서 구하는 확률은 $\dfrac{6!}{7!}=\dfrac{1}{7}$

답 $\dfrac{1}{7}$

116

한 개의 주사위를 3번 던질 때, 모든 경우의 수는

$6^3=216$

세 눈의 수의 최솟값이 2인 경우의 수는 2, 3, 4, 5, 6에서 중

복을 허용하여 3개를 뽑아 순서대로 나열하는 경우의 수에서 3, 4, 5, 6에서 중복을 허용하여 3개를 뽑아 순서대로 나열하는 경우의 수를 뺀 것과 같다.

$$\therefore {}_5\Pi_3 - {}_4\Pi_3 = 5^3 - 4^3 = 125 - 64 = 61$$

따라서 구하는 확률은 $\dfrac{61}{216}$

답 $\dfrac{61}{216}$

117

7장의 카드를 일렬로 나열하는 경우의 수는

$$\frac{7!}{3!2!} = 420$$

1이 적힌 카드 2장을 양 끝에 두고 나머지 1, 2, 2, 3, 4가 적힌 5장의 카드를 일렬로 나열하는 경우의 수는

$$\frac{5!}{2!} = 60$$

따라서 구하는 확률은 $\dfrac{60}{420} = \dfrac{1}{7}$

답 $\dfrac{1}{7}$

118

두 집합 $X = \{1, 2, 3, 4, 5\}$, $Y = \{1, 2, 3\}$에 대하여 X에서 Y로의 함수 f의 개수는

$${}_3\Pi_5 = 3^5 = 243$$

$f(1) + f(2) + f(3) + f(4) + f(5) = 13$을 만족시키는 함수의 개수는 $f(1), f(2), f(3), f(4), f(5)$에 각각 3, 3, 3, 3, 1 또는 3, 3, 3, 2, 2를 대응시키는 경우의 수의 합과 같다.

(i) 3, 3, 3, 3, 1인 경우

$$\frac{5!}{4!} = 5$$

(ii) 3, 3, 3, 2, 2인 경우

$$\frac{5!}{3!2!} = 10$$

따라서 구하는 확률은 $\dfrac{5 + 10}{243} = \dfrac{15}{243} = \dfrac{5}{81}$이므로

$p = 81$, $q = 5$

$$\therefore p + q = 81 + 5 = 86$$

답 86

119

표본공간 $S = \{1, 2, 3, 4\}$의 공집합이 아닌 부분집합의 개수는 $2^4 - 1 = 15$

15개의 사건 중 서로 다른 2개를 택하여 두 사건 A, B로 정하는 경우의 수는

$${}_{15}P_2 = 15 \times 14 = 210$$

사건 A가 정해지면 $A \cap B = \varnothing$, $A \cup B = S$를 만족시키는 사

건 B는 $B = S - A = A^C$로 정해지므로 A의 원소의 개수에 따라 두 사건 A, B를 정하는 경우의 수는 다음과 같다.

(i) A의 원소가 1개인 경우의 수는 ${}_4C_1 = 4$

(ii) A의 원소가 2개인 경우의 수는 ${}_4C_2 = 6$

(iii) A의 원소가 3개인 경우의 수는 ${}_4C_3 = 4$

(i)~(iii)에서 $A \cap B = \varnothing$, $A \cup B = S$인 두 사건 A, B를 정하는 경우의 수는

$$4 + 6 + 4 = 14$$

따라서 구하는 확률은 $\dfrac{14}{210} = \dfrac{1}{15}$

답 $\dfrac{1}{15}$

tip

표본공간 $S = \{1, 2, 3, 4\}$의 공집합이 아닌 부분집합 15개 중

(1) 서로 다른 두 부분집합을 택하는 경우의 수
 ➡ ${}_{15}C_2$

(2) 서로 다른 두 부분집합 A, B를 택하는 경우의 수
 ➡ ${}_{15}P_2$

120

정육면체의 8개의 꼭짓점 중 어느 세 점도 일직선 위에 있지 않으므로 서로 다른 세 꼭짓점을 임의로 택하여 연결하면 삼각형을 만들 수 있다. 즉, 8개의 꼭짓점 중 서로 다른 세 꼭짓점을 임의로 택하여 만들 수 있는 모든 삼각형의 개수는

$${}_8C_3 = 56$$

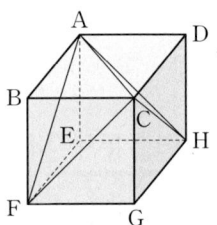

□ABCD의 대각선 AC를 한 변으로 하는 정삼각형은 오른쪽 그림과 같이 △AFC, △ACH의 두 개이다. 한 면에는 대각선을 두 개씩 그을 수 있으므로 총 대각선의 개수는 $2 \times 6 = 12$

그런데 △AFC에서 각각 선분 AC, 선분 AF, 선분 FC를 기준으로 만들어지는 정삼각형은 같으므로 3개의 삼각형이 중복되어 만들어진다.

즉, 만들 수 있는 서로 다른 정삼각형의 개수는

$$\frac{2 \times 12}{3} = 8$$

따라서 구하는 확률은 $\dfrac{8}{56} = \dfrac{1}{7}$

답 $\dfrac{1}{7}$

121

10명의 심사위원이 3개의 작품 중 한 개에 무기명으로 투표할 때, 모든 경우의 수는

$${}_3H_{10} = {}_{12}C_{10} = {}_{12}C_2 = 66$$

작품 B를 고른 심사위원이 2명인 경우의 수는 작품 A, C를 고른 심사위원이 8명이 되는 경우의 수와 같으므로

$_2H_8 = {}_9C_8 = {}_9C_1 = 9$

따라서 구하는 확률은 $\dfrac{9}{66} = \dfrac{3}{22}$ 답 $\dfrac{3}{22}$

122

직선 l과 직선 m 위에 있는 9개의 점 중 3개를 택하는 경우의 수는 $_9C_3 = \dfrac{9 \times 8 \times 7}{3 \times 2 \times 1} = 84$

택한 세 점을 꼭짓점으로 하는 삼각형이 만들어지는 사건을 A라 하면 삼각형이 만들어지지 않는 사건은 A^C이다.

이때 삼각형이 만들어지지 않으려면 직선 l 위의 점 중 3개를 택하거나 직선 m 위의 점 중 3개를 택하면 되므로 이 경우의 수는

$_4C_3 + {}_5C_3 = 4 + 10 = 14$

$\therefore P(A^C) = \dfrac{14}{84} = \dfrac{1}{6}$

따라서 구하는 확률은

$P(A) = 1 - P(A^C) = 1 - \dfrac{1}{6} = \dfrac{5}{6}$ 답 $\dfrac{5}{6}$

123

$P(A^C \cup B^C) = P((A \cap B)^C) = 1 - P(A \cap B) = \dfrac{5}{6}$에서

$P(A \cap B) = \dfrac{1}{6}$

$P(A \cup B) = P(A) + P(B) - P(A \cap B)$에서

$\dfrac{2}{3} = P(A) + P(B) - \dfrac{1}{6}$

$\therefore P(A) = \dfrac{5}{6} - P(B)$

이때 $\dfrac{1}{4} \le P(A) \le \dfrac{3}{8}$이므로 $\dfrac{1}{4} \le \dfrac{5}{6} - P(B) \le \dfrac{3}{8}$

$\therefore \dfrac{11}{24} \le P(B) \le \dfrac{7}{12}$

따라서 $P(B)$의 최솟값은 $\dfrac{11}{24}$이다.   답 $\dfrac{11}{24}$

124

ㄱ. $0 \le P(A) \le 1$ (참)

ㄴ. $P(A \cup B) = P(A) + P(B) - P(A \cap B)$
$\le P(A) + P(B)$ ($\because P(A \cap B) \ge 0$) (참)

ㄷ. $P(S) = 1$이므로 $P(A) \le P(S)$ (참)

ㄹ. (반례) $S = \{0, 1, 2\}$일 때, $A = \{1, 2\}$, $B = \{1, 2\}$이면
$A \subset B$이지만 $P(A) = P(B)$ (거짓)

따라서 옳은 것은 ㄱ, ㄴ, ㄷ이다.   답 ㄱ, ㄴ, ㄷ

[다른 풀이]

ㄹ. $B \subset A$이면 $n(B) \le n(A)$이므로

$\dfrac{n(B)}{n(S)} \le \dfrac{n(A)}{n(S)}$ $\therefore P(B) \le P(A)$ (거짓)

125

15개의 구슬 중 2개를 꺼내는 경우의 수는

$_{15}C_2 = 105$

적어도 한 개가 노란 구슬인 사건을 A라 하면 노란 구슬이 한 개도 뽑히지 않는 사건은 A^C이다.

노란 구슬이 한 개도 뽑히지 않는 경우는 흰 구슬 3개, 파란 구슬 7개의 10개 중 2개를 뽑는 경우이므로 이 경우의 수는

$_{10}C_2 = 45$

$\therefore P(A^C) = \dfrac{45}{105} = \dfrac{3}{7}$

따라서 구하는 확률은

$P(A) = 1 - P(A^C) = 1 - \dfrac{3}{7} = \dfrac{4}{7}$ 답 $\dfrac{4}{7}$

126

소고기피자는 4조각뿐이므로 접시에 담은 5조각의 피자 중 소고기피자가 3조각 이하인 사건을 A라 하면 소고기피자가 4조각인 사건은 A^C이다.

이때 $P(A^C) = 1 - P(A) = 1 - \dfrac{98}{99} = \dfrac{1}{99}$이므로

$\dfrac{{}_4C_4 \times {}_nC_1}{{}_{4+n}C_5} = \dfrac{1}{99}$, $_{4+n}C_5 = 99 \times n$

$\dfrac{(n+4)(n+3)(n+2)(n+1)n}{5!} = 99 \times n$

즉, $(n+1)(n+2)(n+3)(n+4) = 5! \times 99$에서

$5! \times 99 = (5 \times 4 \times 3 \times 2 \times 1) \times (3^2 \times 11)$
$= 3^2 \times (5 \times 2) \times 11 \times (4 \times 3)$
$= 9 \times 10 \times 11 \times 12$

따라서 $n + 1 = 9$이므로 $n = 8$ 답 8

127

T, E, N, S, I, O, N을 일렬로 나열하는 경우의 수는

$\dfrac{7!}{2!}$

적어도 한 쪽 끝에 자음이 오는 사건을 A라 하면 양 끝에 모두 모음이 오는 사건은 A^C이다.

이때 모음은 E, I, O이므로 이중 2개를 양 끝에 나열하는 경

우의 수는 $_3P_2$이고, 그 각각에 대하여 나머지 5개의 문자를 일렬로 나열하는 경우의 수는 $\dfrac{5!}{2!}$이다.

$$\therefore \mathrm{P}(A^C)=\dfrac{_3P_2\times\dfrac{5!}{2!}}{\dfrac{7!}{2!}}=\dfrac{1}{7}$$

따라서 구하는 확률은

$$\mathrm{P}(A)=1-\mathrm{P}(A^C)=1-\dfrac{1}{7}=\dfrac{6}{7}$$ 답 $\dfrac{6}{7}$

128

한 개의 주사위를 두 번 던질 때, 모든 경우의 수는

$6\times6=36$

이차함수

$f(x)=x^2-7x+10$
$\qquad=(x-2)(x-5)$

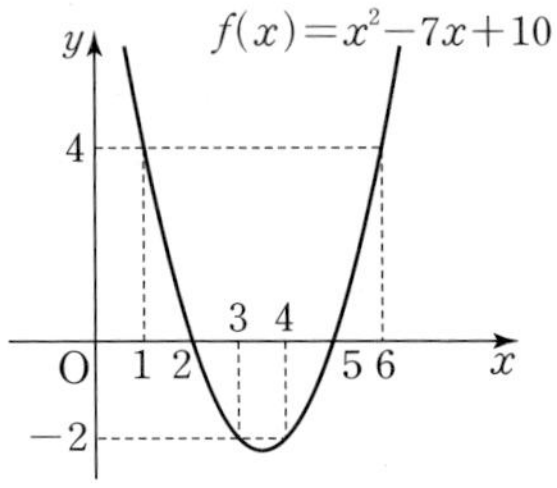

에 대하여 $y=f(x)$의 그래프는 위의 그림과 같으므로

$f(2)=f(5)=0, f(1)>0, f(6)>0, f(3)<0, f(4)<0$

즉, 눈의 수 a, b에 대하여 $f(a)f(b)<0$이 성립하는 경우는 다음과 같다.

(i) $f(a)<0$이고 $f(b)>0$인 경우

 $(3, 1), (3, 6), (4, 1), (4, 6)$의 4가지

(ii) $f(a)>0$이고 $f(b)<0$인 경우

 $(1, 3), (1, 4), (6, 3), (6, 4)$의 4가지

(i), (ii)에서 $f(a)f(b)<0$인 경우의 수는

$4+4=8$

따라서 구하는 확률은 $\dfrac{8}{36}=\dfrac{2}{9}$ 답 ④

129

방정식 $x+y+z=10$을 만족시키는 음이 아닌 정수 x, y, z의 순서쌍 (x, y, z)의 개수는

$_3H_{10}=_{12}C_{10}=_{12}C_2=66$

순서쌍 (x, y, z)가 $(x-y)(y-z)(z-x)\neq0$을 만족시키는 사건을 A라 하면 $(x-y)(y-z)(z-x)=0$을 만족시키는 사건은 A^C이다. 이때 $(x-y)(y-z)(z-x)=0$을 만족시키는 순서쌍 (x, y, z)의 개수는 다음과 같다.

(i) $x=y$인 경우

 $x+y+z=10$, 즉 $2x+z=10$을 만족시키는 순서쌍은

 $(0, 0, 10), (1, 1, 8), (2, 2, 6), (3, 3, 4), (4, 4, 2),$
 $(5, 5, 0)$의 6개

(ii) $y=z$인 경우도 (i)과 마찬가지로 6개

(iii) $z=x$인 경우도 (i)과 마찬가지로 6개

(i), (ii), (iii)은 배반사건이므로 $(x-y)(y-z)(z-x)=0$을 만족시키는 경우의 수는

$6+6+6=18$

$$\therefore \mathrm{P}(A^C)=\dfrac{18}{66}=\dfrac{3}{11}$$

따라서 구하는 확률은

$$\mathrm{P}(A)=1-\mathrm{P}(A^C)=1-\dfrac{3}{11}=\dfrac{8}{11}$$

$\therefore p=11, q=8$

$\therefore p+q=11+8=19$ 답 19

tip
$(x-y)(y-z)(z-x)\neq0$의 부정은
 $(x-y)(y-z)(z-x)=0$
 $\Longleftrightarrow x=y$ 또는 $y=z$ 또는 $z=x$

2 조건부확률

11 조건부확률

체크 130

$P(A^C)=0.3$에서 $P(A)=1-0.3=0.7$

$P(A \cup B)=P(A)+P(B)-P(A \cap B)$에서

$0.8=0.7+0.4-P(A \cap B)$이므로

$P(A \cap B)=0.3$

$\therefore P(A|B)=\dfrac{P(A \cap B)}{P(B)}=\dfrac{0.3}{0.4}=\dfrac{3}{4}$ **답** $\dfrac{3}{4}$

체크 131

$P(B|A)=\dfrac{P(A \cap B)}{P(A)}=\dfrac{1}{6}$에서 $P(A)=6P(A \cap B)$

$P(A|B)=\dfrac{P(A \cap B)}{P(B)}=\dfrac{1}{4}$에서 $P(B)=4P(A \cap B)$

이때 $P(A \cup B)=P(A)+P(B)-P(A \cap B)=\dfrac{1}{2}$이므로

$6P(A \cap B)+4P(A \cap B)-P(A \cap B)=\dfrac{1}{2}$

즉, $9P(A \cap B)=\dfrac{1}{2}$이므로 $P(A \cap B)=\dfrac{1}{18}$

$\therefore P(A)=6P(A \cap B)=6 \times \dfrac{1}{18}=\dfrac{1}{3}$ **답** $\dfrac{1}{3}$

체크 132

$P(A \cap B^C)=P(A)-P(A \cap B)$이므로

$\dfrac{1}{3}=\dfrac{1}{2}-P(A \cap B)$ $\therefore P(A \cap B)=\dfrac{1}{6}$

또한 $P(B \cap A^C)=P(B)-P(A \cap B)$이므로

$P(B \cap A^C)=\dfrac{5}{12}-\dfrac{1}{6}=\dfrac{1}{4}$

한편, $P(A^C)=1-P(A)=1-\dfrac{1}{2}=\dfrac{1}{2}$이므로

$P(B|A^C)=\dfrac{P(B \cap A^C)}{P(A^C)}=\dfrac{\dfrac{1}{4}}{\dfrac{1}{2}}=\dfrac{1}{2}$ **답** $\dfrac{1}{2}$

> **tip**
>
> 전체집합 U의 두 부분집합 A, B에 대하여
> (1) $(A \cup B)^C=A^C \cap B^C$, $(A \cap B)^C=A^C \cup B^C$
> (2) $A-B=A \cap B^C=A-(A \cap B)$
> (3) $B-A=B \cap A^C=B-(A \cap B)$

체크 133

임의로 뽑은 한 명이 버스를 이용하여 등원하는 학생인 사건을 A, 남학생인 사건을 B라 하면

$P(A)=\dfrac{15+10}{50}=\dfrac{1}{2}$

$P(A \cap B)=\dfrac{15}{50}=\dfrac{3}{10}$

따라서 구하는 확률은

$P(B|A)=\dfrac{P(A \cap B)}{P(A)}=\dfrac{\dfrac{3}{10}}{\dfrac{1}{2}}=\dfrac{3}{5}$ **답** $\dfrac{3}{5}$

[다른 풀이]

(단위 : 명)

	남학생	여학생	합계
지하철	13	12	25
버스	15	10	25
합계	28	22	50

위의 표에서 구하는 확률은 버스를 이용하여 등원하는 학생 중 남학생을 뽑을 확률과 같으므로

$P(B|A)=\dfrac{n(A \cap B)}{n(A)}=\dfrac{15}{25}=\dfrac{3}{5}$

체크 134

상자에서 홀수가 적힌 카드를 뽑는 사건을 A, 파란 카드를 뽑는 사건을 B라 하자.

전체 카드는 9장이고, 이중 홀수가 적힌 카드는 3, 5, 7, 9가 적힌 4장이므로

$P(A)=\dfrac{4}{9}$

또한 홀수가 적힌 파란 카드는 3장이므로

$P(A \cap B)=\dfrac{3}{9}=\dfrac{1}{3}$

따라서 구하는 확률은

$P(B|A)=\dfrac{P(A \cap B)}{P(A)}=\dfrac{\dfrac{1}{3}}{\dfrac{4}{9}}=\dfrac{3}{4}$ **답** $\dfrac{3}{4}$

[다른 풀이]

홀수가 적힌 4장의 카드 중 파란 카드는 3장이고, 구하는 확률은 홀수가 적힌 카드 중 파란 카드를 뽑을 확률과 같으므로

$P(B|A)=\dfrac{n(A \cap B)}{n(A)}=\dfrac{3}{4}$

체크 135

임의로 뽑은 한 명이 여자 관람객인 사건을 A, 야구팀 D를 선호하는 관람객인 사건을 B라 하면

$$P(A)=\frac{35}{100}=\frac{7}{20}, \ P(A\cap B)=\frac{25}{100}=\frac{1}{4}$$

따라서 구하는 확률은

$$P(B|A)=\frac{P(A\cap B)}{P(A)}=\frac{\frac{1}{4}}{\frac{7}{20}}=\frac{5}{7}$$ **답** $\frac{5}{7}$

[다른 풀이]

전체 관람객 수를 100이라 하면 여자 관람객은 35명이고 야구팀 D를 선호하는 여자 관람객은 25명이다.

따라서 구하는 확률은 여자 관람객 중 야구팀 D를 선호하는 관람객을 뽑을 확률과 같으므로

$$P(B|A)=\frac{n(A\cap B)}{n(A)}=\frac{25}{35}=\frac{5}{7}$$

체크 136

첫 번째에 검은 공이 나오는 사건을 A, 두 번째에 흰 공이 나오는 사건을 B라 하자.

첫 번째에 검은 공이 나올 확률은

$$P(A)=\frac{3}{7}$$

첫 번째에 검은 공이 나왔을 때, 두 번째에 흰 공이 나올 확률은

$$P(B|A)=\frac{4}{6}=\frac{2}{3}$$ ← 첫 번째에 검은 공이 나왔으므로 주머니 안에는 흰 공 4개와 검은 공 2개가 있다.

따라서 구하는 확률은

$$P(A\cap B)=P(A)P(B|A)=\frac{3}{7}\times\frac{2}{3}=\frac{2}{7}$$ **답** $\frac{2}{7}$

체크 137

도영이가 승부차기를 할 때 첫 번째 시도에서 성공하는 사건을 A라 하면

$$P(A)=\frac{4}{5}, \ P(A^c)=1-\frac{4}{5}=\frac{1}{5}$$

두 번째 시도에서 성공하는 사건을 B라 하면, 첫 번째 시도에서 실패했을 때, 두 번째 시도에서 성공할 확률은

$$P(B|A^c)=\frac{5}{7}$$

따라 도형이가 두 번의 승부차기를 할 때, 첫 번째 시도에서 실패하고 두 번째 시도에서 성공할 확률은

$$P(A^c\cap B)=P(A^c)P(B|A^c)=\frac{1}{5}\times\frac{5}{7}=\frac{1}{7}$$ **답** $\frac{1}{7}$

체크 138

첫 번째에 당첨 제비가 나오는 사건을 A, 두 번째에 당첨 제비가 나오는 사건을 B라 하자.

첫 번째에 당첨 제비를 뽑을 확률은

$$P(A)=\frac{n}{12}$$

첫 번째에 당첨 제비를 뽑았을 때, 두 번째에도 당첨 제비를 뽑을 확률은

$$P(B|A)=\frac{n-1}{11}$$ ← 첫 번째에 당첨 제비를 뽑았으므로 남은 11개의 제비 중 당첨 제비는 $(n-1)$개이다.

따라서 두 번 모두 당첨 제비를 뽑을 확률은

$$P(A\cap B)=P(A)P(B|A)$$
$$=\frac{n}{12}\times\frac{n-1}{11}$$
$$=\frac{n(n-1)}{132}$$

즉, $\frac{n(n-1)}{132}=\frac{1}{11}$이므로

$$n(n-1)=12, \ n^2-n-12=0$$
$$(n+3)(n-4)=0$$
$$\therefore n=4 \ (\because n>0)$$ **답** 4

체크 139

A, B가 흰 공을 꺼내는 사건을 각각 A, B라 하자.

(i) A가 흰 공을 꺼낼 확률은

$$P(A)=\frac{4}{7}$$

A가 흰 공을 꺼냈을 때, B가 흰 공을 꺼낼 확률은

$$P(B|A)=\frac{3}{6}=\frac{1}{2}$$ ← A가 흰 공을 꺼냈으므로 주머니 안에는 흰 공 3개와 검은 공 3개가 있다.

따라서 A가 흰 공을 꺼내고, B도 흰 공을 꺼낼 확률은

$$P(A\cap B)=P(A)P(B|A)=\frac{4}{7}\times\frac{1}{2}=\frac{2}{7}$$

(ii) A가 검은 공을 꺼낼 확률은

$$P(A^c)=\frac{3}{7}$$

A가 검은 공을 꺼냈을 때, B가 흰 공을 꺼낼 확률은

$$P(B|A^c)=\frac{4}{6}=\frac{2}{3}$$ ← A가 검은 공을 꺼냈으므로 주머니 안에는 흰 공 4개와 검은 공 2개가 있다.

따라서 A가 검은 공을 꺼내고, B가 흰 공을 꺼낼 확률은

$$P(A^c\cap B)=P(A^c)P(B|A^c)=\frac{3}{7}\times\frac{2}{3}=\frac{2}{7}$$

(i), (ii)에서 구하는 확률은

$$P(B)=P(A\cap B)+P(A^c\cap B)$$
$$=\frac{2}{7}+\frac{2}{7}=\frac{4}{7}$$ **답** $\frac{4}{7}$

체크 140

내년 여름의 평균 기온이 예년보다 높은 사건을 A, 목표 수확량을 달성하는 사건을 B라 하자.

(ⅰ) 내년 여름의 평균 기온이 예년보다 높을 확률은

$P(A)=0.7$

내년 여름의 평균 기온이 예년보다 높을 때, 목표 수확량을 달성할 확률은

$P(B|A)=0.9$

즉, 내년 여름의 평균 기온이 예년보다 높고 목표 수확량을 달성할 확률은

$P(A\cap B)=P(A)P(B|A)=0.7\times 0.9=0.63$

(ⅱ) 내년 여름의 평균 기온이 예년과 비슷하거나 낮을 확률은

$P(A^c)=1-P(A)=1-0.7=0.3$

내년 여름의 평균 기온이 예년과 비슷하거나 낮을 때, 목표 수확량을 달성할 확률은

$P(B|A^c)=0.4$

즉, 내년 여름의 평균 기온이 예년과 비슷하거나 낮고 목표 수확량을 달성할 확률은

$P(A^c\cap B)=P(A^c)P(B|A^c)=0.3\times 0.4=0.12$

(ⅰ), (ⅱ)에서 구하는 확률은

$P(B)=P(A\cap B)+P(A^c\cap B)$
$\qquad =0.63+0.12=0.75$ **답** 0.75

> **tip**
> 두 사건 A, B에 대하여
> $P(B)=P(A\cap B)+P(A^c\cap B)$
> $\qquad\quad =P(A)P(B|A)+P(A^c)P(B|A^c)$

체크 141

흰 공을 꺼내는 사건을 A, 검은 공을 꺼내는 사건을 B, 수현이가 흰 공이라고 대답하는 사건을 E라 하자.

(ⅰ) 주머니에서 흰 공을 꺼내고, 수현이가 흰 공이라 대답할 확률은

$P(A\cap E)=P(A)P(E|A)$
$\qquad\qquad =\dfrac{4}{6}\times \dfrac{1}{4}=\dfrac{1}{6}$ ← 수현이가 한 대답은 거짓말이 아니므로 $P(E|A)=\dfrac{1}{4}$

(ⅱ) 주머니에서 검은 공을 꺼내고, 수현이가 흰 공이라 대답할 확률은

$P(B\cap E)=P(B)P(E|B)$
$\qquad\qquad =\dfrac{2}{6}\times \dfrac{3}{4}=\dfrac{1}{4}$ ← 수현이가 한 대답은 거짓말이므로 $P(E|B)=\dfrac{3}{4}$

(ⅰ), (ⅱ)에서

$P(E)=P(A\cap E)+P(B\cap E)$
$\qquad =\dfrac{1}{6}+\dfrac{1}{4}=\dfrac{5}{12}$

따라서 구하는 확률은

$P(A|E)=\dfrac{P(A\cap E)}{P(E)}=\dfrac{\dfrac{1}{6}}{\dfrac{5}{12}}=\dfrac{2}{5}$ **답** $\dfrac{2}{5}$

체크 142

주머니 A에서 주머니 B로 흰 공을 옮기는 사건을 A, 주머니 B에서 꺼낸 두 개의 공이 모두 흰 공인 사건을 B라 하자.

(ⅰ) 주머니 A에서 주머니 B로 옮겨진 공이 흰 공이고, 주머니 B에서 꺼낸 2개의 공이 모두 흰 공일 확률은

$P(A\cap B)=P(A)P(B|A)$
$\qquad\qquad =\dfrac{2}{3}\times \dfrac{{}_4C_2}{{}_6C_2}$ ← 옮겨진 공이 흰 공이므로 주머니 B 안에는 흰 공 4개와 검은 공 2개가 들어 있다.
$\qquad\qquad =\dfrac{2}{3}\times \dfrac{2}{5}=\dfrac{4}{15}$

(ⅱ) 주머니 A에서 주머니 B로 옮겨진 공이 검은 공이고, 주머니 B에서 꺼낸 2개의 공이 모두 흰 공일 확률은

$P(A^c\cap B)=P(A^c)P(B|A^c)$
$\qquad\qquad =\dfrac{1}{3}\times \dfrac{{}_3C_2}{{}_6C_2}$ ← 옮겨진 공이 검은 공이므로 주머니 B 안에는 흰 공 3개와 검은 공 3개가 들어 있다.
$\qquad\qquad =\dfrac{1}{3}\times \dfrac{1}{5}=\dfrac{1}{15}$

(ⅰ), (ⅱ)에서

$P(B)=P(A\cap B)+P(A^c\cap B)$
$\qquad =\dfrac{4}{15}+\dfrac{1}{15}=\dfrac{1}{3}$

따라서 구하는 확률은

$P(A|B)=\dfrac{P(A\cap B)}{P(B)}=\dfrac{\dfrac{4}{15}}{\dfrac{1}{3}}=\dfrac{4}{5}$ **답** $\dfrac{4}{5}$

> **tip**
> 사건 B가 일어났을 때의 사건 A의 조건부확률은
> $P(A|B)=\dfrac{P(A\cap B)}{P(B)}$
> $\qquad\quad =\dfrac{P(A\cap B)}{P(A\cap B)+P(A^c\cap B)}$
> $\qquad\quad =\dfrac{P(A)P(B|A)}{P(A)P(B|A)+P(A^c)P(B|A^c)}$

연습 문제 05

143

(1) 두 사건 A, B가 서로 배반사건이므로

$$P(A \cap B^C) = P(A) = \frac{1}{3}$$

이때 $P(B^C) = 1 - P(B) = \frac{1}{2}$이므로

$$P(A|B^C) = \frac{P(A \cap B^C)}{P(B^C)} = \frac{\frac{1}{3}}{\frac{1}{2}} = \frac{2}{3}$$

(2) $P(A^C) = 1 - P(A) = 1 - \frac{1}{3} = \frac{2}{3}$이고,

$$\begin{aligned} P(A^C \cap B^C) &= P((A \cup B)^C) \\ &= 1 - P(A \cup B) \\ &= 1 - \frac{4}{5} = \frac{1}{5} \end{aligned}$$

이므로

$$P(B^C|A^C) = \frac{P(A^C \cap B^C)}{P(A^C)} = \frac{\frac{1}{5}}{\frac{2}{3}} = \frac{3}{10}$$

답 (1) $\dfrac{2}{3}$ (2) $\dfrac{3}{10}$

> **tip**
> 두 사건 A, B가 동시에 일어나지 않을 때, 즉 $A \cap B = \varnothing$일 때, 두 사건 A, B는 서로 배반사건이므로 오른쪽 벤다이어그램에서 $A \subset B^C$이고 $A \cap B^C = A$이다.
>
>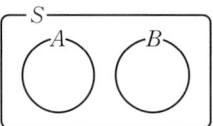

144

두 사건 A, B에 대하여

$$P(B|A) = \frac{P(A \cap B)}{P(A)} = \frac{P(A \cap B)}{\frac{3}{5}} = \frac{5}{3}P(A \cap B)$$

이므로 $P(A \cap B)$가 최대일 때 $P(B|A)$도 최대가 되고, $P(A \cap B)$가 최소일 때 $P(B|A)$도 최소가 된다.

(i) $A \subset B$, 즉 $A \cap B = A$일 때, $P(A \cap B)$가 최대이고 그 최댓값은 $P(A)$이므로

$$M = \frac{5}{3}P(A \cap B) = \frac{5}{3}P(A) = \frac{5}{3} \times \frac{3}{5} = 1$$

(ii) $P(A \cup B) = 1$일 때, $P(A \cap B)$가 최소이고 그 최솟값은

$$P(A \cap B) = P(A) + P(B) - 1 = \frac{3}{5} + \frac{4}{5} - 1 = \frac{2}{5}$$

$$\therefore m = \frac{5}{3}P(A \cap B) = \frac{5}{3} \times \frac{2}{5} = \frac{2}{3}$$

(i), (ii)에서

$$M + m = 1 + \frac{2}{3} = \frac{5}{3}$$

답 $\dfrac{5}{3}$

145

한 개의 주사위를 두 번 던질 때, 모든 경우의 수는

$$6 \times 6 = 36$$

첫 번째 나온 눈의 수를 a, 두 번째 나온 눈의 수를 b라 할 때, 사건 A를 만족시키는 순서쌍 (a, b)는

$(2, 1)$, $(3, 1)$, $(3, 2)$, $(4, 1)$, $(4, 2)$, $(4, 3)$, $(5, 1)$, $(5, 2)$, $(5, 3)$, $(5, 4)$, $(6, 1)$, $(6, 2)$, $(6, 3)$, $(6, 4)$, $(6, 5)$

의 15개이다.

$$\therefore P(A) = \frac{15}{36} = \frac{5}{12}$$

또한 사건 $A \cap B$를 만족시키는 순서쌍 (a, b)는

$(3, 1)$, $(4, 2)$, $(5, 1)$, $(5, 3)$, $(6, 2)$, $(6, 4)$

의 6개이다.

$$\therefore P(A \cap B) = \frac{6}{36} = \frac{1}{6}$$

따라서 구하는 확률은

$$P(B|A) = \frac{P(A \cap B)}{P(A)} = \frac{\frac{1}{6}}{\frac{5}{12}} = \frac{2}{5}$$

답 $\dfrac{2}{5}$

> **tip**
> 한 개의 주사위를 두 번 던질 때, 첫 번째 나온 눈의 수가 두 번째 나온 눈의 수보다 큰 경우의 수는 1부터 6까지의 자연수 중 서로 다른 2개를 뽑은 후, 큰 수를 첫 번째 나온 눈의 수로, 작은 수를 두 번째 나온 눈의 수로 정하는 경우의 수 $_6C_2 = 15$로 계산할 수도 있다.

146

15명의 회원 중 임의로 2명을 뽑는 경우의 수는

$$_{15}C_2 = \frac{15 \times 14}{2 \times 1} = 105$$

이때 2명이 같은 종목을 신청한 회원인 사건을 A, 2명이 요가 종목을 신청한 회원인 사건을 B라 하자.

같은 종목을 신청한 회원인 사건은 2명 모두 스피닝을 신청한 회원인 경우와 2명 모두 요가를 신청한 회원인 경우뿐이다.

(i) 2명이 모두 스피닝을 신청한 회원인 경우의 수는

$$_8C_2 = \frac{8 \times 7}{2 \times 1} = 28$$

(ii) 2명이 모두 요가를 신청한 회원인 경우의 수는

$$_{7}C_{2} = \frac{7 \times 6}{2 \times 1} = 21$$

(i), (ii)에서 2명이 같은 종목을 신청한 회원인 경우의 수는
$$28 + 21 = 49$$

따라서 $P(A) = \frac{49}{105} = \frac{7}{15}$, $P(A \cap B) = \frac{21}{105} = \frac{1}{5}$이므로

구하는 확률은

$$P(B|A) = \frac{P(A \cap B)}{P(A)} = \frac{\frac{1}{5}}{\frac{7}{15}} = \frac{3}{7}$$

답 $\frac{3}{7}$

147

정육면체 ABCD-EFGH의 8개의 꼭짓점 중 서로 다른 두 점을 택하는 모든 경우의 수는

$$_{8}C_{2} = \frac{8 \times 7}{2 \times 1} = 28$$

이때 선분의 길이가 무리수인 사건을 A, 선분의 길이가 $2\sqrt{2}$인 사건을 B라 하자.

오른쪽 그림과 같이 두 점을 연결한 선분의 길이가 무리수인 경우는 그 길이가 $2\sqrt{2}$, $2\sqrt{3}$인 두 가지 경우뿐이다.

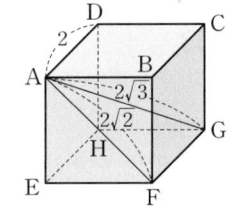

(i) 길이가 $2\sqrt{2}$인 선분은 6개의 각 면마다 2개씩 존재하므로
$$6 \times 2 = 12(개)$$

(ii) 길이가 $2\sqrt{3}$인 선분은 $\overline{AG}$, $\overline{BH}$, $\overline{CE}$, $\overline{DF}$의 4개

(i), (ii)에서 선분의 길이가 무리수인 경우의 수는
$$12 + 4 = 16$$

따라서 $P(A) = \frac{16}{28} = \frac{4}{7}$, $P(A \cap B) = \frac{12}{28} = \frac{3}{7}$이므로 구하는

확률은

$$P(B|A) = \frac{P(A \cap B)}{P(A)} = \frac{\frac{3}{7}}{\frac{4}{7}} = \frac{3}{4}$$

답 $\frac{3}{4}$

[다른 풀이]

선분의 길이가 무리수인 사건을 A, 선분의 길이가 $2\sqrt{2}$인 사건을 B라 하면 (i), (ii)로부터 선분의 길이가 무리수인 것은 16개이고, 이중 선분의 길이가 $2\sqrt{2}$인 것은 (i)의 12개이므로

$$P(B|A) = \frac{n(A \cap B)}{n(A)} = \frac{12}{16} = \frac{3}{4}$$

148

7명을 일렬로 세우는 모든 경우의 수는 7!

준영이와 소현이가 이웃하여 서는 사건을 A, 준영이와 지연

이가 이웃하여 서는 사건을 B라 하자.

준영이와 소현이를 한 사람으로 생각하여 모두 6명을 일렬로 세우는 경우의 수는 6!이고, 그 각각에 대하여 준영이와 소현이가 자리를 바꾸는 경우의 수가 2이므로 준영이와 소현이가 이웃하여 서는 경우의 수는 6! × 2이다.

$$\therefore P(A) = \frac{6! \times 2}{7!} = \frac{2}{7}$$

준영이와 소현이가 이웃하면서 준영이와 지연이도 이웃하는 경우는 오른쪽 그림과 같이 2가지이다. 그

| 지연 | 준영 | 소현 |
| 소현 | 준영 | 지연 |

각각에 대하여 준영, 소현, 지연의 3명을 한 사람으로 생각하여 모두 5명을 일렬로 세우는 경우의 수는 5!이므로 준영이와 소현이가 이웃하면서 준영이와 지연이도 이웃하게 서는 경우의 수는 2 × 5!이다.

$$\therefore P(A \cap B) = \frac{2 \times 5!}{7!} = \frac{1}{21}$$

따라서 구하는 확률은

$$P(B|A) = \frac{P(A \cap B)}{P(A)} = \frac{\frac{1}{21}}{\frac{2}{7}} = \frac{1}{6}$$

답 $\frac{1}{6}$

149

임의로 선택한 1건이 액정 화면 고장 건인 사건을 A, 접수 시기가 품질보증 기간 이내인 사건을 B라 하면

$$P(A) = \frac{50+b}{200}, \quad P(A \cap B) = \frac{50}{200} = \frac{1}{4}$$

따라서 접수된 200건 중 임의로 선택한 1건이 액정 화면 고장 건일 때, 이 건의 접수 시기가 품질보증 기간 이내일 확률은

$$P(B|A) = \frac{P(A \cap B)}{P(A)} = \frac{\frac{1}{4}}{\frac{50+b}{200}} = \frac{50}{50+b}$$

즉, $\frac{50}{50+b} = \frac{2}{3}$이므로

$$100 + 2b = 150 \qquad \therefore b = 25$$

이때 $a + b = 60$에서 $a = 35$이므로

$$a - b = 35 - 25 = 10$$

답 10

[다른 풀이]

(단위 : 건)

	메인 보드 고장	액정 화면 고장	합계
품질보증 기간 이내	90	50	140
품질보증 기간 이후	a	b	60
합계	$90+a$	$50+b$	200

위의 표에서 구하는 확률은 액정 화면 고장 건 중 품질보증 기간 이내인 건을 뽑을 확률과 같으므로

$$P(B|A) = \frac{n(A \cap B)}{n(A)} = \frac{50}{50+b}$$

즉, $\dfrac{50}{50+b} = \dfrac{2}{3}$ 이므로

$100 + 2b = 150$ $\quad \therefore b = 25$

이때 $a+b = 60$에서 $a = 35$이므로

$a - b = 35 - 25 = 10$

150

갑 또는 을이 회장으로 뽑히는 사건을 A, 병이 부회장으로 뽑히는 사건을 B라 하면 갑 또는 을이 회장으로 뽑힐 확률은

$$P(A) = \frac{{}_9P_1}{{}_{10}P_2} + \frac{{}_9P_1}{{}_{10}P_2} = \frac{1}{10} + \frac{1}{10} = \frac{1}{5}$$

갑 또는 을이 회장으로 뽑히고, 병이 부회장으로 뽑힐 확률은

$$P(A \cap B) = \frac{1}{{}_{10}P_2} + \frac{1}{{}_{10}P_2} = \frac{1}{45}$$

따라서 구하는 확률은

$$P(B|A) = \frac{P(A \cap B)}{P(A)} = \frac{\frac{1}{45}}{\frac{1}{5}} = \frac{1}{9}$$

답 $\dfrac{1}{9}$

151

ㄱ. 갑이 당첨 제비를 뽑을 확률은 $P(A) = \dfrac{3}{5}$

(i) 갑이 당첨 제비를 뽑고, 을이 당첨 제비를 뽑을 확률은

$$P(A \cap B) = P(A)P(B|A) = \frac{3}{5} \times \frac{2}{4} = \frac{3}{10}$$

(ii) 갑이 당첨 제비를 뽑지 못하고, 을이 당첨 제비를 뽑을 확률은

$$P(A^c \cap B) = P(A^c)P(B|A^c) = \frac{2}{5} \times \frac{3}{4} = \frac{3}{10}$$

(i), (ii)에서 을이 당첨 제비를 뽑을 확률은

$$P(B) = P(A \cap B) + P(A^c \cap B) = \frac{3}{10} + \frac{3}{10} = \frac{3}{5}$$

$\therefore P(A) = P(B)$ (참)

ㄴ. $P(B|A) = \dfrac{P(A \cap B)}{P(A)} = \dfrac{\frac{3}{10}}{\frac{3}{5}} = \dfrac{1}{2}$

$P(B|A^c) = \dfrac{P(A^c \cap B)}{P(A^c)} = \dfrac{\frac{3}{10}}{\frac{2}{5}} = \dfrac{3}{4}$

$\therefore P(B|A) < P(B|A^c)$ (참)

ㄷ. $P(A^c|B) = \dfrac{P(A^c \cap B)}{P(B)} = \dfrac{\frac{3}{10}}{\frac{3}{5}} = \dfrac{1}{2}$

$$P(B|A) = \frac{P(A \cap B)}{P(A)} = \frac{\frac{3}{10}}{\frac{3}{5}} = \frac{1}{2}$$

$\therefore P(A^c|B) = P(B|A)$ (참)

따라서 옳은 것은 ㄱ, ㄴ, ㄷ이다. **답** ㄱ, ㄴ, ㄷ

152

세 번째 시행에서 처음으로 같은 색의 공을 뽑으려면 첫 번째, 두 번째 시행에서는 서로 다른 색의 공을 뽑아야 한다.

세 번째 시행에서 처음으로 같은 색의 공을 뽑는 사건을 A, 검은 공 2개를 뽑는 사건을 B라 하자.

$$P(A) = \frac{{}_5C_1 \times {}_7C_1}{{}_{12}C_2} \times \frac{{}_4C_1 \times {}_6C_1}{{}_{10}C_2} \times \frac{{}_3C_2 + {}_5C_2}{{}_8C_2}$$

$$P(A \cap B) = \frac{{}_5C_1 \times {}_7C_1}{{}_{12}C_2} \times \frac{{}_4C_1 \times {}_6C_1}{{}_{10}C_2} \times \frac{{}_3C_2}{{}_8C_2}$$

이므로

$$P(B|A) = \frac{P(A \cap B)}{P(A)} = \frac{{}_3C_2}{{}_3C_2 + {}_5C_2} = \frac{3}{13}$$

답 $\dfrac{3}{13}$

153

화요일에 비가 오는 사건을 A, 수요일에 비가 오는 사건을 B라 하자.

(i) 화요일, 수요일 모두 비가 올 확률은

$$P(A \cap B) = P(A)P(B|A) = \frac{2}{3} \times \frac{2}{3} = \frac{4}{9}$$

(ii) 화요일에 비가 오지 않고, 수요일에 비가 올 확률은

$$P(A^c \cap B) = P(A^c)P(B|A^c) = \left(1 - \frac{2}{3}\right) \times \frac{1}{6} = \frac{1}{18}$$

(i), (ii)에서 구하는 확률은

$$P(B) = P(A \cap B) + P(A^c \cap B) = \frac{4}{9} + \frac{1}{18} = \frac{1}{2}$$

답 $\dfrac{1}{2}$

154

[1단계]에서 꺼낸 공이 흰 공인 사건을 A, [3단계]에서 꺼낸 공이 흰 공인 사건을 B라 하자.

(i) [1단계]에서 꺼낸 공이 흰 공일 확률은

$$P(A) = \frac{2}{6} = \frac{1}{3}$$

[2단계]에서 주머니에 흰 공을 1개 넣으므로 [3단계]에서 꺼낸 공이 흰 공일 확률은

$$P(B|A) = \frac{3}{7} \quad \leftarrow \text{주머니 안에는 흰 공 3개,}$$
$$\text{검은 공 4개가 들어 있다.}$$

따라서 [1단계]에서 꺼낸 공이 흰 공이고, [3단계]에서 꺼낸 공이 흰 공일 확률은

$$P(A \cap B) = P(A)P(B|A) = \frac{1}{3} \times \frac{3}{7} = \frac{1}{7}$$

(ii) [1단계]에서 꺼낸 공이 검은 공일 확률은

$$P(A^C) = \frac{4}{6} = \frac{2}{3}$$

[2단계]에서 주머니에 검은 공을 1개 넣으므로 [3단계]에서 꺼낸 공이 흰 공일 확률은

$$P(B \mid A^C) = \frac{2}{7}$$ ← 주머니 안에는 흰 공 2개, 검은 공 5개가 들어 있다.

따라서 [1단계]에서 꺼낸 공이 검은 공이고, [3단계]에서 꺼낸 공이 흰 공일 확률은

$$P(A^C \cap B) = P(A^C)P(B \mid A^C) = \frac{2}{3} \times \frac{2}{7} = \frac{4}{21}$$

(i), (ii)에서 구하는 확률은

$$P(B) = P(A \cap B) + P(A^C \cap B) = \frac{1}{7} + \frac{4}{21} = \frac{1}{3}$$

답 $\dfrac{1}{3}$

155

임의로 뽑은 한 명이 지역 P의 사람인 사건을 A, 지역 Q의 사람인 사건을 B, 청소년인 사건을 E라 하면

$$P(A) = \frac{30}{90} = \frac{1}{3}, \ P(B) = \frac{60}{90} = \frac{2}{3}, \ P(E \mid A) = \frac{1}{5},$$

$$P(E \mid B) = \frac{1}{6}$$

따라서 구하는 확률은

$$\begin{aligned} P(E) &= P(A \cap E) + P(B \cap E) \\ &= P(A)P(E \mid A) + P(B)P(E \mid B) \\ &= \frac{1}{3} \times \frac{1}{5} + \frac{2}{3} \times \frac{1}{6} = \frac{8}{45} \end{aligned}$$

답 $\dfrac{8}{45}$

156

임의로 뽑은 한 개의 전구가 두 회사 A, B에서 생산된 사건을 각각 A, B, 불량품인 사건을 E라 하면

$P(A) = 0.3, \ P(B) = 0.7, \ P(E \mid A) = 0.02, \ P(E \mid B) = 0.03$

(i) 뽑은 전구가 회사 A에서 생산된 불량품인 전구일 확률은

$$P(A \cap E) = P(A)P(E \mid A) = 0.3 \times 0.02 = 0.006$$

(ii) 뽑은 전구가 회사 B에서 생산된 불량품인 전구일 확률은

$$P(B \cap E) = P(B)P(E \mid B) = 0.7 \times 0.03 = 0.021$$

(i), (ii)에서

$P(E) = P(A \cap E) + P(B \cap E) = 0.006 + 0.021 = 0.027$

따라서 구하는 확률은

$$P(A \mid E) = \frac{P(A \cap E)}{P(E)} = \frac{0.006}{0.027} = \frac{2}{9}$$

답 $\dfrac{2}{9}$

[다른 풀이]

생산된 전구의 수를 1000이라 하면 두 회사 A, B에서 생산된 전구는 각각 300개, 700개이고, 이중 불량품은 각각 6개, 21

개이므로 다음 표와 같이 나타낼 수 있다.

(단위 : 개)

	회사 A	회사 B	합계
합격품	294	679	973
불량품	6	21	27
합계	300	700	1000

따라서 구하는 확률은 불량품인 전구 중 회사 A에서 생산된 전구를 뽑을 확률과 같으므로

$$P(A \mid E) = \frac{n(A \cap E)}{n(E)} = \frac{6}{27} = \frac{2}{9}$$

157

2장의 카드에 적힌 두 수의 합이 짝수인 사건을 E, 주머니 A에서 홀수가 적힌 카드를 꺼내는 사건을 A라 하자.

이때 두 주머니 A, B에서 각각 한 장씩 꺼낸 2장의 카드에 적힌 수의 합이 짝수이려면

(홀수)+(홀수) 또는 (짝수)+(짝수)이어야 한다.

(i) 두 주머니 A, B에서 각각 홀수가 적힌 카드를 꺼내고 그 두 수의 합이 짝수일 확률은

$$P(A \cap E) = P(A)P(E \mid A) = \frac{3}{5} \times \frac{1}{3} = \frac{1}{5}$$

(ii) 두 주머니 A, B에서 각각 짝수가 적힌 카드를 꺼내고 그 두 수의 합이 짝수일 확률은

$$P(A^C \cap E) = P(A^C)P(E \mid A^C) = \frac{2}{5} \times \frac{2}{3} = \frac{4}{15}$$

(i), (ii)에서 2장의 카드에 적힌 두 수의 합이 짝수일 확률은

$$P(E) = P(A \cap E) + P(A^C \cap E)$$

$$= \frac{1}{5} + \frac{4}{15} = \frac{7}{15}$$

따라서 구하는 확률은

$$P(A \mid E) = \frac{P(A \cap E)}{P(E)} = \frac{\frac{1}{5}}{\frac{7}{15}} = \frac{3}{7}$$

답 $\dfrac{3}{7}$

158

작품 A를 읽은 67명의 회원 중 남자는 31명이므로 작품 A를 읽은 여자 회원은 36명이고, 작품 B를 읽은 69명의 회원 중 여자는 44명이므로 작품 B를 읽은 남자 회원은 25명이다.

이때 40명의 남자 회원 중 작품 A를 읽은 회원이 31명이고 작품 B를 읽은 회원이 25명이므로 남자 회원 중 두 작품 A, B를 모두 읽은 회원의 수는

31+25-40=16(명)

또한 60명의 여자 회원 중 작품 A를 읽은 회원이 36명이고 작

품 B를 읽은 회원이 44명이므로 여자 회원 중 두 작품 A, B를 모두 읽은 회원의 수는

$36+44-60=20$(명)

따라서 두 작품 A, B의 독서 여부는 다음 표와 같다.

(단위 : 명)

	남자	여자	합계
A를 읽은 회원	31	36	67
B를 읽은 회원	25	44	69
A, B를 모두 읽은 회원	16	20	36
합계	40	60	100

임의로 뽑은 한 명이 두 작품 A, B를 모두 읽은 회원인 사건을 A, 남자 회원인 사건을 B라 하면

$P(A)=\dfrac{36}{100}=\dfrac{9}{25}$, $P(A\cap B)=\dfrac{16}{100}=\dfrac{4}{25}$

따라서 구하는 확률은

$P(B|A)=\dfrac{P(A\cap B)}{P(A)}=\dfrac{\frac{4}{25}}{\frac{9}{25}}=\dfrac{4}{9}$

답 $\dfrac{4}{9}$

[다른 풀이]

위의 표에서 구하는 확률은 두 작품 A, B를 모두 읽은 회원 중 남자 회원을 뽑을 확률과 같으므로

$P(B|A)=\dfrac{n(A\cap B)}{n(A)}=\dfrac{16}{36}=\dfrac{4}{9}$

159

임의로 선택한 한 명의 학생이 K자격증을 가지고 있지 않은 사건을 A, 여학생인 사건을 B라 하면

$P(A)=\dfrac{3}{10}$, $P(B)=\dfrac{3}{5}$

임의로 선택한 한 명의 학생이 K자격증을 가지고 있는 남학생일 확률이 $\dfrac{1}{5}$이므로 $P(A^c\cap B^c)=\dfrac{1}{5}$에서

$P((A\cup B)^c)=1-P(A\cup B)=\dfrac{1}{5}$

$\therefore P(A\cup B)=\dfrac{4}{5}$

또한 $P(A\cap B)=P(A)+P(B)-P(A\cup B)$에서

$P(A\cap B)=\dfrac{3}{10}+\dfrac{3}{5}-\dfrac{4}{5}=\dfrac{1}{10}$

따라서 임의로 선택한 학생이 K자격증을 가지고 있지 않을 때, 이 학생이 여학생일 확률은

$P(B|A)=\dfrac{P(A\cap B)}{P(A)}=\dfrac{\frac{1}{10}}{\frac{3}{10}}=\dfrac{1}{3}$

답 ②

[다른 풀이]

전체 학생 수를 100이라 하면 남학생 수와 여학생 수의 비가 2 : 3이므로 남학생은 40명, 여학생은 60명이다.

또한 전체 학생의 70 %가 K자격증을 가지고 있으므로 K자격증을 가지고 있는 학생은 70명이고, 전체 학생 중 임의로 선택한 학생이 K자격증을 가지고 있는 남학생일 확률이 $\dfrac{1}{5}$이므로 K자격증을 가진 남학생은 20명이다.

따라서 K자격증을 가지고 있는 여학생은 50명이므로 다음 표와 같이 나타낼 수 있다.

(단위 : 명)

	남학생	여학생	합계
K자격증 소지자	20	50	70
K자격증 미소지자	20	10	30
합계	40	60	100

위의 표에서 구하는 확률은 K자격증을 가지고 있지 않은 학생 중 여학생을 뽑을 확률과 같으므로

$P(B|A)=\dfrac{n(A\cap B)}{n(A)}=\dfrac{10}{30}=\dfrac{1}{3}$

160

오른쪽 그림과 같이 주어진 대진표의 왼쪽부터 차례대로 1, 2, 3, 4, 5라 하면 A팀이 1 또는 4 또는 5의 위치에 배정되는 사건을 A, 2 또는 3의 위치에 배정되는 사건을

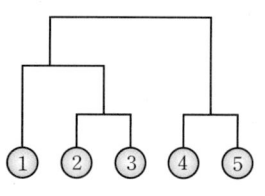

B, A팀이 우승하는 사건을 E라 하자.

(i) A팀이 2번 시합하여 우승하는 경우

A팀이 1 또는 4 또는 5의 위치에 배정되고 우승할 확률은

$P(A\cap E)=P(A)P(E|A)$

$=\dfrac{3}{5}\times\left(\dfrac{1}{2}\times\dfrac{1}{2}\right)=\dfrac{3}{20}$

(ii) A팀이 3번 시합하여 우승하는 경우

A팀이 2 또는 3의 위치에 배정되고 우승할 확률은

$P(B\cap E)=P(B)P(E|B)$

$=\dfrac{2}{5}\times\left(\dfrac{1}{2}\times\dfrac{1}{2}\times\dfrac{1}{2}\right)=\dfrac{1}{20}$

(i), (ii)에서

$P(E)=P(A\cap E)+P(B\cap E)=\dfrac{3}{20}+\dfrac{1}{20}=\dfrac{1}{5}$

따라서 구하는 확률은

$P(A|E)=\dfrac{P(A\cap E)}{P(E)}=\dfrac{\frac{3}{20}}{\frac{1}{5}}=\dfrac{3}{4}$

답 $\dfrac{3}{4}$

12 사건의 독립과 종속

체크 161

3개의 동전을 동시에 던질 때, 모든 경우의 수는
$2 \times 2 \times 2 = 8$

동전의 앞면을 H, 뒷면을 T라 하고 각 사건을 순서쌍
(10원, 100원, 500원)으로 나타내면
$A = \{(H, T, T), (H, H, T), (H, T, H), (H, H, H)\}$,
$B = \{(T, H, T), (H, H, T), (T, H, H), (H, H, H)\}$,
$C = \{(T, T, H), (T, H, T), (H, T, T)\}$이므로
$A \cap B = \{(H, H, T), (H, H, H)\}$,
$A \cap C = \{(H, T, T)\}$, $B \cap C = \{(T, H, T)\}$

$\therefore P(A) = \dfrac{1}{2}$, $P(B) = \dfrac{1}{2}$, $P(C) = \dfrac{3}{8}$

$P(A \cap B) = \dfrac{1}{4}$, $P(A \cap C) = \dfrac{1}{8}$, $P(B \cap C) = \dfrac{1}{8}$

ㄱ. $P(A \cap B) = P(A)P(B)$이므로 두 사건 A와 B는 서로
독립이다.

ㄴ. $P(A \cap C) \neq P(A)P(C)$이므로 두 사건 A와 C는 서로
종속이다.

ㄷ. $P(B \cap C) \neq P(B)P(C)$이므로 두 사건 B와 C는 서로
종속이다.

따라서 서로 독립인 사건은 ㄱ이다.　　　　**답** ㄱ

체크 162

$A = \{1, 3, 5, 7, 9, 11\}$, $B = \{5, 10\}$,
$C = \{1, 2, 3, 4, 6, 12\}$, $D = \{4, 9\}$이므로
$A \cap B = \{5\}$, $A \cap C = \{1, 3\}$, $A \cap D = \{9\}$, $C \cap D = \{4\}$

$\therefore P(A) = \dfrac{1}{2}$, $P(B) = \dfrac{1}{6}$, $P(C) = \dfrac{1}{2}$, $P(D) = \dfrac{1}{6}$,

$P(A \cap B) = \dfrac{1}{12}$, $P(A \cap C) = \dfrac{1}{6}$, $P(A \cap D) = \dfrac{1}{12}$,

$P(C \cap D) = \dfrac{1}{12}$

ㄱ. $P(A \cap B) = P(A)P(B)$이므로 두 사건 A와 B는 서로
독립이다.

ㄴ. $P(A \cap C) \neq P(A)P(C)$이므로 두 사건 A와 C는 서로
종속이다.

ㄷ. $P(A \cap D) = P(A)P(D)$이므로 두 사건 A와 D는 서로
독립이다.

ㄹ. $P(C \cap D) = P(C)P(D)$이므로 두 사건 C와 D는 서로
독립이다.

따라서 서로 독립인 사건은 ㄱ, ㄷ, ㄹ이다.

답 ㄱ, ㄷ, ㄹ

tip
양의 약수의 개수가 3인 수는 소수의 제곱수이다.

체크 163

$P(A) = \dfrac{2}{5}$에서 $P(A^c) = 1 - P(A) = \dfrac{3}{5}$

$P(B^c) = \dfrac{2}{7}$에서 $P(B) = 1 - P(B^c) = \dfrac{5}{7}$

이때 두 사건 A, B가 서로 독립이므로 두 사건 A^c, B도 서
로 독립이다.

$\therefore P(A^c \cap B) = P(A^c)P(B) = \dfrac{3}{5} \times \dfrac{5}{7} = \dfrac{3}{7}$　　**답** $\dfrac{3}{7}$

체크 164

두 사건 A, B가 서로 독립이므로
$P(A \cap B) = P(A)P(B) = \dfrac{1}{4}P(A)$

이때 $P(A \cup B) = P(A) + P(B) - P(A \cap B)$에서

$\dfrac{1}{2} = P(A) + \dfrac{1}{4} - \dfrac{1}{4}P(A)$, $\dfrac{3}{4}P(A) = \dfrac{1}{4}$

$\therefore P(A) = \dfrac{1}{3}$

$\therefore P(A|B) = P(A) = \dfrac{1}{3}$　　　　**답** $\dfrac{1}{3}$

체크 165

두 사건 A, B가 서로 독립이므로
$P(A|B^c) = P(A)$, $P(B|A^c) = P(B)$,
$P(A \cap B) = P(A)P(B)$
$P(A|B^c) + P(B|A^c) = \dfrac{31}{35}$에서

$P(A) + P(B) = \dfrac{31}{35}$

이때 $P(A \cup B) = P(A) + P(B) - P(A \cap B)$에서

$\dfrac{5}{7} = \dfrac{31}{35} - P(A)P(B)$

$\therefore P(A)P(B) = \dfrac{31}{35} - \dfrac{5}{7} = \dfrac{6}{35}$　　**답** $\dfrac{6}{35}$

tip
두 사건 A, B가 서로 독립이면
$$P(A|B) = P(A|B^c) = P(A)$$

체크 166

2개의 주사위를 던져 나오는 눈의 수를 각각 a, b라 하고 순서
쌍 (a, b)로 나타내면 주사위의 두 눈의 수의 합이 4가 되는

경우는 $(1, 3)$, $(2, 2)$, $(3, 1)$의 3가지이고, 동전 3개가 모두 뒷면이 나오는 경우는 1가지이다. 이때 주사위의 두 눈의 수의 합이 4가 되는 사건을 A, 동전 3개가 모두 뒷면이 나오는 사건을 B라 하면

$$\mathrm{P}(A)=\frac{1}{12}, \ \mathrm{P}(B)=\frac{1}{8}$$

두 사건 A, B는 서로 독립이므로 구하는 확률은

$$\mathrm{P}(A\cap B)=\mathrm{P}(A)\mathrm{P}(B)=\frac{1}{12}\times\frac{1}{8}=\frac{1}{96}$$ **답** $\dfrac{1}{96}$

체크 167

A, B가 과녁을 명중시키는 사건을 각각 A, B라 하면 두 사건 A, B는 서로 독립이므로 A와 B^{c}, A^{c}와 B도 서로 독립이다.

(i) A가 명중시키고 B는 명중시키지 않을 확률은
$$\mathrm{P}(A\cap B^{c})=\mathrm{P}(A)\mathrm{P}(B^{c})$$
$$=0.1\times(1-0.2)=0.08$$

(ii) A가 명중시키지 않고 B는 명중시킬 확률은
$$\mathrm{P}(A^{c}\cap B)=\mathrm{P}(A^{c})\mathrm{P}(B)$$
$$=(1-0.1)\times0.2=0.18$$

(i), (ii)에서 구하는 확률은
$$\mathrm{P}(A\cap B^{c})+\mathrm{P}(A^{c}\cap B)=0.08+0.18=0.26$$ **답** 0.26

체크 168

예지와 승현이가 운전 면허 시험에 합격하는 사건을 각각 A, B라 하면 두 사건 A, B는 서로 독립이므로 두 사건 A^{c}, B^{c}도 서로 독립이다.

따라서 두 사람 중 적어도 한 명이 합격하는 사건은 두 사람 모두 불합격하는 사건의 여사건이므로 구하는 확률은
$$1-\mathrm{P}(A^{c}\cap B^{c})=1-\mathrm{P}(A^{c})\mathrm{P}(B^{c})$$
$$=1-\left(1-\frac{2}{3}\right)\left(1-\frac{3}{5}\right)$$
$$=\frac{13}{15}$$ **답** $\dfrac{13}{15}$

[다른 풀이]

예지와 승현이가 운전 면허 시험에 합격하는 사건을 각각 A, B라 하면
$$\mathrm{P}(A)=\frac{2}{3}, \ \mathrm{P}(B)=\frac{3}{5}$$

이때 두 사건 A, B는 서로 독립이므로
$$\mathrm{P}(A\cap B)=\mathrm{P}(A)\mathrm{P}(B)=\frac{2}{3}\times\frac{3}{5}=\frac{2}{5}$$

따라서 두 사람 중 적어도 한 명이 합격할 확률은

$$\mathrm{P}(A\cup B)=\mathrm{P}(A)+\mathrm{P}(B)-\mathrm{P}(A\cap B)$$
$$=\frac{2}{3}+\frac{3}{5}-\frac{2}{5}=\frac{13}{15}$$

13 독립시행의 확률

체크 169

(1) 한 개의 동전을 던져 앞면이 나올 확률은 $\dfrac{1}{2}$, 뒷면이 나올 확률은 $\dfrac{1}{2}$이다.

한 개의 동전을 8번 던질 때, 앞면이 나온 횟수와 뒷면이 나온 횟수가 같으려면 앞면과 뒷면이 각각 4번씩 나와야 한다.
따라서 구하는 확률은
$${}_{8}\mathrm{C}_{4}\left(\frac{1}{2}\right)^{4}\left(\frac{1}{2}\right)^{4}=\frac{35}{128}$$

(2) 2개의 주사위를 동시에 던져 나오는 눈의 수를 각각 a, b라 하고 순서쌍 (a, b)로 나타내면 두 눈의 수의 합이 7이 되는 경우는 $(1, 6)$, $(2, 5)$, $(3, 4)$, $(4, 3)$, $(5, 2)$, $(6, 1)$의 6가지이므로 그 확률은 $\dfrac{1}{6}$이다.

2개의 주사위를 동시에 던지는 시행을 3번 반복할 때, 두 눈의 수의 합이 7이 되는 사건이 한 번도 일어나지 않을 확률은 ${}_{3}\mathrm{C}_{0}\left(\dfrac{1}{6}\right)^{0}\left(\dfrac{5}{6}\right)^{3}$이다.

따라서 여사건의 확률을 이용하면 구하는 확률은
$$1-{}_{3}\mathrm{C}_{0}\left(\frac{1}{6}\right)^{0}\left(\frac{5}{6}\right)^{3}=1-\frac{125}{216}=\frac{91}{216}$$

답 (1) $\dfrac{35}{128}$ (2) $\dfrac{91}{216}$

체크 170

1부터 7까지의 자연수 중 소수는 2, 3, 5, 7의 4개이므로 소수가 적힌 공을 꺼낼 확률은 $\dfrac{4}{7}$이고, 4의 약수는 1, 2, 4이므로 주사위를 한 번 던져 4의 약수의 눈이 나올 확률은 $\dfrac{1}{2}$이다.

(i) 소수가 적힌 공을 꺼내는 경우
한 개의 주사위를 3번 던져 4의 약수의 눈이 3번 나와야 하므로 그 확률은
$$\frac{4}{7}\times{}_{3}\mathrm{C}_{3}\left(\frac{1}{2}\right)^{3}\left(\frac{1}{2}\right)^{0}=\frac{1}{14}$$

(ii) 그 이외의 수가 적힌 공을 꺼내는 경우
한 개의 주사위를 5번 던져 4의 약수의 눈이 3번 나와야 하므로 그 확률은
$$\left(1-\frac{4}{7}\right)\times{}_{5}\mathrm{C}_{3}\left(\frac{1}{2}\right)^{3}\left(\frac{1}{2}\right)^{2}=\frac{15}{112}$$

(i), (ii)에서 구하는 확률은

$\frac{1}{14}+\frac{15}{112}=\frac{23}{112}$ 답 $\frac{23}{112}$

체크 171

2개의 동전을 동시에 던져 모두 앞면이 나올 확률은 $\frac{1}{4}$, 적어도 1개가 뒷면이 나올 확률은 $\frac{3}{4}$이다.

2개의 동전을 동시에 던지는 시행을 5번 반복할 때, 모두 앞면이 나오는 횟수를 x, 적어도 1개가 뒷면이 나오는 횟수를 y라 하면

$x+y=5$ …… ㉠

또한 점수의 합이 20점이므로

$10x-5y=20$ …… ㉡

㉠, ㉡을 연립하여 풀면

$x=3$, $y=2$

따라서 2개의 동전을 동시에 던지는 시행을 5번 반복할 때, 앞면이 3번, 뒷면이 2번 나와야 하므로 구하는 확률은

${}_5C_3\left(\frac{1}{4}\right)^3\left(\frac{3}{4}\right)^2=\frac{45}{512}$ 답 $\frac{45}{512}$

체크 172

흰 공 4개와 검은 공 2개가 들어 있는 주머니에서 임의로 한 개의 공을 꺼낼 때, 흰 공이 나올 확률은 $\frac{2}{3}$, 검은 공이 나올 확률은 $\frac{1}{3}$이다.

이 시행을 6번 반복할 때, 흰 공을 꺼낸 횟수를 x, 검은 공을 꺼낸 횟수를 y라 하면

$x+y=6$ …… ㉠

(i) 점 P의 위치가 2인 경우

점 P가 원점에서 오른쪽으로 2만큼 움직였으므로

$x-3y=2$ …… ㉡

㉠, ㉡을 연립하여 풀면

$x=5$, $y=1$

즉, 흰 공이 5번, 검은 공이 1번 나와야 하므로 그 확률은

${}_6C_5\left(\frac{2}{3}\right)^5\left(\frac{1}{3}\right)^1=\frac{64}{243}$

(ii) 점 P의 위치가 -2인 경우

점 P가 원점에서 왼쪽으로 2만큼 움직였으므로

$x-3y=-2$ …… ㉢

㉠, ㉢을 연립하여 풀면

$x=4$, $y=2$

즉, 흰 공이 4번, 검은 공이 2번 나와야 하므로 그 확률은

${}_6C_4\left(\frac{2}{3}\right)^4\left(\frac{1}{3}\right)^2=\frac{80}{243}$

(i), (ii)에서 구하는 확률은

$\frac{64}{243}+\frac{80}{243}=\frac{144}{243}=\frac{16}{27}$ 답 $\frac{16}{27}$

체크 173

한 개의 동전을 던져 앞면이 나올 확률은 $\frac{1}{2}$, 뒷면이 나올 확률은 $\frac{1}{2}$이다.

한 개의 동전을 5번 던질 때, 앞면이 나오는 횟수를 x, 뒷면이 나오는 횟수를 y라 하면

$x+y=5$ …… ㉠

(i) 점 P가 삼각형 ABC의 변을 따라 점 A를 출발하여 시계 반대 방향으로 7만큼 움직인 경우

$2x+y=7$ …… ㉡

㉠, ㉡을 연립하여 풀면

$x=2$, $y=3$

즉, 앞면이 2번, 뒷면이 3번 나와야 하므로 그 확률은

${}_5C_2\left(\frac{1}{2}\right)^2\left(\frac{1}{2}\right)^3=\frac{5}{16}$

(ii) 점 P가 삼각형 ABC의 변을 따라 점 A를 출발하여 시계 반대 방향으로 10만큼 움직인 경우

$2x+y=10$ …… ㉢

㉠, ㉢을 연립하여 풀면

$x=5$, $y=0$

즉, 앞면이 5번 나와야 하므로 그 확률은

${}_5C_5\left(\frac{1}{2}\right)^5\left(\frac{1}{2}\right)^0=\frac{1}{32}$

(i), (ii)에서 구하는 확률은

$\frac{5}{16}+\frac{1}{32}=\frac{11}{32}$ 답 $\frac{11}{32}$

[참고]

점 P가 점 A를 출발하여 점 B에 도착할 때, 점 P가 움직인 거리는

$2x+y=1, 4, 7, 10, 13, \cdots$

이때 $x+y=5$를 만족시키는 음이 아닌 정수 x, y에 대하여

$2x+y=2x+(5-x)=x+5\geq5$

$2x+y=2(5-y)+y=10-y\leq10$

따라서 점 P가 움직인 거리 $2x+y$의 값의 범위는

$5\leq2x+y\leq10$이므로 $2x+y=7$ 또는 $2x+y=10$이다.

174

주사위를 한 번 던지는 시행에서 3 이상의 수가 나오는 사건을 A라 하면 $A=\{3, 4, 5, 6\}$이므로

$$P(A)=\frac{4}{6}=\frac{2}{3}$$

① $B=\{1, 2\}$라 하면 $A\cap B=\varnothing$이므로

$$P(B)=\frac{2}{6}=\frac{1}{3}, \ P(A\cap B)=0$$

$$\therefore P(A\cap B)\neq P(A)P(B)$$

즉, 두 사건 A, B는 서로 종속이다.

② $C=\{1, 2, 3\}$이라 하면 $A\cap C=\{3\}$이므로

$$P(C)=\frac{3}{6}=\frac{1}{2}, \ P(A\cap C)=\frac{1}{6}$$

$$\therefore P(A\cap C)\neq P(A)P(C)$$

즉, 두 사건 A, C는 서로 종속이다.

③ $D=\{1, 3, 5\}$라 하면 $A\cap D=\{3, 5\}$이므로

$$P(D)=\frac{3}{6}=\frac{1}{2}, \ P(A\cap D)=\frac{2}{6}=\frac{1}{3}$$

$$\therefore P(A\cap D)=P(A)P(D)$$

즉, 두 사건 A, D는 서로 독립이다.

④ $E=\{4, 5, 6\}$이라 하면 $A\cap E=\{4, 5, 6\}$이므로

$$P(E)=\frac{3}{6}=\frac{1}{2}, \ P(A\cap E)=\frac{3}{6}=\frac{1}{2}$$

$$\therefore P(A\cap E)\neq P(A)P(E)$$

즉, 두 사건 A, E는 서로 종속이다.

⑤ $F=\{1, 2, 3, 6\}$이라 하면 $A\cap F=\{3, 6\}$이므로

$$P(F)=\frac{4}{6}=\frac{2}{3}, \ P(A\cap F)=\frac{2}{6}=\frac{1}{3}$$

$$\therefore P(A\cap F)\neq P(A)P(F)$$

즉, 두 사건 A, F는 서로 종속이다.

따라서 3 이상의 수가 나오는 사건과 서로 독립인 사건은 ③이다.　　　　　　　　　　　　　　　　　답 ③

175

① 두 사건 A, B가 서로 독립이면 A와 B^c, A^c와 B도 서로 독립이므로

$$P(A\,|\,B^c)+P(A^c\,|\,B)=P(A)+P(A^c)=1 \ (참)$$

② 두 사건 A, B가 서로 배반사건이면 $P(A\cap B)=0$이므로

$$P(A\cup B)=P(A)+P(B)-P(A\cap B)$$
$$=P(A)+P(B) \qquad \cdots\cdots ㉠$$

이때 $B\subset A^c$이므로

$$P(B)\leq P(A^c)=1-P(A) \qquad \therefore P(A)+P(B)\leq 1$$

즉, ㉠에서 $P(A\cup B)=P(A)+P(B)\leq 1$ (참)

③ 두 사건 A, B가 서로 독립이면 A, B^c도 서로 독립이므로

$$P(A\cap B^c)=P(A)P(B^c)=P(A\,|\,B)P(B^c) \ (참)$$

④ 두 사건 A, B가 서로 배반사건이면 $A\cap B=\varnothing$이므로

$$P(A\cap B)=0$$이다. 이때 $P(A)\neq 0$, $P(B)\neq 0$이므로

$$P(A\cap B)\neq P(A)P(B)$$

즉, 두 사건 A, B는 서로 종속이다. (참)

⑤ ④에서 '두 사건 A, B가 서로 배반사건이면 A, B는 서로 종속이다.'가 참이므로 그 대우, 즉 '두 사건 A, B가 서로 독립이면 A, B는 서로 배반사건이 아니다.'도 참이다.

（거짓）

따라서 옳지 않은 것은 ⑤이다.

답 ⑤

> **tip**
>
> $P(A)\neq 0$, $P(B)\neq 0$인 두 사건 A, B에 대하여
>
> (1) 두 사건 A, B가 서로 배반사건이면 두 사건 A, B는 서로 종속이다.
>
> (2) 두 사건 A, B가 서로 독립이면 두 사건 A, B는 서로 배반사건이 아니다.

176

두 사건 A, B가 서로 독립이므로

$$P(A\cap B)=P(A)P(B)=\frac{1}{5} \qquad \cdots\cdots ㉠$$

이때 $P(A\cup B)=P(A)+P(B)-P(A\cap B)$에서

$$\frac{7}{10}=P(A)+P(B)-\frac{1}{5} \qquad \therefore P(B)=\frac{9}{10}-P(A)$$

이를 ㉠에 대입하면

$$P(A)\left\{\frac{9}{10}-P(A)\right\}=\frac{1}{5}$$

$$10\{P(A)\}^2-9P(A)+2=0$$

$$\{5P(A)-2\}\{2P(A)-1\}=0$$

$$\therefore P(A)=\frac{2}{5} \ 또는 \ P(A)=\frac{1}{2}$$

이를 ㉠에 대입하면

$$\begin{cases} P(A)=\dfrac{2}{5} \\ P(B)=\dfrac{1}{2} \end{cases} \ 또는 \ \begin{cases} P(A)=\dfrac{1}{2} \\ P(B)=\dfrac{2}{5} \end{cases}$$

$$\therefore P(A)=\frac{2}{5} \ (\because P(A)<P(B)) \qquad 답 \ \frac{2}{5}$$

177

두 사건 A, B가 서로 독립이므로

$$P(A\cap B)=P(A)P(B)=\frac{1}{9}$$

이때 $\mathrm{P}(A \cup B)=\mathrm{P}(A)+\mathrm{P}(B)-\mathrm{P}(A \cap B)$에서

$\mathrm{P}(A \cup B)=\mathrm{P}(A)+\mathrm{P}(B)-\dfrac{1}{9}$

한편, $0<\mathrm{P}(A) \leq 1$, $0<\mathrm{P}(B) \leq 1$이므로 산술평균과 기하평균의 관계에 의하여

$\mathrm{P}(A)+\mathrm{P}(B) \geq 2 \sqrt{\mathrm{P}(A)\mathrm{P}(B)}=2 \sqrt{\dfrac{1}{9}}=\dfrac{2}{3}$

$\qquad$ (단, 등호는 $\mathrm{P}(A)=\mathrm{P}(B)=\dfrac{1}{3}$일 때 성립)

$\therefore \mathrm{P}(A \cup B) \geq \dfrac{2}{3}-\dfrac{1}{9}=\dfrac{5}{9}$

따라서 $\mathrm{P}(A \cup B)$의 최솟값은 $\dfrac{5}{9}$이다. 답 $\dfrac{5}{9}$

> **tip**
> **산술평균과 기하평균의 관계**
> $a>0$, $b>0$일 때, $\dfrac{a+b}{2} \geq \sqrt{ab}$ (단, 등호는 $a=b$일 때 성립한다.)

178

갑이 명중시키는 사건을 A, 을이 명중시키는 사건을 B라 하면

$\mathrm{P}(A)=\dfrac{3}{5}$, $\mathrm{P}(A \cap B^{c})+\mathrm{P}(A^{c} \cap B)=\dfrac{1}{2}$

이때 두 사건 A, B는 서로 독립이므로 A와 B^{c}, A^{c}와 B도 서로 독립이다.

$\begin{aligned} \therefore \mathrm{P}(A \cap B^{c})+\mathrm{P}(A^{c} \cap B) &=\mathrm{P}(A)\mathrm{P}(B^{c})+\mathrm{P}(A^{c})\mathrm{P}(B) \\ &=\dfrac{3}{5}\{1-\mathrm{P}(B)\}+\left(1-\dfrac{3}{5}\right)\mathrm{P}(B) \\ &=\dfrac{3}{5}-\dfrac{1}{5}\mathrm{P}(B) \end{aligned}$

즉, $\dfrac{3}{5}-\dfrac{1}{5}\mathrm{P}(B)=\dfrac{1}{2}$이므로

$\mathrm{P}(B)=\dfrac{1}{2}$

따라서 을이 명중시킬 확률은 $\dfrac{1}{2}$이다. 답 $\dfrac{1}{2}$

179

남자 직원을 택하는 사건을 A, 국내를 선호하는 직원을 택하는 사건을 B라 하면

$\mathrm{P}(A)=\dfrac{150}{200}=\dfrac{3}{4}$, $\mathrm{P}(B)=\dfrac{80}{200}=\dfrac{2}{5}$, $\mathrm{P}(A \cap B)=\dfrac{a}{200}$

이때 두 사건 A, B는 서로 독립이므로

$\mathrm{P}(A \cap B)=\mathrm{P}(A)\mathrm{P}(B)$

즉, $\dfrac{a}{200}=\dfrac{3}{4} \times \dfrac{2}{5}$에서 $a=60$

한편, $a+b=150$이므로

$b=150-a=150-60=90$

또한 $a+c=80$이므로

$c=80-a=80-60=20$

$\therefore \dfrac{b}{c}=\dfrac{90}{20}=\dfrac{9}{2}$ 답 $\dfrac{9}{2}$

180

$A=\{1, 2, 4, 8\}$이므로 $\mathrm{P}(A)=\dfrac{4}{10}=\dfrac{2}{5}$

두 조건 (가), (나)에서 $\mathrm{P}(A \cap B)=\dfrac{1}{5}$이고, 두 사건 A, B가 서로 독립이므로

$\mathrm{P}(A \cap B)=\mathrm{P}(A)\mathrm{P}(B)$

$\dfrac{1}{5}=\dfrac{2}{5} \times \mathrm{P}(B)$ $\qquad \therefore \mathrm{P}(B)=\dfrac{1}{2}$

$\therefore n(B)=5$

이때 $\mathrm{P}(A \cap B)=\dfrac{1}{5}$에서 $n(A \cap B)=2$이므로 사건 B의 원소는 1, 2, 4, 8 중 2개와 3, 5, 6, 7, 9, 10 중 3개로 이루어진다.

따라서 구하는 사건 B의 개수는

$\begin{aligned} {}_{4}\mathrm{C}_{2} \times {}_{6}\mathrm{C}_{3} &=\dfrac{4 \times 3}{2 \times 1} \times \dfrac{6 \times 5 \times 4}{3 \times 2 \times 1} \\ &=6 \times 20=120 \end{aligned}$ 답 120

181

파란 공 3개와 빨간 공 3개가 들어 있는 상자에서 임의로 2개의 공을 동시에 꺼낼 때, 서로 다른 색의 공이 나올 확률은

$\dfrac{{}_{3}\mathrm{C}_{1} \times {}_{3}\mathrm{C}_{1}}{{}_{6}\mathrm{C}_{2}}=\dfrac{3}{5}$

따라서 이 시행을 5번 반복할 때, 서로 다른 색의 공이 나오는 사건이 3번 일어날 확률은

${}_{5}\mathrm{C}_{3}\left(\dfrac{3}{5}\right)^{3}\left(\dfrac{2}{5}\right)^{2}=\dfrac{216}{625}$ 답 $\dfrac{216}{625}$

182

2개의 주사위를 동시에 던질 때, 두 눈의 수의 곱이 10과 서로소이려면 두 눈의 수의 곱이 2 또는 5를 소인수로 가지지 않아야 하므로 어느 주사위의 눈도 2, 4, 5, 6이 나오지 않아야 한다. 즉, 2개의 주사위의 눈이 모두 1 또는 3이 나와야 하므로 2개의 주사위를 동시에 던져 나오는 두 눈의 수의 곱이 10과 서로소일 확률은

$\dfrac{1}{3} \times \dfrac{1}{3}=\dfrac{1}{9}$

따라서 구하는 확률은

${}_{3}\mathrm{C}_{2}\left(\dfrac{1}{9}\right)^{2}\left(\dfrac{8}{9}\right)^{1}=\dfrac{8}{243}$ 답 $\dfrac{8}{243}$

183

4건의 예약 중 1건 꼴로 취소가 되므로 1건의 예약이 취소될 확률은 $\dfrac{1}{4}$이다.

이때 테이블이 부족하려면 예약 5건 중 취소되는 예약이 0건 또는 1건이어야 한다.

(i) 예약 5건 중 취소가 0건일 때의 확률은

$$_5C_0\left(\dfrac{1}{4}\right)^0\left(\dfrac{3}{4}\right)^5=\dfrac{243}{1024}$$

(ii) 예약 5건 중 취소가 1건일 때의 확률은

$$_5C_1\left(\dfrac{1}{4}\right)^1\left(\dfrac{3}{4}\right)^4=\dfrac{405}{1024}$$

(i), (ii)에서 구하는 확률은

$$\dfrac{243}{1024}+\dfrac{405}{1024}=\dfrac{81}{128}$$

답 $\dfrac{81}{128}$

184

3장의 카드 중 임의로 한 장의 카드를 뽑을 때, 홀수가 나올 확률은 $\dfrac{2}{3}$, 짝수가 나올 확률은 $\dfrac{1}{3}$이다.

이때 5개의 자연수를 더한 합이 홀수가 되려면 홀수가 1개 또는 3개 또는 5개이어야 한다.

(i) 홀수가 1개, 짝수가 4개일 때의 확률은

$$_5C_1\left(\dfrac{2}{3}\right)^1\left(\dfrac{1}{3}\right)^4=\dfrac{10}{243}$$

(ii) 홀수가 3개, 짝수가 2개일 때의 확률은

$$_5C_3\left(\dfrac{2}{3}\right)^3\left(\dfrac{1}{3}\right)^2=\dfrac{80}{243}$$

(iii) 홀수가 5개일 때의 확률은

$$_5C_5\left(\dfrac{2}{3}\right)^5\left(\dfrac{1}{3}\right)^0=\dfrac{32}{243}$$

(i)~(iii)에서 구하는 확률은

$$\dfrac{10}{243}+\dfrac{80}{243}+\dfrac{32}{243}=\dfrac{122}{243}$$

답 $\dfrac{122}{243}$

185

당첨 제비 1개, 비당첨 제비 5개가 들어 있는 상자에서 임의로 2개의 제비를 동시에 뽑을 때, 당첨 제비를 뽑을 확률은

$$\dfrac{_1C_1\times{}_5C_1}{_6C_2}=\dfrac{1}{3}$$

4장의 추첨권을 가진 사람이 받은 경품의 개수가 2이려면 상자에서 제비를 뽑는 시행을 4번 했을 때, 당첨 제비를 2번 뽑아야 한다.

따라서 구하는 확률은

$$_4C_2\left(\dfrac{1}{3}\right)^2\left(\dfrac{2}{3}\right)^2=\dfrac{8}{27}$$

답 $\dfrac{8}{27}$

186

한 개의 동전을 던져 앞면이 나올 확률은 $\dfrac{1}{2}$, 뒷면이 나올 확률은 $\dfrac{1}{2}$이다. 동전을 6번 던질 때, 앞면이 나오는 횟수가 뒷면이 나오는 횟수보다 큰 경우는 다음과 같다.

(i) 앞면이 6회, 뒷면이 0회 나올 확률은

$$_6C_6\left(\dfrac{1}{2}\right)^6\left(\dfrac{1}{2}\right)^0=\dfrac{1}{64}$$

(ii) 앞면이 5회, 뒷면이 1회 나올 확률은

$$_6C_5\left(\dfrac{1}{2}\right)^5\left(\dfrac{1}{2}\right)^1=\dfrac{6}{64}=\dfrac{3}{32}$$

(iii) 앞면이 4회, 뒷면이 2회 나올 확률은

$$_6C_4\left(\dfrac{1}{2}\right)^4\left(\dfrac{1}{2}\right)^2=\dfrac{15}{64}$$

(i)~(iii)에서 구하는 확률은

$$\dfrac{1}{64}+\dfrac{3}{32}+\dfrac{15}{64}=\dfrac{22}{64}=\dfrac{11}{32}$$

따라서 $p=32$, $q=11$이므로

$$p+q=32+11=43$$

답 43

187

첫 번째 던져서 나오는 주사위의 눈의 수를 a라 할 때 $f(a)=0$이 되는 사건을 A라 하고, 두 번째 던져서 나오는 주사위의 눈의 수를 b라 할 때 $f(b)=0$이 되는 사건을 B라 하자.

이차방정식 $f(x)=0$, 즉 $x^2-7x+12=0$의 해는

$(x-3)(x-4)=0$에서 $x=3$ 또는 $x=4$이므로

$$P(A)=\boxed{\dfrac{1}{3}},\ P(B)=\boxed{\dfrac{1}{3}}$$

이다.

구하는 확률 $P(A\cup B)$는

$$P(A\cup B)=P(A)+P(B)-P(A\cap B)$$

이고, 두 사건 A, B는 서로 독립이므로

$$P(A\cap B)=P(A)P(B)=\dfrac{1}{3}\times\dfrac{1}{3}=\boxed{\dfrac{1}{9}}$$

이다. 그러므로

$$P(A\cup B)=\dfrac{1}{3}+\dfrac{1}{3}-\dfrac{1}{9}=\boxed{\dfrac{5}{9}}$$

이다.

따라서 $m=\dfrac{1}{3}$, $n=\dfrac{1}{9}$, $k=\dfrac{5}{9}$이므로

$$m\times n\times k=\dfrac{1}{3}\times\dfrac{1}{9}\times\dfrac{5}{9}=\dfrac{5}{243}$$

답 ②

188

주사위 1개를 던져 나오는 눈의 수를 k라 하자.

동전 6개를 던질 때, 앞면이 나오는 동전의 개수가 k일 확률을 P_k라 하면

$$P_k = \frac{1}{6} \times {}_6C_k \left(\frac{1}{2}\right)^k \left(\frac{1}{2}\right)^{6-k} \ (\text{단, } k=1, 2, 3, \cdots, 6)$$

따라서 구하는 확률은

$$\frac{1}{6} \times \left\{ {}_6C_1 \left(\frac{1}{2}\right)^1 \left(\frac{1}{2}\right)^5 + {}_6C_2 \left(\frac{1}{2}\right)^2 \left(\frac{1}{2}\right)^4 + \cdots + {}_6C_6 \left(\frac{1}{2}\right)^6 \left(\frac{1}{2}\right)^0 \right\}$$

$$= \frac{1}{6} \times \left(\frac{1}{2}\right)^6 ({}_6C_1 + {}_6C_2 + {}_6C_3 + {}_6C_4 + {}_6C_5 + {}_6C_6)$$

이때 ${}_6C_0 + {}_6C_1 + {}_6C_2 + \cdots + {}_6C_6 = 2^6$이므로 구하는 확률은

$$\frac{1}{6} \times \left(\frac{1}{2}\right)^6 (2^6 - {}_6C_0) = \frac{1}{6} \times \left(\frac{1}{2}\right)^6 \times 63 = \frac{21}{128}$$

답 $\dfrac{21}{128}$

tip
이항계수의 성질
$${}_nC_0 + {}_nC_1 + {}_nC_2 + \cdots + {}_nC_n = 2^n$$

189

파란 공 3개와 빨간 공 2개가 들어 있는 상자에서 임의로 2개의 공을 동시에 꺼낼 때, 같은 색의 공을 꺼낼 확률은

$$\frac{{}_3C_2 + {}_2C_2}{{}_5C_2} = \frac{2}{5}$$

따라서 한 번의 게임에서 상훈이가 이길 확률은 $\dfrac{2}{5}$이고, 혜인이가 이길 확률은 $\dfrac{3}{5}$이다.

(i) 3번째 게임에서 상훈이가 우승하는 경우

3번 연속으로 상훈이가 이겨야 하므로 그 확률은

$${}_3C_3 \left(\frac{2}{5}\right)^3 \left(\frac{3}{5}\right)^0 = \frac{8}{125}$$

(ii) 4번째 게임에서 상훈이가 우승하는 경우

3번째 게임까지는 상훈이가 2번, 혜인이가 1번 이기고 4번째 게임에서는 상훈이가 이겨야 하므로 그 확률은

$${}_3C_2 \left(\frac{2}{5}\right)^2 \left(\frac{3}{5}\right)^1 \times \frac{2}{5} = \frac{72}{625}$$

(i), (ii)에서 구하는 확률은

$$\frac{8}{125} + \frac{72}{625} = \frac{112}{625}$$

따라서 $a = 625$, $b = 112$이므로

$$a + b = 737$$

답 737

190

한 개의 동전을 던져 앞면이 나올 확률은 $\dfrac{1}{2}$, 뒷면이 나올 확률은 $\dfrac{1}{2}$이다.

동전을 8번 던질 때, 앞면이 나오는 횟수를 a, 뒷면이 나오는 횟수를 b라 하면

$$a + b = 8 \qquad \cdots\cdots \ \text{㉠}$$

이때 점 P의 좌표는 (a, b)이므로 점 P가 직선 $y = x + 4$ 위에 있으려면

$$b = a + 4 \qquad \cdots\cdots \ \text{㉡}$$

㉠, ㉡을 연립하여 풀면

$$a = 2, b = 6$$

즉, 점 P가 직선 $y = x + 4$ 위로 옮겨질 확률은

$${}_8C_2 \left(\frac{1}{2}\right)^2 \left(\frac{1}{2}\right)^6 = \frac{7}{64}$$

따라서 점 P가 직선 $y = x + 4$ 위로 옮겨지지 않을 확률은

$$1 - \frac{7}{64} = \frac{57}{64}$$

답 $\dfrac{57}{64}$

1 확률분포

14 확률변수와 확률분포

체크 191

확률변수 X의 확률분포를 표로 나타내면 다음과 같다.

X	1	2	3	4	합계
$P(X=x)$	k	$4k$	$9k$	$16k$	1

(1) 확률의 총합은 1이므로

$k+4k+9k+16k=1$에서

$30k=1$ $\therefore k=\dfrac{1}{30}$

(2) $X^2-4X+3\leq0$에서

$(X-1)(X-3)\leq0$ $\therefore 1\leq X\leq3$

$\therefore P(X^2-4X+3\leq0)$

$=P(1\leq X\leq3)$

$=P(X=1)+P(X=2)+P(X=3)$

$=\dfrac{1}{30}+\dfrac{4}{30}+\dfrac{9}{30}=\dfrac{7}{15}$

답 (1) $\dfrac{1}{30}$ (2) $\dfrac{7}{15}$

체크 192

확률의 총합은 1이므로

$\left(\dfrac{1}{18}+a\right)+\left(\dfrac{2}{18}+a\right)+\left(\dfrac{3}{18}+a\right)+\left(\dfrac{4}{18}-a\right)+\left(\dfrac{5}{18}-a\right)=1$

에서 $a+\dfrac{5}{6}=1$ $\therefore a=\dfrac{1}{6}$

$\therefore P(3\leq X\leq5)=P(X=3)+P(X=4)+P(X=5)$

$=\left(\dfrac{3}{18}+a\right)+\left(\dfrac{4}{18}-a\right)+\left(\dfrac{5}{18}-a\right)$

$=\dfrac{2}{3}-a$

$=\dfrac{2}{3}-\dfrac{1}{6}=\dfrac{1}{2}$

답 $\dfrac{1}{2}$

체크 193

(1) 뽑힌 당첨 제비의 개수가 확률변수 X이므로 X가 가질 수 있는 값은 0, 1, 2, 3이다.

이때 10개의 제비 중 3개의 제비를 뽑는 경우의 수는 $_{10}C_3$이고, 뽑힌 3개의 제비 중 당첨 제비가 x개인 경우의 수는 $_3C_x\times_7C_{3-x}$이므로 X의 확률질량함수는

$P(X=x)=\dfrac{_3C_x\times_7C_{3-x}}{_{10}C_3}\ (x=0,\ 1,\ 2,\ 3)$

(2) X가 각 값을 가질 확률은

$P(X=0)=\dfrac{_3C_0\times_7C_3}{_{10}C_3}=\dfrac{7}{24}$

$P(X=1)=\dfrac{_3C_1\times_7C_2}{_{10}C_3}=\dfrac{21}{40}$

$P(X=2)=\dfrac{_3C_2\times_7C_1}{_{10}C_3}=\dfrac{7}{40}$

$P(X=3)=\dfrac{_3C_3\times_7C_0}{_{10}C_3}=\dfrac{1}{120}$

따라서 X의 확률분포를 표로 나타내면 다음과 같다.

X	0	1	2	3	합계
$P(X=x)$	$\dfrac{7}{24}$	$\dfrac{21}{40}$	$\dfrac{7}{40}$	$\dfrac{1}{120}$	1

(3) $P(X=1$ 또는 $X=3)=P(X=1)+P(X=3)$

$=\dfrac{21}{40}+\dfrac{1}{120}=\dfrac{8}{15}$

답 (1) $P(X=x)=\dfrac{_3C_x\times_7C_{3-x}}{_{10}C_3}\ (x=0,\ 1,\ 2,\ 3)$

(2) 풀이 참조 (3) $\dfrac{8}{15}$

체크 194

흰 바둑돌이 3개이므로 검은 바둑돌은 반드시 2개 이상 나와야 한다. 즉, 확률변수 X가 가질 수 있는 값은 2, 3, 4, 5이고, 각 값을 가질 확률은

$P(X=2)=\dfrac{_3C_3\times_7C_2}{_{10}C_5}=\dfrac{1}{12}$

$P(X=3)=\dfrac{_3C_2\times_7C_3}{_{10}C_5}=\dfrac{5}{12}$

$P(X=4)=\dfrac{_3C_1\times_7C_4}{_{10}C_5}=\dfrac{5}{12}$

$P(X=5)=\dfrac{_3C_0\times_7C_5}{_{10}C_5}=\dfrac{1}{12}$

따라서 X의 확률분포를 표로 나타내면 다음과 같다.

X	2	3	4	5	합계
$P(X=x)$	$\dfrac{1}{12}$	$\dfrac{5}{12}$	$\dfrac{5}{12}$	$\dfrac{1}{12}$	1

이때 $P(X=4)+P(X=5)=\dfrac{5}{12}+\dfrac{1}{12}=\dfrac{1}{2}$이므로 구하는 자연수 a의 값은 4이다.

답 4

15 이산확률변수의 기댓값과 표준편차

체크 195

확률의 총합은 1이므로

$\dfrac{1}{5}+\dfrac{3}{10}+a+\dfrac{1}{10}=1$에서

$a+\dfrac{3}{5}=1$ $\qquad\therefore a=\dfrac{2}{5}$

따라서 확률변수 X의 평균, 분산, 표준편차는 각각

$\mathrm{E}(X)=(-1)\times\dfrac{1}{5}+0\times\dfrac{3}{10}+1\times\dfrac{2}{5}+2\times\dfrac{1}{10}=\dfrac{2}{5}$

$\mathrm{V}(X)=\mathrm{E}(X^2)-\{\mathrm{E}(X)\}^2$

$\qquad\quad=(-1)^2\times\dfrac{1}{5}+0^2\times\dfrac{3}{10}+1^2\times\dfrac{2}{5}+2^2\times\dfrac{1}{10}-\left(\dfrac{2}{5}\right)^2$

$\qquad\quad=\dfrac{21}{25}$

$\sigma(X)=\sqrt{\mathrm{V}(X)}=\sqrt{\dfrac{21}{25}}=\dfrac{\sqrt{21}}{5}$

답 평균 : $\dfrac{2}{5}$, 분산 : $\dfrac{21}{25}$, 표준편차 : $\dfrac{\sqrt{21}}{5}$

체크 196

확률의 총합은 1이므로

$\dfrac{1}{6}+\dfrac{1}{4}+\dfrac{1}{2}+p=1$에서

$\dfrac{11}{12}+p=1$ $\qquad\therefore p=\dfrac{1}{12}$

이때 $\mathrm{E}(X)=5$이므로

$\mathrm{E}(X)=k\times\dfrac{1}{6}+2k\times\dfrac{1}{4}+3k\times\dfrac{1}{2}+4k\times\dfrac{1}{12}=5$

$\dfrac{5}{2}k=5$ $\qquad\therefore k=2$

따라서 확률변수 X의 확률분포를 표로 나타내면 다음과 같다.

X	2	4	6	8	합계
$\mathrm{P}(X=x)$	$\dfrac{1}{6}$	$\dfrac{1}{4}$	$\dfrac{1}{2}$	$\dfrac{1}{12}$	1

이때 확률변수 X의 분산은

$\mathrm{V}(X)=\mathrm{E}(X^2)-\{\mathrm{E}(X)\}^2$

$\qquad\quad=2^2\times\dfrac{1}{6}+4^2\times\dfrac{1}{4}+6^2\times\dfrac{1}{2}+8^2\times\dfrac{1}{12}-5^2$

$\qquad\quad=3$

이므로

$\sigma(X)=\sqrt{\mathrm{V}(X)}=\sqrt{3}$ 답 $\sqrt{3}$

> **tip**
>
> 이산확률변수 X의 확률질량함수가
> $\qquad\mathrm{P}(X=x_i)=p_i\;(i=1,\,2,\,3,\,\cdots,\,n)$
> 이고, $\mathrm{E}(X)=m$일 때
> (1) $\mathrm{E}(X)=x_1p_1+x_2p_2+x_3p_3+\cdots+x_np_n$
> (2) $\mathrm{V}(X)=\mathrm{E}((X-m)^2)=\mathrm{E}(X^2)-\{\mathrm{E}(X)\}^2$
> (3) $\sigma(X)=\sqrt{\mathrm{V}(X)}$

체크 197

확률의 총합은 1이므로

$a+b+\dfrac{1}{6}=1$에서 $a+b=\dfrac{5}{6}$ $\qquad\cdots\cdots\;\bigcirc$

이때 $\mathrm{E}(X)=\dfrac{3}{2}$이므로

$\mathrm{E}(X)=1\times a+2\times b+3\times\dfrac{1}{6}=\dfrac{3}{2}$

$a+2b+\dfrac{1}{2}=\dfrac{3}{2}$

$\therefore a+2b=1$ $\qquad\cdots\cdots\;\bigcirc$

$\bigcirc$, $\bigcirc$을 연립하여 풀면

$a=\dfrac{2}{3},\;b=\dfrac{1}{6}$

따라서 확률변수 X의 확률분포를 표로 나타내면 다음과 같다.

X	1	2	3	합계
$\mathrm{P}(X=x)$	$\dfrac{2}{3}$	$\dfrac{1}{6}$	$\dfrac{1}{6}$	1

$\therefore\mathrm{V}(X)=\mathrm{E}(X^2)-\{\mathrm{E}(X)\}^2$

$\qquad\quad=1^2\times\dfrac{2}{3}+2^2\times\dfrac{1}{6}+3^2\times\dfrac{1}{6}-\left(\dfrac{3}{2}\right)^2$

$\qquad\quad=\dfrac{7}{12}$ 답 $\dfrac{7}{12}$

체크 198

정사면체 모양의 주사위를 던질 때, 바닥면에 적힌 숫자가 확률변수 X이므로 X가 가질 수 있는 값은 1, 2, 3, 4이고, 각 값을 가질 확률은 $\dfrac{1}{4}$로 같다.

따라서 X의 확률분포를 표로 나타내면 다음과 같다.

X	1	2	3	4	합계
$\mathrm{P}(X=x)$	$\dfrac{1}{4}$	$\dfrac{1}{4}$	$\dfrac{1}{4}$	$\dfrac{1}{4}$	1

이때

$\mathrm{E}(X)=1\times\dfrac{1}{4}+2\times\dfrac{1}{4}+3\times\dfrac{1}{4}+4\times\dfrac{1}{4}=\dfrac{5}{2}$

$\mathrm{E}(X^2)=1^2\times\dfrac{1}{4}+2^2\times\dfrac{1}{4}+3^2\times\dfrac{1}{4}+4^2\times\dfrac{1}{4}=\dfrac{15}{2}$

이므로 구하는 X의 분산은

$\mathrm{V}(X)=\mathrm{E}(X^2)-\{\mathrm{E}(X)\}^2$

$\qquad\quad=\dfrac{15}{2}-\left(\dfrac{5}{2}\right)^2=\dfrac{5}{4}$ 답 $\dfrac{5}{4}$

> **tip**
>
> **확률분포가 주어지지 않을 때, 평균, 분산, 표준편차 구하기**
> (i) 확률변수가 가질 수 있는 값을 모두 구한다.
> (ii) 확률변수가 각 값을 가질 확률을 구하여 확률분포를 표로 나타낸다.
> (iii) 평균, 분산, 표준편차를 구한다.

5개의 숫자 중 소수는 2, 3, 5의 3개이므로 소수가 적힌 카드는 적어도 1개 이상 나와야 한다. 소수가 적힌 카드의 개수가 확률변수 X이므로 X가 가질 수 있는 값은 1, 2, 3이고, 각 값을 가질 확률은

$$P(X=1)=\frac{_2C_2 \times _3C_1}{_5C_3}=\frac{3}{10}$$

$$P(X=2)=\frac{_2C_1 \times _3C_2}{_5C_3}=\frac{3}{5}$$

$$P(X=3)=\frac{_2C_0 \times _3C_3}{_5C_3}=\frac{1}{10}$$

따라서 X의 확률분포를 표로 나타내면 다음과 같다.

X	1	2	3	합계
$P(X=x)$	$\frac{3}{10}$	$\frac{3}{5}$	$\frac{1}{10}$	1

이때

$$E(X)=1\times\frac{3}{10}+2\times\frac{3}{5}+3\times\frac{1}{10}=\frac{9}{5}$$

$$E(X^2)=1^2\times\frac{3}{10}+2^2\times\frac{3}{5}+3^2\times\frac{1}{10}=\frac{18}{5}$$

이므로

$$V(X)=E(X^2)-\{E(X)\}^2$$
$$=\frac{18}{5}-\left(\frac{9}{5}\right)^2=\frac{9}{25}$$

따라서 구하는 X의 표준편차는

$$\sigma(X)=\sqrt{V(X)}=\sqrt{\frac{9}{25}}=\frac{3}{5}$$

답 $\frac{3}{5}$

앞면이 보이는 동전을 3개 뒤집으면 $X=1$

앞면이 보이는 동전을 2개, 뒷면이 보이는 동전을 1개 뒤집으면 $X=3$

앞면이 보이는 동전을 1개, 뒷면이 보이는 동전을 2개 뒤집으면 $X=5$

뒷면이 보이는 동전을 3개 뒤집으면 $X=7$

즉, X가 가질 수 있는 값은 1, 3, 5, 7이고, 각 값을 가질 확률은

$$P(X=1)=\frac{_4C_3 \times _3C_0}{_7C_3}=\frac{4}{35}$$

$$P(X=3)=\frac{_4C_2 \times _3C_1}{_7C_3}=\frac{18}{35}$$

$$P(X=5)=\frac{_4C_1 \times _3C_2}{_7C_3}=\frac{12}{35}$$

$$P(X=7)=\frac{_4C_0 \times _3C_3}{_7C_3}=\frac{1}{35}$$

이므로 X의 확률분포를 표로 나타내면 다음과 같다.

X	1	3	5	7	합계
$P(X=x)$	$\frac{4}{35}$	$\frac{18}{35}$	$\frac{12}{35}$	$\frac{1}{35}$	1

따라서 구하는 X의 평균은

$$E(X)=1\times\frac{4}{35}+3\times\frac{18}{35}+5\times\frac{12}{35}+7\times\frac{1}{35}=\frac{25}{7}$$

답 $\frac{25}{7}$

한 번의 시행에서 받을 수 있는 금액을 확률변수 X라 하면 X가 가질 수 있는 값은 700, 1400, 2100이고, 각 값을 가질 확률은

$$P(X=700)=\frac{_3C_2}{_7C_2}=\frac{1}{7}$$

$$P(X=1400)=\frac{_4C_2}{_7C_2}=\frac{2}{7}$$

$$P(X=2100)=\frac{_3C_1 \times _4C_1}{_7C_2}=\frac{4}{7}$$

이므로 X의 확률분포를 표로 나타내면 다음과 같다.

X	700	1400	2100	합계
$P(X=x)$	$\frac{1}{7}$	$\frac{2}{7}$	$\frac{4}{7}$	1

따라서 구하는 금액의 기댓값은

$$700\times\frac{1}{7}+1400\times\frac{2}{7}+2100\times\frac{4}{7}=1700\,(원)$$

답 1700원

유정이가 여행 가방이 열릴 때까지 시도한 최대 횟수는 1, 2, 3을 배열하는 경우의 수와 같으므로

$$3!=6$$

이때 여행 가방이 열릴 때까지 시도한 횟수를 확률변수 X라 하면 X가 가질 수 있는 값은 1, 2, 3, 4, 5, 6이고, 각 값을 가질 확률은

$$P(X=1)=\frac{1}{6}$$

$$P(X=2)=\frac{5}{6}\times\frac{1}{5}=\frac{1}{6}$$

$$P(X=3)=\frac{5}{6}\times\frac{4}{5}\times\frac{1}{4}=\frac{1}{6}$$

$$P(X=4)=\frac{5}{6}\times\frac{4}{5}\times\frac{3}{4}\times\frac{1}{3}=\frac{1}{6}$$

$$P(X=5)=\frac{5}{6}\times\frac{4}{5}\times\frac{3}{4}\times\frac{2}{3}\times\frac{1}{2}=\frac{1}{6}$$

$$P(X=6)=\frac{5}{6}\times\frac{4}{5}\times\frac{3}{4}\times\frac{2}{3}\times\frac{1}{2}\times 1=\frac{1}{6}$$

이므로 X의 확률분포를 표로 나타내면 다음과 같다.

X	1	2	3	4	5	6	합계
$P(X=x)$	$\frac{1}{6}$	$\frac{1}{6}$	$\frac{1}{6}$	$\frac{1}{6}$	$\frac{1}{6}$	$\frac{1}{6}$	1

따라서 구하는 횟수의 기댓값은

$1 \times \frac{1}{6} + 2 \times \frac{1}{6} + 3 \times \frac{1}{6} + 4 \times \frac{1}{6} + 5 \times \frac{1}{6} + 6 \times \frac{1}{6} = 3.5$

답 3.5

체크 203

$E(Y)=4$, $E(Y^2)=28$이므로

$V(Y)=E(Y^2)-\{E(Y)\}^2=28-4^2=12$

이때 $Y=\frac{1}{2}X+5$에서 $X=2Y-10$이므로

$m=E(X)=E(2Y-10)$
$\quad =2E(Y)-10$
$\quad =2 \times 4-10=-2$

$\sigma^2=V(X)=V(2Y-10)$
$\quad =2^2 V(Y)=4 \times 12=48$

$\therefore m+\sigma^2=-2+48=46$

답 46

> **tip**
> 이산확률변수 X와 두 상수 $a\ (a \neq 0)$, b에 대하여
> (1) $E(aX+b)=aE(X)+b$
> (2) $V(aX+b)=a^2 V(X)$
> (3) $\sigma(aX+b)=|a|\sigma(X)$

체크 204

$E(X)=-2$이므로 $E(Y)=1$에서

$E(aX+b)=aE(X)+b=-2a+b=1$ ...... ㉠

또한 $V(X)=3$이므로 $V(Y)=3$에서

$V(aX+b)=a^2 V(X)=3a^2=3$

$\therefore a=1\ (\because a>0)$

이를 ㉠에 대입하면

$-2+b=1 \qquad \therefore b=3$

$\therefore a+b=1+3=4$

답 4

체크 205

주어진 표에서 확률변수 X의 평균과 분산은 각각

$E(X)=0 \times \frac{1}{10}+1 \times \frac{1}{5}+2 \times \frac{3}{10}+3 \times \frac{2}{5}=2$

$V(X)=0^2 \times \frac{1}{10}+1^2 \times \frac{1}{5}+2^2 \times \frac{3}{10}+3^2 \times \frac{2}{5}-2^2=1$

이때 $E(Y)=4$에서

$E(aX+b)=aE(X)+b=4$

$\therefore 2a+b=4$ ...... ㉠

또한 $V(Y)=9$에서

$V(aX+b)=a^2 V(X)=9$

$a^2=9 \qquad \therefore a=3\ (\because a>0)$

이를 ㉠에 대입하면

$6+b=4 \qquad \therefore b=-2$

$\therefore a^2+b^2=3^2+(-2)^2=13$

답 13

체크 206

9의 약수는 1, 3, 9의 3개이므로 확률변수 X가 가질 수 있는 값은 0, 1, 2, 3이다.

X가 각 값을 가질 확률은

$P(X=0)=\frac{{}_3C_0 \times {}_7C_3}{{}_{10}C_3}=\frac{7}{24}$

$P(X=1)=\frac{{}_3C_1 \times {}_7C_2}{{}_{10}C_3}=\frac{21}{40}$

$P(X=2)=\frac{{}_3C_2 \times {}_7C_1}{{}_{10}C_3}=\frac{7}{40}$

$P(X=3)=\frac{{}_3C_3 \times {}_7C_0}{{}_{10}C_3}=\frac{1}{120}$

이므로 X의 확률분포를 표로 나타내면 다음과 같다.

X	0	1	2	3	합계
$P(X=x)$	$\frac{7}{24}$	$\frac{21}{40}$	$\frac{7}{40}$	$\frac{1}{120}$	1

이때

$E(X)=0 \times \frac{7}{24}+1 \times \frac{21}{40}+2 \times \frac{7}{40}+3 \times \frac{1}{120}=\frac{9}{10}$

$E(X^2)=0^2 \times \frac{7}{24}+1^2 \times \frac{21}{40}+2^2 \times \frac{7}{40}+3^2 \times \frac{1}{120}=\frac{13}{10}$

이므로

$V(X)=E(X^2)-\{E(X)\}^2$
$\quad =\frac{13}{10}-\left(\frac{9}{10}\right)^2=\frac{49}{100}$

$\therefore V(10X+3)=10^2 V(X)=100 \times \frac{49}{100}=49$

답 49

체크 207

확률변수 X가 가질 수 있는 값은 2, 3, 4, 5이고, 각 값을 가질 확률은

$P(X=2)=\frac{2}{5} \times \frac{1}{4}=\frac{1}{10}$

$P(X=3)=\frac{2}{5} \times \frac{3}{4} \times \frac{1}{3}+\frac{3}{5} \times \frac{2}{4} \times \frac{1}{3}=\frac{1}{5}$

$P(X=4)$
$=\frac{2}{5} \times \frac{3}{4} \times \frac{2}{3} \times \frac{1}{2}+\frac{3}{5} \times \frac{2}{4} \times \frac{2}{3} \times \frac{1}{2}+\frac{3}{5} \times \frac{2}{4} \times \frac{2}{3} \times \frac{1}{2}$
$=\frac{3}{10}$

$P(X=5)$

$$=\frac{2}{5}\times\frac{3}{4}\times\frac{2}{3}\times\frac{1}{2}\times\frac{1}{1}+\frac{3}{5}\times\frac{2}{4}\times\frac{2}{3}\times\frac{1}{2}\times\frac{1}{1}$$
$$+\frac{3}{5}\times\frac{2}{4}\times\frac{2}{3}\times\frac{1}{2}\times\frac{1}{1}+\frac{3}{5}\times\frac{2}{4}\times\frac{1}{3}\times\frac{2}{2}\times\frac{1}{1}$$
$$=\frac{2}{5}$$

이므로 X의 확률분포를 표로 나타내면 다음과 같다.

X	2	3	4	5	합계
$P(X=x)$	$\frac{1}{10}$	$\frac{1}{5}$	$\frac{3}{10}$	$\frac{2}{5}$	1

이때

$$E(X)=2\times\frac{1}{10}+3\times\frac{1}{5}+4\times\frac{3}{10}+5\times\frac{2}{5}=4$$

이므로

$$E(7X+2)=7E(X)+2=7\times4+2=30$$

답 30

연습 문제 07

208

확률의 총합은 1이므로

$\frac{a}{3}+\frac{1}{3}+a^2=1$에서 $3a^2+a-2=0$

$(a+1)(3a-2)=0$

$\therefore a=-1$ 또는 $a=\frac{2}{3}$

이때 $0\leq P(X=x)\leq1$이므로

$a=\frac{2}{3}$

답 $\frac{2}{3}$

209

$$P(X=x)=\frac{a}{\sqrt{2x+1}+\sqrt{2x-1}}$$
$$=\frac{a(\sqrt{2x+1}-\sqrt{2x-1})}{(\sqrt{2x+1}+\sqrt{2x-1})(\sqrt{2x+1}-\sqrt{2x-1})}$$
$$=\frac{a(\sqrt{2x+1}-\sqrt{2x-1})}{2}$$

이때 확률의 총합은 1이므로

$P(X=1)+P(X=2)+P(X=3)+\cdots+P(X=24)=1$

$\frac{a}{2}\{(\sqrt{3}-1)+(\sqrt{5}-\sqrt{3})+(\sqrt{7}-\sqrt{5})+\cdots+(\sqrt{49}-\sqrt{47})\}=1$

$\frac{a}{2}(\sqrt{49}-1)=1$, $3a=1$ $\therefore a=\frac{1}{3}$

즉, 확률변수 X의 확률질량함수는

$$P(X=x)=\frac{1}{6}(\sqrt{2x+1}-\sqrt{2x-1}) \ (x=1, 2, 3, \cdots, 24)$$

이므로

$P(X=5)+P(X=6)+P(X=7)+\cdots+P(X=24)$

$=1-\{P(X=1)+P(X=2)+P(X=3)+P(X=4)\}$

$=1-\frac{1}{6}\{(\sqrt{3}-1)+(\sqrt{5}-\sqrt{3})+(\sqrt{7}-\sqrt{5})+(\sqrt{9}-\sqrt{7})\}$

$=1-\frac{1}{6}(\sqrt{9}-1)=\frac{2}{3}$

답 $\frac{2}{3}$

210

확률의 총합은 1이므로

$P(X=0)+P(X=1)+P(X=2)+P(X=3)=1$

$\frac{1}{10}+\frac{a+2}{20}+\frac{a+1}{10}+\frac{3a+2}{20}=1$

$\frac{6a+8}{20}=1$, $6a+8=20$ $\therefore a=2$

즉, 확률변수 X의 확률질량함수는

$$P(X=x)=\frac{x+1}{10} \ (x=0, 1, 2, 3)$$

$\therefore P(|X-2|\leq1)=P(1\leq X\leq3)$
$=P(X=1)+P(X=2)+P(X=3)$
$=\frac{1}{5}+\frac{3}{10}+\frac{2}{5}=\frac{9}{10}$

이때 $P(|X-2|\leq1)=b$이므로 $b=\frac{9}{10}$

$\therefore a-b=2-\frac{9}{10}=\frac{11}{10}$

답 $\frac{11}{10}$

211

뽑힌 카드에 적힌 두 수의 차가 확률변수 X이므로 X가 가질 수 있는 값은 1, 2, 3, 4이다.

한편, $X^2-6X+5<0$에서 $(X-1)(X-5)<0$, 즉 $1<X<5$이므로

$P(X^2-6X+5<0)=P(1<X<5)$
$=P(X=2)+P(X=3)+P(X=4)$
$=1-P(X=1)$

이때 뽑힌 카드에 적힌 두 수의 차가 1인 경우는 0, 1 또는 1, 2 또는 2, 3 또는 3, 4가 적힌 카드를 뽑는 경우이므로 이 경우의 확률은

$$P(X=1)=\frac{4}{{}_5C_2}=\frac{4}{10}=\frac{2}{5}$$

$\therefore P(X^2-6X+5<0)=1-\frac{2}{5}=\frac{3}{5}$

답 $\frac{3}{5}$

212

$P(X=1)=a$, $P(X=2)=b$라 하면 확률의 총합은 1이므로

$$\frac{1}{9}+\frac{1}{6}+\frac{1}{6}+a+b=1$$

$$\therefore a+b=\frac{5}{9} \qquad\qquad \cdots\cdots\ \text{㉠}$$

또한 확률변수 X의 평균이 $\frac{1}{2}$이므로

$$(-2)\times\frac{1}{9}+(-1)\times\frac{1}{6}+0\times\frac{1}{6}+1\times a+2\times b=\frac{1}{2}$$

$$\therefore a+2b=\frac{8}{9} \qquad\qquad \cdots\cdots\ \text{㉡}$$

㉠, ㉡을 연립하여 풀면

$$a=\frac{2}{9},\ b=\frac{1}{3}$$

$$\therefore P(X=1)=a=\frac{2}{9}$$

답 $\dfrac{2}{9}$

213

확률의 총합은 1이므로

$$a+\frac{1}{4}+b=1 \text{에서 } a+b=\frac{3}{4}$$

$$\therefore b=\frac{3}{4}-a \qquad\qquad \cdots\cdots\ \text{㉠}$$

이때 확률변수 X의 분산은

$$V(X)$$
$$=E(X^2)-\{E(X)\}^2$$
$$=2^2\times a+4^2\times\frac{1}{4}+6^2\times b-(2a+1+6b)^2$$
$$=4a+4+36\left(\frac{3}{4}-a\right)-\left\{2a+1+6\left(\frac{3}{4}-a\right)\right\}^2\ (\because \text{㉠})$$
$$=-16a^2+12a+\frac{3}{4}$$
$$=-16\left(a-\frac{3}{8}\right)^2+3 \left(\text{단, } 0\le a\le\frac{3}{4}\right)$$

이므로 확률변수 X의 분산은 $a=\dfrac{3}{8}$일 때, 최댓값 3을 갖는다. 따라서 이때의 $P(X\le 4)$를 구하면

$$P(X\le 4)=P(X=2)+P(X=4)$$
$$=a+\frac{1}{4}$$
$$=\frac{3}{8}+\frac{1}{4}=\frac{5}{8}$$

답 $\dfrac{5}{8}$

214

꺼낸 공에 적힌 수의 최댓값이 확률변수 X이므로 X가 가질 수 있는 값은 3, 4, 5이다.

X가 각 값을 가질 확률은

$$P(X=3)=\frac{{}_2C_2}{{}_5C_3}=\frac{1}{10}$$

$$P(X=4)=\frac{{}_3C_2}{{}_5C_3}=\frac{3}{10}$$

$$P(X=5)=\frac{{}_4C_2}{{}_5C_3}=\frac{3}{5}$$

이므로 X의 확률분포를 표로 나타내면 다음과 같다.

X	3	4	5	합계
$P(X=x)$	$\dfrac{1}{10}$	$\dfrac{3}{10}$	$\dfrac{3}{5}$	1

따라서 구하는 확률변수 X의 평균은

$$E(X)=3\times\frac{1}{10}+4\times\frac{3}{10}+5\times\frac{3}{5}=\frac{45}{10}=\frac{9}{2}$$

답 $\dfrac{9}{2}$

215

2개의 제품을 동시에 꺼낼 때, 나오는 불량품의 개수가 확률변수 X이므로 X가 가질 수 있는 값은 0, 1, 2이다.

X가 각 값을 가질 확률은

$$P(X=0)=\frac{{}_3C_0\times{}_4C_2}{{}_7C_2}=\frac{2}{7}$$

$$P(X=1)=\frac{{}_3C_1\times{}_4C_1}{{}_7C_2}=\frac{4}{7}$$

$$P(X=2)=\frac{{}_3C_2\times{}_4C_0}{{}_7C_2}=\frac{1}{7}$$

이므로 X의 확률분포를 표로 나타내면 다음과 같다.

X	0	1	2	합계
$P(X=x)$	$\dfrac{2}{7}$	$\dfrac{4}{7}$	$\dfrac{1}{7}$	1

따라서 확률변수 X의 평균, 분산, 표준편차는 각각

$$E(X)=0\times\frac{2}{7}+1\times\frac{4}{7}+2\times\frac{1}{7}=\frac{6}{7}$$

$$V(X)=0^2\times\frac{2}{7}+1^2\times\frac{4}{7}+2^2\times\frac{1}{7}-\left(\frac{6}{7}\right)^2=\frac{20}{49}$$

$$\sigma(X)=\sqrt{V(X)}=\sqrt{\frac{20}{49}}=\frac{2\sqrt{5}}{7}$$

답 평균 : $\dfrac{6}{7}$, 분산 : $\dfrac{20}{49}$, 표준편차 : $\dfrac{2\sqrt{5}}{7}$

216

한 상자 당 상한 키위는 3개씩 들어 있으므로 한 상자에서 2개의 키위를 꺼낼 때, 상한 키위가 없을 확률은

$$\frac{{}_9C_2}{{}_{12}C_2}=\frac{6}{11}$$

또한 상한 키위가 1개 이상 있을 확률은

$$1-\frac{6}{11}=\frac{5}{11}$$

이때 한 상자의 판매액을 확률변수 X라 하면 X가 가질 수 있는 값은 6000, 8000이고, X의 확률분포를 표로 나타내면 다음과 같다.

X	6000	8000	합계
$\mathrm{P}(X=x)$	$\dfrac{6}{11}$	$\dfrac{5}{11}$	1

그러므로 한 상자의 판매액의 기댓값은

$6000 \times \dfrac{6}{11} + 8000 \times \dfrac{5}{11} = \dfrac{76000}{11}$ (원)

따라서 110상자를 판매할 때, 전체 판매액의 기댓값은

$110 \times \dfrac{76000}{11} = 760000$(원)

답 760000원

217

$Y=10X-2.21$이라 하자. 확률변수 Y의 확률분포를 표로 나타내면 다음과 같다.

Y	-1	0	1	합계
$\mathrm{P}(Y=y)$	a	b	$\dfrac{2}{3}$	1

확률의 총합이 1이므로 $a+b+\dfrac{2}{3}=1$에서

$a+b=\dfrac{1}{3}$ ...... ㉠

또한 $\mathrm{E}(Y)=10\mathrm{E}(X)-2.21=0.5$이므로

$\mathrm{E}(Y)=(-1) \times a + 0 \times b + 1 \times \dfrac{2}{3} = \dfrac{1}{2}$

$-a+\dfrac{2}{3}=\dfrac{1}{2}$ $\therefore a=\boxed{\dfrac{1}{6}}$

이를 ㉠에 대입하면

$\dfrac{1}{6}+b=\dfrac{1}{3}$ $\therefore b=\boxed{\dfrac{1}{6}}$

또한

$\mathrm{V}(Y)=(-1)^2 \times \dfrac{1}{6}+0^2 \times \dfrac{1}{6}+1^2 \times \dfrac{2}{3}-\left(\dfrac{1}{2}\right)^2=\dfrac{7}{12}$

이다. 한편, $Y=10X-2.21$에서

$\mathrm{V}(Y)=\boxed{100} \times \mathrm{V}(X)$이므로

$\mathrm{V}(X)=\dfrac{1}{\boxed{100}} \times \dfrac{7}{12}$이다.

따라서 $p=\dfrac{1}{6}$, $q=\dfrac{1}{6}$, $r=100$이므로

$pqr=\dfrac{1}{6} \times \dfrac{1}{6} \times 100 = \dfrac{25}{9}$

답 ⑤

218

$\mathrm{E}(X)=5250$, $\sigma(X)=196$에서

$\mathrm{E}(Y)=\mathrm{E}\left(\dfrac{8}{7}X+160\right)$

$\qquad =\dfrac{8}{7}\mathrm{E}(X)+160$

$\qquad =\dfrac{8}{7} \times 5250 + 160 = 6160$

$\sigma(Y)=\sigma\left(\dfrac{8}{7}X+160\right)$

$\qquad =\left|\dfrac{8}{7}\right|\sigma(X)$

$\qquad =\dfrac{8}{7} \times 196 = 224$

따라서 확률변수 Y의 평균은 6160원, 표준편차는 224원이다.

답 평균 : 6160원, 표준편차 : 224원

219

$\mathrm{E}(X)=m$, $\sigma(X)=\sigma$이므로

$\mathrm{E}(T)=\mathrm{E}\left(a\left(\dfrac{X-m}{\sigma}\right)+b\right)$

$\qquad =\dfrac{a}{\sigma}\mathrm{E}(X)-\dfrac{am}{\sigma}+b$

$\qquad =\dfrac{am}{\sigma}-\dfrac{am}{\sigma}+b=b$

$\sigma(T)=\sigma\left(a\left(\dfrac{X-m}{\sigma}\right)+b\right)$

$\qquad =\left|\dfrac{a}{\sigma}\right|\sigma(X)$

$\qquad =\dfrac{a}{\sigma} \times \sigma \ (\because a>0, \ \sigma>0)$

$\qquad =a$

표준점수 T의 평균이 80점, 표준편차가 20점이므로

$a=20$, $b=80$

$\therefore a+b=100$

답 100

220

영희에게 배정되는 서랍에 적힌 자연수 중 작은 수가 확률변수 X이므로 X가 가질 수 있는 값은 1, 2, 3, 4이다.

X가 각 값을 가질 확률은

$\mathrm{P}(X=1)=\dfrac{{}_4\mathrm{C}_1}{{}_5\mathrm{C}_2}=\dfrac{2}{5}$

$\mathrm{P}(X=2)=\dfrac{{}_3\mathrm{C}_1}{{}_5\mathrm{C}_2}=\dfrac{3}{10}$

$\mathrm{P}(X=3)=\dfrac{{}_2\mathrm{C}_1}{{}_5\mathrm{C}_2}=\dfrac{1}{5}$

$\mathrm{P}(X=4)=\dfrac{1}{10}$

이므로 X의 확률분포를 표로 나타내면 다음과 같다.

X	1	2	3	4	합계
$P(X=x)$	$\dfrac{2}{5}$	$\dfrac{3}{10}$	$\dfrac{1}{5}$	$\dfrac{1}{10}$	1

이때 확률변수 X의 평균은

$$E(X)=1\times\frac{2}{5}+2\times\frac{3}{10}+3\times\frac{1}{5}+4\times\frac{1}{10}=2$$

이므로

$$E(10X)=10E(X)=20$$

답 20

221

짝수가 적힌 카드의 개수가 확률변수 X이므로 X가 가질 수 있는 값은 0, 1, 2, 3, 4이다. 이때 확률변수 X의 확률질량함수는

$$P(X=x)={}_4C_x\left(\frac{1}{2}\right)^x\left(\frac{1}{2}\right)^{4-x}\ (x=0,\ 1,\ 2,\ 3,\ 4)$$

이므로 확률변수 5^X의 확률분포를 표로 나타내면 다음과 같다.

5^X	5^0	5^1	$\cdots$	5^4	합계
$P(X=x)$	${}_4C_0\left(\dfrac{1}{2}\right)^4$	${}_4C_1\left(\dfrac{1}{2}\right)^1\left(\dfrac{1}{2}\right)^3$	$\cdots$	${}_4C_4\left(\dfrac{1}{2}\right)^4$	1

따라서 효주가 받을 상금의 기댓값은

$E(5^X)$

$=5^0\times{}_4C_0\left(\dfrac{1}{2}\right)^4+5^1\times{}_4C_1\left(\dfrac{1}{2}\right)^1\left(\dfrac{1}{2}\right)^3+5^2\times{}_4C_2\left(\dfrac{1}{2}\right)^2\left(\dfrac{1}{2}\right)^2$

$\qquad +5^3\times{}_4C_3\left(\dfrac{1}{2}\right)^3\left(\dfrac{1}{2}\right)^1+5^4\times{}_4C_4\left(\dfrac{1}{2}\right)^4$

$={}_4C_0\left(\dfrac{1}{2}\right)^4+{}_4C_1\left(\dfrac{5}{2}\right)^1\left(\dfrac{1}{2}\right)^3+{}_4C_2\left(\dfrac{5}{2}\right)^2\left(\dfrac{1}{2}\right)^2$

$\qquad +{}_4C_3\left(\dfrac{5}{2}\right)^3\left(\dfrac{1}{2}\right)^1+{}_4C_4\left(\dfrac{5}{2}\right)^4$

$=\left(\dfrac{5}{2}+\dfrac{1}{2}\right)^4=3^4=81$(만 원)

답 81만 원

> **tip**
>
> **이항정리**
>
> $(a+b)^n={}_nC_0a^n+{}_nC_1a^{n-1}b+\cdots+{}_nC_nb^n$

222

확률변수 X가 가질 수 있는 값은 1, 2, 3, 4이고, 각 값을 가질 확률은

$$P(X=1)=\frac{{}_4P_1\times6!}{7!}=\frac{4}{7}$$

$$P(X=2)=\frac{{}_3P_1\times{}_4P_1\times5!}{7!}=\frac{2}{7}$$

$$P(X=3)=\frac{{}_3P_2\times{}_4P_1\times4!}{7!}=\frac{4}{35}$$

$$P(X=4)=\frac{3!\times4!}{7!}=\frac{1}{35}$$

이므로 X의 확률분포를 표로 나타내면 다음과 같다.

X	1	2	3	4	합계
$P(X=x)$	$\dfrac{4}{7}$	$\dfrac{2}{7}$	$\dfrac{4}{35}$	$\dfrac{1}{35}$	1

이때 $E(X)=1\times\dfrac{4}{7}+2\times\dfrac{2}{7}+3\times\dfrac{4}{35}+4\times\dfrac{1}{35}=\dfrac{8}{5}$,

$E(X^2)=1^2\times\dfrac{4}{7}+2^2\times\dfrac{2}{7}+3^2\times\dfrac{4}{35}+4^2\times\dfrac{1}{35}=\dfrac{16}{5}$

이므로 $V(X)=E(X^2)-\{E(X)\}^2=\dfrac{16}{5}-\left(\dfrac{8}{5}\right)^2=\dfrac{16}{25}$

$\therefore V(5X)=5^2V(X)=25\times\dfrac{16}{25}=16$

답 16

223

7번의 경기 중 4번을 먼저 이겨야 우승팀이 되므로 확률변수 X가 가질 수 있는 값은 4, 5, 6, 7이고, 각 값을 가질 확률은 다음과 같다.

(ⅰ) $X=4$일 때

두 팀 중 어느 한 팀이 4경기를 연달아 이겨야 하므로

$$P(X=4)=2\times{}_4C_4\left(\frac{1}{2}\right)^4=\frac{1}{8}$$

(ⅱ) $X=5$일 때

두 팀 중 어느 한 팀이 4경기를 치르는 동안 3승 1패를 하고 마지막 5번째 경기에서 이겨야 하므로

$$P(X=5)=2\times\left\{{}_4C_3\left(\frac{1}{2}\right)^3\left(\frac{1}{2}\right)^1\times\frac{1}{2}\right\}=\frac{1}{4}$$

(ⅲ) $X=6$일 때

두 팀 중 어느 한 팀이 5경기를 치르는 동안 3승 2패를 하고 마지막 6번째 경기에서 이겨야 하므로

$$P(X=6)=2\times\left\{{}_5C_3\left(\frac{1}{2}\right)^3\left(\frac{1}{2}\right)^2\times\frac{1}{2}\right\}=\frac{5}{16}$$

(ⅳ) $X=7$일 때

두 팀이 6경기를 치르면서 3승 3패를 하고 마지막 7번째 경기에서 한 팀이 이겨야 하므로

$$P(X=7)=2\times\left\{{}_6C_3\left(\frac{1}{2}\right)^3\left(\frac{1}{2}\right)^3\times\frac{1}{2}\right\}=\frac{5}{16}$$

(ⅰ)~(ⅳ)에서 X의 확률분포를 표로 나타내면 다음과 같다.

X	4	5	6	7	합계
$P(X=x)$	$\dfrac{1}{8}$	$\dfrac{1}{4}$	$\dfrac{5}{16}$	$\dfrac{5}{16}$	1

따라서 확률변수 X의 평균은

$$E(X)=4\times\frac{1}{8}+5\times\frac{1}{4}+6\times\frac{5}{16}+7\times\frac{5}{16}=\frac{93}{16}$$

이므로

$$E(16X)=16E(X)=16\times\frac{93}{16}=93$$

답 93

> **tip**
> **독립시행의 확률**
> 1회의 시행에서 사건 A가 일어날 확률이 p일 때, n회의 독립
> 시행에서 사건 A가 r회 일어날 확률은
> $${}_n\mathrm{C}_r p^r(1-p)^{n-r}\ (단,\ r=0,\ 1,\ 2,\ \cdots,\ n)$$

16 이항분포

체크 224

확률변수 X의 확률질량함수는

$$P(X=x)={}_{10}\mathrm{C}_x p^x(1-p)^{10-x}\ (x=0,\ 1,\ 2,\ \cdots,\ 10)$$

이때 $P(X=10)=\dfrac{1}{1024}$에서

$${}_{10}\mathrm{C}_{10}p^{10}=\frac{1}{1024},\ p^{10}=\left(\frac{1}{2}\right)^{10}$$

$$\therefore p=\frac{1}{2}\ (\because p\geq0)$$

답 $\dfrac{1}{2}$

체크 225

(1) 8개의 문항에 답하므로 8회의 독립시행이고, 1개의 문항에

임의로 답할 때, 답을 맞힐 확률은 $\dfrac{1}{2}$이다.

따라서 확률변수 X는 이항분포 $B\left(8,\ \dfrac{1}{2}\right)$을 따른다.

(2) 확률변수 X의 확률질량함수는

$$P(X=x)={}_8\mathrm{C}_x\left(\frac{1}{2}\right)^x\left(\frac{1}{2}\right)^{8-x}\ (단,\ x=0,\ 1,\ 2,\ \cdots,\ 8)$$

$$\therefore P(X=5)={}_8\mathrm{C}_5\left(\frac{1}{2}\right)^5\left(\frac{1}{2}\right)^3=\frac{7}{32}$$

답 (1) $B\left(8,\ \dfrac{1}{2}\right)$ (2) $\dfrac{7}{32}$

체크 226

확률변수 X의 확률질량함수는

$$P(X=x)={}_{320}\mathrm{C}_x\left(\frac{5}{8}\right)^x\left(\frac{3}{8}\right)^{320-x}\ (x=0,\ 1,\ 2,\ \cdots,\ 320)$$

따라서 확률변수 X는 이항분포 $B\left(320,\ \dfrac{5}{8}\right)$를 따르므로 X의

평균과 분산은 각각

$$E(X)=320\times\frac{5}{8}=200$$

$$V(X)=320\times\frac{5}{8}\times\frac{3}{8}=75$$

답 평균 : 200, 분산 : 75

체크 227

(1) 확률변수 X가 이항분포 $B(30,\ p)$를 따르므로

$$E(X)=30p=6에서\ p=\frac{1}{5}$$

$$\therefore V(X)=30\times\frac{1}{5}\times\frac{4}{5}=\frac{24}{5}$$

(2) 확률변수 X가 이항분포 $B(n,\ p)$를 따르므로

$$E(X)=np=48\qquad\cdots\cdots\ \bigcirc$$

$\sigma(X)=4$에서 $V(X)=16$이므로

$$V(X)=np(1-p)=16\qquad\cdots\cdots\ \bigcirc$$

$\bigcirc$을 $\bigcirc$에 대입하면

$$48(1-p)=16,\ 1-p=\frac{1}{3}$$

$$\therefore p=\frac{2}{3}$$

이를 $\bigcirc$에 대입하면

$$\frac{2}{3}n=48\qquad\therefore n=72$$

답 (1) $\dfrac{24}{5}$ (2) 72

체크 228

4개의 윷가락을 동시에 던져서 개가 나올 확률은

$${}_4\mathrm{C}_2\left(\frac{3}{5}\right)^2\left(\frac{2}{5}\right)^2=\frac{216}{625}$$

따라서 확률변수 X는 이항분포 $B\left(125,\ \dfrac{216}{625}\right)$을 따르므로

$$E(X)=125\times\frac{216}{625}=\frac{216}{5}$$

답 $\dfrac{216}{5}$

체크 229

확률변수 X가 이항분포 $B\left(25,\ \dfrac{2}{5}\right)$를 따르므로

$$V(X)=25\times\frac{2}{5}\times\frac{3}{5}=6$$

$$\therefore V(-4X+3)=(-4)^2V(X)$$
$$=16\times6=96$$

답 96

체크 230

정우가 매일 아침 알람 소리에 깰 확률이 0.75, 즉 $\dfrac{3}{4}$이므로

확률변수 X는 이항분포 $B\left(40,\ \dfrac{3}{4}\right)$을 따른다.

따라서 $E(X)=40\times\dfrac{3}{4}=30$이므로

$$E\left(\frac{1}{2}X+3\right)=\frac{1}{2}E(X)+3=\frac{1}{2}\times30+3=18$$

답 18

체크 231

주머니에서 임의로 한 장의 카드를 꺼낼 때, 4의 배수가 적힌 카드가 나올 확률은 $\dfrac{1}{4}$이므로 확률변수 X는 이항분포 $B\left(n, \dfrac{1}{4}\right)$을 따른다.

$\therefore E(X)=n\times\dfrac{1}{4}=\dfrac{1}{4}n$, $V(X)=n\times\dfrac{1}{4}\times\dfrac{3}{4}=\dfrac{3}{16}n$

이때 $E(X^2)=70$이고, $V(X)=E(X^2)-\{E(X)\}^2$이므로

$\dfrac{3}{16}n=70-\left(\dfrac{1}{4}n\right)^2$, $\dfrac{3}{16}n=70-\dfrac{1}{16}n^2$

$n^2+3n-1120=0$, $(n+35)(n-32)=0$

$\therefore n=32$ ($\because n$은 자연수)

따라서 확률변수 X는 이항분포 $B\left(32, \dfrac{1}{4}\right)$을 따르므로

$\sigma(X)=\sqrt{32\times\dfrac{1}{4}\times\dfrac{3}{4}}=\sqrt{6}$

$\therefore \sigma(2X+3)=|2|\sigma(X)=2\sqrt{6}$ **답** $2\sqrt{6}$

연습 문제 08

232

확률변수 X의 확률질량함수는

$P(X=x)={}_6C_x\left(\dfrac{3}{5}\right)^x\left(\dfrac{2}{5}\right)^{6-x}$ ($x=0, 1, 2, \cdots, 6$)

이때 $P(X=1)=kP(X=3)$에서

${}_6C_1\left(\dfrac{3}{5}\right)^1\left(\dfrac{2}{5}\right)^5=k\times{}_6C_3\left(\dfrac{3}{5}\right)^3\left(\dfrac{2}{5}\right)^3$

$6\times2^2=k\times20\times3^2$

$\therefore k=\dfrac{6\times2^2}{20\times3^2}=\dfrac{2}{15}$ **답** $\dfrac{2}{15}$

233

이 공장에서 생산된 제품 중 4개를 택하므로 4회의 독립시행이고, 제품의 12.5 %, 즉 $\dfrac{1}{8}$이 불량품이므로 확률변수 X는 이항분포 $B\left(4, \dfrac{1}{8}\right)$을 따른다.

따라서 확률변수 X의 확률질량함수는

$P(X=x)={}_4C_x\left(\dfrac{1}{8}\right)^x\left(\dfrac{7}{8}\right)^{4-x}$ ($x=0, 1, 2, 3, 4$)

이때

$P(X\geq3)=P(X=3)+P(X=4)$

$={}_4C_3\left(\dfrac{1}{8}\right)^3\left(\dfrac{7}{8}\right)^1+{}_4C_4\left(\dfrac{1}{8}\right)^4$

$=\dfrac{29}{2^{12}}$

이므로 $k=29$ **답** 29

234

확률변수 X가 이항분포 $B(20, p)$를 따르므로

$V(X)=20p(1-p)$

$=-20p^2+20p$

$=-20\left(p-\dfrac{1}{2}\right)^2+5$ (단, $0\leq p\leq1$)

따라서 $V(X)$는 $p=\dfrac{1}{2}$일 때, 최댓값 5를 갖는다. **답** 5

235

확률변수 X의 확률질량함수가

$P(X=x)={}_{50}C_x\left(\dfrac{3}{5}\right)^x\left(\dfrac{2}{5}\right)^{50-x}$ ($x=0, 1, 2, \cdots, 50$)

이므로 확률변수 X는 이항분포 $B\left(50, \dfrac{3}{5}\right)$을 따른다.

$\therefore E(X)=50\times\dfrac{3}{5}=30$, $V(X)=50\times\dfrac{3}{5}\times\dfrac{2}{5}=12$

이때 $V(X)=E(X^2)-\{E(X)\}^2$에서

$E(X^2)=V(X)+\{E(X)\}^2$

$=12+30^2=912$ **답** 912

236

확률변수 X가 이항분포 $B\left(60, \dfrac{1}{2}\right)$을 따른다고 하면

$E(X)=60\times\dfrac{1}{2}=30$, $V(X)=60\times\dfrac{1}{2}\times\dfrac{1}{2}=15$

또한 확률변수 X의 확률질량함수는

$P(X=x)={}_{60}C_x\left(\dfrac{1}{2}\right)^x\left(\dfrac{1}{2}\right)^{60-x}$

$={}_{60}C_x\left(\dfrac{1}{2}\right)^{60}$ ($x=0, 1, 2, \cdots, 60$)

이때 주어진 식은 확률변수 X^2의 평균, 즉 $E(X^2)$을 뜻하고 $V(X)=E(X^2)-\{E(X)\}^2$이므로 구하는 식의 값은

$E(X^2)=V(X)+\{E(X)\}^2=15+30^2=915$ **답** 915

237

카드 1장을 n번 꺼내므로 n회의 독립시행이고, 1회의 시행에서 빨간 카드가 나올 확률은 $\dfrac{a}{a+4}$이므로 확률변수 X는 이항분포 $B\left(n, \dfrac{a}{a+4}\right)$를 따른다.

이때 확률변수 X의 평균이 6이므로

$E(X)=n\times\dfrac{a}{a+4}=6$ ······ ㉠

또한 확률변수 X의 분산이 4이므로

$V(X)=n\times\dfrac{a}{a+4}\times\dfrac{4}{a+4}=4$ ······ ㉡

㉠을 ㉡에 대입하면

$\dfrac{24}{a+4}=4$ $\therefore a=2$

이를 ㉠에 대입하면

$\dfrac{1}{3}n=6$ $\therefore n=18$

$\therefore \dfrac{n}{a}=\dfrac{18}{2}=9$ 답 9

238

주어진 그래프에서 $f(m)>0$의 해는 $0<m<3$이므로

$A=\{1,\ 2\}$

즉, $P(A)=\dfrac{1}{3}$이므로 확률변수 X는 이항분포 $B\left(15,\ \dfrac{1}{3}\right)$을

따른다.

$\therefore E(X)=15\times\dfrac{1}{3}=5$ 답 ⑤

239

확률변수 X가 이항분포 $B\left(n,\ \dfrac{1}{3}\right)$을 따르므로

$V(X)=n\times\dfrac{1}{3}\times\dfrac{2}{3}=\dfrac{2}{9}n$

이때 $V\left(\dfrac{1}{2}X+3\right)=10$에서

$\left(\dfrac{1}{2}\right)^2 V(X)=\dfrac{1}{4}\times\dfrac{2}{9}n=10$

$\therefore n=180$ 답 180

240

확률변수 X가 이항분포 $B(10,\ p)$를 따르므로 X의 확률질량
함수는

$P(X=x)={}_{10}C_x p^x (1-p)^{10-x}$ $(x=0,\ 1,\ 2,\ \cdots,\ 10)$

이때 $P(X=4)=\dfrac{1}{3}P(X=5)$에서

${}_{10}C_4 p^4 (1-p)^6=\dfrac{1}{3}\times{}_{10}C_5 p^5 (1-p)^5$

$1-p=\dfrac{2}{5}p$

$\therefore p=\dfrac{5}{7}$

따라서 $E(X)=10\times\dfrac{5}{7}=\dfrac{50}{7}$이므로

$E(7X)=7E(X)=7\times\dfrac{50}{7}=50$ 답 50

241

확률변수 X는 이항분포 $B(3,\ p)$를 따르므로

$E(X)=3p$

확률변수 Y는 이항분포 $B(4,\ 1-p)$를 따르므로

$E(Y)=4(1-p)$

이때 $E(X)=E(3Y-2)$에서

$E(X)=3E(Y)-2$, $3p=12(1-p)-2$

$3p=12-12p-2$, $15p=10$

$\therefore p=\dfrac{2}{3}$

따라서 확률변수 X는 이항분포 $B\left(3,\ \dfrac{2}{3}\right)$, 확률변수 Y는 이

항분포 $B\left(4,\ \dfrac{1}{3}\right)$을 따르므로

$P(X=2)+P(Y=3)={}_3C_2\left(\dfrac{2}{3}\right)^2\left(\dfrac{1}{3}\right)^1+{}_4C_3\left(\dfrac{1}{3}\right)^3\left(\dfrac{2}{3}\right)^1$

$=\dfrac{44}{81}$ 답 $\dfrac{44}{81}$

242

주머니에서 한 개의 공을 꺼내어 숫자를 확인하고 다시 넣는
시행을 50번 반복하므로 50회의 독립시행이고, 1회의 시행에
서 3의 배수가 적힌 공이 나올 확률은 $\dfrac{3}{10}$이므로 확률변수 X

는 이항분포 $B\left(50,\ \dfrac{3}{10}\right)$을 따른다.

$\therefore E(X)=50\times\dfrac{3}{10}=15$, $V(X)=50\times\dfrac{3}{10}\times\dfrac{7}{10}=\dfrac{21}{2}$

이때 $V(X)=E(X^2)-\{E(X)\}^2$이므로

$E(X^2)=V(X)+\{E(X)\}^2$

$=\dfrac{21}{2}+15^2=\dfrac{471}{2}$

$\therefore E((X-a)^2)=E(X^2-2aX+a^2)$

$=E(X^2)-2aE(X)+a^2$

$=\dfrac{471}{2}-30a+a^2$

$=(a-15)^2+\dfrac{21}{2}$

따라서 $(X-a)^2$의 평균은 $a=15$일 때, 최솟값 $\dfrac{21}{2}$을 갖는다.

즉, $m=2$, $n=21$이므로

$m+n=2+21=23$ 답 23

tip

$E((X-a)^2)=E(X^2)-2aE(X)+a^2$

$=\{a-E(X)\}^2+E(X^2)-\{E(X)\}^2$

$=\{a-E(X)\}^2+V(X)$

이므로 $E((X-a)^2)$은 $a=E(X)$일 때, 최솟값 $V(X)$를 갖
는다.

243

한 개의 주사위를 30번 던져 2보다 큰 수의 눈이 나오는 횟수를 확률변수 Y라 하면 2 이하의 눈이 나오는 횟수는 $30-Y$이므로

$$X=2Y-3(30-Y)=5Y-90$$

한편, 한 개의 주사위를 던질 때, 2보다 큰 수의 눈이 나올 확률은 $\dfrac{2}{3}$이므로 확률변수 Y는 이항분포 $\mathrm{B}\left(30, \dfrac{2}{3}\right)$를 따른다.

따라서 $\mathrm{E}(Y)=30\times\dfrac{2}{3}=20$이므로

$$\begin{aligned}
\mathrm{E}(X)&=\mathrm{E}(5Y-90)\\
&=5\mathrm{E}(Y)-90\\
&=5\times20-90=10
\end{aligned}$$

답 10

17 연속확률변수

체크 244

$-1\le X\le1$에서 정의된 연속확률변수 X의 확률밀도함수가 되기 위해서는 함숫값이 항상 0 이상이고, 함수의 그래프와 x축 및 두 직선 $x=-1$, $x=1$로 둘러싸인 도형의 넓이가 1이어야 한다.

ㄱ. $-1\le x\le1$에서 $f(x)=1\ge0$
함수 $y=f(x)$의 그래프와 x축 및 두 직선 $x=-1$, $x=1$로 둘러싸인 도형의 넓이는

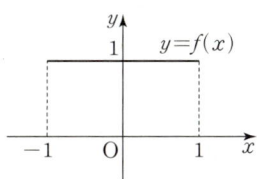

$$2\times1=2$$

따라서 함수 $f(x)$는 확률밀도함수가 될 수 없다.

ㄴ. $-1\le x<0$에서 $g(x)<0$
이므로 함수 $g(x)$는 확률밀도함수가 될 수 없다.

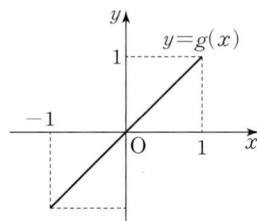

ㄷ. $-1\le x\le1$에서 $h(x)\ge0$
함수 $y=h(x)$의 그래프와 x축 및 두 직선 $x=-1$, $x=1$로 둘러싸인 도형의 넓이는

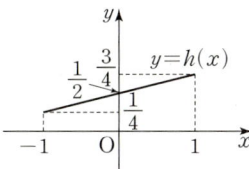

$$\frac{1}{2}\times\left(\frac{1}{4}+\frac{3}{4}\right)\times2=1$$

따라서 함수 $h(x)$는 확률밀도함수가 될 수 있다.

ㄹ. $r(x)=|x|=\begin{cases}-x & (-1\le x<0)\\ x & (0\le x\le1)\end{cases}$
이므로 $-1\le x\le1$에서

$r(x)\ge0$
함수 $y=r(x)$의 그래프와 x축 및 두 직선 $x=-1$, $x=1$로 둘러싸인 도형의 넓이는

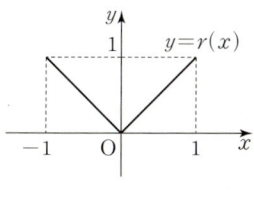

$$\left(\frac{1}{2}\times1\times1\right)+\left(\frac{1}{2}\times1\times1\right)=1$$

따라서 함수 $r(x)$는 확률밀도함수가 될 수 있다.
따라서 확률밀도함수가 될 수 있는 것은 ㄷ, ㄹ이다.

답 ㄷ, ㄹ

체크 245

함수 $y=f(x)$의 그래프와 x축 및 두 직선 $x=0$, $x=3$으로 둘러싸인 도형의 넓이가 1이므로

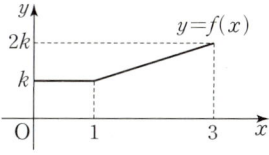

$$1\times k+\frac{1}{2}\times(k+2k)\times2=1$$

$$4k=1 \qquad \therefore k=\frac{1}{4}$$

답 $\dfrac{1}{4}$

> **tip**
> 연속확률변수 X의 확률밀도함수 $f(x)$에 미정계수가 포함되어 있는 경우 또는 $y=f(x)$의 그래프에 미지수가 있는 경우에는 주어진 범위에서 $y=f(x)$의 그래프와 x축으로 둘러싸인 부분의 넓이가 1임을 이용하여 미정계수 또는 미지수를 구한다.

체크 246

$$\begin{aligned}
f(x)&=a(3-|x|)\\
&=\begin{cases}a(3+x) & (-3\le x<0)\\ a(3-x) & (0\le x\le3)\end{cases}
\end{aligned}$$

연속확률변수 X의 확률밀도함수 $f(x)$는 $-3\le x\le3$에서 $f(x)\ge0$이어야 하므로 $a>0$이다.
이때 함수 $y=f(x)$의 그래프와 x축 및 두 직선 $x=-3$, $x=3$으로 둘러싸인 도형의 넓이가 1이므로

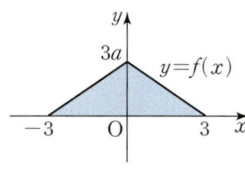

$$\frac{1}{2}\times6\times3a=1$$

$$\therefore a=\frac{1}{9}$$

답 $\dfrac{1}{9}$

체크 247

(1) 함수 $y=f(x)$의 그래프와 x축으로 둘러싸인 도형의 넓이가 1이므로

$$\frac{1}{2}\times5\times a=1$$

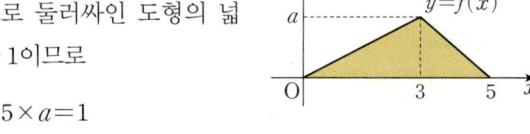

$$\therefore a=\frac{2}{5}$$

(2) $f(x)=\begin{cases}\dfrac{2}{15}x & (0\le x<3)\\ -\dfrac{1}{5}(x-5) & (3\le x\le 5)\end{cases}$ 이고,

$\mathrm{P}\Big(0\le X\le \dfrac{3}{2}\Big)$은 함수

$y=f(x)$의 그래프와 x축 및

직선 $x=\dfrac{3}{2}$으로 둘러싸인 도

형의 넓이와 같으므로

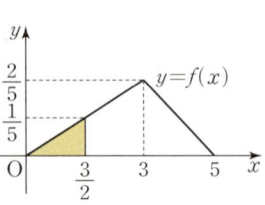

$$\mathrm{P}\Big(0\le X\le \frac{3}{2}\Big)=\frac{1}{2}\times\frac{3}{2}\times\frac{1}{5}=\frac{3}{20}$$

(3) $\mathrm{P}\Big(\dfrac{3}{2}\le X\le 4\Big)$는 함수

$y=f(x)$의 그래프와 x축 및

두 직선 $x=\dfrac{3}{2}$, $x=4$로 둘러

싸인 도형의 넓이와 같으므로

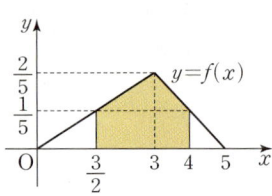

$$\mathrm{P}\Big(\frac{3}{2}\le X\le 4\Big)=\frac{1}{2}\times\Big(\frac{1}{5}+\frac{2}{5}\Big)\times\frac{3}{2}+\frac{1}{2}\times\Big(\frac{2}{5}+\frac{1}{5}\Big)\times 1$$
$$=\frac{3}{4}$$

답 (1) $\dfrac{2}{5}$ (2) $\dfrac{3}{20}$ (3) $\dfrac{3}{4}$

체크 248

함수 $y=f(x)$의 그래프와 x축으로 둘러싸인 도형의 넓이가 1

이므로

$$\frac{1}{2}\times k\times\frac{1}{3}=1 \qquad \therefore k=6$$

$\mathrm{P}(0\le X\le a)$는 함수 $y=f(x)$의 그래프와 x축 및 직선

$x=a$로 둘러싸인 도형의 넓이와

같으므로

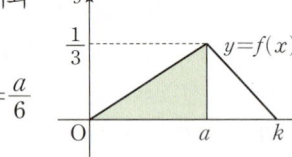

$$\mathrm{P}(0\le X\le a)=\frac{1}{2}\times a\times\frac{1}{3}=\frac{a}{6}$$

$\mathrm{P}(0\le X\le a)=\dfrac{k}{9}=\dfrac{2}{3}$에서

$$\frac{a}{6}=\frac{2}{3} \qquad \therefore a=4$$

답 4

18 정규분포

체크 249

표준편차가 클수록 정규분포곡선의 가운데 부분의 높이는 낮

아지고 옆으로 퍼지므로 표준편차가 가장 큰 지역은 C이다.

또한 평균이 클수록 대칭축이 오른쪽에 있으므로 평균이 가장

큰 지역은 D이다.　　　　　　　　　　　　　　　**답** C, D

체크 250

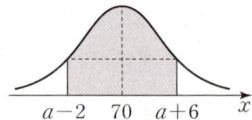

정규분포 $\mathrm{N}(70,\ 4)$를 따르는 확

률변수 X의 확률밀도함수는 직선

$x=70$에 대하여 대칭이므로

직선 $x=a-2$와 직선 $x=a+6$이

직선 $x=70$에 대하여 대칭일 때 $\mathrm{P}(a-2\le X\le a+6)$이 최

대가 된다.

따라서 $\dfrac{a-2+a+6}{2}=70$이므로 $a=68$이다.　　**답** 68

체크 251

확률변수 X가 정규분포 $\mathrm{N}(30,\ 3^2)$을 따르므로

$m=30,\ \sigma=3$

$\therefore \mathrm{P}(27\le X\le 36)$

$=\mathrm{P}(30-3\le X\le 30+6)$

$=\mathrm{P}(m-\sigma\le X\le m+2\sigma)$

$=\mathrm{P}(m-\sigma\le X\le m)+\mathrm{P}(m\le X\le m+2\sigma)$

$=\mathrm{P}(m\le X\le m+\sigma)+\mathrm{P}(m\le X\le m+2\sigma)$

$=0.3413+0.4772$

$=0.8185$　　　　　　　　　　　　　　　　**답** 0.8185

체크 252

$Z=\dfrac{X-30}{10}$으로 놓으면 확률변수 Z는 표준정규분포

$\mathrm{N}(0,\ 1)$을 따른다.

$\therefore \mathrm{P}\Big(\Big|X-\dfrac{85}{2}\Big|\ge\dfrac{5}{2}\Big)$

$=\mathrm{P}\Big(X-\dfrac{85}{2}\le -\dfrac{5}{2}\ \text{또는}\ X-\dfrac{85}{2}\ge\dfrac{5}{2}\Big)$

$=\mathrm{P}(X\le 40\ \text{또는}\ X\ge 45)$

$=\mathrm{P}(X\le 40)+\mathrm{P}(X\ge 45)$

$=\mathrm{P}\Big(Z\le\dfrac{40-30}{10}\Big)+\mathrm{P}\Big(Z\ge\dfrac{45-30}{10}\Big)$

$=\mathrm{P}(Z\le 1)+\mathrm{P}(Z\ge 1.5)$

$=\{\mathrm{P}(Z\le 0)+\mathrm{P}(0\le Z\le 1)\}$
　　　　$+\{\mathrm{P}(Z\ge 0)-\mathrm{P}(0\le Z\le 1.5)\}$

$=(0.5+0.3)+(0.5-0.4)$

$=0.9$　　　　　　　　　　　　　　　　　**답** 0.9

체크 253

$Z_1=\dfrac{X-100}{6}$으로 놓으면

$$P(100 \leq X \leq 109) = P\left(\frac{100-100}{6} \leq Z_1 \leq \frac{109-100}{6}\right)$$
$$= P\left(0 \leq Z_1 \leq \frac{3}{2}\right)$$

$Z_2 = \dfrac{Y-50}{2}$으로 놓으면

$$P(k \leq Y \leq 50) = P\left(\frac{k-50}{2} \leq Z_2 \leq \frac{50-50}{2}\right)$$
$$= P\left(\frac{k-50}{2} \leq Z_2 \leq 0\right)$$

이때 Z_1과 Z_2는 모두 표준정규분포 $N(0, 1)$을 따르므로

$P\left(0 \leq Z_1 \leq \dfrac{3}{2}\right) = P\left(\dfrac{k-50}{2} \leq Z_2 \leq 0\right)$에서

$$P\left(-\frac{3}{2} \leq Z_1 \leq 0\right) = P\left(\frac{k-50}{2} \leq Z_2 \leq 0\right)$$

따라서 $-\dfrac{3}{2} = \dfrac{k-50}{2}$이므로 $k = 47$ **답** 47

> **tip**
>
> 확률변수 X가 정규분포 $N(m, \sigma^2)$을 따를 때, $Z = \dfrac{X-m}{\sigma}$으로 놓으면
>
> (1) 확률변수 Z는 표준정규분포 $N(0, 1)$을 따른다.
>
> (2) $P(\alpha \leq X \leq \beta) = P\left(\dfrac{\alpha-m}{\sigma} \leq Z \leq \dfrac{\beta-m}{\sigma}\right)$

체크 254

부품의 무게를 확률변수 X라 하면 X는 정규분포 $N(80, 2^2)$을 따르므로 $Z = \dfrac{X-80}{2}$으로 놓으면 확률변수 Z는 표준정규분포 $N(0, 1)$을 따른다.

$\therefore P(X \leq 74$ 또는 $X \geq 84)$
$= P(X \leq 74) + P(X \geq 84)$
$= P\left(Z \leq \dfrac{74-80}{2}\right) + P\left(Z \geq \dfrac{84-80}{2}\right)$
$= P(Z \leq -3) + P(Z \geq 2)$
$= \{P(Z \leq 0) - P(0 \leq Z \leq 3)\} + \{P(Z \geq 0) - P(0 \leq Z \leq 2)\}$
$= (0.5 - 0.4987) + (0.5 - 0.4772)$
$= 0.0013 + 0.0228 = 0.0241$

따라서 무게가 $74\,g$ 이하이거나 $84\,g$ 이상인 부품은 전체의 2.41%이다. **답** 2.41 %

> **tip**
>
> **정규분포의 활용 문제 풀이 순서**
>
> (i) 확률변수 X를 정한 후, X가 따르는 정규분포 $N(m, \sigma^2)$을 구한다.
>
> (ii) 확률변수 X를 표준화한다.
>
> (iii) 표준정규분포표를 이용하여 확률을 구한다.

체크 255

수행평가 점수를 확률변수 X라 하면 X는 정규분포 $N(70, 5^2)$을 따르므로 $Z = \dfrac{X-70}{5}$으로 놓으면 확률변수 Z는 표준정규분포 $N(0, 1)$을 따른다.

이때 C등급을 받은 학생의 점수는 60점 이상 75점 미만이므로

$P(60 \leq X < 75) = P\left(\dfrac{60-70}{5} \leq Z < \dfrac{75-70}{5}\right)$
$= P(-2 \leq Z < 1)$
$= P(-2 \leq Z \leq 0) + P(0 \leq Z \leq 1)$
$= P(0 \leq Z \leq 2) + P(0 \leq Z \leq 1)$
$= 0.4 + 0.3 = 0.7$

따라서 C등급을 받은 학생은

$200 \times 0.7 = 140$ (명) **답** 140명

> **tip**
>
> X가 연속확률변수일 때
> $$P(a < X < b) = P(a \leq X < b)$$
> $$= P(a < X \leq b)$$
> $$= P(a \leq X \leq b)$$

체크 256

$100\,m$ 달리기 기록을 확률변수 X라 하면 X는 정규분포 $N(15, 2^2)$을 따르므로 $Z = \dfrac{X-15}{2}$로 놓으면 확률변수 Z는 표준정규분포 $N(0, 1)$을 따른다.

전국 대회에 나가기 위한 $100\,m$ 달리기 기록이 최대 k초 이내이어야 한다고 하면

$P(X \leq k) = 0.04$에서 $P\left(Z \leq \dfrac{k-15}{2}\right) = 0.04$

$P(Z \leq 0) - P\left(\dfrac{k-15}{2} \leq Z \leq 0\right) = 0.04$

$0.5 - P\left(\dfrac{k-15}{2} \leq Z \leq 0\right) = 0.04$

$\therefore P\left(\dfrac{k-15}{2} \leq Z \leq 0\right) = 0.46$

이때 $P(0 \leq Z \leq 1.75) = 0.46$이므로

$P(-1.75 \leq Z \leq 0) = 0.46$

즉, $\dfrac{k-15}{2} = -1.75$이므로 $k = 11.5$

따라서 전국 대회에 나가기 위한 $100\,m$ 달리기 기록은 최대 11.5초 이내이어야 한다. **답** 11.5초

체크 257

응시자의 성적을 확률변수 X라 하면 X는 정규분포 $N(82, 10^2)$

을 따르므로 $Z=\dfrac{X-82}{10}$로 놓으면 확률변수 Z는 표준정규분포 $N(0, 1)$을 따른다.

1차 합격자는 모집 정원의 2배를 뽑으므로 200명 중 50등 안에 들어야 1차 합격자로 선발이 된다. 1차 합격자가 되기 위한 최저 점수를 k점이라 하면

$P(X \geq k)=\dfrac{50}{200}=0.25$에서 $P\left(Z \geq \dfrac{k-82}{10}\right)=0.25$

$P(Z \geq 0)-P\left(0 \leq Z \leq \dfrac{k-82}{10}\right)=0.25$

$0.5-P\left(0 \leq Z \leq \dfrac{k-82}{10}\right)=0.25$

$\therefore P\left(0 \leq Z \leq \dfrac{k-82}{10}\right)=0.25$

이때 $P(0 \leq Z \leq 0.68)=0.25$이므로 $\dfrac{k-82}{10}=0.68$

$\therefore k=88.8$

따라서 1차 합격자가 되기 위한 최저 점수는 88.8점이다.

답 88.8점

19 이항분포와 정규분포의 관계

체크 258

확률변수 X는 이항분포 $B\left(162, \dfrac{1}{3}\right)$을 따르므로

$E(X)=162 \times \dfrac{1}{3}=54$

$V(X)=162 \times \dfrac{1}{3} \times \dfrac{2}{3}=36$

즉, 확률변수 X는 근사적으로 정규분포 $N(54, 6^2)$을 따른다.

$\therefore a=54, b=6 \ (\because b>0)$

$Z=\dfrac{X-54}{6}$로 놓으면 확률변수 Z는 표준정규분포 $N(0, 1)$을 따르므로

$P(42 \leq X \leq 60)$

$=P\left(\dfrac{42-54}{6} \leq Z \leq \dfrac{60-54}{6}\right)$

$=P(-2 \leq Z \leq 1)$

$=P(-2 \leq Z \leq 0)+P(0 \leq Z \leq 1)$

$=P(0 \leq Z \leq 2)+P(0 \leq Z \leq 1)$

$0<c<d$이므로 $c=1, d=2$

$\therefore a+b+c+d=54+6+1+2=63$

답 63

체크 259

확률변수 X는 이항분포 $B\left(720, \dfrac{5}{6}\right)$를 따르므로

$E(X)=720 \times \dfrac{5}{6}=600$

$V(X)=720 \times \dfrac{5}{6} \times \dfrac{1}{6}=100$

즉, 확률변수 X는 근사적으로 정규분포 $N(600, 10^2)$을 따르므로 $Z=\dfrac{X-600}{10}$으로 놓으면 확률변수 Z는 표준정규분포 $N(0, 1)$을 따른다.

(1) $P(610 \leq X \leq 625)$

$=P\left(\dfrac{610-600}{10} \leq Z \leq \dfrac{625-600}{10}\right)$

$=P(1 \leq Z \leq 2.5)$

$=P(0 \leq Z \leq 2.5)-P(0 \leq Z \leq 1)$

$=0.4938-0.3413=0.1525$

(2) $P(X \leq 585)=P\left(Z \leq \dfrac{585-600}{10}\right)$

$=P(Z \leq -1.5)$

$=P(Z \leq 0)-P(-1.5 \leq Z \leq 0)$

$=P(Z \leq 0)-P(0 \leq Z \leq 1.5)$

$=0.5-0.4332=0.0668$

답 (1) 0.1525 (2) 0.0668

체크 260

한 개의 주사위를 던지는 450번의 시행 중 5의 약수의 눈이 나오는 횟수를 확률변수 X라 하자.

한 개의 주사위를 한 번 던질 때, 5의 약수가 나올 확률은 $\dfrac{1}{3}$이므로 확률변수 X는 이항분포 $B\left(450, \dfrac{1}{3}\right)$을 따른다.

$\therefore E(X)=450 \times \dfrac{1}{3}=150$

$V(X)=450 \times \dfrac{1}{3} \times \dfrac{2}{3}=100$

이때 450은 충분히 큰 수이므로 확률변수 X는 근사적으로 정규분포 $N(150, 10^2)$을 따른다.

따라서 $Z=\dfrac{X-150}{10}$으로 놓으면 확률변수 Z는 표준정규분포 $N(0, 1)$을 따르므로 구하는 확률은

$P(165 \leq X \leq 180)=P\left(\dfrac{165-150}{10} \leq Z \leq \dfrac{180-150}{10}\right)$

$=P(1.5 \leq Z \leq 3)$

$=P(0 \leq Z \leq 3)-P(0 \leq Z \leq 1.5)$

$=0.4987-0.4332$

$=0.0655$

답 0.0655

체크 261

한 달에 4권 이상 독서를 하는 학생 수를 확률변수 X라 하면 X는 이항분포 $B\left(225, \dfrac{1}{5}\right)$을 따르므로

$$E(X)=225 \times \dfrac{1}{5}=45$$

$$V(X)=225 \times \dfrac{1}{5} \times \dfrac{4}{5}=36$$

이때 225는 충분히 큰 수이므로 확률변수 X는 근사적으로 정규분포 $N(45, 6^2)$을 따른다.

따라서 $Z=\dfrac{X-45}{6}$로 놓으면 확률변수 Z는 표준정규분포 $N(0, 1)$을 따르므로 구하는 확률은

$$\begin{aligned}P(27 \leq X \leq 39)&=P\left(\dfrac{27-45}{6} \leq Z \leq \dfrac{39-45}{6}\right)\\&=P(-3 \leq Z \leq -1)\\&=P(1 \leq Z \leq 3)\\&=P(0 \leq Z \leq 3)-P(0 \leq Z \leq 1)\\&=0.4987-0.3413\\&=0.1574\end{aligned}$$

답 0.1574

체크 262

수연이가 ○, × 퀴즈 64문제 중 맞히는 문제의 개수를 확률변수 X라 하면 한 문제를 맞힐 확률이 $\dfrac{1}{2}$이므로 X는 이항분포 $B\left(64, \dfrac{1}{2}\right)$을 따른다.

$$\therefore E(X)=64 \times \dfrac{1}{2}=32$$

$$V(X)=64 \times \dfrac{1}{2} \times \dfrac{1}{2}=16$$

이때 64는 충분히 큰 수이므로 확률변수 X는 근사적으로 정규분포 $N(32, 4^2)$을 따른다.

따라서 $Z=\dfrac{X-32}{4}$로 놓으면 확률변수 Z는 표준정규분포 $N(0, 1)$을 따른다.

$P(X \leq k)=0.01$이므로 $P\left(Z \leq \dfrac{k-32}{4}\right)=0.01$

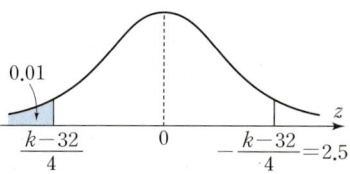

$$P(Z \leq 0)-P\left(\dfrac{k-32}{4} \leq Z \leq 0\right)=0.01$$

$$0.5-P\left(\dfrac{k-32}{4} \leq Z \leq 0\right)=0.01$$

$$P\left(\dfrac{k-32}{4} \leq Z \leq 0\right)=0.49$$

$$\therefore P\left(0 \leq Z \leq -\dfrac{k-32}{4}\right)=0.49$$

이때 $P(0 \leq Z \leq 2.5)=0.49$이므로

$$-\dfrac{k-32}{4}=2.5 \qquad \therefore k=22$$

답 22

체크 263

확률변수 X는 이항분포 $B\left(400, \dfrac{4}{5}\right)$를 따르므로

$$E(X)=400 \times \dfrac{4}{5}=320$$

$$V(X)=400 \times \dfrac{4}{5} \times \dfrac{1}{5}=64$$

이때 400은 충분히 큰 수이므로 확률변수 X는 근사적으로 정규분포 $N(320, 8^2)$을 따른다.

따라서 $Z=\dfrac{X-320}{8}$으로 놓으면 확률변수 Z는 표준정규분포 $N(0, 1)$을 따른다.

$P(|X-320| \leq k)=0.38$에서

$$\begin{aligned}P(|X-320| \leq k)&=P\left(\left|\dfrac{X-320}{8}\right| \leq \dfrac{k}{8}\right)\\&=P\left(|Z| \leq \dfrac{k}{8}\right)\\&=P\left(-\dfrac{k}{8} \leq Z \leq \dfrac{k}{8}\right)\\&=2P\left(0 \leq Z \leq \dfrac{k}{8}\right)\\&=0.38\end{aligned}$$

$$\therefore P\left(0 \leq Z \leq \dfrac{k}{8}\right)=0.19$$

이때 $P(0 \leq Z \leq 0.5)=0.19$이므로 $\dfrac{k}{8}=0.5$

$$\therefore k=4$$

답 4

264

함수 $y=f(x)$의 그래프와 x축
및 두 직선 $x=0$, $x=2$로 둘러
싸인 도형의 넓이가 1이므로

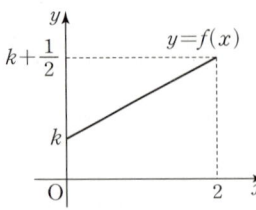

$$\frac{1}{2}\times\left(k+k+\frac{1}{2}\right)\times 2=1$$

$$2k+\frac{1}{2}=1 \qquad \therefore k=\frac{1}{4}$$

$f(x)=\dfrac{x}{4}+\dfrac{1}{4}$에서 $f(1)=\dfrac{1}{2}$

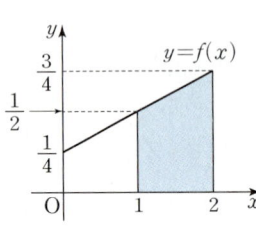

$\mathrm{P}(X\geq 1)$은 함수 $y=f(x)$의 그
래프와 x축 및 두 직선 $x=1$,
$x=2$로 둘러싸인 도형의 넓이와
같으므로

$$\mathrm{P}(X\geq 1)=\frac{1}{2}\times\left(\frac{1}{2}+\frac{3}{4}\right)\times 1=\frac{5}{8}$$

답 $\dfrac{5}{8}$

265

$\mathrm{P}\left(a\leq X\leq a+\dfrac{1}{3}\right)$은 함수

$y=f(x)$의 그래프와 x축 및 두

직선 $x=a$, $x=a+\dfrac{1}{3}$로 둘러싸

인 도형의 넓이와 같다.

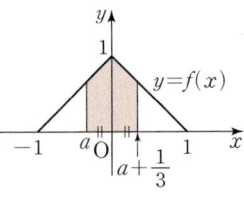

이때 함수 $y=f(x)$의 그래프는 $x=0$ (y축)에 대하여 대칭이

므로 a와 $a+\dfrac{1}{3}$의 평균이 0일 때, $\mathrm{P}\left(a\leq X\leq a+\dfrac{1}{3}\right)$이 최대

가 된다.

즉, $\dfrac{a+a+\dfrac{1}{3}}{2}=0$에서 $2a+\dfrac{1}{3}=0$

$$\therefore a=-\frac{1}{6}$$

답 $-\dfrac{1}{6}$

[다른 풀이]

$\mathrm{P}\left(a\leq X\leq a+\dfrac{1}{3}\right)$이 최대가 되려면 $a\leq 0\leq a+\dfrac{1}{3}$을 만족시

켜야 한다.

$f(x)=\begin{cases} x+1 & (-1\leq x<0) \\ -x+1 & (0\leq x\leq 1) \end{cases}$에서

$f(a)=a+1,\ f\left(a+\dfrac{1}{3}\right)=-a+\dfrac{2}{3}$이므로

$\mathrm{P}\left(a\leq X\leq a+\dfrac{1}{3}\right)$

$=\mathrm{P}(a\leq X\leq 0)+\mathrm{P}\left(0\leq X\leq a+\dfrac{1}{3}\right)$

$=\dfrac{1}{2}\times(a+1+1)\times(-a)+\dfrac{1}{2}\times\left(1-a+\dfrac{2}{3}\right)\times\left(a+\dfrac{1}{3}\right)$

$=-a^2-\dfrac{1}{3}a+\dfrac{5}{18}$

$=-\left(a+\dfrac{1}{6}\right)^2+\dfrac{11}{36}$

따라서 구하는 상수 a의 값은 $-\dfrac{1}{6}$이다.

266

$12x^2-7x+1=0$에서 $(4x-1)(3x-1)=0$

$\therefore x=\dfrac{1}{4}$ 또는 $x=\dfrac{1}{3}$

$\mathrm{P}(X\leq 1)$, $\mathrm{P}(X\leq 3)$이 이차방정식 $12x^2-7x+1=0$의 두

근이고, $\mathrm{P}(X\leq 1)\leq \mathrm{P}(X\leq 3)$이므로

$\mathrm{P}(X\leq 1)=\dfrac{1}{4}$, $\mathrm{P}(X\leq 3)=\dfrac{1}{3}$

$\therefore \mathrm{P}(3\leq X\leq 4)=1-\mathrm{P}(X\leq 3)$

$$=1-\frac{1}{3}=\frac{2}{3}$$

답 $\dfrac{2}{3}$

267

확률밀도함수 $f(x)$에 대하여

$0\leq x\leq 2$에서 $f(x)\geq 0$이어야 하

므로 함수 $y=f(x)$의 그래프는

오른쪽 그림과 같다.

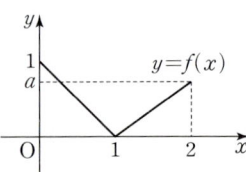

이때 함수 $y=f(x)$의 그래프와 x

축 및 두 직선 $x=0$, $x=2$로 둘러싸인 도형의 넓이가 1이므로

$$\left(\frac{1}{2}\times 1\times 1\right)+\left(\frac{1}{2}\times 1\times a\right)=1$$

$$\frac{1}{2}+\frac{a}{2}=1 \qquad \therefore a=1$$

한편, $|X-1|\geq\dfrac{1}{2}$에서 $X-1\leq-\dfrac{1}{2}$ 또는 $X-1\geq\dfrac{1}{2}$

$\therefore X\leq\dfrac{1}{2}$ 또는 $X\geq\dfrac{3}{2}$

$f(x)=\begin{cases} -x+1 & (0\leq x<1) \\ x-1 & (1\leq x\leq 2) \end{cases}$에서

$f\left(\dfrac{1}{2}\right)=\dfrac{1}{2},\ f\left(\dfrac{3}{2}\right)=\dfrac{1}{2}$

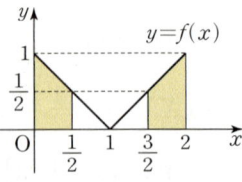

$\therefore \mathrm{P}\left(|X-1|\geq\dfrac{1}{2}\right)$

$=\mathrm{P}\left(X\leq\dfrac{1}{2}\ \text{또는}\ X\geq\dfrac{3}{2}\right)$

$=\mathrm{P}\left(X\leq\dfrac{1}{2}\right)+\mathrm{P}\left(X\geq\dfrac{3}{2}\right)$

$=2\mathrm{P}\left(X\leq\dfrac{1}{2}\right)$

$=2\times\left\{\dfrac{1}{2}\times\left(1+\dfrac{1}{2}\right)\times\dfrac{1}{2}\right\}=\dfrac{3}{4}$

답 $\dfrac{3}{4}$

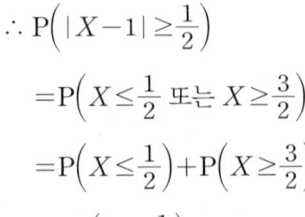

268

조건 ㈎에 의하여 함수 $y=f(x)$의 그래프는 y축에 대하여 대칭이고, $P(-1\le X\le 1)=1$이므로

$$P(-1\le X\le 0)=P(0\le X\le 1)=\frac{1}{2}$$

$$\therefore P\left(0\le X\le \frac{2}{3}\right)+P\left(\frac{2}{3}\le X\le 1\right)=\frac{1}{2} \quad\cdots\cdots\ \text{㉠}$$

조건 ㈏에 의하여

$$P\left(\frac{2}{3}\le X\le 1\right)=\frac{1}{4}P\left(0\le X\le \frac{2}{3}\right)$$

이므로 ㉠에서

$$P\left(0\le X\le \frac{2}{3}\right)+\frac{1}{4}P\left(0\le X\le \frac{2}{3}\right)=\frac{1}{2}$$

$$\frac{5}{4}P\left(0\le X\le \frac{2}{3}\right)=\frac{1}{2}$$

$$\therefore P\left(0\le X\le \frac{2}{3}\right)=\frac{2}{5}$$

$$\therefore P\left(-\frac{2}{3}\le X\le 0\right)=P\left(0\le X\le \frac{2}{3}\right)=\frac{2}{5}$$

답 $\dfrac{2}{5}$

tip

우함수와 기함수

(1) 모든 실수 x에 대하여 $f(-x)=f(x)$일 때, 함수 $f(x)$를 우함수라 한다. 이때 함수 $y=f(x)$의 그래프는 y축에 대하여 대칭이다.

(2) 모든 실수 x에 대하여 $f(-x)=-f(x)$일 때, 함수 $f(x)$를 기함수라 한다. 이때 함수 $y=f(x)$의 그래프는 원점에 대하여 대칭이다.

269

연속확률변수 X가 갖는 값의 범위는 $0\le X\le 3$이므로

$$P(x\le X\le 3)=a(3-x)\ (0\le x\le 3)$$

에서 $x=0$일 때 $P(0\le X\le 3)=1$이어야 한다.

즉, $a(3-0)=1$이므로 $a=\dfrac{1}{3}$

이때 $P(x\le X\le 3)=\dfrac{1}{3}(3-x)\ (0\le x\le 3)$이므로

$$P(0\le X<a)=P\left(0\le X<\frac{1}{3}\right)$$
$$=1-P\left(\frac{1}{3}\le X\le 3\right)$$
$$=1-\frac{1}{3}\left(3-\frac{1}{3}\right)=\frac{1}{9}$$

따라서 $p=9$, $q=1$이므로

$$p+q=10$$

답 10

tip

$P(x\le X\le 3)=a(3-x)\ (0\le x\le 3)$는 확률밀도함수가 아니다. 따라서 $P(0\le X<a)$를 구할 때, $y=a(3-x)$의 그래프와 x축 및 두 직선 $x=0$, $x=a$로 둘러싸인 도형의 넓이로 구하지 않도록 주의한다.

270

확률변수 X가 정규분포 $N(m,\sigma^2)$를 따르므로 확률밀도함수의 그래프는 직선 $x=m$에 대하여 대칭이다.

조건 ㈎에서 $P(X\le 4)=P(X\ge 8)$이므로

$$m=\frac{4+8}{2}=6$$

즉, $E(X)=m=6$이고, 조건 ㈏에서 $E(X^2)=61$이므로

$$V(X)=E(X^2)-\{E(X)\}^2$$
$$=61-6^2=25$$

$$\therefore \sigma^2=25$$

$$\therefore m+\sigma^2=6+25=31$$

답 31

271

ㄱ. A반의 평균이 60점, B반의 평균이 70점이므로 평균적으로 B반의 학생이 더 우수하다. (참)

ㄴ. 오른쪽 그림에서 $x\ge 90$일 때, B반의 성적을 나타내는 정규분포곡선과 x축 사이의 넓이보다 C반의 성적을 나타내는 정규분포곡선과 x축 사이의 넓이가 더 넓으므로 C반에 90점 이상인 학생 수가 더 많다. (거짓)

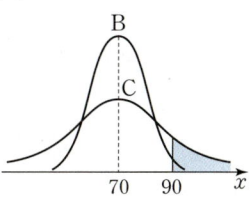

ㄷ. A반과 C반의 수학 성적의 표준편차가 같으므로 A반의 성적을 나타내는 정규분포곡선과 C반의 성적을 나타내는 정규분포곡선의 교점의 x좌표는 60과 70의 평균인 65이다.

이때 다음 그림과 같이 $x\le 65$일 때, A반의 성적을 나타내는 정규분포곡선과 x축 사이의 넓이는 $x\ge 65$일 때, C반의 성적을 나타내는 정규분포곡선과 x축 사이의 넓이와 같으므로 A반에서 점수가 65점 이하인 학생과 C반에서 점수가 65점 이상인 학생 수는 같다. (참)

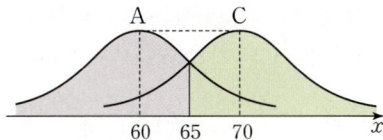

따라서 옳은 것은 ㄱ, ㄷ이다.

답 ㄱ, ㄷ

272

$P(|X-3| \leq 4) = P(-4 \leq X-3 \leq 4) = P(-1 \leq X \leq 7)$

$m=5$, $\sigma=4$이므로

$-1 = 5 - 1.5 \times 4 = m - 1.5\sigma$

$7 = 5 + 0.5 \times 4 = m + 0.5\sigma$

$\therefore P(-1 \leq X \leq 7)$

$\quad = P(m - 1.5\sigma \leq X \leq m + 0.5\sigma)$

$\quad = P(m - 1.5\sigma \leq X \leq m) + P(m \leq X \leq m + 0.5\sigma)$

$\quad = P(m \leq X \leq m + 1.5\sigma) + P(m \leq X \leq m + 0.5\sigma)$

$\quad = 0.4332 + 0.1915$

$\quad = 0.6247$

답 0.6247

273

확률밀도함수 $f(x)$가 모든 실수 x에 대하여

$f(50-x) = f(50+x)$를 만족시키므로 $f(x)$의 그래프는 직선 $x=50$에 대하여 대칭이다.

$\therefore m=50$

한편, 확률변수 X는 정규분포 $N(m, \sigma^2)$을 따르므로

$Z = \dfrac{X-m}{\sigma}$으로 놓으면 확률변수 Z는 표준정규분포 $N(0, 1)$을 따른다.

이때 $P(m \leq X \leq m+8) = 0.4772$이므로

$P\left(0 \leq Z \leq \dfrac{8}{\sigma}\right) = 0.4772$

$P(0 \leq Z \leq 2) = 0.4772$이므로

$\dfrac{8}{\sigma} = 2 \quad \therefore \sigma = 4$

$\therefore P(X \geq 54) = P\left(Z \geq \dfrac{54-50}{4}\right)$

$\quad = P(Z \geq 1)$

$\quad = P(Z \geq 0) - P(0 \leq Z \leq 1)$

$\quad = 0.5 - 0.3413$

$\quad = 0.1587$

답 0.1587

> **tip**
> 모든 실수 x에 대하여 $f(a-x) = f(a+x)$일 때, 함수 $f(x)$의 그래프는 직선 $x=a$에 대하여 대칭이다.

274

A 공장과 B 공장에서 생산하는 제품의 무게를 각각 확률변수 X, Y라 하면 X, Y는 각각 정규분포 $N(82, 2^2)$, $N(90, 4^2)$을 따르므로 $Z_X = \dfrac{X-82}{2}$, $Z_Y = \dfrac{Y-90}{4}$으로 놓으면 확률변수 Z_X, Z_Y는 모두 표준정규분포 $N(0, 1)$을 따른다.

$\therefore P(X \leq 87) = P\left(Z_X \leq \dfrac{87-82}{2}\right)$

$\quad = P(Z_X \leq 2.5)$

$P(Y \leq k) = P\left(Z_Y \leq \dfrac{k-90}{4}\right)$

이때 $P(X \leq 87) = P(Y \leq k)$이므로

$P(Z_X \leq 2.5) = P\left(Z_Y \leq \dfrac{k-90}{4}\right)$

따라서 $2.5 = \dfrac{k-90}{4}$이므로

$k = 100$

답 100

275

학생 한 명의 키를 확률변수 X라 하면 확률변수 X는 정규분포 $N(170, 10^2)$을 따르므로 $Z = \dfrac{X-170}{10}$으로 놓으면 확률변수 Z는 표준정규분포 $N(0, 1)$을 따른다.

$\therefore P(X \geq 177) = P\left(Z \geq \dfrac{177-170}{10}\right)$

$\quad = P(Z \geq 0.7)$

$\quad = P(Z \geq 0) - P(0 \leq Z \leq 0.7)$

$\quad = 0.5 - 0.2580$

$\quad = 0.2420$

따라서 키가 177 cm 이상인 학생은 24.2 %이므로

$a = 24.2$

답 24.2

276

지원자의 점수를 확률변수 X라 하면 확률변수 X는 정규분포 $N(58, 4^2)$을 따르므로 $Z = \dfrac{X-58}{4}$로 놓으면 확률변수 Z는 표준정규분포 $N(0, 1)$을 따른다.

합격하기 위한 최저 점수를 k점이라 하면

$P(X \geq k) = \dfrac{1}{25} = 0.04$이므로

$P\left(Z \geq \dfrac{k-58}{4}\right) = 0.04$

$P(Z \geq 0) - P\left(0 \leq Z \leq \dfrac{k-58}{4}\right) = 0.04$

$0.5 - P\left(0 \leq Z \leq \dfrac{k-58}{4}\right) = 0.04$

$\therefore P\left(0 \leq Z \leq \dfrac{k-58}{4}\right) = 0.46$

이때 $P(0 \leq Z \leq 1.75) = 0.46$이므로

$\dfrac{k-58}{4} = 1.75 \quad \therefore k = 65$

따라서 합격자의 최저 점수는 65점이다.

답 65점

277

두 확률변수 X, Y가 각각 정규분포 $N(40, 10^2)$, $N(50, 5^2)$
을 따르므로 $Z_X = \dfrac{X-40}{10}$, $Z_Y = \dfrac{Y-50}{5}$으로 놓으면 두 확
률변수 Z_X, Z_Y는 모두 표준정규분포 $N(0, 1)$을 따른다.
다음 그림과 같이 두 곡선과 x축 및 두 직선 $x=40$, $x=50$으
로 둘러싸인 도형의 넓이를 S라 하자.

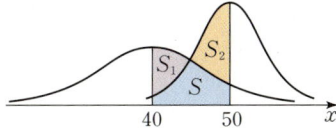

이때
$$S+S_1 = P(40 \leq X \leq 50) \qquad \cdots\cdots \text{㉠}$$
$$S+S_2 = P(40 \leq Y \leq 50) \qquad \cdots\cdots \text{㉡}$$
이므로 ㉡$-$㉠을 하면
$$S_2 - S_1$$
$$= P(40 \leq Y \leq 50) - P(40 \leq X \leq 50)$$
$$= P\left(\frac{40-50}{5} \leq Z_Y \leq \frac{50-50}{5}\right)$$
$$\qquad\qquad -P\left(\frac{40-40}{10} \leq Z_X \leq \frac{50-40}{10}\right)$$
$$= P(-2 \leq Z_Y \leq 0) - P(0 \leq Z_X \leq 1)$$
$$= P(0 \leq Z_Y \leq 2) - P(0 \leq Z_X \leq 1)$$
$$= 0.4772 - 0.3413 = 0.1359$$

답 0.1359

278

A 모의고사와 B 모의고사의 수학 점수를 각각 확률변수 X,
Y라 하면 두 확률변수 X, Y가 각각 정규분포 $N(80, a^2)$,
$N(82, 4^2)$을 따르므로 $Z_X = \dfrac{X-80}{a}$, $Z_Y = \dfrac{Y-82}{4}$로 놓으
면 두 확률변수 Z_X, Z_Y는 모두 표준정규분포 $N(0, 1)$을 따
른다.
경원이의 두 모의고사의 수학 점수가 모두 84점이므로 두 모
의고사에서 경원이보다 수학 점수가 높을 확률은 각각
$$P(X \geq 84) = P\left(Z_X \geq \frac{84-80}{a}\right) = P\left(Z_X \geq \frac{4}{a}\right)$$
$$P(Y \geq 84) = P\left(Z_Y \geq \frac{84-82}{4}\right) = P\left(Z_Y \geq \frac{1}{2}\right)$$
이때 경원이의 A 모의고사의
수학 성적이 상대적으로 더 우
수하려면 $\dfrac{4}{a} > \dfrac{1}{2}$이어야 하므
로 $a < 8$이다.

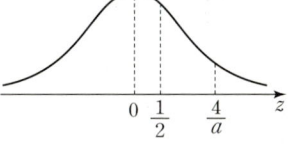

따라서 자연수 a의 최댓값은 7이다.

답 7

279

조건 ㈎에서 $f(10) > f(20)$이므로
(i) $m \leq 10$일 때
   $m \leq 10 < 20$이므로 오른쪽
   그림에서 $f(10) > f(20)$이
   항상 성립한다.

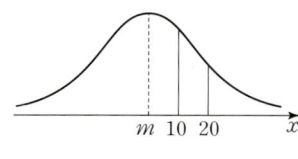

(ii) $10 < m < 20$일 때
   10이 20보다 평균 m에 더
   가까워야 한다.
   즉, $m-10 < 20-m$
   $2m < 30$ $\quad \therefore m < 15$
   $10 < m < 20$이어야 하므로 $10 < m < 15$

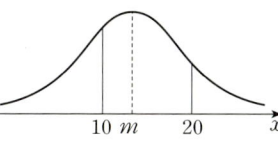

(i), (ii)에서 $m < 15$ $\qquad \cdots\cdots \text{㉠}$
조건 ㈏에서 $f(4) < f(22)$이
고, ㉠에서 $m < 15$이므로 22
가 4보다 평균 m에 더 가깝다.
즉, $m-4 > 22-m$
$2m > 26$ $\quad \therefore m > 13$ $\qquad \cdots\cdots \text{㉡}$

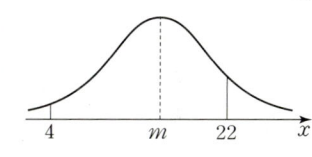

㉠, ㉡에서 $13 < m < 15$
이때 m이 자연수이므로 $m=14$
따라서 확률변수 X가 정규분포 $N(14, 5^2)$을 따르므로
$Z = \dfrac{X-14}{5}$로 놓으면 확률변수 Z는 표준정규분포 $N(0, 1)$
을 따른다.
$$\therefore P(17 \leq X \leq 18) = P\left(\frac{17-14}{5} \leq Z \leq \frac{18-14}{5}\right)$$
$$= P(0.6 \leq Z \leq 0.8)$$
$$= P(0 \leq Z \leq 0.8) - P(0 \leq Z \leq 0.6)$$
$$= 0.288 - 0.226$$
$$= 0.062$$

답 ③

280

이 회사 직원들의 이 날의 출근 시간을 확률변수 X라 하면 X
는 정규분포 $N(66.4, 15^2)$을 따르므로 $Z = \dfrac{X-66.4}{15}$로 놓으
면 확률변수 Z는 표준정규분포 $N(0, 1)$을 따른다.
$$\therefore P(X \geq 73) = P\left(Z \geq \frac{73-66.4}{15}\right)$$
$$= P(Z \geq 0.44)$$
$$= P(Z \geq 0) - P(0 \leq Z \leq 0.44)$$
$$= 0.5 - 0.17 = 0.33$$
이때 $P(X < 73) = 1 - P(X \geq 73) = 0.67$이므로 구하는 확률
은
$$0.33 \times 0.4 + 0.67 \times 0.2 = 0.266$$

답 ⑤

281

확률변수 X가 이항분포 $B(180, p)$를 따르므로

$E(X)=180p$ $\qquad$ ······ ㉠

180은 충분히 큰 수이므로 확률변수 X는 근사적으로 정규분포 $N(180p, 180pq)$를 따른다. (단, $q=1-p$)

이때 $P(X \leq 30)=0.5$이므로

$E(X)=30$ $\qquad$ ······ ㉡

㉠, ㉡에서 $180p=30$ $\qquad \therefore p=\dfrac{1}{6}$

$V(X)=180 \times \dfrac{1}{6} \times \dfrac{5}{6}=25$

$\therefore a=30, b=25$

$\therefore a+b=30+25=55$ $\qquad$ **답** 55

282

확률변수 X의 확률질량함수가

$P(X=x)={}_{490}C_x\left(\dfrac{5}{7}\right)^x\left(\dfrac{2}{7}\right)^{490-x}$ $(x=0, 1, 2, \cdots, 490)$

이므로 확률변수 X는 이항분포 $B\left(490, \dfrac{5}{7}\right)$를 따른다.

$\therefore E(X)=490 \times \dfrac{5}{7}=350$

$V(X)=490 \times \dfrac{5}{7} \times \dfrac{2}{7}=100$

이때 490은 충분히 큰 수이므로 확률변수 X는 근사적으로 정규분포 $N(350, 10^2)$을 따른다.

따라서 $Z=\dfrac{X-350}{10}$으로 놓으면 확률변수 Z는 표준정규분포 $N(0, 1)$을 따르므로

$P(340 \leq X \leq 365)$

$=P\left(\dfrac{340-350}{10} \leq Z \leq \dfrac{365-350}{10}\right)$

$=P(-1 \leq Z \leq 1.5)$

$=P(-1 \leq Z \leq 0)+P(0 \leq Z \leq 1.5)$

$=P(0 \leq Z \leq 1)+P(0 \leq Z \leq 1.5)$

$=0.3413+0.4332$

$=0.7745$ $\qquad$ **답** 0.7745

> **tip**
> 확률변수 X의 확률질량함수가
> $\qquad P(X=x)={}_{n}C_x p^x q^{n-x}$ $(x=0, 1, 2, \cdots, n)$
> 이면 X는 이항분포 $B(n, p)$를 따른다. (단, $q=1-p$)

283

400명의 학생 중 후보 C를 지지하지 않는 학생 수를 확률변수 X라 하면 한 명의 학생이 후보 C를 지지하지 않을 확률은

$\dfrac{80}{100}=\dfrac{4}{5}$이므로 X는 이항분포 $B\left(400, \dfrac{4}{5}\right)$를 따른다.

$\therefore E(X)=400 \times \dfrac{4}{5}=320$

$V(X)=400 \times \dfrac{4}{5} \times \dfrac{1}{5}=64$

이때 400은 충분히 큰 수이므로 확률변수 X는 근사적으로 정규분포 $N(320, 8^2)$을 따른다.

따라서 $Z=\dfrac{X-320}{8}$으로 놓으면 확률변수 Z는 표준정규분포 $N(0, 1)$을 따른다.

$P(X \leq a)=0.0013$이므로

$P\left(Z \leq \dfrac{a-320}{8}\right)=0.0013$

$P(Z \leq 0)-P\left(\dfrac{a-320}{8} \leq Z \leq 0\right)=0.0013$

$0.5-P\left(\dfrac{a-320}{8} \leq Z \leq 0\right)=0.0013$

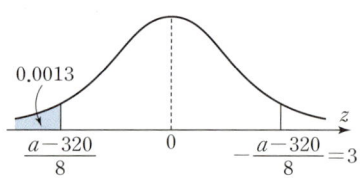

$P\left(\dfrac{a-320}{8} \leq Z \leq 0\right)=0.4987$이므로

$P\left(0 \leq Z \leq -\dfrac{a-320}{8}\right)=0.4987$

$P(0 \leq Z \leq 3)=0.4987$이므로

$-\dfrac{a-320}{8}=3$ $\qquad \therefore a=296$ $\qquad$ **답** 296

284

1620번의 시행 중 3점을 얻는 횟수를 확률변수 X, 1점을 잃는 횟수를 확률변수 Y라 하면

$X+Y=1620$ $\qquad$ ······ ㉠

점수가 1300점인 경우는

$3X-Y=1300$ $\qquad$ ······ ㉡

㉠, ㉡을 연립하여 풀면

$X=730, Y=890$

즉, 게임을 1620번 독립적으로 시행한 후의 점수가 1300점 이상이려면 $X \geq 730$이어야 한다.

확률변수 X는 이항분포 $B\left(1620, \dfrac{4}{9}\right)$를 따르므로

$E(X)=1620 \times \dfrac{4}{9}=720$

$V(X)=1620 \times \dfrac{4}{9} \times \dfrac{5}{9}=400$

이때 1620은 충분히 큰 수이므로 확률변수 X는 근사적으로

정규분포 $N(720, 20^2)$을 따른다.

따라서 $Z=\dfrac{X-720}{20}$으로 놓으면 확률변수 Z는 표준정규분포 $N(0, 1)$을 따르므로

$$\begin{aligned}P(X\geq730)&=P\left(Z\geq\dfrac{730-720}{20}\right)\\&=P(Z\geq0.5)\\&=P(Z\geq0)-P(0\leq Z\leq0.5)\\&=0.5-0.19\\&=0.31\end{aligned}$$

$p=0.31$이므로 $100p=31$　　　　　**답** 31

285

가지의 무게를 확률변수 X라 하면 X는 정규분포 $N(400, 50^2)$을 따르므로 $Z_X=\dfrac{X-400}{50}$으로 놓으면 확률변수 Z_X는 표준정규분포 $N(0, 1)$을 따른다.

가지 1개를 선택할 때 백화점 납품 가능 상품이 될 확률은 무게가 442 g 이상이어야 하므로

$$\begin{aligned}P(X\geq442)&=P\left(Z_X\geq\dfrac{442-400}{50}\right)\\&=P(Z_X\geq0.84)\\&=P(Z_X\geq0)-P(0\leq Z_X\leq0.84)\\&=0.5-0.3\\&=0.2\end{aligned}$$

가지 1개가 백화점 납품 가능 상품일 확률이 0.2이므로 가지 100개 중 백화점 납품 가능 상품의 개수를 확률변수 Y라 하면 Y는 이항분포 $B(100, 0.2)$를 따른다.

$$\therefore E(Y)=100\times0.2=20$$
$$V(Y)=100\times0.2\times0.8=16$$

이때 100은 충분히 큰 수이므로 확률변수 Y는 근사적으로 정규분포 $N(20, 4^2)$을 따른다.

따라서 $Z_Y=\dfrac{Y-20}{4}$으로 놓으면 Z_Y는 표준정규분포 $N(0, 1)$을 따르므로 가지 100개 중 백화점 납품 가능 상품의 개수가 26개 이상일 확률은

$$\begin{aligned}P(Y\geq26)&=P\left(Z_Y\geq\dfrac{26-20}{4}\right)\\&=P(Z_Y\geq1.5)\\&=P(Z_Y\geq0)-P(0\leq Z_Y\leq1.5)\\&=0.5-0.43\\&=0.07\end{aligned}$$

답 ①

2 통계적 추정

20 모집단과 표본
21 모평균과 표본평균

체크 286

모평균 $m=40$, 모표준편차 $\sigma=16$, 표본의 크기 $n=8$이므로

$$E(\overline{X})=m=40, \ V(\overline{X})=\dfrac{\sigma^2}{n}=\dfrac{16^2}{8}=32$$

이때 $V(\overline{X})=E(\overline{X}^2)-\{E(\overline{X})\}^2$에서

$$\begin{aligned}E(\overline{X}^2)&=V(\overline{X})+\{E(\overline{X})\}^2\\&=32+40^2=1632\end{aligned}$$

답 1632

체크 287

이 상자에서 임의추출한 카드 한 장에 적힌 숫자를 확률변수 X라 하면 X가 가질 수 있는 값은 1, 3, 5, 7이고, 각 값을 가질 확률은

$$P(X=1)=\dfrac{1}{10}, \ P(X=3)=\dfrac{1}{5}, \ P(X=5)=\dfrac{3}{10},$$
$$P(X=7)=\dfrac{2}{5}$$

이므로 X의 확률분포를 표로 나타내면 다음과 같다.

X	1	3	5	7	합계
$P(X=x)$	$\dfrac{1}{10}$	$\dfrac{1}{5}$	$\dfrac{3}{10}$	$\dfrac{2}{5}$	1

따라서 확률변수 X의 평균과 분산은 각각

$$E(X)=1\times\dfrac{1}{10}+3\times\dfrac{1}{5}+5\times\dfrac{3}{10}+7\times\dfrac{2}{5}=5$$

$$\begin{aligned}V(X)&=E(X^2)-\{E(X)\}^2\\&=1^2\times\dfrac{1}{10}+3^2\times\dfrac{1}{5}+5^2\times\dfrac{3}{10}+7^2\times\dfrac{2}{5}-5^2=4\end{aligned}$$

이때 표본의 크기가 8이므로

$$E(\overline{X})=5, \ V(\overline{X})=\dfrac{4}{8}=\dfrac{1}{2}$$

$$\therefore E(\overline{X})+V(\overline{X})=5+\dfrac{1}{2}=\dfrac{11}{2}$$

답 $\dfrac{11}{2}$

[참고]

분산 $V(X)$는 다음과 같이 구할 수도 있다.

$$\begin{aligned}&V(X)\\&=E((X-5)^2) \quad \leftarrow \text{(분산)}=\{\text{(편차)}^2\text{의 평균}\}\\&=(1-5)^2\times\dfrac{1}{10}+(3-5)^2\times\dfrac{1}{5}+(5-5)^2\times\dfrac{3}{10}+(7-5)^2\times\dfrac{2}{5}\\&=4\end{aligned}$$

체크 288

이 주머니에서 임의추출한 공 한 개에 적힌 숫자를 확률변수 X라 하면 X가 가질 수 있는 값은 1, 2, 3이고, 각 값을 가질 확률은

$$P(X=1)=\frac{2}{7}, \quad P(X=2)=\frac{2}{7}, \quad P(X=3)=\frac{3}{7}$$

이므로 X의 확률분포를 표로 나타내면 다음과 같다.

X	1	2	3	합계
$P(X=x)$	$\frac{2}{7}$	$\frac{2}{7}$	$\frac{3}{7}$	1

따라서 확률변수 X의 평균과 분산은 각각

$$E(X)=1\times\frac{2}{7}+2\times\frac{2}{7}+3\times\frac{3}{7}=\frac{15}{7}$$

$$V(X)=1^2\times\frac{2}{7}+2^2\times\frac{2}{7}+3^2\times\frac{3}{7}-\left(\frac{15}{7}\right)^2=\frac{34}{49}$$

이때 표본평균 $\overline{X}$의 분산이 $\frac{17}{49}$이므로

$V(\overline{X})=\frac{V(X)}{n}$에서 $\frac{1}{n}\times\frac{34}{49}=\frac{17}{49}$

$\therefore n=2$　　　　　　　　　　　　　　**답** 2

체크 289

모집단이 정규분포 $N(350, 25^2)$을 따르고 표본의 크기가 25이므로 표본평균 $\overline{X}$는 정규분포 $N\left(350, \frac{25^2}{25}\right)$, 즉 $N(350, 5^2)$을 따른다.

따라서 $Z=\dfrac{\overline{X}-350}{5}$으로 놓으면 Z는 표준정규분포 $N(0, 1)$을 따르므로 구하는 확률은

$$\begin{aligned}P(\overline{X}\geq 360)&=P\left(Z\geq\frac{360-350}{5}\right)\\&=P(Z\geq 2)\\&=P(Z\geq 0)-P(0\leq Z\leq 2)\\&=0.5-0.48=0.02\end{aligned}$$

따라서 $a=0.02$이므로

$100a=2$　　　　　　　　　　　　　　**답** 2

체크 290

모집단이 정규분포 $N(400, 32^2)$을 따르고 표본의 크기가 64이므로 표본평균 $\overline{X}$는 정규분포 $N\left(400, \frac{32^2}{64}\right)$, 즉 $N(400, 4^2)$을 따른다.

따라서 $Z=\dfrac{\overline{X}-400}{4}$으로 놓으면 Z는 표준정규분포 $N(0, 1)$을 따르므로 구하는 확률은

$$\begin{aligned}P(394\leq\overline{X}\leq 402)&=P\left(\frac{394-400}{4}\leq Z\leq\frac{402-400}{4}\right)\\&=P(-1.5\leq Z\leq 0.5)\\&=P(-1.5\leq Z\leq 0)+P(0\leq Z\leq 0.5)\\&=P(0\leq Z\leq 1.5)+P(0\leq Z\leq 0.5)\\&=0.43+0.19=0.62\end{aligned}$$

　　　　　　　　　　　　　　답 0.62

체크 291

모집단이 정규분포 $N(m, 14^2)$을 따르고 표본의 크기가 49이므로 표본평균 $\overline{X}$는 정규분포 $N\left(m, \frac{14^2}{49}\right)$, 즉 $N(m, 2^2)$을 따른다.

따라서 $Z=\dfrac{\overline{X}-m}{2}$으로 놓으면 Z는 표준정규분포 $N(0, 1)$을 따르므로 구하는 확률은

$$\begin{aligned}P(|\overline{X}-m|\geq 5)&=P\left(\left|\frac{\overline{X}-m}{2}\right|\geq\frac{5}{2}\right)\\&=P(|Z|\geq 2.5)\\&=P(Z\leq -2.5)+P(Z\geq 2.5)\\&=2P(Z\geq 2.5)\\&=2\{P(Z\geq 0)-P(0\leq Z\leq 2.5)\}\\&=2(0.5-0.4938)=0.0124\end{aligned}$$

　　　　　　　　　　　　　　답 0.0124

체크 292

모집단이 정규분포 $N(40, 4^2)$을 따르고 표본의 크기가 n이므로 표본평균 $\overline{X}$는 정규분포 $N\left(40, \frac{4^2}{n}\right)$, 즉 $N\left(40, \left(\frac{4}{\sqrt{n}}\right)^2\right)$을 따른다.

따라서 $Z=\dfrac{\overline{X}-40}{\frac{4}{\sqrt{n}}}$으로 놓으면 Z는 표준정규분포 $N(0, 1)$을 따르므로 $P\left(\overline{X}\leq\frac{124}{\sqrt{n}}\right)=0.8413$에서

$$\begin{aligned}P\left(\overline{X}\leq\frac{124}{\sqrt{n}}\right)&=P\left(Z\leq\frac{\frac{124}{\sqrt{n}}-40}{\frac{4}{\sqrt{n}}}\right)\\&=P(Z\leq 31-10\sqrt{n})\\&=0.5+P(0\leq Z\leq 31-10\sqrt{n})=0.8413\end{aligned}$$

$\therefore P(0\leq Z\leq 31-10\sqrt{n})=0.3413$

이때 $P(0 \leq Z \leq 1)=0.3413$이므로

$31-10\sqrt{n}=1$, $10\sqrt{n}=30$

$\therefore n=9$　　　　　　　　　　　답 9

체크 293

모집단이 정규분포 $N(450, 10^2)$을 따르고 표본의 크기가 n이므로 표본평균 $\overline{X}$는 정규분포 $N\left(450, \dfrac{10^2}{n}\right)$, 즉

$N\left(450, \left(\dfrac{10}{\sqrt{n}}\right)^2\right)$을 따른다.

따라서 $Z=\dfrac{\overline{X}-450}{\dfrac{10}{\sqrt{n}}}$으로 놓으면 Z는 표준정규분포 $N(0, 1)$

을 따르므로 $P(440 \leq \overline{X} \leq 460)=0.9544$에서

$P(440 \leq \overline{X} \leq 460)=P\left(\dfrac{440-450}{\dfrac{10}{\sqrt{n}}} \leq Z \leq \dfrac{460-450}{\dfrac{10}{\sqrt{n}}}\right)$

　　　　　　　　　　$=P(-\sqrt{n} \leq Z \leq \sqrt{n})$

　　　　　　　　　　$=2P(0 \leq Z \leq \sqrt{n})=0.9544$

$\therefore P(0 \leq Z \leq \sqrt{n})=0.4772$

이때 $P(0 \leq Z \leq 2)=0.4772$이므로 $\sqrt{n}=2$

$\therefore n=4$　　　　　　　　　　　답 4

체크 294

모집단이 정규분포 $N(58, 24^2)$을 따르고 표본의 크기가 400

이므로 $\overline{X}$는 정규분포 $N\left(58, \dfrac{24^2}{400}\right)$, 즉 $N(58, 1.2^2)$을 따른다.

따라서 $Z=\dfrac{\overline{X}-58}{1.2}$로 놓으면 Z는 표준정규분포 $N(0, 1)$을

따르므로 $P(\overline{X} \geq k) \leq 0.16$에서

$P(\overline{X} \geq k)=P\left(Z \geq \dfrac{k-58}{1.2}\right)$

　　　　　$=P(Z \geq 0)-P\left(0 \leq Z \leq \dfrac{k-58}{1.2}\right)$

　　　　　$=0.5-P\left(0 \leq Z \leq \dfrac{k-58}{1.2}\right) \leq 0.16$

$\therefore P\left(0 \leq Z \leq \dfrac{k-58}{1.2}\right) \geq 0.34$

이때 $P(0 \leq Z \leq 1)=0.34$이므로

$\dfrac{k-58}{1.2} \geq 1$, $k-58 \geq 1.2$

$\therefore k \geq 59.2$

따라서 구하는 정수 k의 최솟값은 60이다.　　　답 60

295

ㄱ. 모든 전구의 수명을 조사하면 사용할 수 있는 전구가 없게 되므로 전수조사보다는 표본조사가 적합하다.

ㄴ. 어느 학급의 수학 성적의 평균은 조사 대상도 많지 않고 조사 시간도 길지 않으므로 전수조사가 적합하다.

ㄷ. 청소년 전체에 대하여 가장 선호하는 직업을 조사하는 것은 매우 오랜 시간이 걸리므로 전수조사보다는 표본조사가 적합하다.

ㄹ. 선거 투표 후 출구 조사는 모든 유권자에 대하여 조사하는 것은 시간이 오래 걸리므로 전수조사보다는 표본조사가 적합하다.

ㅁ. 우리나라 총 인구 조사는 모든 국민을 대상으로 조사하는 것이므로 전수조사가 적합하다.

따라서 표본조사가 적합한 것은 ㄱ, ㄷ, ㄹ이다.

답 ㄱ, ㄷ, ㄹ

296

$\overline{X}=3$인 경우는 1과 5, 3과 3, 5와 1을 추출하는 경우이므로

$P(\overline{X}=3)=P(X=1) \times P(X=5)+P(X=3) \times P(X=3)$

　　　　　　　　$+P(X=5) \times P(X=1)$

　　　　$=\dfrac{1}{8} \times \dfrac{1}{8}+\dfrac{1}{4} \times \dfrac{1}{4}+\dfrac{1}{8} \times \dfrac{1}{8}$

　　　　$=\dfrac{6}{64}=\dfrac{3}{32}$　　　　　　　답 $\dfrac{3}{32}$

297

모표준편차 $\sigma=16$, 표본의 크기가 n이므로 표본평균 $\overline{X}$에 대하여

$\sigma(\overline{X})=\dfrac{16}{\sqrt{n}} \leq 2$, $\sqrt{n} \geq 8$

$\therefore n \geq 64$

따라서 n의 최솟값은 64이다.　　　　　　답 64

298

모평균 $m=12$, 모분산 $\sigma^2=5$, 표본의 크기가 n이므로

$E(\overline{X})=m=12$, $V(\overline{X})=\dfrac{\sigma^2}{n}=\dfrac{5}{n}$

이때 $E(\overline{X}^2-24\overline{X}+144)=\dfrac{1}{12}$에서

$E(\overline{X}^2)-24E(\overline{X})+144$

$=V(\overline{X})+\{E(\overline{X})\}^2-24E(\overline{X})+144$ ← $V(\overline{X})=E(\overline{X}^2)-\{E(\overline{X})\}^2$

$=\dfrac{5}{n}+144-24\times12+144$

$=\dfrac{5}{n}=\dfrac{1}{12}$

$\therefore n=60$ <blockquote>답 60</blockquote>

[다른 풀이]

모평균 $m=12$, 모분산 $\sigma^2=5$, 표본의 크기가 n이므로

$E(\overline{X})=m=12$, $V(\overline{X})=\dfrac{\sigma^2}{n}=\dfrac{5}{n}$ ...... ㉠

이때 $E(\overline{X}^2-24\overline{X}+144)=\dfrac{1}{12}$에서

$E((\overline{X}-12)^2)=V(\overline{X})=\dfrac{1}{12}$ ...... ㉡

㉠, ㉡에서 $\dfrac{5}{n}=\dfrac{1}{12}$

$\therefore n=60$

tip

(분산)$=\{$(편차)^{2}의 평균$\}$이므로

$E(X)=m$일 때, $E((X-m)^2)=V(X)$

299

이 상자에서 복원추출한 카드 한 장에 적힌 숫자를 확률변수 X라 할 때, X의 확률분포를 표로 나타내면 다음과 같다.

X	1	3	k	합계
$P(X=x)$	$\dfrac{2}{k+5}$	$\dfrac{3}{k+5}$	$\dfrac{k}{k+5}$	1

따라서 확률변수 X의 평균은

$E(X)=1\times\dfrac{2}{k+5}+3\times\dfrac{3}{k+5}+k\times\dfrac{k}{k+5}=\dfrac{k^2+11}{k+5}$

이때 표본평균 $\overline{X}$의 평균이 $\dfrac{18}{5}$이므로

$\dfrac{k^2+11}{k+5}=\dfrac{18}{5}$, $5k^2-18k-35=0$

$(5k+7)(k-5)=0$

$\therefore k=5$ ($\because k$는 자연수)

즉, 확률변수 X의 분산은

$V(X)=1^2\times\dfrac{1}{5}+3^2\times\dfrac{3}{10}+5^2\times\dfrac{1}{2}-\left(\dfrac{18}{5}\right)^2=\dfrac{61}{25}$

이고, 표본의 크기가 4이므로

$V(\overline{X})=\dfrac{V(X)}{n}=\dfrac{\frac{61}{25}}{4}=\dfrac{61}{100}$ <blockquote>답 $\dfrac{61}{100}$</blockquote>

300

모집단이 정규분포 $N(56, 16^2)$을 따르고 표본의 크기가 16이므로 표본평균 $\overline{X}$는 정규분포 $N\left(56, \dfrac{16^2}{16}\right)$, 즉 $N(56, 4^2)$을 따른다.

따라서 $Z=\dfrac{\overline{X}-56}{4}$으로 놓으면 Z는 표준정규분포 $N(0, 1)$을 따르므로 구하는 확률은

$P(50\le\overline{X}\le60)=P\left(\dfrac{50-56}{4}\le Z\le\dfrac{60-56}{4}\right)$

$=P(-1.5\le Z\le1)$

$=P(-1.5\le Z\le0)+P(0\le Z\le1)$

$=P(0\le Z\le1.5)+P(0\le Z\le1)$

$=0.4332+0.3413=0.7745$

<blockquote>답 0.7745</blockquote>

301

이항분포 $B\left(600, \dfrac{2}{5}\right)$를 따르는 모집단의 확률변수를 X라 하면

$E(X)=600\times\dfrac{2}{5}=240$, $V(X)=600\times\dfrac{2}{5}\times\dfrac{3}{5}=144$

이때 시행횟수 600이 충분히 크므로 확률변수 X는 근사적으로 정규분포 $N(240, 12^2)$을 따른다.

이 모집단에서 임의추출한 크기가 4인 표본평균 $\overline{X}$는 정규분포 $N\left(240, \dfrac{12^2}{4}\right)$, 즉 $N(240, 6^2)$을 따른다.

따라서 $Z=\dfrac{\overline{X}-240}{6}$으로 놓으면 Z는 표준정규분포 $N(0, 1)$을 따르므로 구하는 확률은

$P(237\le\overline{X}\le252)=P\left(\dfrac{237-240}{6}\le Z\le\dfrac{252-240}{6}\right)$

$=P(-0.5\le Z\le2)$

$=P(-0.5\le Z\le0)+P(0\le Z\le2)$

$=P(0\le Z\le0.5)+P(0\le Z\le2)$

$=0.1915+0.4772=0.6687$

<blockquote>답 0.6687</blockquote>

302

공용 자전거의 1회 이용 시간을 확률변수 X라 하면 X는 정규분포 $N(60, 10^2)$을 따른다. 표본의 크기가 25인 표본평균을 $\overline{X}$라 하면 $\overline{X}$는 정규분포 $N\left(60, \dfrac{10^2}{25}\right)$, 즉 $N(60, 2^2)$을 따른다.

$Z=\dfrac{\overline{X}-60}{2}$ 으로 놓으면 Z는 표준정규분포 $N(0, 1)$을 따르므로 25회 이용 시간의 총합이 1450분 이상일 확률은

$$P(25\overline{X}\geq1450)=P\left(\overline{X}\geq\dfrac{1450}{25}\right)=P(\overline{X}\geq58)$$

$$=P\left(Z\geq\dfrac{58-60}{2}\right)$$

$$=P(Z\geq-1)$$

$$=P(-1\leq Z\leq0)+P(Z\geq0)$$

$$=P(0\leq Z\leq1)+P(Z\geq0)$$

$$=0.3413+0.5=0.8413$$

답 ②

303

정규분포 $N(100, \sigma^2)$을 따르는 모집단에서 크기가 9인 표본을 임의추출하여 구한 표본평균이 $\overline{X}$이므로 $\overline{X}$는 정규분포 $N\left(100, \dfrac{\sigma^2}{9}\right)$, 즉 $N\left(100, \left(\dfrac{\sigma}{3}\right)^2\right)$을 따른다.

따라서 $Z_X=\dfrac{\overline{X}-100}{\dfrac{\sigma}{3}}$ 으로 놓으면 Z_X는 표준정규분포 $N(0, 1)$을 따른다.

정규분포 $N(80, 16^2)$을 따르는 모집단에서 크기가 4인 표본을 임의추출하여 구한 표본평균이 $\overline{Y}$이므로 $\overline{Y}$는 정규분포 $N\left(80, \dfrac{16^2}{4}\right)$, 즉 $N(80, 8^2)$을 따른다.

따라서 $Z_Y=\dfrac{\overline{Y}-80}{8}$ 으로 놓으면 Z_Y는 표준정규분포 $N(0, 1)$을 따른다.

$$P(\overline{X}\geq92)+P(\overline{Y}\geq96)$$

$$=P\left(Z_X\geq\dfrac{92-100}{\dfrac{\sigma}{3}}\right)+P\left(Z_Y\geq\dfrac{96-80}{8}\right)$$

$$=P\left(Z_X\geq-\dfrac{24}{\sigma}\right)+P(Z_Y\geq2)=1$$

이때

$$P(Z\geq-2)+P(Z\geq2)=1$$

이므로

$$-\dfrac{24}{\sigma}=-2$$

$$\therefore \sigma=12$$

$$\therefore P(\overline{X}\leq112)=P\left(Z_X\leq\dfrac{112-100}{4}\right)$$

$$=P(Z_X\leq3)$$

$$=P(Z_X\leq0)+P(0\leq Z_X\leq3)$$

$$=0.5+0.4987=0.9987$$

답 0.9987

304

모집단이 정규분포 $N(2000, 120^2)$을 따르고 표본의 크기가 n이므로 표본평균 $\overline{X}$는 정규분포 $N\left(2000, \dfrac{120^2}{n}\right)$, 즉 $N\left(2000, \left(\dfrac{120}{\sqrt{n}}\right)^2\right)$을 따른다.

따라서 $Z=\dfrac{\overline{X}-2000}{\dfrac{120}{\sqrt{n}}}$ 으로 놓으면 Z는 표준정규분포 $N(0, 1)$을 따르므로 $P\left(\overline{X}\geq1880+\dfrac{144}{\sqrt{n}}\right)\geq0.97$에서

$$P\left(Z\geq\dfrac{1880+\dfrac{144}{\sqrt{n}}-2000}{\dfrac{120}{\sqrt{n}}}\right)\geq0.97$$

$$P(Z\geq1.2-\sqrt{n})\geq0.97$$

$$P(1.2-\sqrt{n}\leq Z\leq0)+P(Z\geq0)\geq0.97$$

$$P(1.2-\sqrt{n}\leq Z\leq0)\geq0.47$$

이때

$$P(0\leq Z\leq1.88)=P(-1.88\leq Z\leq0)=0.47$$

이므로

$$1.2-\sqrt{n}\leq-1.88$$

$$\sqrt{n}\geq3.08 \qquad \therefore n\geq9.4864$$

따라서 자연수 n의 최솟값은 10이다.

답 10

305

확률변수 X는 정규분포 $N(m, 30^2)$을 따르므로 표본의 크기가 9인 표본평균 $\overline{X}$는 정규분포 $N\left(m, \dfrac{30^2}{9}\right)$, 즉 $N(m, 10^2)$을 따른다.

따라서 $Z_A=\dfrac{X-m}{30}$, $Z_B=\dfrac{\overline{X}-m}{10}$ 으로 놓으면 Z_A, Z_B는 모두 표준정규분포 $N(0, 1)$을 따르므로

$$G(k)=P(X\leq m+30k)$$

$$=P\left(Z_A\leq\dfrac{m+30k-m}{30}\right)$$

$$=P(Z_A\leq k) \qquad\qquad \cdots\cdots \bigcirc$$

$$H(k)=P(\overline{X}\geq m-30k)$$

$$=P\left(Z_B\geq\dfrac{m-30k-m}{10}\right)$$

$$=P(Z_B\geq-3k) \qquad\qquad \cdots\cdots \bigcirc$$

ㄱ. $\bigcirc$과 $\bigcirc$에 각각 $k=0$을 대입하면

$$G(0)=P(Z_A\leq0)=0.5$$

$$H(0)=P(Z_B\geq0)=0.5$$

$$\therefore G(0)=H(0) \text{ (참)}$$

ㄴ. ㉠에 $k=3$을 대입하면

$$G(3)=\mathrm{P}(Z_A\leq 3)$$
$$=\mathrm{P}(Z_A\leq 0)+\mathrm{P}(0\leq Z_A\leq 3)$$
$$=0.5+\mathrm{P}(0\leq Z_A\leq 3)$$

㉡에 $k=1$을 대입하면

$$H(1)=\mathrm{P}(Z_B\geq -3)$$
$$=\mathrm{P}(-3\leq Z_B\leq 0)+\mathrm{P}(Z_B\geq 0)$$
$$=\mathrm{P}(0\leq Z_B\leq 3)+0.5$$
$$\therefore G(3)=H(1) \text{ (참)}$$

ㄷ. ㉠에 $k=1$을 대입하면

$$G(1)=\mathrm{P}(Z_A\leq 1)$$

㉡에 $k=-1$을 대입하면

$$H(-1)=\mathrm{P}(Z_B\geq 3)$$
$$\therefore G(1)+H(-1)=\mathrm{P}(Z_A\leq 1)+\mathrm{P}(Z_B\geq 3)$$
$$=1-\mathrm{P}(1<Z<3)<1 \text{ (거짓)}$$

따라서 옳은 것은 ㄱ, ㄴ이다.　　　　　　　　**답** ③

22 모평균의 추정

체크 306
모표준편차가 3, 표본의 크기가 144, 표본평균이 50이므로 모평균 m의 신뢰도 99 %의 신뢰구간은

$$50-2.58\times\frac{3}{\sqrt{144}}\leq m\leq 50+2.58\times\frac{3}{\sqrt{144}}$$

$$\therefore 49.355\leq m\leq 50.645$$　　**답** $49.355\leq m\leq 50.645$

> **tip**
> **모평균의 신뢰구간**
> (1) $\mathrm{P}(|Z|\leq 1.96)=0.95$일 때, 모평균 m의 신뢰도 95 %의 신뢰구간
> $$\Rightarrow \bar{x}-1.96\frac{\sigma}{\sqrt{n}}\leq m\leq \bar{x}+1.96\frac{\sigma}{\sqrt{n}}$$
> (2) $\mathrm{P}(|Z|\leq 2.58)=0.99$일 때, 모평균 m의 신뢰도 99 %의 신뢰구간
> $$\Rightarrow \bar{x}-2.58\frac{\sigma}{\sqrt{n}}\leq m\leq \bar{x}+2.58\frac{\sigma}{\sqrt{n}}$$

체크 307
표본의 크기 400은 충분히 크므로 모표준편차 대신 표본표준편차 10을 사용할 수 있고, 표본평균이 190이므로
(1) 모평균 m의 신뢰도 95 %의 신뢰구간은

$$190-1.96\times\frac{10}{\sqrt{400}}\leq m\leq 190+1.96\times\frac{10}{\sqrt{400}}$$

$$\therefore 189.02\leq m\leq 190.98$$

(2) 모평균 m의 신뢰도 99 %의 신뢰구간은

$$190-2.58\times\frac{10}{\sqrt{400}}\leq m\leq 190+2.58\times\frac{10}{\sqrt{400}}$$

$$\therefore 188.71\leq m\leq 191.29$$

답 (1) $189.02\leq m\leq 190.98$
　　 (2) $188.71\leq m\leq 191.29$

> **tip**
> 신뢰구간을 구할 때, 표본의 크기가 충분히 크면 모표준편차와 표본표준편차가 거의 같아지므로 모표준편차가 주어지지 않은 경우 모표준편차 대신 표본표준편차를 사용하여 신뢰구간을 구한다.

체크 308
모표준편차가 15, 표본의 크기가 n, 표본평균이 240이므로 모평균 m의 신뢰도 95 %의 신뢰구간은

$$240-2\times\frac{15}{\sqrt{n}}\leq m\leq 240+2\times\frac{15}{\sqrt{n}}$$

이것이 $235\leq m\leq 245$와 같으므로

$$240-2\times\frac{15}{\sqrt{n}}=235,\ 240+2\times\frac{15}{\sqrt{n}}=245$$

$$2\times\frac{15}{\sqrt{n}}=5,\ \sqrt{n}=6$$

$$\therefore n=36$$　　　　　　　　　　　　　**답** 36

체크 309
표본평균을 $\bar{x}$라 하면 모표준편차가 5이므로 모평균 m의 신뢰도 99 %의 신뢰구간은

$$\bar{x}-2.58\times\frac{5}{\sqrt{n}}\leq m\leq \bar{x}+2.58\times\frac{5}{\sqrt{n}}$$

이므로 $b-a=2\times 2.58\times\frac{5}{\sqrt{n}}<6$

$$\sqrt{n}>4.3 \quad\therefore n>18.49$$

따라서 자연수 n의 최솟값은 19이다.　　**답** 19

체크 310
표본의 크기가 900일 때, 표본평균을 $\overline{x_1}$라 하면 모평균 m의 신뢰도 99 %의 신뢰구간은

$$\overline{x_1}-3\times\frac{\sigma}{\sqrt{900}}\leq m\leq \overline{x_1}+3\times\frac{\sigma}{\sqrt{900}}$$

즉, $a=\overline{x_1}-3\times\frac{\sigma}{\sqrt{900}},\ \beta=\overline{x_1}+3\times\frac{\sigma}{\sqrt{900}}$이므로

$$l=\beta-a=2\times 3\times\frac{\sigma}{\sqrt{900}}=\frac{\sigma}{5}$$

또한 표본의 크기가 n일 때, 표본평균을 $\overline{x_2}$라 하면 모평균 m의 신뢰도 95 %의 신뢰구간은

$$\overline{x_2}-2\times\frac{\sigma}{\sqrt{n}}\leq m\leq\overline{x_2}+2\times\frac{\sigma}{\sqrt{n}}$$

즉, $\gamma=\overline{x_2}-2\times\frac{\sigma}{\sqrt{n}}$, $\delta=\overline{x_2}+2\times\frac{\sigma}{\sqrt{n}}$이므로

$$l'=\delta-\gamma=2\times2\times\frac{\sigma}{\sqrt{n}}=\frac{4\sigma}{\sqrt{n}}$$

이때 $l=l'$이 성립하므로

$$\frac{\sigma}{5}=\frac{4\sigma}{\sqrt{n}}, \ \sqrt{n}=20$$

$$\therefore n=400$$

답 400

체크 311

정규분포 $N(m, \sigma^2)$을 따르는 모집단에서

$P(-k\leq Z\leq k)=\frac{\alpha}{100}$일 때, 크기가 n인 표본의 표본평균을 $\overline{x_1}$라 하면 모평균 m의 신뢰도 α %의 신뢰구간은

$$\overline{x_1}-k\frac{\sigma}{\sqrt{n}}\leq m\leq\overline{x_1}+k\frac{\sigma}{\sqrt{n}}$$

이므로 $b-a=2k\frac{\sigma}{\sqrt{n}}$

한편, 이 모집단에서 크기가 $\frac{1}{2}n$인 표본의 표본평균을 $\overline{x_2}$라 하고 모평균 m의 신뢰도 α %의 신뢰구간을 $c\leq m\leq d$라 하면

$$\overline{x_2}-k\frac{\sigma}{\sqrt{\frac{1}{2}n}}\leq m\leq\overline{x_2}+k\frac{\sigma}{\sqrt{\frac{1}{2}n}},\ \ 즉$$

$$\overline{x_2}-k\frac{\sqrt{2}\sigma}{\sqrt{n}}\leq m\leq\overline{x_2}+k\frac{\sqrt{2}\sigma}{\sqrt{n}}$$

이므로 $d-c=2k\frac{\sqrt{2}\sigma}{\sqrt{n}}=\sqrt{2}(b-a)$

따라서 신뢰도가 같을 때, 표본의 크기가 $\frac{1}{2}$배가 되면 $b-a$의 값은 $\sqrt{2}$배가 된다.

$$\therefore t=\sqrt{2}$$

답 $\sqrt{2}$

체크 312

정규분포 $N(m, \sigma^2)$을 따르는 모집단에서

$P(-k\leq Z\leq k)=\frac{\alpha}{100}$일 때, 크기가 n인 표본의 표본평균을 $\overline{x}$라 하면 모평균 m의 신뢰도 α %의 신뢰구간은

$$\overline{x}-k\frac{\sigma}{\sqrt{n}}\leq m\leq\overline{x}+k\frac{\sigma}{\sqrt{n}}$$

이므로 신뢰구간의 길이는

$$\beta-\alpha=2k\frac{\sigma}{\sqrt{n}}$$

ㄱ. 표본의 크기가 n으로 일정할 때, 모평균 m의 신뢰도 99 %의 신뢰구간은

$$\overline{x}-2.58\frac{\sigma}{\sqrt{n}}\leq m\leq\overline{x}+2.58\frac{\sigma}{\sqrt{n}} \quad\cdots\cdots\ ㉠$$

모평균 m의 신뢰도 95 %의 신뢰구간은

$$\overline{x}-1.96\frac{\sigma}{\sqrt{n}}\leq m\leq\overline{x}+1.96\frac{\sigma}{\sqrt{n}} \quad\cdots\cdots\ ㉡$$

따라서 ㉠은 ㉡을 포함한다. (참)

ㄴ. α의 값이 커지면 k의 값도 커지고, n의 값이 작아지면 $\frac{1}{\sqrt{n}}$의 값은 커지므로 $\beta-\alpha$의 값은 커진다. 즉, 신뢰도를 높이면서 표본의 크기를 작게 하면 신뢰구간의 길이는 길어진다. (참)

ㄷ. 표본의 크기가 n일 때 신뢰구간의 길이는

$$2k\frac{\sigma}{\sqrt{n}}$$

표본의 크기가 $4n$일 때 신뢰구간의 길이는

$$2k\frac{\sigma}{\sqrt{4n}}=k\frac{\sigma}{\sqrt{n}}$$

따라서 신뢰도가 일정할 때, 표본의 크기가 4배가 되면 신뢰구간의 길이는 $\frac{1}{2}$배가 된다. (거짓)

ㄹ. 신뢰구간의 길이 $2k\frac{\sigma}{\sqrt{n}}$는 모평균 m의 값과 관계가 없다. (참)

따라서 옳은 것은 ㄱ, ㄴ, ㄹ이다.

답 ㄱ, ㄴ, ㄹ

313

표본의 크기 36이 충분히 크므로 모표준편차 대신 표본표준편차 15를 사용할 수 있고, 표본평균이 90이므로 모평균 m의 신뢰도 95 %의 신뢰구간은

$$90 - 1.96 \times \frac{15}{\sqrt{36}} \leq m \leq 90 + 1.96 \times \frac{15}{\sqrt{36}}$$

$$\therefore 85.1 \leq m \leq 94.9$$

따라서 신뢰구간에 속하는 정수는

$86, 87, 88, \cdots, 94$

의 9개이다.　　　　　　　　　　　　　　　　　　답 9

314

표본평균을 $\overline{x}$라 하면 표본의 크기가 100, 모표준편차가 a이므로 모평균 m의 신뢰도 95 %의 신뢰구간은

$$\overline{x} - 2 \times \frac{a}{\sqrt{100}} \leq m \leq \overline{x} + 2 \times \frac{a}{\sqrt{100}}$$

이것이 $62 \leq m \leq 68$과 같으므로

$$\overline{x} - 2 \times \frac{a}{\sqrt{100}} = 62 \qquad \cdots\cdots \text{㉠}$$

$$\overline{x} + 2 \times \frac{a}{\sqrt{100}} = 68 \qquad \cdots\cdots \text{㉡}$$

㉠, ㉡을 연립하여 풀면

$\overline{x} = 65, \ a = 15$　　　　　　　　　　　　　　답 15

315

표본의 크기 n이 충분히 크므로 모표준편차 대신 표본표준편차 4를 사용할 수 있고, 표본평균이 60이므로 모평균 m의 신뢰도 95 %의 신뢰구간은

$$60 - 1.96 \times \frac{4}{\sqrt{n}} \leq m \leq 60 + 1.96 \times \frac{4}{\sqrt{n}}$$

이것이 $59.02 \leq m \leq a$와 같으므로

$$60 - 1.96 \times \frac{4}{\sqrt{n}} = 59.02 \qquad \cdots\cdots \text{㉠}$$

$$60 + 1.96 \times \frac{4}{\sqrt{n}} = a \qquad \cdots\cdots \text{㉡}$$

㉠에서

$$1.96 \times \frac{4}{\sqrt{n}} = 0.98 \qquad \therefore n = 64$$

이를 ㉡에 대입하면 $a = 60.98$

$\therefore n + a = 124.98$　　　　　　　　　　　答 124.98

316

정규분포 $N(m, \sigma^2)$을 따르는 모집단에서 크기가 100인 표본의 표본평균을 $\overline{x}$라 하면 모평균 m의 신뢰도 95 %의 신뢰구

간은

$$\overline{x} - 2 \times \frac{\sigma}{\sqrt{100}} \leq m \leq \overline{x} + 2 \times \frac{\sigma}{\sqrt{100}}, \ \ \text{즉}$$

$$\overline{x} - \frac{\sigma}{5} \leq m \leq \overline{x} + \frac{\sigma}{5}$$

이므로 $b - a = \dfrac{2\sigma}{5}$

또한 $P(|Z| \leq k) = \dfrac{\alpha}{100}$라 하면 모평균 m의 신뢰도 α %의 신뢰구간은

$$\overline{x} - k \times \frac{\sigma}{\sqrt{100}} \leq m \leq \overline{x} + k \times \frac{\sigma}{\sqrt{100}}, \ \ \text{즉}$$

$$\overline{x} - k \times \frac{\sigma}{10} \leq m \leq \overline{x} + k \times \frac{\sigma}{10}$$

이므로 $d - c = k \times \dfrac{\sigma}{5}$

이때 $b - a = 2(d - c)$에서

$$\frac{2\sigma}{5} = 2 \times k \times \frac{\sigma}{5} \qquad \therefore k = 1$$

따라서 $P(|Z| \leq 1) = \dfrac{\alpha}{100}$이고 표준정규분포표에서

$P(0 \leq Z \leq 1) = 0.34$, 즉 $P(|Z| \leq 1) = 0.68$이므로

$$\frac{\alpha}{100} = 0.68$$

$\therefore \alpha = 68$　　　　　　　　　　　　　　　答 68

---

tip

$P(-k \leq Z \leq k) = \dfrac{\alpha}{100}$일 때, 모평균 m의 신뢰도 α %의 신뢰구간은

$$\overline{x} - k\frac{\sigma}{\sqrt{n}} \leq m \leq \overline{x} + k\frac{\sigma}{\sqrt{n}}$$

317

이 모집단에서 크기가 n인 표본의 표본평균을 $\overline{x_1}$이라 하면 모평균 m의 신뢰도 18.2 %의 신뢰구간은

$$\overline{x_1} - 0.23 \times \frac{\sigma}{\sqrt{n}} \leq m \leq \overline{x_1} + 0.23 \times \frac{\sigma}{\sqrt{n}}$$

이므로 $b - a = 2 \times 0.23 \times \dfrac{\sigma}{\sqrt{n}}$

또한 이 모집단에서 크기가 kn인 표본의 표본평균을 $\overline{x_2}$라 하면 모평균 m의 신뢰도 93.4 %의 신뢰구간은

$$\overline{x_2} - 1.84 \times \frac{\sigma}{\sqrt{kn}} \leq m \leq \overline{x_2} + 1.84 \times \frac{\sigma}{\sqrt{kn}}$$

이므로 $d - c = 2 \times 1.84 \times \dfrac{\sigma}{\sqrt{kn}}$

이때 $b - a \leq d - c$에서

$$2 \times 0.23 \times \frac{\sigma}{\sqrt{n}} \leq 2 \times 1.84 \times \frac{\sigma}{\sqrt{kn}}$$

$\sqrt{k}\leq 8$ $\therefore k\leq 64$

따라서 구하는 k의 최댓값은 64이다. 답 64

318

이 모집단에서 크기가 n인 표본의 표본평균을 $\overline{x}$라 하면

① $n=100$, $a=95$이므로 신뢰구간은

$$\overline{x}-2\times\frac{\sigma}{\sqrt{100}}\leq m\leq\overline{x}+2\times\frac{\sigma}{\sqrt{100}}$$

$$\therefore b-a=2\times2\times\frac{\sigma}{\sqrt{100}}=\frac{2}{5}\sigma$$

② $n=100$, $a=99$이므로 신뢰구간은

$$\overline{x}-3\times\frac{\sigma}{\sqrt{100}}\leq m\leq\overline{x}+3\times\frac{\sigma}{\sqrt{100}}$$

$$\therefore b-a=2\times3\times\frac{\sigma}{\sqrt{100}}=\frac{3}{5}\sigma$$

③ $n=400$, $a=95$이므로 신뢰구간은

$$\overline{x}-2\times\frac{\sigma}{\sqrt{400}}\leq m\leq\overline{x}+2\times\frac{\sigma}{\sqrt{400}}$$

$$\therefore b-a=2\times2\times\frac{\sigma}{\sqrt{400}}=\frac{1}{5}\sigma$$

④ $n=400$, $a=99$이므로 신뢰구간은

$$\overline{x}-3\times\frac{\sigma}{\sqrt{400}}\leq m\leq\overline{x}+3\times\frac{\sigma}{\sqrt{400}}$$

$$\therefore b-a=2\times3\times\frac{\sigma}{\sqrt{400}}=\frac{3}{10}\sigma$$

⑤ $n=900$, $a=95$이므로 신뢰구간은

$$\overline{x}-2\times\frac{\sigma}{\sqrt{900}}\leq m\leq\overline{x}+2\times\frac{\sigma}{\sqrt{900}}$$

$$\therefore b-a=2\times2\times\frac{\sigma}{\sqrt{900}}=\frac{2}{15}\sigma$$

따라서 $b-a$의 값이 가장 큰 것은 ②이다. 답 ②

319

연간 주행거리를 확률변수 X, 모표준편차를 σ라 하면 X는 정규분포 $N(m, \sigma^2)$을 따른다.

이때 이 모집단에서 크기가 16인 표본의 표본평균을 $\overline{x}$라 하면 모평균 m의 신뢰도 95 %의 신뢰구간은

$$\overline{x}-1.96\times\frac{\sigma}{\sqrt{16}}\leq m\leq\overline{x}+1.96\times\frac{\sigma}{\sqrt{16}}$$

이므로 $c=1.96\times\frac{\sigma}{4}=0.49\sigma$

따라서 구하는 확률은

$P(X\leq m+c)=P(X-m\leq c)$

$\qquad =P\left(\frac{X-m}{\sigma}\leq\frac{c}{\sigma}\right)$

$\qquad =P\left(Z\leq\frac{0.49\sigma}{\sigma}\right)$

$\qquad =P(Z\leq 0.49)$

$\qquad =P(Z\leq 0)+P(0\leq Z\leq 0.49)$

$\qquad =0.5+0.1879=0.6879$

답 ③

320

표본의 크기를 n, 표본평균을 $\overline{x}$라 하면 모표준편차가 100이므로 모평균 m의 신뢰도 99 %의 신뢰구간은

$$\overline{x}-2.58\times\frac{100}{\sqrt{n}}\leq m\leq\overline{x}+2.58\times\frac{100}{\sqrt{n}}$$

이므로 $\beta-a=2\times2.58\times\frac{100}{\sqrt{n}}\leq 80$

$\sqrt{n}\geq 6.45$ $\therefore n\geq 41.6025$

따라서 적어도 42판의 피자를 조사해야 한다. 답 42

321

정규분포 $N(m, \sigma^2)$을 따르는 모집단에서 크기가 n인 표본의 표본평균을 $\overline{x}$라 하면 모평균 m의 신뢰도 95 %의 신뢰구간은

$$\overline{x}-1.96\times\frac{\sigma}{\sqrt{n}}\leq m\leq\overline{x}+1.96\times\frac{\sigma}{\sqrt{n}}$$

$$-1.96\times\frac{\sigma}{\sqrt{n}}\leq m-\overline{x}\leq 1.96\times\frac{\sigma}{\sqrt{n}}$$

$$\therefore |m-\overline{x}|\leq 1.96\times\frac{\sigma}{\sqrt{n}}$$

이때 모평균 m과 표본평균 $\overline{x}$의 차가 $\frac{1}{5}\sigma$ 이하이어야 하므로

$1.96\times\frac{\sigma}{\sqrt{n}}\leq\frac{1}{5}\sigma$, $\sqrt{n}\geq 9.8$

$\therefore n\geq 96.04$

따라서 n의 최솟값은 97이다. 답 97

---

tip

$P(-k\leq Z\leq k)=\frac{a}{100}$일 때, 모평균 m을 신뢰도 a %로 추정하면 모평균 m과 표본평균 $\overline{x}$의 차는

$$|m-\overline{x}|\leq k\frac{\sigma}{\sqrt{n}}$$

322

정규분포 $N(m, \sigma^2)$을 따르는 모집단에서

$P(-k_1\leq Z\leq k_1)=\frac{a}{100}$일 때, 크기가 n_1인 표본의 표본평균을 $\overline{x_1}$라 하면 모평균 m의 신뢰도 a %의 신뢰구간은

$$\overline{x_1}-k_1\times\frac{\sigma}{\sqrt{n_1}}\leq m\leq\overline{x_1}+k_1\times\frac{\sigma}{\sqrt{n_1}}$$

이므로 $b-a=2k_1\frac{\sigma}{\sqrt{n_1}}$

또한 이 모집단에서 $P(-k_2 \leq Z \leq k_2) = \dfrac{\beta}{100}$일 때, 크기가 n_2인 표본의 표본평균을 $\overline{x_2}$라 하면 모평균 m의 신뢰도 $\beta\%$의 신뢰구간은

$$\overline{x_2} - k_2 \times \frac{\sigma}{\sqrt{n_2}} \leq m \leq \overline{x_2} + k_2 \times \frac{\sigma}{\sqrt{n_2}}$$

이므로 $d - c = 2k_2 \dfrac{\sigma}{\sqrt{n_2}}$

ㄱ. 표본의 크기가 같을 때, 신뢰도가 높아지면 신뢰구간의 길이가 길어지므로 $n_1 = n_2$, $\alpha < \beta$이면 $b - a < d - c$이다.

(거짓)

ㄴ. 신뢰도가 같을 때, 표본의 크기가 커지면 신뢰구간의 길이가 짧아지므로 $n_1 < n_2$, $\alpha = \beta$이면 $b - a > d - c$이다. (참)

ㄷ. 신뢰도가 같을 때, $n_1 = 9n_2$이면

$$b - a = 2k_1 \frac{\sigma}{\sqrt{n_1}} = 2k_1 \frac{\sigma}{\sqrt{9n_2}} = \frac{2}{3} k_1 \frac{\sigma}{\sqrt{n_2}}$$

$$d - c = 2k_2 \frac{\sigma}{\sqrt{n_2}} = 2k_1 \frac{\sigma}{\sqrt{n_2}}$$

이므로 $3(b - a) = d - c$ (참)

따라서 옳은 것은 ㄴ, ㄷ이다.   **답** ㄴ, ㄷ

Memo

Memo

개념 PICK 유형 PICK

개념픽

확률과 통계

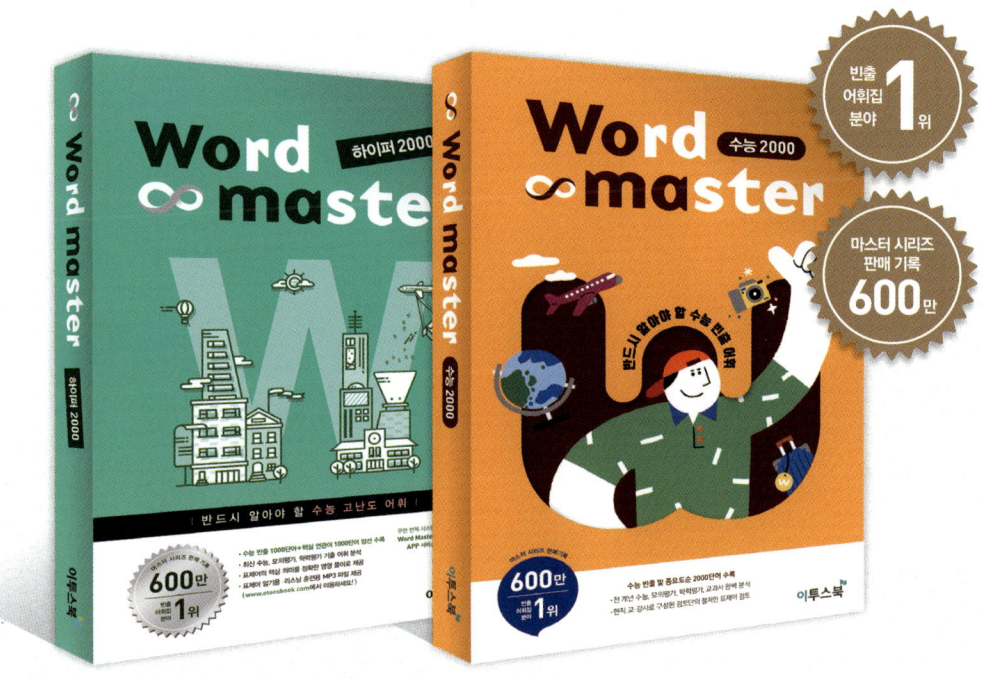